MAX KLÜVER

DIE KRIEGSTREIBER

Englands Politik gegen Deutschland
1937 bis 1939

Max Klüver

DIE
KRIEGSTREIBER

Englands Politik gegen Deutschland
1937 bis 1939

DRUFFEL & VOWINCKEL VERLAG
STEGEN AM AMMERSEE

Dokumente und Karten: Archiv des Verlages

Internationale Standard-Drucknummer:
ISBN 3 8061 1117 0

2. Auflage 2006
© Copyright 1. Auflage 1997
by Druffel & Vowinckel Verlag e. K.
D-82266 Stegen am Ammersee

Gedruckt in Österreich

Gesamtherstellung: Druckerei Theiss GmbH,
Am Gewerbepark 14, A-9431 St. Stefan im Lavanttal
www.theiss.at

INHALTSVERZEICHNIS

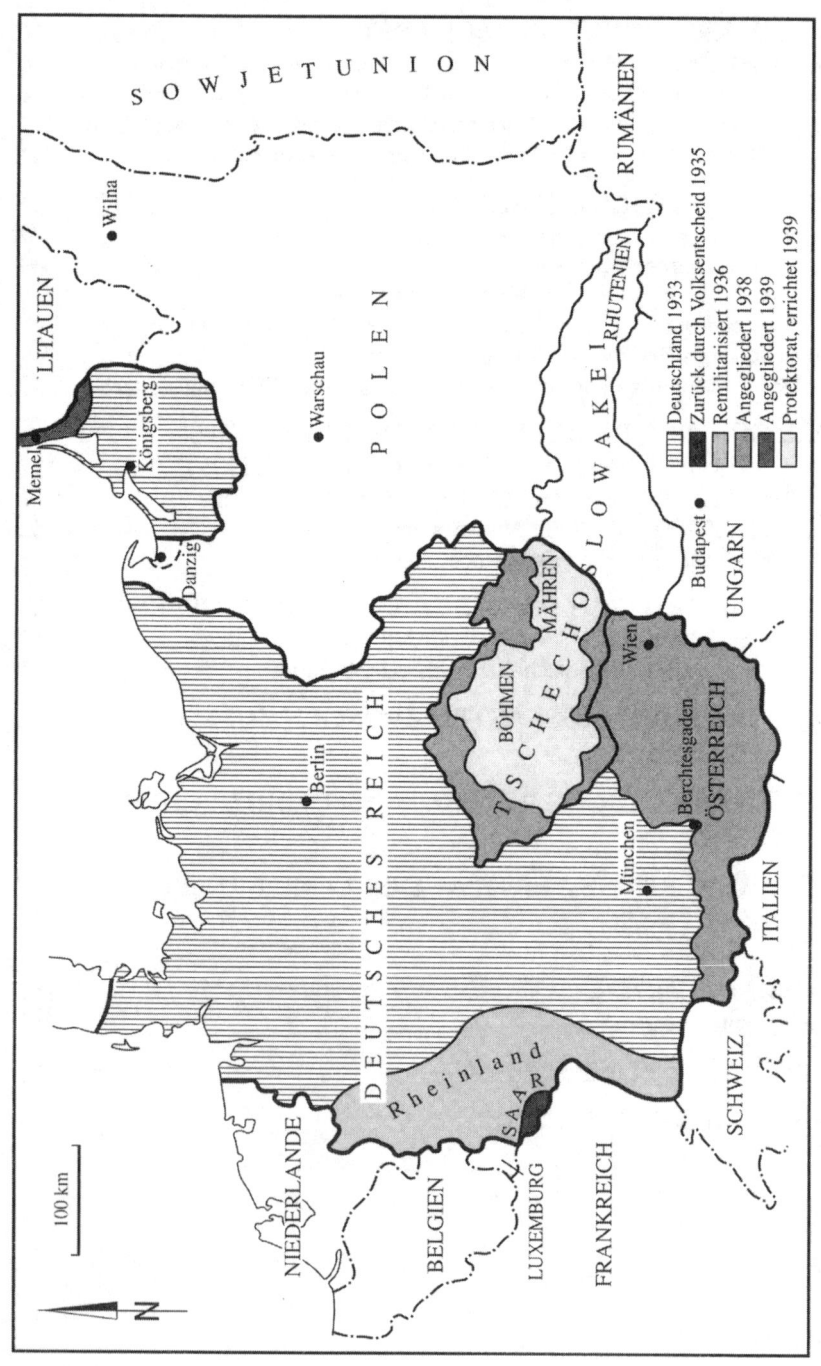

Deutschland 1933 - August 1939

Legende:
- Deutschland 1933
- Zurück durch Volksentscheid 1935
- Remilitarisiert 1936
- Angegliedert 1938
- Angegliedert 1939
- Protektorat, errichtet 1939

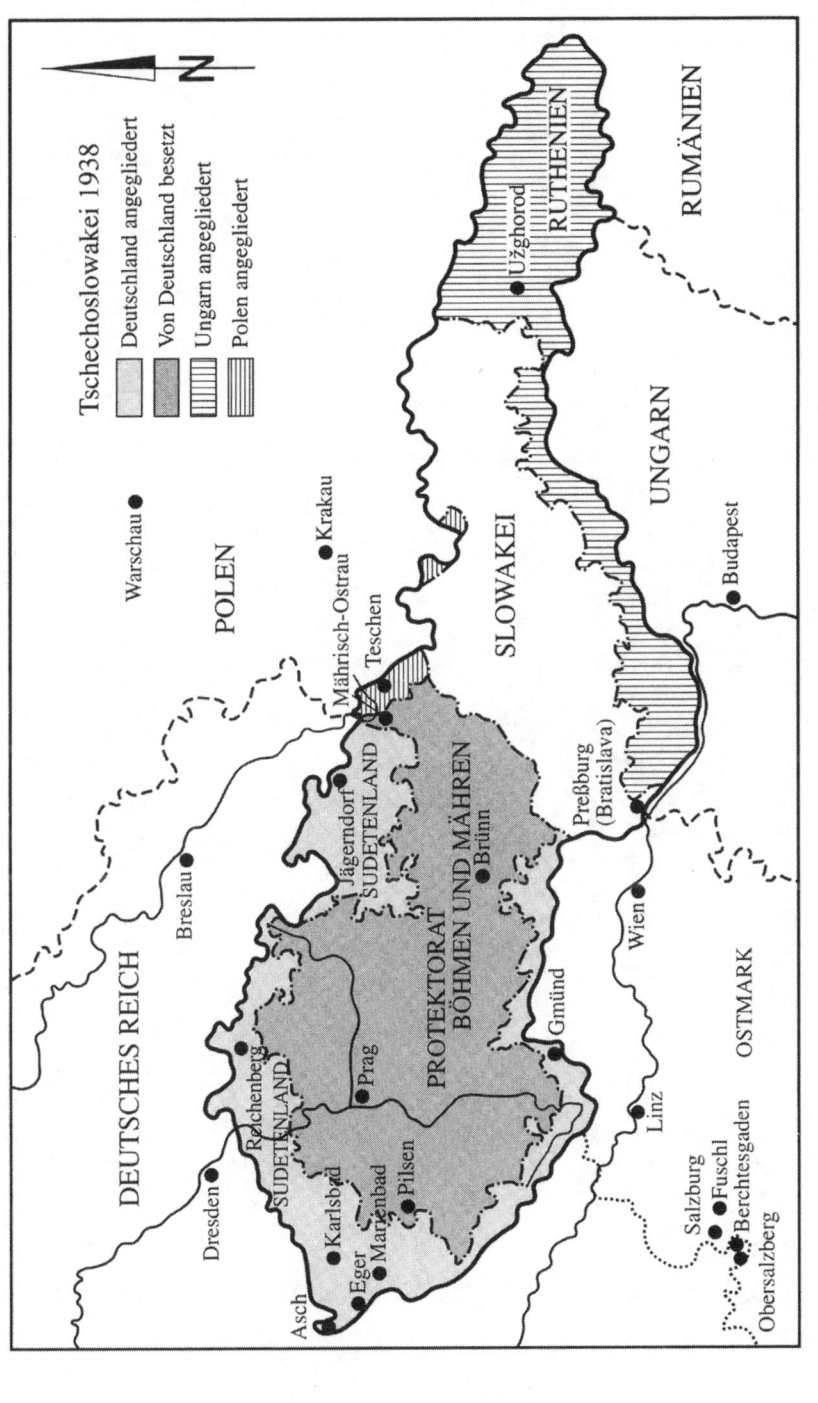

Tschechoslowakei 1938

Deutschland angegliedert
Von Deutschland besetzt
Ungarn angegliedert
Polen angegliedert

POLEN

Warschau ●

● Krakau

Mährisch-Ostrau ●
Teschen

DEUTSCHES REICH

Breslau ●

SUDETENLAND

Jägerndorf ●

Dresden ●

Reichenberg ●

SUDETENLAND

Asch

Eger ●
Marienbad ●
Karlsbad ●
Pilsen ●

Prag ●

PROTEKTORAT
BÖHMEN UND MÄHREN

Brünn ●

SLOWAKEI

RUTHENIEN

Užghorod ●

RUMÄNIEN

UNGARN

Budapest ●

Preßburg
(Bratislava) ●

Gmünd ●

Wien ●

Linz ●

Salzburg ●
Fuschl ●
Berchtesgaden ●
Obersalzberg

OSTMARK

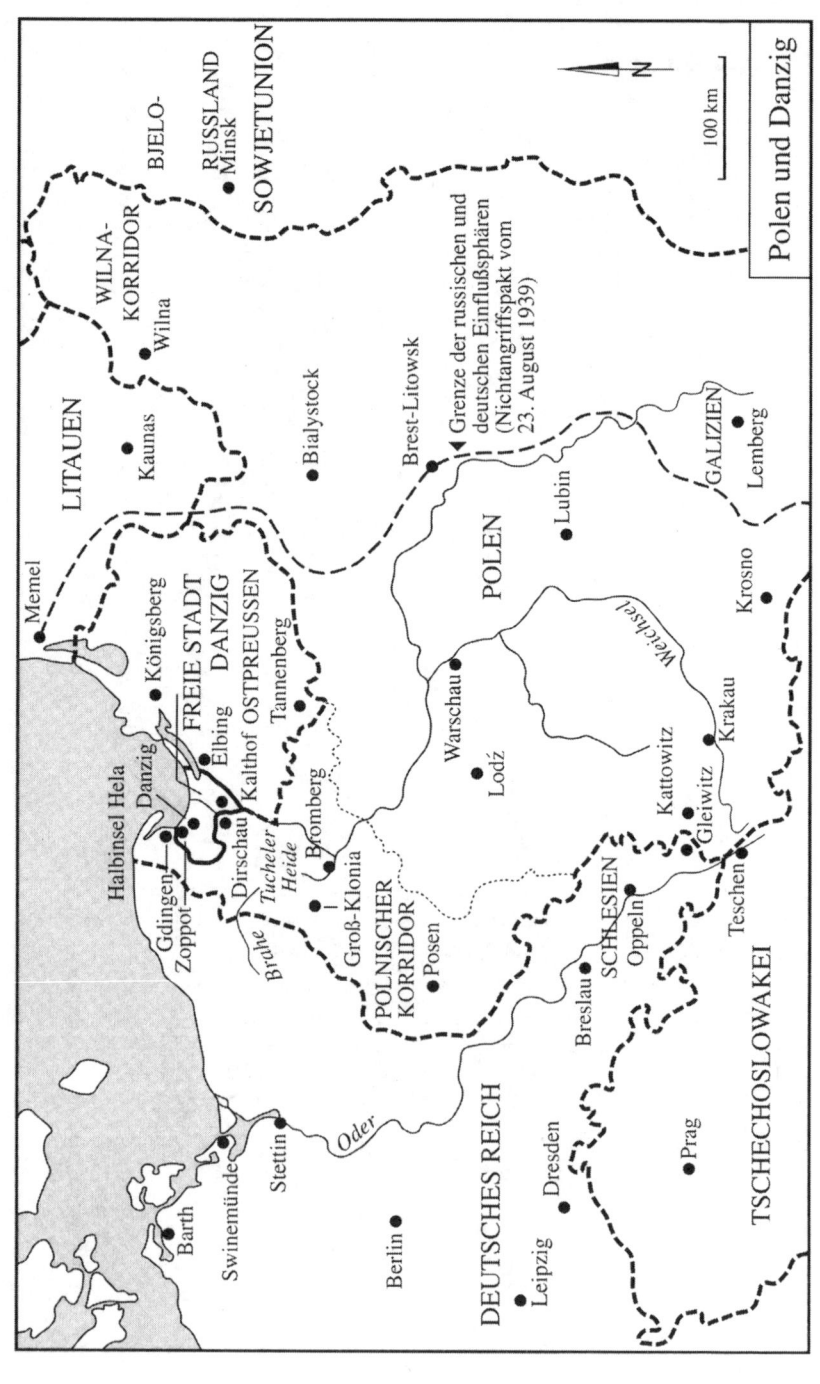

Polen und Danzig

100 km

N

SOWJETUNION
BJELO-
RUSSLAND
Minsk

WILNA-
KORRIDOR
Wilna

LITAUEN

Kaunas

Bialystock

Brest-Litowsk

Grenze der russischen und
deutschen Einflußsphären
(Nichtangriffspakt vom
23. August 1939)

GALIZIEN
Lemberg

POLEN

Lubin

Krosno

Memel

Königsberg

FREIE STADT DANZIG

Elbing   OSTPREUSSEN
Kalthof
Tannenberg

Warschau

Lodź

Weichsel

Krakau

Kattowitz

Gleiwitz

Danzig

Halbinsel Hela

Dirschau   Bromberg
Tucheler
Heide
Groß-Klonia

Gdingen
Zoppot

Brahe

POLNISCHER
KORRIDOR

Posen

SCHLESIEN
Oppeln

Teschen

Breslau

Oder

Stettin

Swinemünde

Barth

DEUTSCHES REICH

Berlin

Dresden

Leipzig

Prag

TSCHECHOSLOWAKEI

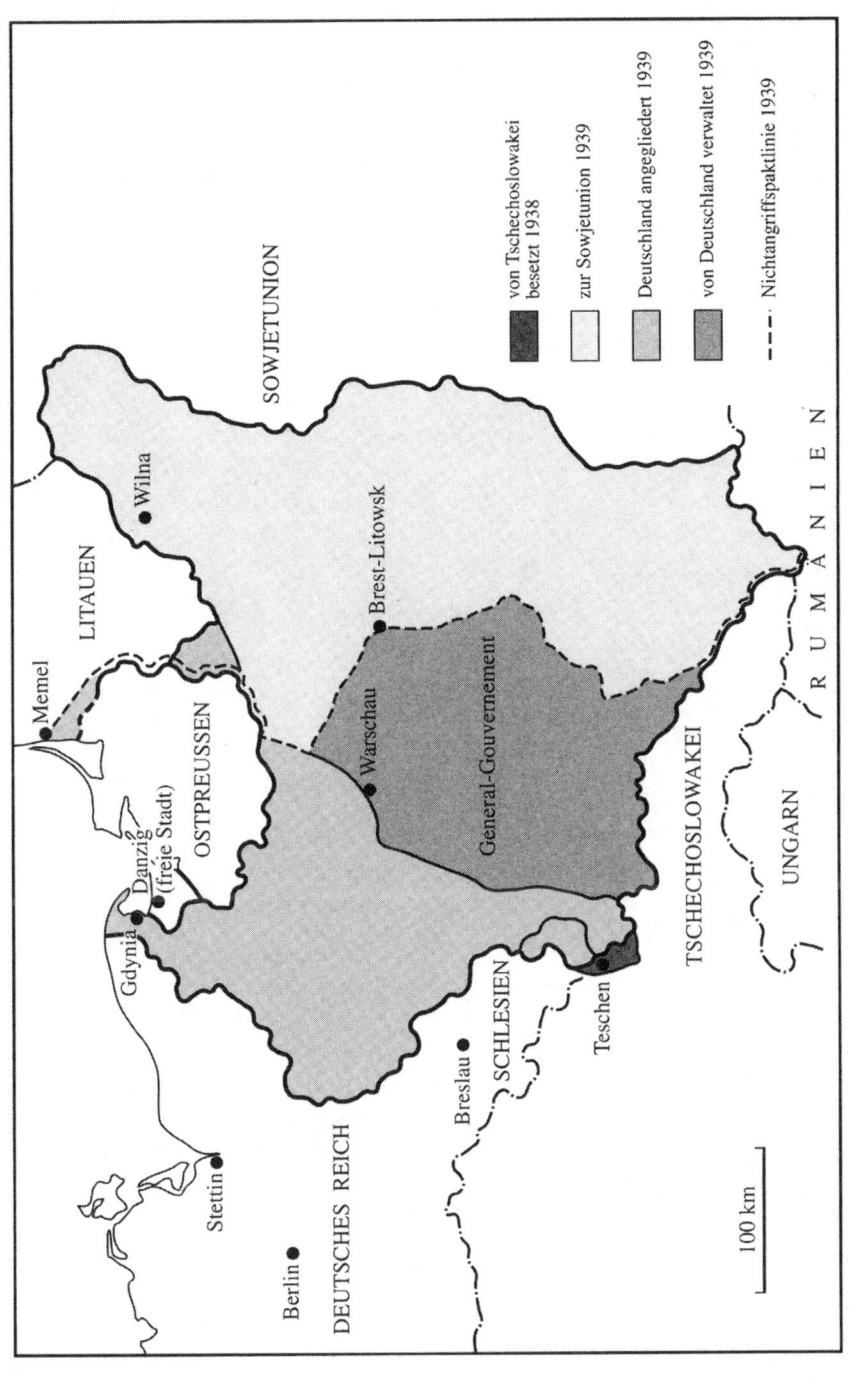

von Tschechoslowakei besetzt 1938

zur Sowjetunion 1939

Deutschland angegliedert 1939

von Deutschland verwaltet 1939

--- Nichtangriffspaktlinie 1939

SOWJETUNION

LITAUEN

Memel

Wilna

Brest-Litowsk

OSTPREUSSEN

Danzig (freie Stadt)

Gdynia

Warschau

General-Gouvernement

RUMÄNIEN

TSCHECHOSLOWAKEI

UNGARN

SCHLESIEN

Breslau

Teschen

Stettin

Berlin

DEUTSCHES REICH

100 km

VORWORT

Ursprünglich bestand bei mir nur die Absicht, eine ergänzende Neuauflage meines Buches "Es war nicht Hitlers Krieg" zu schreiben. Von verschiedenen Seiten wurde mir vorgeschlagen, diese Neuauflage außer mit neuen Kapiteln mit wichtigen Kapiteln meines Buches "War es Hitlers Krieg" zu verbinden. Ich habe diese Anregung aufgenommen, weil durch die Darstellung der Gesamtheit der Ereignisse, die zum Zweiten Weltkrieg geführt haben, Englands Schuld am Zweiten Weltkrieg deutlich wurde. Und auch um nicht zuletzt die von Sir Eyre Crowe 1907 formulierte Feststellung zu bestätigen, "that Germany represented the latest in a line going back through Napoleon und Louis XIV to Philipp II of challenges to the traditional British policy of maintaining the balance of power in Europe."

Es gab aber noch einen aktuellen Grund, dieses Buch zu schreiben. Seit der Auflockerung im ehemaligen Ostblock und der damit verbundenen teilweisen Freigabe sowjetischer Quellen sind etliche russische und deutsche Bücher erschienen sowie die Memoiren sowjetischer Marschälle. Diese Publikationen beweisen den Präventivcharakter des deutsch-sowjetischen Krieges. Es kann aber sehr leicht der Eindruck sowjetischer Schuld am Kriegsausbruch überhaupt entstehen. Dem soll dieses Buch entgegenwirken. Nicht, um die Sowjets reinzuwaschen, sondern um die Gewichte richtig zu verteilen.

Das gilt für die Vorgeschichte des Krieges, nicht für seine Dauer. Dafür sind Begriffe wie "Stalins Krieg" und "Roosevelts Krieg" geprägt worden. Stalin und vor allem Roosevelt haben sicher mitgewirkt, den Krieg gegen Deutschland vorzubereiten. Aber in unterschiedlicher Weise haben sie mitgewirkt. Treibende Kraft war das haßerfüllte England, das damals noch führende Weltmacht war. Wie tief der Haß auf Deutschland heute noch sitzt, haben uns Äußerungen englischer Politiker wie Mrs. Thatcher in den letzten Jahren gezeigt.

13

Der Verfasser stützt seine Aussagen auf ein fünfmaliges jeweils mehrere Wochen umfassendes Studium von unveröffentlichten Akten im Britischen Staatsarchiv (Public Record Office in Kew bei London). Um nicht manche Leser durch zu viele englische Texte abzuschrecken, habe ich großen Gebrauch von Übersetzungen gemacht, soweit nicht der Sinn eines Textes aus der deutschen Darstellung hervorging.

Ein Rezensent hat empfohlen, meine Bücher mit einer gewissen Vorsicht zu beurteilen, denn immer noch seien Dokumente gesperrt. Die ganze Wahrheit sei also keineswegs schon heute überschaubar. Aber, was bisher noch für Veröffentlichung gesperrt ist, wird mit Sicherheit nicht zur Entlastung der britischen Vorkriegspolitik beitragen und die bisher schon veröffentlichten Dokumente entwerten.

I. Das britisch-deutsche Verhältnis

1. Die Reichsgründung -
die bedeutendste Revolution des 19. Jahrhunderts

Mit Spanien (Habsburg), den Niederlanden und in einem zweiten hundertjährigen Krieg gegen Frankreich waren die Länder besiegt worden, die in mehr als zwei Jahrhunderten den Aufstieg Großbritanniens zur vorherrschenden Macht und seine Vormachtstellung in Europa auf den Meeren und in Übersee bekämpft hatten. Mitteleuropa war politisch zerrissen. Von ihm drohte keine Gefahr. Seit seinem Sieg über Napoleon hatte Großbritannien Ruhe gehabt, sein Weltreich auf- und auszubauen. Der Vorstoß des Zarenreiches gegen die Flanke des Empire war im Krimkrieg abgewehrt worden.

Bismarcks Reichsgründung von 1871 veränderte das Gesicht Mitteleuropas. Wo bisher vorhandene Mächtegruppierungen sich gegenseitig in der Balance gehalten hatten, war ein neues Kraftzentrum entstanden, das aufgrund seiner Bevölkerungszahl, seiner sich entwickelnden Industrie und nicht zuletzt wegen der von seiner preußischen Führungsmacht bewiesenen militärischen und administrativen Fähigkeiten Möglichkeiten zur Entwicklung einer Hegemonialmacht in sich barg.

In Großbritannien erkannte der damalige Oppositionsführer und spätere langjährige Ministerpräsident Disraeli mit dem Gespür des großen Politikers für neue politische Entwicklungen und drohende Gefahren die Bedeutung dieses Ereignisses im besonderen für Großbritannien.[1]

In seiner Unterhausrede vom 9. Febr. 1871 beschrieb er den Charakter des Deutsch-Französischen Krieges. Es sei kein gewöhnlicher Krieg wie der zwischen Preußen und Österreich oder wie der italienische und der Krimkrieg. Dieser Krieg bedeute die deutsche Revolution, ein größeres politisches Ereignis als die Französische Revolution des letzten Jahrhunderts. Die Folgen seien kaum vorhersehbar. Nicht ein einziger Grundsatz in der

Führung der auswärtigen Angelegenheiten bleibe erhalten, es gebe keine diplomatische Tradition, die nicht hinweggefegt worden ist. Es gebe eine neue Welt, neue Einflüsse seien am Werk, und neue, unbekannte Ziele und Gefahren drohten. Lord Palmerston[2] habe die Politik des Staates im Hinblick auf die Erhaltung eines Gleichgewichts in Europa geformt. Diese "balance of power" sei absolut notwendig für die Erhaltung des Friedens. Aber jetzt sei sie gänzlich zerstört. Und England sei das Land, das darunter am meisten leide und die Wirkungen dieser Veränderung am meisten spüre.[3]

Bis zur Reichsgründung war das Prinzip der "balance of power" durch die Gegensätze der europäischen Mächte untereinander erhalten geblieben, ohne daß Großbritannien, das sich mit Ausnahme des Krimkrieges gegenüber Europa in einer Art "splendid isolation" verhalten konnte, in Europa einzugreifen brauchte. 1871 jedoch mußte es befürchten, daß sich in der Mitte Europas eine Macht konzentrierte, die zu einem Gegner Großbritanniens werden könnte.

Der Keim zu dem die nächsten sieben Jahrzehnte beherrschenden deutsch-englischen Gegensatz war mit dieser Befürchtung gelegt. In der Gegnerschaft zur jeweils stärksten europäischen Macht hatte die britische Politik seit dem Ausgang des 16. Jahrhunderts gestanden. Es bestand für die traditionelle englische Politik keine Veranlassung, diese offensichtlich bewährte Politik gegenüber der neuaufkommenden europäischen Macht, dem Deutschen Reich, zu ändern. Kein geringerer als Churchill hatte im März 1936 in einer Rede im Unterhaus diese Politik dargelegt.[4]

2. "Germaniam esse delendam"

Die rasche Industrialisierung in Deutschland und der schnell wachsende Export, der für die Ernährung der nicht mehr von eigener Scholle zu versorgenden Bevölkerung erforderlich war, ließ die Deutschen zu einer immer stärker spürbaren wirtschaftlichen Konkurrenz für die Briten werden und die Befürchtungen

Disraelis Gestalt annehmen. Jedoch war das große deutsche Flottenbauprogramm von Tirpitz noch nicht angelaufen und auch die umstrittene Krüger-Depesche des deutschen Kaisers, in der die Engländer eine Einmischung in ihr Verhältnis zu den Buren sahen, hatte das deutsch-englische Verhältnis noch nicht belasten können, als der erste von zwei Aufsätzen in der "Saturday Review" am 1. Febr. 1896 erschien.[5]

In eine darwinistische Geschichtsbetrachtung gekleidet war ein Aufsatz "A Biological View of our Foreign Policy by a Biologist". In ihm wird als vorerst letzte Stufe des zum Krieg der Völker gewordenen Artenkampfes die deutsch-englische Auseinandersetzung angesehen. Die ganze Erde ist inzwischen besetzt, der Ausdehnungsdrang der Völker jedoch ungebrochen. Die schwächeren Völker sind aus dem Kampf ausgeschieden oder kommen, so China, Japan und Rußland, aus verschiedenen Gründen als "Nebenbuhler" nicht in Frage. Selbst Frankreich ist trotz der geschichtlichen Gegnerschaft kein Nebenbuhler Englands im biologischen Sinne.

Und so spitzt sich wie in der Natur die Auseinandersetzung auf die Völker zu, die sich am ähnlichsten sind. Das sind Deutschland und England. "Weil die Deutschen den Engländern so ähnlich sind im Wesen, im religiösen und wissenschaftlichen Denken, im Gefühlsleben und an Begabung, sind sie unsere vorbestimmten natürlichen Nebenbuhler. Überall in der Welt, bei jedem Unternehmen, im Handel, in der Industrie, bei sämtlichen Anlagen in der weiten Welt, stoßen England und Deutschland aufeinander... - "...Wäre morgen jeder Deutsche beseitigt, es gäbe kein englisches Geschäft, das nicht zuwachsen würde . . .

Hier wird der große Artenkampf sichtbar, meint der Verfasser, und fordert dazu auf, sich fertigzumachen zum Kampf mit Deutschland, denn "Germania esse delendam".

19 Monate später, am 11. Sept. 1897, erschien der zweite Aufsatz und pointierte die Gedanken des ersten. In Europa seien zwei große unversöhnliche gegnerische Kräfte in Gestalt von zwei großen Nationen am Werk, die die ganze Welt sich einzuverleiben strebten, um an ihr zu verdienen. Engländer und Deutsche stehen

in jedem Winkel der Erde im Wettbewerb. Überall, wo die englische Flagge der Bibel und der Handel der Flagge gefolgt ist, bekämpft der deutsche Handelsmann den englischen Krämer. Aus einer Million von Streitereien und Kleinigkeiten fügt sich die größte Kriegsursache zusammen, davon die Welt jemals gehört haben wird. Würde Deutschland morgen ausgelöscht, gäbe es übermorgen weltein, weltaus keinen Engländer, der nicht um so reicher wäre ("who would not be the richer").

Staaten hätten jahrelang Krieg um eine Stadt oder um ein Thronfolgerecht geführt. Warum sollten sie nicht *Krieg* führen, wenn ein jährlicher Handel von 250 Millionen Pfund auf dem Spiel steht? Auch dieser Aufsatz schloß: "Germania esse delendam".

3. Sir Eyre Crowe, der Begründer der deutschfeindlichen Tradition des Foreign Office

a) Einige Daten

Crowe wurde als Sohn eines englischen Vaters und einer deutschen Mutter 1864 in Leipzig geboren[6]. Anders als die Söhne der britischen Oberschicht war er nicht auf einem der führenden britischen Internate erzogen worden, sondern hatte deutsche Gymnasien in Düsseldorf und Berlin besucht. Er heiratete eine deutsche Cousine, die Witwe eines preußischen Offiziers und Trägerin eines preußischen Adelsnamens. Die starken verwandtschaftlichen Bindungen an Deutschland - seine Mutter war eine Stiefschwester des späteren Admirals von Holtzendorff - haben ihm Schwierigkeiten in seiner Karriere bereitet. Der Wunsch, sich vom Makel des Halbdeutschen zu befreien, sich als guter Brite zu erweisen, hat sicher dazu beigetragen, daß er zum schärfsten Deutschenhasser unter den britischen Diplomaten im Anfang des 20. Jahrhunderts wurde.

Sein berühmtes Memorandum vom 1. Jan. 1907 "Memo on the Present State of British Relations with France and Germany" wurde neben der Formulierung von Grundsätzen der britischen Politik, der Erneuerung des Prinzips der "balance of power" zum

Manifest der Warnung vor der deutschen Gefahr, die er wie Disraeli, nur noch in prononcierterer Weise seit der Reichsgründung für Großbritannien entstehen sah.

Die Denkschrift hat ihm den Weg nach oben geebnet. Im Januar 1912 wurde er Under-Secretary of State for Foreign Affairs, der zweithöchste Beamte in der britischen diplomatischen Hierarchie, nachdem er 1911 geadelt worden war. Im November 1920 erreichte er die höchste Stufe im diplomatischen Dienst Seiner Majestät, er wurde Permanent Under-Secretary of State for Foreign Affairs, dem deutschen Staatssekretär vergleichbar. In dieser Stellung verblieb er bis zu seinem Tode am 19. April 1925.

Die Gegenschrift eines früheren Permanent Under-Secretary, Lord Sanderson, ließ der britische Außenminister Grey, der von Crowes Gedanken sehr beeinflußt war, liegen. Sie kam nicht zur Auswirkung, die deutschfeindliche Linie Crowes bestimmte die britische Außenpolitik der nächsten vier Jahrzehnte.

b) Politische Grundsätze

Die britische Außenpolitik war bestimmt durch die unveränderliche geographische Lage an der ozeanischen Seite Europas als Inselstaat mit weiten überseeischen Kolonien und schutzherrschaftlichen Gebieten. Die Existenz des Staates hing vom Besitz einer alle anderen überwiegenden Flotte ab. Die Gefahr bestand, daß sich gegen einen solchen übermächtigen Staat ein Bündnis anderer Staaten bildete. Dieser Gefahr konnte begegnet werden, indem dieser Inselstaat so geführt wurde, daß er seine Politik mit den allgemeinen Wünschen und Menschheitsidealen harmonisierte. Das wichtigste Interesse der britischen Nation ist die Unabhängigkeit. Deshalb hatte Großbritannien ein großes Interesse an der Erhaltung der Unabhängigkeit von Völkern; es war deshalb der natürliche Feind jeden Landes, das die Unabhängigkeit anderer Völker bedrohte und wurde so zum Beschützer kleiner und schwacher Völker.

Nach dem Ideal der Unabhängigkeit haben die Völker immer das Recht auf freien Verkehr und Handel auf den Märkten der Welt geschätzt , und im Verhältnis zur Aufrechterhaltung dieses Freihandelsprinzips hat Großbritannien sich die Freundschaft anderer Nationen erhalten, die die Seevorherrschaft einer Freihandelsnation eher als die einer protektionistischen Macht anerkennen.

Die Gefahr der Bedrohung ihrer Unabhängigkeit entsteht für die Völker immer aus der Vorherrschaft einer militärischen und wirtschaftlichen Macht, die zudem vom Ehrgeiz erfüllt ist, ihre Grenzen auszudehnen oder ihren Einfluß auszubreiten. Dem kann nur durch eine andere große Macht oder durch Verteidigungsbündnisse begegnet werden, um ein Gleichgewicht herzustellen, die "balance of power". Es ist eine geschichtliche Binsenwahrheit, daß die Aufrechterhaltung dieses Gleichgewichts die säkulare Politik Englands war. Und so wird England immer sein Gewicht wechselnd in die eine oder in die andere Waagschale werfen, doch immer in diejenige, die sich gegen die politische Diktatur der stärksten Einzelmacht oder einer Gruppe wendet. Auf Europa bezogen bedeuten diese politischen Grundsätze Englands eine antieuropäische Politik. Europa muß im Interesse der Erhaltung der Seemachtstellung Großbritanniens immer gespalten sein in eine Reihe kleinerer Mächte, um die "balance of power" aufrechtzuerhalten.

Daraus ergab sich für Crowe, daß es ein primäres Interesse für dieses Land war, jede alleinstehende Macht daran zu hindern, Europa zu beherrschen. (That it was a primary interest of this country to prevent any single power dominating Europe).

c) Britische Politik gegenüber dem Deutschen Reich
Mit Frankreich hatte Großbritannien sich arrangiert. Viele Spannungen hatte es gegeben, bis 1898 bei Faschoda am oberen Nil England der französischen Expansion Halt geboten hatte. Das hatte die französische Politik zum Umdenken veranlaßt und die Bereitschaft zum Abschluß der Entente mit England geschaffen. Denn beide Staaten hatten einen gemeinsamen Gegner bekommen, der für Frankreich der Erbfeind, für England aber ein neuer Gegner war. Das Deutsche Reich sieht Crowe nicht nur als den Erben, sondern sogar als den Abkömmling Preußens an, erfüllt mit demselben Geist der "Blut und Eisen"-Gesinnung.

20

Der Aufstieg Preußens, die Verdoppelung seines Territoriums unter Friedrich d. Gr. löst bei ihm sogar noch eine gewisse Anerkennung aus. Schließlich weiß er natürlich, wenn er es auch nicht ausspricht, daß die Militärmacht Preußen als Englands Verbündeter diesem im Siebenjährigen Krieg und gegen Napoleon die Vergrößerung und den Bestand seines Empires ermöglicht hatte. Aber das zur Großmacht strebende Preußen hatte noch kein überragendes Gewicht in Europa erhalten. Es trug wesentlich zur Erhaltung der "balance of power" im britischen Sinne bei. In seinem Streben hatte Friedrich sich England angeschlossen.

Anders beurteilt Crowe die Entwicklung seit 1871. Jetzt werden die Auftriebskräfte, die, solange sie britische Interessen förderten, gute Kräfte waren, zu bösen, da sie die deutsche Vorherrschaft verwirklichen sollten.

Während Preußen nur Großmacht werden wollte, strebte das Deutsche Reich scheinbar seit Bismarck über die vorherrschende Position in Europa zur Weltmacht. So wird Bismarck, während Friedrich d. Gr. noch Gnade vor seinen Augen findet, für Crowe der böse Geist, der mit allen Mitteln der Täuschung und Intrigen besonders ab 1884 beim Erwerb von Kolonien mit einseitiger Aggressivität Großbritannien entgegentrat und von britischer Nachgiebigkeit profitierte.

Solange Deutschland in einen Wettbewerb um intellektuelle und moralische Führung in der Welt antrat, konnte Großbritannien das nur bewundern. Wenn Deutschland aber seine Kraft und Fähigkeiten benutze, um seine Herrschaft über andere Staaten zu erstrecken und schließlich das britische Empire auseinanderzubrechen und zu ersetzen, mußte England dem nach Crowe entgegentreten. In dieser Beziehung könne England kein Risiko eingehen. Trotz Versicherungen deutscher Staatsmänner mache die politische Tradition Großbritanniens es schwierig, Vertrauen darauf zu haben, daß Deutschland seine Energien benutzen wird, Wohlfahrt und Glück anderer Völker zu fördern, nicht aber eine deutsche Hegemonie zu errichten.

Die Gegnerschaft zwischen dem Reich und England war nach Crowe durch einseitige deutsche Aggressivität verursacht, die auf englischer Seite auf versöhnlichste Gesinnung mit nie versagender Bereitwilligkeit gestoßen war, durch Zugeständnisse die Wiederaufnahme von freundschaftlichen Beziehungen zu ermöglichen.

Wenn Deutschland weiter eine Politik betrieb, die vitale britische Interessen verletzte, war ein bewaffneter Konflikt auf die Dauer nach Crowe nicht zu vermeiden.

Der Gegensatz schien ihm zu tief verwurzelt, als daß er durch vorläufige Aushilfsmittel, zu denen England lange und geduldig gegriffen hatte, überbrückt werden könnte, denn Deutschland folgte, wie er meinte, einer Politik, die in wesentlichen Dingen den britischen Interessen widersprach. Ein bewaffneter Konflikt ließ sich auf lange Sicht also nicht vermeiden, wenn England seine Interessen nicht opfere und seine Stellung als unabhängige Großmacht verliere oder selbst so stark werde, daß Deutschland keine Chance hat, einen Krieg zu gewinnen. Crowe ist davon überzeugt, daß Deutschland danach strebt, "at playing a much larger and much more dominant part than she finds allotted to herself under the distribution of material power".

Es sei nicht ausgeschlossen, daß Deutschland wie schon häufiger in seiner Geschichte um ein "close understanding" nachsuchen wird. Das aber werde kaum möglich sein. Die Entente mit Frankreich habe eine materielle Grundlage und ein greifbares Ziel, und ähnliches gelte von der angestrebten Verständigung mit Rußland. Aber für eine deutsch-englische Verständigung auf derselben Grundlage gebe es keinen Platz, weder für ein Offensiv- noch für ein Defensivbündnis.

d) Crowes Einfluß

Der unmittelbare Einfluß seines Memos war groß. Der britische Außenminister Sir Edward Grey, in deutscher Sicht der Initiator der gegen Deutschland gerichteten Einkreisungspolitik, die zum Ersten Weltkrieg geführt hatte, war von ihm stark beeindruckt und beeinflußt. In einem "minute" vom 28. Jan. 1907 vermerkte er, daß das Memo äußerst wertvoll sei und sehr hilfreich "as a guide to policy". Es erfordere sorgfältiges Studium und ständige Beachtung. Er ordnete an, es dem Premierminister und einer Reihe von Ministern vorzulegen.

Das Memo des parlamentarischen Unterstaatssekretärs für Auswärtige Angelegenheiten brachte schon Vokabeln, die uns später bei der Beurteilung Hitlers wieder begegnen; Unberechenbarkeit und Wahnsinn (madness) gehören ebenso dazu wie das Streben nach Weltherrschaft. An dem Memo wurde bemängelt, daß der ruhelose, unberechenbare (uncertain) Charakter des Kaisers zu wenig berücksichtigt worden sei. In Bismarcks Wahnsinn sei wenigstens Methode gewesen, bemerkt Crowe ("There was at least method in Bismarck's madness"). Die Kritiker Hitlers und seiner Außenpolitik waren nicht sehr originell, wie man aus Crowes Beurteilung Bismarcks und des deutschen Kaisers entnehmen kann. Über den unmittelbaren Einfluß hinaus hat das Memorandum seine Wirkung in der Erziehung von Generationen britischer Diplomaten gehabt. Sie wurden in der Überzeugung erzogen, daß ein starkes Deutschland die Hegemonie in Europa und sogar die Weltherrschaft anstrebe, dadurch die "balance of power" zerstöre und zwangsläufig zum Gegner Großbritanniens werden müsse, dessen Aufgabe in der Bekämpfung dieses neuen Gegners lag.

Noch Henderson hat in einem Telegramm an Halifax von den Anhängern der Crowe-Tradition gesprochen (followers of the Crowe tradition in your department), die den Krieg für unvermeidbar hielten.

Diese Gruppe mit Vansittart an der Spitze hat einen entscheidenden Einfluß auf die zum Zweiten Weltkrieg führende britische Außenpolitik ausgeübt.

4. Vansittart - Elementarer Deutschenhaß und Verhinderung einer deutschen Kontinentalhegemonie

Fünf Jahre nach Crowes Tod folgte auf ihn 1930 Sir (später Lord) Robert Gilbert Vansittart als Permanent Under-Secretary of State for Foreign Policy[7]. Er sollte in diesem Amt acht Jahre lang bis 1938 die Geschicke der auswärtigen Politik weitgehend bestimmen. Fünf Außenminister kamen und gingen in dieser Zeit, Vansittart blieb. Und auch nach seiner Ablösung am 1. Januar 1938 behielt er als Chief Diplomatic Advisor, wie unten noch aufgezeigt werden wird, großen Einfluß auf die Politik, in zunehmendem Maße auch auf den sechsten Außenminister, Lord Halifax. Und nicht zuletzt blieb ihm ein erheblicher Einfluß nach seiner Ablösung als Permanent Under-Secretary in seiner Stellung als Leiter der Informationspolitik des Foreign Office.

Man hat einmal von einer Art Gewaltenteilung gesprochen, auf der die Kontinuität der britischen Außenpolitik beruht. Die politische Verantwortung liegt beim parlamentarisch verantwortlichen Minister. Ihm kommt auch alle Publizität zu, während die eigentliche Formung der Außenpolitik von der mehr oder weniger anonymen Bürokratie des Foreign Office vorgenommen wird. Zumindest für die Zeiten Crowes seit seinem Memo und für Vansittart traf das zu.

In einer Reihe von Memoranden, von denen er das erste schon im Jahre 1932 verfaßte, hat Vansittart, stark beeinflußt von seinem Vorgänger und Vorbild Crowe, vor der deutschen Gefahr gewarnt. Während Crowe die deutsche Gefahr allein aus dem preußischen Erbe und von Bismarck berleitete, sah Vansittart sie außer in der Geschichte vor allem im deutschen Charakter begründet, wie er ihn u. a. in seiner 1940 verfaßten Schrift "The Nature of the Beast" beschrieben hat.

Die Deutschen hätten, wie er sagt, eine Wolfsnatur und könnten sich nicht ändern. 75 % von ihnen seien böse und dazu bereit, sich für böse Dinge einzusetzen. Der Rest stehe solchen Entwicklungen mehr oder weniger gleichgültig gegenüber.

Aus dieser unveränderlichen bösen Charaktereigenschaft ergebe sich die Kontinuität der deutschen politischen Ziele, die - ähnlich, wie Crowe es sah - auf die Hegemonie in Europa und die Herrschaft in der Welt und damit auf die Zerstörung des britischen Empire gerichtet seien. In seinem Buch "Black Record" vergleicht er die Deutschen mit einem Raubtier. Auf einer Seereise 1907 im Schwarzen Meer auf einem deutschen Schiff hatte er Vögel beobachtet. Unter ihnen war ihm einer aufgefallen, scharf gezeichnet und mit einem stärkeren Schnabel. Vansittart verbrachte den ganzen Tag damit, diesen Vogel zum Abschuß zu bekommen. Dabei schoß ihm ein Gedanke durch den Kopf, "der mich seitdem nicht mehr verlassen hat: der Raubvogel auf jenem deutschen Schiff benahm sich genau wie die Deutschen".

Wenn aber das böse Streben der Deutschen in ihrer Natur begründet ist, dann könne man eigentlich auch nicht einzelne Personen ausschließlich für die begangenen "Untaten" verantwortlich machen, weder den Kaiser noch Hitler. Seine Warnungen vor Deutschland sprach er auch schon in der Weimarer Zeit aus, zu einer Zeit, in der er von Hitler wahrscheinlich noch gar nichts wußte, zumindest von seiner künftigen Bedeutung nichts ahnen konnte.

Schon in der Weimarer Zeit mußte alles darangesetzt werden, Deutschland schwach zu halten und eine Revision des Versailler Vertrages zu verhindern.

Die Machtübernahme durch Hitler 1933 bedeutete für ihn keine neue Gefahr, sie gab nur dem im Grunde unveränderten deutschen Wesen in veränderter Form neuen Ausdruck.

Seine Gegnerschaft zu Deutschland galt daher nicht - wie bei vielen Engländern nach 1933 - vor allem dem Nationalsozialismus, den er natürlich auch verabscheute, sondern sie richtete sich gegen das deutsche Wesen und insgesamt gegen deutsche Macht. Auch ein starkes, von Kräften des "Widerstandes" geführtes Deutschland hätte in ihm den schärfsten Gegner gefunden. Es gehört zu den Torheiten des deutschen Widerstandes, dessen englische Verbindungen zu einem großen Teil über Vansittart liefen, das nicht bemerkt zu haben. Denn dieser kam zu der Feststellung, daß er bezweifle, ob viel durch eine Schwächung Hitlers gewonnen würde. Er rechnete mit dem Gegenteil.

Es liegt ein gut Teil Fatalismus in dieser Einstellung. Im Grunde gibt es nach Vansittart keine Verständigungsmöglichkeit mit Deutschland, ganz gleich, in welcher Form es sich präsentiert. Es wird in den seiner Natur entsprechenden Ambitionen immer eine Gefahr für Großbritannien bilden, oder dieses muß, wie es ja bereits Crowe gesagt hatte, seine wesentlichen Interessen aufgeben. Und wie dieser lehnte er eine enge Verbindung mit Deutschland ab. Hitlers ursprünglicher Plan, mit England zusammenzugehen, den er im Grunde bis 1941 nicht aufgegeben hatte, mußte an dieser britischen Einstellung scheitern, es sei denn, Hitler hätte sich im Sinne der britischen Doktrin der "balance of power" mit einer Juniorpartnerschaft zufriedengegeben.

Vansittarts direkter Einfluß blieb mindestens bis zu seiner Entbindung vom Amt des Permanent Under-Secretary ungebrochen. Chamberlains Absicht, als Premierminister seine eigene Außenpolitik zu betreiben, stand er im Wege. Vor allem dann, wenn Chamberlain die Absicht gehabt haben sollte, in dieser oder jener Form zu einer Verständigung mit Deutschland zu kommen. Denn Vansittart war die Verkörperung des Grundsatzes von Crowe: "Niemals, was auch immer kommen mag, mit Deutschland paktieren." Indirekt blieb sein Einfluß über seine Anhänger im Foreign Office erhalten. Sie setzten den traditionellen Crowe/Vansittar-Kurs in der Außenpolitik fort und waren Gegner der Chamberlainpolitik.

Vansittarts deutschfeindlicher Einfluß auf die englische Politik ist unbestritten. Auch Chamberlain schien erkannt zu haben, daß er ein Haupthindernis für eine von ihm angestrebte, zumindest zeitweise Verständigung mit Deutschland war. Vielfach wird angenommen, daß mit der Abberufung am 1. Januar 1938 sein deutschfeindlicher Einfluß im Foreign Office verschwunden war. Gewiß, er erhielt eine ehrenvolle Ernennung zum "Chief Diplomatic Advisor", aber das sei ein einflußloser Posten gewesen bei einer Regierung "who never called on his advice", meint selbst Newman[8], und Watt[9] spricht von einer Versetzung "auf einen Posten ehrenvoller Machtlosigkeit".

Diese Auffassung ist nicht auf die beiden genannten Historiker be-schränkt. Besonders unter den deutschen Historikern, die alle Schuld bei Hitler sehen, ist sie verbreitet.

Nun hat zumindest Newman - wenn auch nicht expressis verbis - seine Beurteilung revidiert.[10] Vansittart sei einer der führenden Vertreter des Arguments gewesen, daß nur eine durch Großbritannien eingenommene feste Haltung die (deutsche) Opposition gegen Hitler ermutigen könne. Sein Einfluß sei nach der Besetzung von Böhmen und Mähren gestiegen und sein Rat habe bei Halifax an Gewicht gewonnen. Am 26. März 1939 mußte Cadogan einräumen, daß es gekommen sei, wie Vansittart vorher gesagt hatte und wie er selbst es niemals geglaubt hätte[11]

Im Foreign Offce waren außer der Abberufung Vansittarts keine wesentlichen Veränderungen vorgenommen worden. "Alle Schlüsselstellungen im Amt selbst und in den diplomatischen Außenposten wurden von Männern eingenommen, die den Vansittart-Kurs restlos bejahen", glaubt Aigner feststellen zu müssen[12]. Und Theodor Kordt schrieb 1938 aus der Londoner Botschaft, daß Deutschland im Foreign Office, von wenigen jüngeren Beamten abgesehen, keine Freunde habe.

Auf der Suche nach Urhebern der "Tilea-Lüge" stieß Newman auf die "most virulently anti-German group" im Foreign Office und besonders auf Vansittart. Für Newman gibt es keinen Zweifel[13], daß es eine Gruppierung im Foreign Office gab, die sich allen Bemühungen widersetzte, ein Abkommen mit Deutschland zu erreichen. Sie sei besonders eng mit Vansittart verbunden gewesen, sei in der deutschen Propaganda an die Spitze der Kriegspartei im Foreign Office gestellt worden, die sich im günstigsten Fall nur jeder Art von Abkommen mit Deutschland widersetzte, im schlimmsten Fall aber einen "Präventivkrieg" gegen Deutschland befürwortete.

Mit Vansittart, Sargent und all den Kräften des Bösen habe er zu kämpfen, schrieb Cadogan am 12. März 1938 und meinte damit die Vansittart-Gruppe in seinem Amt.[14] Gegen die Anhänger der "Crowe tradition" im Foreign Office, die mit der Vansittart-Gruppe identisch waren und den Krieg für unvermeidlich hielten, wandte sich Henderson in einem Brief an seinen Außenminister am 22. Aug. 1938[15]. Es gelang offenbar Vansittarts Nachfolger Cadogan nicht, sich von Vansittarts Einfluß freizumachen; jedenfalls glaubte Harvey, das feststellen zu müssen.[16] Neben dem durch diese Foreign-Office-Gruppierung kontinuierlich ausgeübten direkten und indirekten Einflüssen ist aber auch nachzuweisen, daß Vansittart an vielen, eigentlich an allen wichtigen Entscheidungen noch nach seiner Abberufung mitgewirkt hat. Ihre Zahl ist so groß, daß man den Eindruck gewinnt, Vansittart sei sicherlich von der Routinearbeit im Foreign Office befreit gewesen, habe sonst aber nicht wesentlich an Einfluß verloren. Einige dieser Entscheidungen seien genannt, wobei ausdrücklich bemerkt werden muß, daß sich ihre Zahl ohne Schwierigkeiten vermehren ließe.

An den entscheidenden drei Konferenzen vom 8., 9. und 10. Sept. 1938, die die Marschroute Chamberlains für seinen Besuch in Berchtesgaden festlegten, nahm Vansittart als einziger neben Chamberlain, Halifax und Cadogan an allen drei Tagen teil[17]. Auch bei der Konferenz mit den französischen Ministern nach dem Berchtesgadener Treffen am 18. September fehlte er nicht.[18] Nachdem am 16./17. März 1939 der Entschluß des britischen Kabinetts zur Bildung einer antideutschen Koalition gefaßt worden war und während Chamberlain sich auf der Fahrt nach Birmingham befand, wo er eine wichtige Rede halten wollte, führte Vansittart die erste wichtige Besprechung mit dem sowjetischen Botschafter Maisky[19]. Wheeler-Bennet weiß auch zu berichten, daß Maisky sowohl Halifax als auch Vansittart häufig gesehen hat, "quite frequently in the last four weeks". "Vansittart had a long talk with Maisky", erfahren wir aus den britischen Dokumenten[20], und in der Kabinettssitzung vom 17. Mai 1939 berichtete Halifax, daß Vansittart eine zweistündige Unterhaltung mit Maisky gehabt hatte.[21]

Nun hatte es sich bei diesen Besprechungen nicht um irgendwelche Routinebesprechungen gehandelt; der Einbeziehung der Sowjetunion in die antideutsche Koalition kam größte Bedeutung zu. Wahrscheinlich um die Sowjets von der britischen Entschlossenheit, eine antideutsche Politik zu betreiben, zu überzeugen, wurde der Repräsentant der antideutschen Politik, eben Vansittart, mit dem in London stattfindenden Teil der britisch-sowjetischen Verhandlungen beauftragt.[22]

Auch Wohlthat war während seiner Londoner Verhandlung mit Vansittart zusammengetroffen, eine Tatsache, die man lange geheimzuhalten versuchte. Daraus muß geschlossen werden, daß es sich um wichtige Gespräche gehandelt hat. Genaueres wissen wir immer noch nicht, denn die Akten des Foreign Office, die sich auf die Auswahl Vansittarts für die Teilnahme an der Walkonferenz beziehen, sind immer noch bis zum Jahre 2015 geschlossen.[23] Das kann kein Zufall sein.

Am 6. Juni 1939 berichtete die Pariser deutsche Botschaft an das Auswärtige Amt über die Unterredung eines Vertrauensmannes der Botschaft mit dem ehemaligen französischen Ministerpräsidenten Flandin. Nach dessen Meinung war in Großbritannien die Kriegspartei für die künftige Politik maßgebend geworden.[24] Halifax sei von ihr gewonnen worden und stütze sich im wesentlichen auf Vansittart, der in engster Verbindung mit Churchill stehe. Daß Vansittart Einfluß bei Halifax gewonnen hatte, zeigt dessen Bemerkung zu einem "minute" Vansittarts auf Hitlers Bündnisangebot vom 25. Aug. 1939, "there is force in Sir Robert Vansittart's minute".[25]

Kategorisch hatte er ein Bündnis mit Deutschland abgelehnt, "a treaty, yes, an alliance, no". Er blieb mit dieser Stellungnahme seinem großen Vorgänger (und Vorbild) Crowe treu, dessen eine Hauptthese es, wie wir schon erfahren haben, gewesen war, niemals mit Deutschland zu paktieren.

Eine andere wichtige Funktion füllte er bis zum Kriegsausbruch aus: er war Anlaufstation für den deutschen Widerstand. "Van gave me a good information" schrieb Halifax an den Premierminister.[26]

Vansittart war auch der Mittelsmann, über den die von den Gebrüdern Kordt ausgehenden Informationen über den Ciano-Besuch vom 12./13. August 1939 liefen. Anlaufstation nicht nur für den Widerstand, sondern auch für Konrad Henlein, war er bis zu dessen letztem Londoner Aufenthalt im Mai 1938. Die Briten waren also genau über die Entwicklung im Sudetenland informiert.

Und schließlich wirkte Vansittart vor und nach seiner "Kaltstellung" auf einem auch für die Außenpolitik wichtigen Gebiet, der amtlichen Informationspolitik, deren Kontrolle er voll ausübte. Im Februar 1938 wurde er zum Leiter des "Coordinating Committee" für die britische Auslandspropaganda ernannt,[27] dem der British

Council unterstand; dessen Aufgabe es u.a. war, die britische Präsenz in Nord- und Südosteuropa zur Geltung zu bringen und dem dortigen deutschen Einfluß entgegenzuwirken. Als ein "Instrument der geistigen Einkreisung" sah man in Deutschland diese Tätigkeit an. Daneben unterstand diesem Coordinating Committee der Auslandsdienst der BBC und die Presseabteilung des Foreign Office. Wenn Aigner vorsichtig formuliert , daß der British Council auch Sonderaufträge vertraulicher Art ausführen ließ, wird man vermuten können, daß der antideutsche Vansittart ihn nicht nur Shakespeare-Aufführungen durchführen ließ.

Der Koordinationsausschuß war zum diplomatischen Ärgernis geworden; die deutsche Führung hatte eigentlich laufend Anstoß an der häufig maßlos antideutschen , dem Frieden schadenden Propaganda der britischen Presse genommen.

Diesen Beschwerden wichen die Briten mit dem Hinweis auf die britische Pressefreiheit aus. So auch Henderson im bereits erwähnten Interview mit Hitler am 3. März 1938[28]. Henderson trat der "irrigen deutschen Meinung" entgegen, "daß der Vansittart-Ausschuß hinter der britischen antideutschen Propagandawelle stehe". Mit ihm solle keine Propaganda gegen andere Länder betrieben werden, sondern Werbung für England und das britische Weltreich. Ribbentrop gab sich nicht so schnell zufrieden mit dieser Erklärung und wies auf eine vierzehntägige Lügenkampagne des Reuterbüros hin. Er ließ sich nicht davon abbringen, daß System dahinter stecke. Henderson versicherte erneut, daß der Vansittart-Ausschuß damit nichts zu tun habe, er'habe seine eigentliche Arbeit noch gar nicht aufgenommen. "Der Führer nahm die erneute Versicherung des britischen Botschafters hinsichtlich des Vansittart-Ausschusses zur Kenntnis", heißt es in der Aufzeichnung des Dolmetschers Schmidt vom 3. März 1938. Warum diese langen Ausführungen über Vansittart, wird mancher Leser fragen? Nun, Vansittarts extrem deutschfeindliche Einstellung ist unbestritten; das wurde bereits festgestellt. Wenn ein Mann mit einer solchen Einstellung noch bis in die letzten Friedenstage zusammen mit einflußreichen Anhängern Einfluß auf die britische Politik hat, muß man Zweifel an ihren friedlichen Absichten haben.

30

Hatte es eine britische Konzessionsbereitschaft gegeben, und hatte Halifax substantielle Angebote gemacht, fragten wir zu Beginn dieses Kapitels? Die negative Antwort ist bei einzelnen Abschnitten schon gegeben worden. Es muß aber noch ausdrücklich gesagt werden : Es konnte keine Konzessionsbereitschaft geben, solange die "followers of the Crowe tradition" ihren antideutschen Einfluß ausüben konnten, und das war in dem in diesem Buch behandelten Zeitraum der Fall.

5. Der alte Gegner im neuen Gewand: Das nationalsozialistische Deutschland

Schon zur Zeit der Republik von Weimar waren englische Politiker Gegner einer Revision des Vertrages von Versailles. Andere, soweit sie nicht der grundsätzlich deutschfeindlichen Richtung angehörten, erkannten aus moralischen, aber auch aus politischen Gründen die Berechtigung einer Revision wichtiger Bestimmungen des Vertrages an. Der Vertrag hatte zusammen mit dem osteuropäisch-französischen Bündnissystem eine französische Hegemoniestellung geschaffen, die dem traditionellen britischen Prinzip der "balance of power" widersprach.

Mit dem Erstarken des Reiches änderte sich die revisionsfreundliche Haltung in Großbritannien. Das Gespenst einer möglichen deutschen Vorherrschaft tauchte wie in der Zeit vor dem Ersten Weltkrieg auf, und von der Bereitschaft, einer Revision zuzustimmen, blieben nur noch Lippenbekenntnisse. Die britische Politik wurde zum Gegner einer Revision. Auch das Prinzip des Selbstbestimmungsrechts der Völker wich den britischen Interessen, die Deutschland den Status einer beherrschenden Großmacht nicht zuerkennen wollten.

Eine Neuordnung Europas durch ein um Österreich, das Sudetenland und die in Versailles verlorenen Ostgebiete verstärktes Deutschland, ein 80-Millionen-Block, der allein durch sein Gewicht in Europa sich dem britischen Einfluß entziehen würde, sollte nicht zugelassen werden.

Wenn bis 1933 nur außenpolitische Fragen den englisch-deutschen Gegensatz bestimmt und auch zur Auslösung des Zweiten Weltkrieges geführt hatten, wurde die deutsch-englische Gegnerschaft nach 1933 durch einen ideologischen Antagonismus geprägt. Man betrachtete die innenpolitischen deutschen Vorgänge als eine echte Revolution , deren Auswirkung vor allem auf sozialem Gebiet man fürchtete. Wenn schon durch die Revolution von 1918 die traditionell herrschenden Schichten in Deutschland erheblich an Einfluß verloren hatten, so beseitigte die nationalsozialistische Revolution von 1933 die noch vorhandenen Einflußreste der alten Oberschichten durch die Bildung einer neuen, aus dem Volk entstehenden Führungsschicht. Man spürte in England instinktiv, daß die soziale Umschichtung in Deutschland sich nicht auf dieses Land beschränken würde und fürchtete in den englischen Führungsschichten um die eigene privilegierte Stellung, wenn die neuen Ideen die britische Bevölkerung erfassen würden. Deutsche Arbeiter in bisher der englischen Ober- und Mittelschicht vorbehaltenen Urlaubsgebieten - KdF auf Madeira - mußten auch in anderen Ländern, auf lange Sicht gesehen, Wünsche erwecken, die eine Gefährdung der eigenen sozialen Ordnung bedeuteten. Das konnte nur durch Beseitigung des nationalsozialistischen Systems in einem siegreichen Krieg verhindert werden.

Als Bannerträger der liberalen Demokratie hatte sich Großbritannien - mehr oder weniger berechtigt - gefühlt. Die Errichtung einer antidemokratischen Ordnung in Deutschland mit ihrer Unterordnung der Rechte des Individuums unter die Rechte des Ganzen wurden besonders von der britischen Rechten, aber auch der Linken, als tiefgehender weltanschaulicher Gegensatz empfunden.

Der verwirklichte Totalitarismus zusammen mit einer in englischer Sicht schon seit Hegel vorhandenen und jetzt wieder aufgelebten Vergottung des Staates waren dem englischen Wesen zutiefst fremd und zuwider und erschwerten eine Verständigung. Zu diesen weltanschaulichen Gegensätzen gehörte auch der deutsche Antisemitismus, der angesichts des großen Einflusses, den das Judentum in Großbritannien besaß, die antideutschen Tendenzen in Großbritannien erheblich verstärkte. Der Einfluß der vielen, meist jüdischen Emigranten kam hinzu. Die weitgehend vom Judentum ausgegangene antideutsche Propaganda trug erheblich dazu bei, die Kriegsbereitschaft des englischen Volkes zu entwickeln und zu verstärken. Auch das Verhältnis des Nationalsozialismus zum Christentum, von vielen Engländern als Neuheidentum empfunden, vertiefte angesichts der frömmelnden, um nicht zu sagen bigotten Art mancher Briten den Gegensatz erheblich.

Daß der Nationalsozialismus von vielen Briten als eine Neuauflage des verhaßten "Prussianism" angesehen wurde, den man schon im Ersten Weltkrieg bekämpft und vernichtet geglaubt hatte, erschwerte die Verständigung weiter.

Der deutsche Militarismus war ein Hauptangriffsziel der britischen Linken, vor allem der Labourpartei. Ihr ausgeprägter Pazifismus stand im Widerspruch zur Militanz der nationalsozialistischen Bewegung und verurteilte aufs schärfste die nach ihrer Meinung zum Krieg treibende deutsche Aufrüstung.

Ihr Sozialismus ließ sie den nach ihrer Vorstellung kapitalistischen Nationalsozialismus als Klassenfeind empfinden, der seine gegen die Arbeiterschaft gerichtete Einstellung durch das Verbot der Gewerkschaften bewiesen habe.

Daß die Linke nicht nur in Großbritannien im besonderen Maße Bannerträger des Antifaschismus war, machte sie zum besonders radikalen Gegner des neuen Deutschlands, das sie pauschal als faschistisch einordnete.

Das Prinzip des Freihandels, des unbeschränkten Güteraustausches zwischen den Völkern, hatte England im 19. Jahrhundert groß gemacht und sollte auch im 20. Jahrhundert - wie es nicht nur Crowe verlangt hatte - den Interessen Großbritanniens , aber damit angeblich auch dem Wohle der anderen Völker dienen.

Nun aber stellte ein wichtiger Handelspartner - eben das neue Deutschland - fest, daß seine wirtschaftlichen Interessen nicht (mehr) identisch waren mit dem britischen Freihandelsprinzip. Mit einer weitgehenden Autarkie und dem Aufbau eines bilateralen Handelssystems scherte Deutschland aus dem von Großbritannien beherrschten Welthandelssystem aus. Bis zum Aufstieg des Dritten Reiches und besonders vor dem Ersten Weltkrieg war Deutschland nur als ein lästiger, tüchtiger, erfolgreicher, aber immerhin innerhalb des vorherrschenden multilateralen Systems verbleibender Wettbewerber angesehen worden. Jetzt kam zu dieser Qualitäts- und Preiskonkurrenz das Ausscheren aus dem Freihandelssystem hinzu und zog immer mehr Länder zum Nachteil Großbritanniens in seinen Kreis.

Das alles spielte sich vor den in Großbritannien anders als in Deutschland nicht überwundenen Folgen der Weltwirtschaftskrise ab, die sich 1938 in einem erneuten wirtschaftlichen Rückschlag ausdrückten.

Fassen wir zusammen: Zu der Außenpolitik, die bis 1933 fast ausschließlich das Verhältnis der Staaten zueinander bestimmt hatte, waren besonders im deutsch-englischen Verhältnis neue Faktoren getreten, die eine zusätzliche Belastung darstellten.

Ideologischer Antagonismus, der eigene wirtschaftspolitische Weg und der Versuch, eine die britische Politik der "balance of power" unwirksam machende Vormachtstellung in Europa zu verwirklichen, ließen aus britischer Sicht Deutschland als den Gegner erscheinen, mit dem eine Verständigung nur möglich schien, wenn er bereit war, auf die Realisierung seiner Ziele und Besonderheiten zu verzichten.

Tat er das nicht, war er nicht bereit, sich in das britische System einzuordnen, geboten die britischen Interessen scheinbar die Vernichtung dieses Gegners.

Eine Behandlung der Ereignisse, die zum Zweiten Weltkrieg führten, sollte solche Überlegungen berücksichtigen.

6. Bestand eine britische Konzessionsbereitschaft?

Am Vorabend der beiden entscheidenden Jahre, in denen Hitler die Revision der territorialen Bedingungen des Versailler Vertrages einseitig oder durch Schaffen von Situationen vornahm, die die Westmächte zum Einverständnis zwangen, muß die Frage gestellt werden, ob auch durch eine andere als die Hitlersche Politik die Veränderungen der Jahre 1938 und 1939 erreicht worden wären. Mit anderen Worten: ob eine entsprechende Konzessionsbereitschaft Großbritanniens und Frankreichs vorhanden war, den auch von ihnen als - zumindest moralisch - berechtigt anerkannten deutschen Forderungen nicht nur zuzustimmen, sondern als Signatarmächte der Verträge von Versailles, St. Germain und Trianon sich für ihre Revision aktiv einzusetzen.

Es darf nicht verwundern, daß die etablierte deutsche Geschichtsschreibung das Ausmaß insbesondere der britischen Konzessionsbereitschaft als sehr hoch einschätzt. - Von den neueren Veröffentlichungen seien einige herausgegriffen.

Wäre die Revision einschließlich der Lösung der Sudetenfrage auch einer demokratischen Regierung zugestanden worden? Kettenacker bejaht diese Frage[29]. Innerhalb eines längeren Zeitraumes wäre das der Fall gewesen, meint er, "allein aufgrund des politischen Gewichts, das dem konsolidierten Reich in Relation zu seinen Nachbarstaaten zukam". Aber hätten sich "innerhalb eines längeren Zeitraumes" die 1919 geschaffenen Verhältnisse nicht noch weiter gefestigt und eine Revision immer schwieriger gemacht? Und welche Möglichkeiten für eine Konsolidierung des Reiches hätte es 1933 ohne Hitler gegeben, muß gefragt werden. Selbst wenn das Reich ohne Hitler gefestigt worden wäre, welche Veranlassung hätten die betroffenen Staaten gehabt, Revisionen gegenüber einem zwar starken, aber sich friedlich verhaltenden, seine Forderungen ohne Nachdruck oder gar Gewalt vertretenden Deutschland zuzustimmen?

Eine "Generalbereinigung der mitteleuropäischen Streitfragen" sollte versucht werden und "dabei den berechtigten deutschen Revisionswünschen so weit wie irgend möglich" entgegengekommen werden. Zu einer solchen Zielsetzung hätte sich die von Chamberlain und Halifax geführte englische Regierung spätestens 1937 entschlossen, liest Graml aus den "heute zugänglichen Quellen" heraus[30]. Nein, Graml irrt, Mitte 1937 gab es noch keine Regierung Chamberlain/Halifax, bis zum 20. Febr. 1938 war Eden Außenminister, und der war durchaus von der "deutschen Gefahr" überzeugt. Diese Einstellung spricht nicht für Konzessionsbereitschaft, denn diese würde die "deutsche Gefahr" nur vergrößert haben. Und speziell über Edens Einstellung zur Revision wird unten noch etwas gesagt werden.

Für die britische Regierung gab es eine andere Zielsetzung, die Ersetzung des "diskreditierten sterbenden Systems der kollektiven Sicherheit" durch ein "General Settlement" in der Zusammenarbeit der Großmächte. In dieses "General Settlement" sollte Deutschland eingebunden werden. Das war das eigentliche Ziel, für Graml stand es nur "im Hintergrund".

Zu den Autoren, mit denen wir uns noch häufiger kritisch beschäftigen müssen, gehört Messerschmidt[31]. Auch er glaubt, daß "die großen Ziele des Revisionismus in Polen, der Tschechoslowakei und in Österreich... friedlich erreichbar" gewesen wären. Aber Hitler wäre nicht darauf eingegangen, auf dieses "weitreichende Angebot der Appeasement-Politik, weil er entschlossen gewesen wäre, "darüber hinaus größere Lösungen mit Gewalt durchzusetzen". Messerschmidt übertrumpft die beiden erstgenannten Autoren. Während Graml und Kettenacker nur allgemein von der angeblichen britischen Bereitschaft sprechen, deutschen Wünschen so weit wie möglich entgegenzukommen, weiß Messerschmidt zu berichten, daß Hitler "britische Angebote zur Mitwirkung bei einer friedlichen Änderung des Status quo in Ost- und Südosteuropa... allesamt ausgeschlagen" hat. Leider erfahren wir von ihm nicht, um welche Angebote es sich dabei gehandelt hat. Warum verschweigt er uns das?[32] Für Henke[33] besteht das spezifische Entgegenkommen der Regierung Chamberlain in der Bereitschaft zu "weitreichenden Konzessionen im kontinentalen Bereich". Aber was konnten sie "dem deutschen Führer nützen, fragt er, "da sie nicht die absolute freie Hand für die deutsche Politik einschlossen und noch dazu friedliches Wohlverhalten zur Bedingung machten?" In einem Punkt wird Henke deutlicher, wenn er den Zweck der britischen Angebote betont, nämlich Deutschlands Rückkehr in den Völkerbund und seine Bereitschaft zur friedlichen Zusammenarbeit mit den anderen Großmächten zu erreichen. Nun, das erste kam für Hitler nicht in Frage, das letzte hat er nie abgelehnt.

Hildebrand[34] sagt das noch deutlicher. Großbritannien wäre bereit gewesen, "ethnographisch berechtigten deutschen Revisionsforderungen entgegenzukommen", wenn das Reich sich in eine neue europäische Ordnung einzufügen bereit gewesen wäre und nicht durch "einen gewaltsamen deutschen Ausbruch nach Osten eine Sprengung der 'balance of power' vorgenommen hätte". Hildebrand übersieht, daß die vollständige Revision der territorialen Bestimmungen des Versailler Vertrages die deutsche Hegemonie in Europa bedeutet hätte und damit die Zerstörung der "balance of power".

Hillgruber[35] umspannt einen längeren Zeitraum. Für ihn war bis zur Polengarantie vom 31. März 1939 Entgegenkommen gegen Deutschland die dominierende Tendenz der britischen Politik. Aber selbst über dieses einschneidende Datum hinaus, das für manche (auch britische) Historiker der Beginn britischer Kriegspolitik ist, bleibt nach Hillgruber der Ausgleich die Grundkonzeption der - und hier differenziert er - Politik Chamberlains. Er spricht in diesem Zusammenhang nicht von britischer Politik. Eine entscheidende Bedingung wird allerdings auch von Hillgruber an den Ausgleich gestellt. Er ist nur möglich mit einem sich in eine neue europäische (besser wohl britische) Ordnung einfügenden Deutschland[36]. Dem könnten dann auch weitere berechtigt erscheinende Revisionen zugestanden werden. Wir werden im Verlauf dieser Darstellung feststellen können, inwieweit die Ereignisse diesen Deutungen entsprechen.

Auch Hofer fehlt nicht in dieser Runde. Nach ihm war Großbritannien nach wie vor bereit, "einer vernünftigen Revision der deutschen Ostgrenze zuzustimmen"[37]. Aber "Hitler geht es ja gar nicht um Verhandlungen, nicht um eine vernünftige Revision, sondern um Eroberung neuen Lebensraumes, und so wurde der Krieg unvermeidlich". So einfach verläuft die Geschichte. Aber auch Hofer weiß nichts Konkretes über die verbalen Erklärungen der Briten hinaus zu berichten. Wir erfahren auch durch ihn nicht, was sie sich unter einer "vernünftigen Revision" vorstellten und wie sie verwirklicht werden sollte.

Fassen wir diese Stimmen zusammen: Die Briten seien zu weitgehenden Konzessionen bereit gewesen. Gescheitert seien sie nur, weil Hitler nicht bereit war, sich mit ihnen zu begnügen und sich in die von Großbritannien gewünschte neue Ordnung einzufügen. Das ist die Auffassung der etablierten Geschichtsschreibung.

Offenbar wollen Hillgruber und die anderen nicht erkennen, welche entscheidende Bedeutung der Austritt aus dem Völkerbund (1933) für Hitler und die deutsche Politik gehabt hatte. Der Austritt gab Hitler die erforderliche Bewegungsfreiheit für die Ereignisse der nachfolgenden Jahre, und jetzt sollte er sich gegen verbale, vage (und wahrscheinlich völlig unzureichende) Revisionszugeständnisse der Briten in ein neues kollektives System britischer Machart einbinden lassen. Das war eine völlig irreale Erwartung, wenn der britische Vorschlag überhaupt ernst gemeint war.

Es wurde bei der Darstellung der Messerschmidt'schen Position schon darauf hingewiesen, daß seine Angaben über die britische Konzessionsbereitschaft nur allgemeiner Natur sind und präziser Detailangaben ermangeln. Das gilt auch für die anderen erwähnten Autoren. So sind ihre Behauptungen, da nicht belegt, schwer nachprüfbar. Aber auch eine gründliche Beschäftigung, vor allem mit den britischen publizierten und unveröffentlichten Akten hat dem Verfasser keinen Hinweis auf eine britische Konzessionsbereitschaft gegeben.

Aufgrund eines eingehenden eigenen Aktenstudiums muß der Verfasser Hauser[38] zustimmen, der gewissermaßen die Gegenposition zu seinen Fachkollegen vertritt. Er ist zu der Erkenntnis gekommen, "daß die Engländer trotz ständig wiederholter Beteuerung ihrer Bereitschaft zum Entgegenkommen, wenn er (Hitler) nur friedlich vorgehe, zum rechten Zeitpunkt und ohne massiven Druck konkret sehr wenig anboten, um auch nur die alten berechtigten Revisionsforderungen zu erfüllen". Diese Einsicht vermittelten die englischen Akten in aller Deutlichkeit, meint Hauser, und sie sei für Hitlers Entscheidung bestimmend gewesen.[39]

Hauser wiederholt seine Feststellung und weist auf eine schwerwiegende Folge hin:. Durch ihre Verweigerung verloren die Engländer die Möglichkeit, "systematisch zu versuchen, ob Hitlers Weg gestoppt werden konnte, wenn man seine ursprünglich gemäßigten Forderungen erfüllte".

Ein "General Settlement , das nicht auf den Westen beschränkt war, sondern ein "General European Settlement", das den Osten einschloß, forderten die Briten. Es sei, meint Hauser, "die diplomatische Form einer Barriere gewesen gegen Hitlers Forderung nach freier Hand im Osten". Das hatte 1936/38 noch nichts mit Ausgreifen in die russischen Weiten, sondern mit den deutschen Revisionsforderungen zu tun. Es sollte den englischen Grundsatz der "balance of power" garantieren, dessen moderne Form das "General Settlement" gewesen wäre.[40]

1976, sechs Jahre vor Erscheinen des 2. Bandes von Hausers Buch "England und das Dritte Reich" hat der Engländer Newman eine Bresche in die vorherrschende Auffassung von der britischen Konzessionsbereitschaft geschlagen.

Erst seit der Öffnung der britischen Archive[41] - er meint damit die 1969/70 erfolgte Herabsetzung der Sperrfrist für die Veröffentlichung von gewissen Akten von 50 Jahren auf 30 - fangen wir an zu verstehen, daß die "Appeaser" keineswegs deutschen revisionistischen Zielen in Europa wohlwollend gegenüberstanden. Sie versuchten vielmehr, ihre Erfüllung dadurch zu verhindern, daß sie Deutschland ein Kolonialgebiet anboten und Britanniens Wirtschaftsmacht einsetzten.

Für Newman ist es erklärlich, warum die Verteidiger der alten Auffassung, daß Chamberlain stupide versuchte, Frieden für Großbritannien dadurch zu erkaufen, daß er Deutschland Konzessionen in Europa anbot und ihm freie Hand im Osten gewährte, also "Appeasement-Politik" im landläufigen Sinne betrieb, so lange an ihrer Auffassung festhielten. Denn die Einbeziehung der neuerkannten Fakten hätte bedeutet, daß die Auffassung von Hitlers alleiniger Verantwortung für den Zweiten Weltkrieg zerstört würde.[42]

Wahrlich eine revolutionäre Erkenntnis, die ein deutscher Historiker nicht auszusprechen wagt, obwohl er es z. Z. noch dürfte. Folgerichtig erhält dann der Zweite Weltkrieg und damit auch die Politik vor 1939 eine andere Deutung. Der Krieg ist nicht mehr ein deutscher Krieg um Machterweiterung, sondern ein solcher der englisch-deutschen Rivalität um Macht und Einfluß, die Kulmination des Kampfes um das Recht, die künftige Struktur Europas zu bestimmen.[43]

Der Verfasser verhehlt nicht, daß er den Ansichten Newmans und Hausers zuneigt, er wurde bestärkt in seiner Meinung durch die Lektüre der Memoiren Edens, damals noch Außenminister Seiner Majestät. Ende Oktober 1937 sprach Eden in Gegenwart des neuernannten britischen Botschafters in Berlin, Sir Nevile Henderson, mit dem damaligen Lordsiegelbewahrer Halifax über dessen geplanten Deutschlandbesuch, den Eden im Gegensatz zu seinem Premierminister nicht für wünschenswert hielt.[44]

Halifax sollte sich, so Edens Weisung, in bezug auf Österreich und die Tschechoslowakei auf warnende Hinweise beschränken. "Sir Nevile Henderson habe ich eindringlich die Notwendigkeit vor Augen geführt, daß wir alles dransetzen müssen, um Deutschland von einer Einmischung in die Angelegenheiten dieser beiden Staaten abzuschrecken. Über unsere Haltung müssen wir Deutschland im unklaren halten. Mehr können wir nicht tun, solange wir nicht stark genug sind, um mit Deutschland Fraktur zu reden".

Henderson, der wie noch mehrfach gezeigt werden wird, bei grundsätzlich antideutscher Einstellung eine von der offiziellen Politik des Foreign Office abweichende Meinung vertrat, war offensichtlich mit dieser Eröffnung seines Ministers nicht einverstanden und fertigte für Halifax ein Memorandum über die britische Deutschlandpolitik an[45]. Eden erfuhr davon, und da es "viel zu unklar und nachgiebig war", veranlaßte er Strang, den Leiter der zentraleuropäischen Abteilung des Foreign Office, eine Analyse auszuarbeiten zur Richtigstellung der Ansichten Hendersons. "Es komme sehr darauf an, behutsam zu sein" hieß es in Strangs Analyse, "um jede Äußerung zu vermeiden, welche die Nazis als Zeichen unseres Einverständnisses mit ihren Ambitionen in Mitteleuropa auslegen könnten". Diese Ambitionen waren die revisionistischen Forderungen, die die Briten angeblich zu konzedieren bereit waren. Man beachte, Eden sprach von Mittel-, nicht von Osteuropa.

Man sollte diese beiden Weisungen, die Lord Halifax mit auf den Weg gegeben wurden, berücksichtigen, wenn man die Bedeutung seiner Erklärungen auf dem Obersalzberg beurteilen und daran die obigen Aussagen der deutschen Historiker messen will.

Nun war Edens Stellungnahme nicht neu. Bereits in seiner viel zitierten Rede in Leamington am 20. Nov. 1936 hatte er sich gegen die deutsche Forderung nach freier Hand im Osten gewandt.

Zwar gab es erhebliche Differenzen zwischen ihm und seinem Premierminister, auch über die Deutschlandpolitik, die schließlich am 20. Febr. 1938 zum Rücktritt Edens führten. Aber Zeit gewinnen wollte auch Chamberlain, um dann aus einer Position der Stärke mit Deutschland verhandeln zu können. Seine Bereitschaft zu Zugeständnissen war nicht viel größer als die Edens, aber als langjähriger Schatzkanzler (Finanzminister) kannte er den britischen Rüstungsstand sehr gut und wußte, daß eine forcierte Aufrüstung nur auf Kosten des Exports gehen konnte, von dem die britische Wirtschaftskraft in hohem Maße abhing. Das zwang ihn zu einem behutsameren politischen Agieren, in dem echte Konzessionen aber keinen Platz hatten.

II. Die Beseitigung der territorialen Bestimmungen des Versailler Vertrages

1. Die Rheinlandbesetzung

Nach der Einführung der Allgemeinen Wehrpflicht 1935 war der nächste Schlag Hitlers gegen das Versailler System die Besetzung der rechts- und linksrheinischen entmilitarisierten Zone. Ihre große Bedeutung lag in der Tatsache, daß nur schwache deutsche Kräfte an dem Unternehmen beteiligt waren, denen weit überlegene französische Kräfte gegenüberstanden. Es wäre diesen ein Leichtes gewesen, die schwachen deutschen Truppen wieder hinauszuwerfen, wenn der politische Wille dazu vorhanden gewesen wäre. Es ist mit Recht festgestellt worden, daß die Verhinderung der Rheinlandbesetzung die letzte Chance war, Hitler ohne einen großen Krieg aufzuhalten.

2. Die "Vergewaltigung" Österreichs

Das Jahr 1938 brachte entscheidende Veränderungen auf der mitteleuropäischen Landkarte. Mit dem Ende der staatlichen Unabhängigkeit der durch den Friedensvertrag von St. Germain geschaffenen Österreichischen Republik begann es.

Welche Antriebskräfte haben Hitler bestimmt, welche Ziele hat er verfolgt, und inwieweit ergaben sich seine Entscheidungen zwangsläufig aus ihnen?

Für die etablierten Zeitgeschichtler ist der Fall eindeutig, sie stellen den Anschluß "Deutsch-Österreichs" an das Deutsche Reich, der für sie eine "Annexion" ist[1], in die Hitlersche Expansionspolitik ein. "Hitler wollte den großen Krieg" vorbereiten, als er Österreich besetzte, um die Tschechoslowakei zu umklammern. Die Tschechoslowakei überrannte er, um die Polen in die Zange zu nehmen, und schließlich griff er Polen an, um die Aufmarschbasis für die Sowjetunion zu gewinnen. Er wandte sich dann gegen den Westen, um für den Kreuzzug gegen den Osten einen freien Rücken zu erreichen"[2].

Das ist die extremste Formulierung dieser Art. Andere vertreten diesen machtpolitischen Gedanken nicht ganz so absolut, aber er ist auch für sie das Entscheidende. "Der Anschluß (immerhin Anschluß) Österreichs war für ihn vor allem ein machtpolitisch-strategisches Problem", meinte Booms[3], und Messerschmidt sieht in den "wirtschaftlichen und wehrwirtschaftlichen Engpässen eine entscheidene Motivation für die Expansion", die der Anschluß auch für ihn ist.[4]

Bei beiden klingt - sehr sekundär - ein anderes Motiv an, der völkische Anschlußgedanke. Für Booms ist er nur eine Parole, die "militärische" Vorteile brachte, "deren Hitler sich sehr bewußt war", und für Messerschmidt ist "der nationalgeschichtliche Aspekt... offenbar nur eine Angelegenheit der Propaganda".

Nun war der großdeutsche Gedanke keine Erfindung Hitlers. Bis weit zurück in das 19. Jahrhundert reicht seine Problematik, von der das Anschlußverbot des Versailler Vertrages nur ein Teil war. Sogar die gewiß nicht nationalistischer und expansionistischer Tendenzen verdächtige Republik von Weimar hat versucht, das Anschlußverbot zu mildern und dem 1919 ausgedrückten Willen der "Österreicher" (Deutsch-Österreich ist ein Bestandteil des Deutschen Reiches) Rechnung zu tragen. Zuletzt 1931 mit dem Gedanken einer Zollunion, der dann am Widerspruch Frankreichs und auch besonders Englands scheiterte.

Daß der "an der Grenze jener zwei deutschen Staaten Geborene, deren Vereinigung mindestens uns Jüngeren als eine mit allen Mitteln durchzuführende Lebensaufgabe erscheint",[5] von diesem Gedanken besonders erfüllt war, darf nicht verfälscht werden. "Auch wenn diese Vereinigung wirtschaftlich gedacht gleichgültig, ja selbst wenn sie schädlich wäre, sie müßte stattfinden, gleiches Blut gehört in ein gemeinsames Reich." Sicher sind später für den handelnden Politiker realpolitische Erwägungen, die bei der Realisierung berücksichtigt werden mußten, hinzugekommen, aber der Antrieb ist in diesen Anfangsworten von "Mein Kampf" zu suchen.

Wie wenig rationale, machtpolitische Überlegungen und wie sehr emotionale Empfindungen eine Rolle gespielt haben, muß selbst Fest zugeben,[6] "wenn nicht alles trügt, hatte Hitler bis zu diesem Zeitpunkt (13. 3.) noch keinen konkreten Entschluß über die Zukunft Österreichs getroffen". Das läßt doch nun nicht gerade auf Annexionsabsichten schließen. Es wird wohl kaum noch bestritten, daß der Entschluß zum staatsrechtlichen Anschluß Österreichs an das Deutsche Reich von Hitler erst unter dem Eindruck des überwältigenden Empfanges in Österreich getroffen wurde, der diesen Anschluß als die vom Volk gewünschte Lösung erscheinen ließ. Das geschah in einem "elementaren Vereinigungstaumel, der keine Umstände oder Alternativen zuließ". Und inwieweit Hitler selbst mit seinen Gefühlen und nicht mit eiskalten Expansionsüberlegungen dabei war, beschreibt uns (u. a.) wieder Fest, der von "spürbarer Ergriffenheit" berichtet, mit der Hitler seine Ansprache vom Balkon des Rathauses in Linz gehalten hatte. Sehr bewegt sei Hitler gewesen, als er das "Gesetz über die Wiedervereinigung Österreichs mit dem Deutschen Reich" unterzeichnete. "Lange blieb er still, Tränen rannen ihm über die Wangen, schließlich sagte er: 'Ja, richtiges politisches Handeln spart Blut.'[8]".

Wenn man, wie Brook-Shepherd es tut,[9] ihm Vergottung des Volkstums in seinem durch Goebbels am 12. März verlesenen Aufruf vorwirft, anerkennt man damit das Völkische als Antriebskraft für sein außenpolitisches Handeln und unterstellt nicht, daß es nur "die Maske einer großdeutschen und revisionistischen Politik" gewesen ist.

3. Das Abkommen vom 11. Juli 1936

Die Wiedervereinigung Österreichs mit dem Reich war Hitlers Ziel bei allen Handlungen in den deutsch-österreichischen Beziehungen nach 1933. Sollte dieses Ziel auf friedlichem oder gewaltsamem Wege erreicht werden?

Wenn Hitler am Anfang vielleicht noch unschlüssig in dieser Frage gewesen sein sollte, spätestens nach dem mißlungenen

44

Putsch vom 25. Juli 1934, bei dem der österreichische Bundeskanzler Dollfuß getötet wurde, hat seine Entscheidung festgestanden. Dabei ist es in diesem Zusammenhang unwesentlich, ob Hitler von dem Putsch gewußt oder die Vorbereitungen sogar gefördert hatte. Der 25. Juli 1934 spielt für die Machtergreifung in Österreich eine ähnliche Rolle wie der 9. Nov. 1923 für das angestrebte Ziel in Deutschland, die Entscheidung für den legalen Weg, die Ablehnung der gewaltsamen Revolution, das Bekenntnis zur evolutionären Entwicklung.

Der mit der Ausführung einer solchen Politik als Sonderbotschafter auf den Gesandtenposten nach Wien entsandte ehemalige Reichskanzler von Papen benötigte ein volles Jahr , bis das durch den Putsch völlig vereiste und gespannte Verhältnis Berlin-Wien durch ein "Gentleman's Agreement"[10], das deutsch-österreichische Abkommen vom 11. Juli 1936, normalisiert werden konnte.

Neben einer Reihe von Bestimmungen in Fragen der Tätigkeit der eigenen Staatsangehörigen im anderen Land, der kulturellen Beziehungen und der Presse, der Emigranten (österreichische Flüchtlinge im Reich), der wirtschaftlichen Beziehungen, einer "Bedachtnahme der österreichischen Außenpolitik" auf die friedlichen Bestrebungen der Außenpolitik der deutschen Reichsregierung ,war ein bedeutender Punkt der Artikel 9, eine Erklärung zur inneren Politik. Eine weitreichende Amnestie sollte durchgeführt werden und "mit dem Zwecke, eine wirkliche Befriedung zu fördern", sollten zu geeignetem nahen Zeitpunkt Vertreter der sog. nationalen Opposition in Österreich zur Mitwirkung an der politischen Verantwortung herangezogen werden.

In dem herausgegebenen Kommuniqué wurde von der Reichsregierung ausdrücklich die volle Souveränität des Bundesstaates Österreich anerkannt.[11] Besonders wichtig für die inneren Verhältnisse Österreichs war die Feststellung, daß jede der beiden Regierungen "die in dem anderen Land bestehende innere politische Gestaltung einschließlich der Frage des österreichischen Nationalsozialismus als eine innere Angelegenheit des anderen Landes" betrachtet, "auf die sie weder unmittelbar noch mittelbar Einwirkung nehmen wird."

Die österreichische Regierung erfüllte den Amnestieteil der Abmachung sehr schnell. Die am 23. Juli 1936 erlassene Amnestie umfaßte 17.025 Personen, die Zahl der eingestellten Verfahren gegen Minderbeteiligte betrug 12.618.[12] Wer war Gewinner und wer Verlierer durch das Abkommen?

Hitler sei nicht zufrieden gewesen mit dem Abkommen, berichtet Papen.[13] Er, Papen, habe ihn verleitet, viel zu weitgehende Zugeständnisse zu machen, während die österreichische Regierung nur solche platonischer Art gemacht habe.

Jedoch hielt die deutsche Seite am evolutionären Weg fest.[14] Dabei gab es sicherlich Schwierigkeiten mit der illegalen österreichischen nationalsozialistischen Partei, die mit großen Teilen von der Hoffnung auf einen gewaltsamen Umsturz lebte. Das war die natürliche Konsequenz der Illegalität einer Partei, die aufgrund der Einparteienstaatsverfassung Österreichs nicht legalisiert werden konnte. Dadurch war ihr die Möglichkeit verwehrt, durch legale Arbeit die Mehrheit zu erringen.

Daß das Abkommen vom 11. Juli 1936 keinen Verzicht Hitlers auf den Anschluß Österreichs an das Deutsche Reich darstellte, mußte dem österreichischen Bundeskanzler Schuschnigg beim Abschluß ebenso klar gewesen sein wie die Erkenntnis, daß, auf lange Sicht gesehen, ein solcher Prozeß nicht aufzuhalten sein würde. Um so erstaunlicher war eine Rede, die er am 26. Nov. 1936 in Klagenfurt hielt und die im krassen Gegensatz zu der im Abkommen vorgesehenen allmählichen Integration der "Nationlen" in den Staat über die "Vaterländische Front", die Partei Schuschniggs, stand.[15] Rückwirkungen des Abkommens auf die Innenpolitik in Östereich lehnte Schuschnigg in schärferer Form ab als in früheren Reden. Der (eigentlich) für den österreichischen Staat zu gewinnende Nationalsozialismus stehe der Regierung und der Vaterländischen Front als Feind und Gegner gegenüber, hieß es in der Rede. Die Verstimmung auf deutscher Seite war groß. "Glaubt der Bundeskanzler Schuschnigg wirklich, weiterhin rücksichtslos gegen den Nationalsozialismus in Österreich vorgehen und gleichzeitig mit dem Reich in Fragen des Volkstums gemeinsame Wege gehen zu können", fragte Neurath am 28. Nov. 1936 bei der deutschen Gesandtschaft in Wien an?[16] "Unter Eindruck der Rede des Bundeskanzlers kommt mein Gegenbesuch in Wien zunächst nicht in Frage".[17]

Die Klagenfurter Rede Schuschniggs war nicht etwa der Auftakt zu einer Verschlechterung der deutsch-österreichischen Beziehungen. Schon beim Novemberbesuch des Staatssekretärs Guido Schmidt in Berlin führte die deutsche Seite Klage. Die Entscheidung für die evolutionäre Entwicklung bedeute für sie nicht eine Verschiebung des Anschlusses auf unbestimmte Zeit, wurde Schmidt gesagt.[18] Gerade aber das hatte die österreichische Seite vom Abkommen erhofft, und sie war an seiner beschleunigten Durchführung nicht interessiert. Die sich aus diesen gegensätzlichen Auffassungen ergebende Spannung sollte bis zum Treffen in Berchtesgaden anhalten.

Es sei notwendig, hatte Neurath gegenüber Staatssekretär Schmidt festgestellt, "in größerem Umfang und rascherem Tempo als bisher für den Einbau der nationalen Kräfte Österreichs in die Regierung Sorge zu tragen und außerdem mit den Verfolgungsmaßnahmen gegen die Mitglieder der nationalsozialistischen Bewegung in Österreich aufzuhören". Das Reich wirke auf eine loyale Ausführung des Abkommens vom 11. Juli 1936 hin. Wenn das jedoch in Österreich nicht geschehe, bestehe Gefahr von Zwischenfällen und Unruhe.

Ein zusätzliches, die Beziehungen belastendes Problem wurde angesprochen, nämlich eine auf scharfe deutsche Reaktion (wie auch anderer Nachbarstaaten) stoßende eventuelle Restauration der Habsburger. Die deutsche Seite hatte vielfachen Anlaß, sich über die unvollkommene Durchführung des Abkommens durch Österreich zu beschweren. Am 10. Aug. 1937 besuchte Schmidt von Neurath in dessen österreichischem Urlaubsort und erfuhr von diesem, daß nach seiner Ansicht auf österreichischer Seite der gute Wille für die Ausführung des Abkommens nicht vorhanden sei.[19] Auf diesem Wege werde es wohl kaum gelingen, die deutsch-österreichischen Beziehungen zu regeln. Ein Neutraler in dieser

Angelegenheit, der in englischer Sprache schreibende Gehl, bestätigt indirekt diese österreichische Tendenz mit seiner Feststellung, daß Neurath und Papen unabhängig voneinander zu der Erkenntnis gekommen waren, "that the will to carry out the agreement was not present on the part of the Austrians".[20]

Am 1. Sept 1937 berichtete Papen an Neurath über einen Besuch bei Schuschnigg.[21] Er habe diesem klarzumachen versucht, daß bei aller Abneigung gegen das Prinzip von nationalsozialistischer Totalität "er doch seinen guten Willen auf anderen Gebieten wie dem der Wirtschaft und dem der militärischen Beziehung Ausdruck geben könne". Schuschnigg lehnte ab. Er begründete die Ablehnung auch mit einer Klage über den Einfluß des Reiches auf die österreichischen Nationalsozialisten, die es finanziell unterstütze. Papen resümierte: "Alles in allem waren seine Erwiderungen völlig negativ, so daß an eine Änderung seiner politischen Linie nicht zu denken ist."

Bullock bestätigt diese "Hinhaltetaktik" Schuschniggs.[22] Nachdem die Österreicher Hitlers Absicht erkannt hätten, den Staat von innen zu zersetzen, "taten sie alles in ihrer Macht Liegende, um die Durchführung der drei Punkte der Bestimmungen hinauszuzögern und zu beschränken". Es überrascht nicht, daß Fest ganz anderer Ansicht ist.[23] Für ihn liegt die Schuld bei Hitler, der nicht nur nichts getan habe, um das Abkommen zu verbessern, sondern "das Vertragswerk nur (benutzt) habe, um unter dem rabulistisch in Anspruch genommenen Schein des Rechts immer neue Querelen zu beginnen".

Im Gegensatz zu Fest ist Gehl jedoch der Auffassung, daß von deutscher Seite Verbesserungsvorschläge ohne positive Reaktion von seiten der Österreicher gemacht worden waren.[24] So habe Neurath keine Antwort von Schuschnigg erhalten auf seinen Vorschlag, Gespräche über eine Zollunion wieder aufzunehmen. Dasselbe Schicksal hatte Görings Vorschlag gegenüber Guido Schmidt schließlich erlitten, eine Zollunion und ein militärisches Bündnis abzuschließen. "But his advances were rejected."

Die Notwendigkeit neuer Gespräche

Das deutsch-österreichische Verhältnis war nicht nur unerquick-
lich, sondern fast untragbar geworden, die Spannungen erheblich
gewachsen. Dieser Eindruck muß sich auch bei Schuschnigg
verstärkt haben, wie aus einem Bericht Papens direkt an Hitler
hervorgeht.[25] Schuschnigg hatte ihn (unaufgefordert, wie Papen
betont) zu einer Besprechung gebeten und hatte ihn aufgefordert,
ihm seine "Besorgnisse über die Weiterentwicklung des deutsch-
österreichischen Verhältnisses" darzulegen. Das deutsch-österreichische Verhältnis habe sich nicht nur nicht günstig weiter entwickelt, sondern weise erhebliche Spannungsmomente auf, hatte
Papen ausgeführt. Schuschnigg und der Staatssekretär seien über
alle Punkte unterrichtet, "in denen wir ein nichtfunktionierendes
Übereinkommen vom 11. Juli beklagen müßten". Es würde den
Rahmen dieses Buches sprengen, Einzelheiten dieses langen Gespräches zu bringen. Die Tatsache, daß es erforderlich geworden
war, beleuchtet die Situation.

Die deutsch-österreichischen Beziehungen verschlechterten
sich. Dazu hatte die Rede des österreichischen Bundeskanzlers
Schuschnigg vom 26. November 1936 in Klagenfurt beigetragen.

Das Jahr 1938 brachte eine weitere Verschlechterung des
deutsch-österreichischen Verhältnisses, eine neue Begegnung der
beiden Kanzler wurde erforderlich. Sie fand am 12. Februar 1938
in Berchtesgaden statt.

Auch hier fand keine "Vergewaltigung" Österreichs statt, wenn
auch die Übertragung des Innenministeriums einschließlich des
Sicherheitswesens an einen Nationalsozialisten ein "harter
Brocken" war und die Verhandlungen sicher nicht ohne deutschen
Druck vor sich gegangen waren, aber auch deutsche Zugeständ-
nisse enthalten haben. Hitler selbst glaubte für den europäischen
Frieden gesorgt zu haben und die österreichische Frage für die
nächsten fünf Jahre bereinigt zu haben.

Er sollte sich geirrt haben. Die österreichische Frage sollte nicht
für fünf Jahre gelöst sein. Keine fünf Wochen sollten vergehen bis
sie sich zur Krise entwickelte. Hitler hatte geglaubt, daß das
Berchtesgadener Abkommen allmählich, ohne Österreich Gewalt

anzutun, durch demokratische Methoden dieses Land in einen von Deutschland abhängigen Staat verwandeln würde. Er hatte am evolutionären Weg festhalten wollen. Schuschnigg dagegen wollte nicht warten. Am 9. März 1939 kündigte er auf einer Amtswaltertagung der Vaterländischen Front eine für den 13. März, nach vier Tagen also, angesetzte Volksabstimmung an. Damit war die Krise von Schuschnigg provoziert. Sie spitzte sich derartig zu, daß auch ein Rücktrittsangebot Schuschniggs zu ihrer Lösung nicht mehr ausreichte. Deutsche Truppen marschierten (ziemlich unvorbereitet) in Österreich ein.

4. Die Maikrise

a) Die Urheber

Als "eines der folgenreichsten Ereignisse in der Vorgeschichte des Zweiten Weltkrieges" bezeichnet Hauser die sog. Wochenendkrise vom 20./21. Mai 1938.[26] Was war geschehen?

Am 20. Mai hatte die Prager Regierung aufgrund von lancierten, völlig unbestimmten und, wie sich schnell herausstellte, falschen Meldungen über deutsche Truppenkonzentrierungen an der tschechischen Grenze eine Teilmobilmachung angeordnet. Wer waren die Urheber dieser Gerüchte, und was bezweckten sie? Der Verfasser schließt sich der Auffassung Aigners[27] an, daß "die Hintergründe . . . bis heute noch im unklaren" sind. Aufgrund des Hochspielens der tschechischen Falschmeldung über deutsche Truppenkonzentrierungen, der "angeblichen Evakuierungsmaßnahmen der britischen Botschaft in Berlin", des nonchalanten Abtuns des deutschen Dementis, der Gegendarstellung Hendersons durch das News Department des Foreign Office, dessen Leitung Vansittart hatte, und weiterer Hinweise kommt Aigner zu dem Schluß, daß das Foreign Office an diesem Warnschuß selbst nicht unbeteiligt war.[28] Der auch vom Kabinett geteilten Auffassung, daß es dadurch gelungen sei, im letzten Augenblick einen deutschen "Überfall" verhindert zu haben, sei in England niemand wirksam entgegengetreten, stellt Aigner fest. Auch Hauser hält es für möglich, daß der britische Secret Service die Quelle war, aus der die Nachrichten über deutsche Truppenbewegungen nach Prag gelangten[29] und dort die Teilmobilmachung auslösten.[30]

Hauser verweist auf einen interessanten Aspekt, der tschechisches Interesse an der Krise aufzeigt.[31] Aufgrund von zugegangenen Informationen hatte Weizsäcker schon vor Ausbruch der Wochenendkrise die Auffassung vertreten, daß tschechische militärische und diplomatische Persönlichkeiten aus Sorge um den automatischen chemischen Zersetzungsprozeß ihres Staates die Dinge zu einer Krise treiben wollten.[32]

Die Tschechen ihrerseits bezeichneten das britische Foreign Office und den Intelligence Service als Urheber der Maikrise. Henderson stimmte Weizsäcker zu, daß diese Gründe, wie er sagte, von den Tschechen zur Begründung ihrer Teilmobilmachung verbreitet wurden.

Die Briten hätten fest mit deutschen Angriffsvorbereitungen gerechnet, ist Hesses Auffassung,[33] und Brandes hält es für möglich, daß solche Nachrichten von der deutschen Widerstandsbewegung verbreitet worden waren.[34]

Einen interessanten Aspekt steuert Robbins zu der Diskussion bei. Nicht die Meldungen über deutsche Truppenbewegungen in Bayern und Sachsen hätten Benesch veranlaßt, aktiv zu werden, sondern der Bericht eines Agenten, daß bewaffnete Sudetendeutsche am 20. Mai einen Aufstand durchführen würden. Das wiederum hätte Hitler eine Möglichkeit zur Intervention gegeben.[35]

"Ein kleines Land hatte gegenüber einer Großmacht die Initiative ergriffen", kommentiert Toland seine Feststellung , daß tschechische Truppen im Morgengrauen des 21. Mai die Grenzbefestigungen und das Sudetengebiet besetzt hatten.[36] Die Tschechoslowakei zwang durch diese Maßnahme - und das ist das Folgenreichste an dieser Entwicklung - "ihre unschlüssigen Schutzmächte Frankreich und England, ihr den Rücken zu stärken".

Über einen Punkt herrscht weitgehende Übereinstimmung. Die Meldungen über deutsche Truppenbewegungen waren falsch. Die Krise war nicht von Deutschland ausgelöst worden.

Selbst Fest muß zunächst zugeben, daß Hitler überrascht war, als die Prager Regierung, beunruhigt durch mancherlei Gerüchte über deutsche Angriffsvorbereitungen, am 20. Mai die Teilmobilmachung anordnete und England und Frankreich den Schritt nachdrücklichst billigten.[37] Jedoch kann Fest sich nicht zu der Feststellung durchringen, daß es sich um völlig haltlose Gerüchte gehandelt hatte. Im Gegenteil, einige Zeilen weiter erweckt er den Eindruck, als ob an den Gerüchten doch etwas dran gewesen war, denn "am 22. Mai sah Hitler sich gezwungen, alle Vorbereitungen abzustoppen". Die Logik ist nicht ganz einsichtig. Wie konnte Hitler überrascht über die Reaktion der anderen sein, wenn er doch Angriffsvorbereitungen getroffen hatte? Oder war er überrascht, daß es nicht gelungen war, die Vorbereitungen geheimzuhalten, oder heuchelte er gar Überraschung vor seiner Umgebung? Auch Michalka weicht einer Antwort auf die Frage nach der Echtheit der Gerüchte aus. Er will den "Wahrheitsgehalt" möglicher deutscher Truppenkonzentrationen zum Zwecke eines Einmarsches in tschechoslowakisches Gebiet weder diskutieren noch nachprüfen. Er meint, das sei nicht erforderlich, wenn er "lediglich... Ribbentrops Reaktion auf diese extreme Verschärfung des Sudetenkonflikts" darstellen wollte. Es kann nicht Aufgabe dieser Arbeit sein zu untersuchen, ob ihm das gelungen ist.

Gegenüber diesen "Ausweichern" berührt dann Brügels eindeutige Stellungnahme nahezu sympathisch.[39] Für ihn war die tschechische Mobilmachung eine "gezwungenermaßen getroffene Vorsichtsmaßnahme". Er kommt dann zu der lapidaren Aussage: "Die Maikrise war von Hitler heraufbeschworen worden." Er schränkt diese Aussage zwar wieder ein, wenn er einräumt, daß Hitler "wahrscheinlich den geplanten Überfall zu diesem Zeitpunkt noch nicht durchzuführen beabsichtigt hatte". Aber es blieben, so meint er, "manche Verdachtsmomente offen". Und die sind nach Meinung des Verfassers reichlich dünn. Warum sollte Hitler eine Krise herautbeschworen haben, wenn er doch nicht angreifen wollte?

Die Demarchen

Was der Wochenendkrise ihre folgenschwere Bedeutung gab, war nicht so sehr die tschechische Mobilmachung als die von den Botschaftern Englands und Frankreichs erhobenen Vorstellungen - die Demarchen. Sie sollten Auskünfte über die angeblichen deutschen Truppenbewegungen erbitten, die Besorgnisse ihrer Länder über den Ernst der Lage zum Ausdruck bringen, mit Nachdruck warnen und die Haltung ihrer Länder im Falle eines Krieges deutlich machen, wobei auf britischer Seite der Hinweis auf Chamberlains Ausführungen vom 24. März wieder eine entscheidende Rolle spielte. Obwohl sowohl Staatssekretär Weizsäcker als auch Keitel als Chef des OKW alle Nachrichten über Truppenbewegungen als "absoluten Nonsens" bezeichnet hatten[40] und Henderson entsprechend berichtet hatte, wurde diesen offiziellen Dementis kein Glauben geschenkt, und Henderson wurde beauftragt , die Angaben zu überprüfen . Er sandte seinen Militärattaché und dessen Stellvertreter auf ausgedehnte Autoinspektionsfahrten durch Schlesien und Sachsen, wo sie jedoch keine ungewöhnlichen Truppenbewegungen feststellen konnten . Aber auch das genügte dem Foreign Office nicht. Trotz dieses Mangels an Beweisen wurde Henderson angewiesen, erneut vorstellig zu werden. Insgesamt viermal hatte er Ribbentrop aufgesucht, ein im diplomatischen Verkehr - gelinde ausgedrückt - ungewöhnliches Vorgehen, von Hitler nicht zu Unrecht als Unverschämtheit und Drohung aufgefaßt. Parallel dazu empfing Halifax in London den deutschen Botschafter von Dirksen und erklärte ihm, daß ein deutsch-tschechischer Krieg einen deutsch-französischen und infolgedessen einen englisch-deutschen Krieg bedeuten würde. Massiver ging es eigentlich nicht. Zwei Tage lang hatte Ribbentrop eine konstante Prozession von Botschaftern und Gesandten empfangen , die die Solidarität ihrer Regierungen mit der Tschechoslowakei erklärten.[41] Doch nicht genug damit. Ribbentrop verließ Berlin, um in Berchtesgaden an der von Hitler einberufenen Konferenz teilzunehmen. Aber selbst dorthin verfolgten ihn die unnachgiebigen Stimmen.[42]

Ein persönlicher Brief von Halifax wurde ihm ausgehändigt in dem dieser auf die Gefahren voreiliger Aktionen für die europäische Zivilisation hinwies.

Als von deutscher Seite weiterhin alles ruhig blieb und sich nichts ereignete, hieß es dann, Hitler habe den Rückzug angetreten. Da aber keine Truppen bewegt worden waren, konnten sie nun auch nicht zurückgezogen werden. Der "Rückzug" bestand aus einer Wiederholung der zahlreichen Dementis, diesmal gegenüber dem Berliner tschechischen Gesandten Mastny, dem erklärt wurde, daß keinerlei unmittelbare deutsche Angriffsabsichten bestünden.

Verbunden mit dieser "Rückzugserklärung" jedoch war eine Warnung, daß Deutschland sich gezwungen sehe, sich des Schutzes der Sudetendeutschen anzunehmen, falls die tschechische Politik sich ihnen gegenüber nicht ändere.

Der warnende oder sogar drohende Charakter der westlichen Demarchen ist allgemein als solcher erkannt worden. Die Gegenseite bewertete sie ja geradezu als den großen Erfolg, der Hitler zum Nachgeben veranlaßt hatte. Deutschen Historikern jedoch blieb es vorbehalten, aus diesen Demarchen noch friedfertige Handlungen zu machen und den Schwarzen Peter den Deutschen zuzuschieben.

Nach Michalka hatte Henderson am 20. Mai "gleich zweimal bei Ribbentrop vorgesprochen, um dadurch die Krise zu entschärfen"[43] und um gleichzeitig "erneut ein deutsch-britisches Zusammengehen zur endgültigen Bereinigung des tschechischen Problems anzubieten". Aber der "böse" Ribbentrop sei nicht darauf eingegangen, und ein der Wahrheit entsprechendes Dementi habe er auch nicht ausgesprochen.[44] Danach müßte Ribbentrop den arglosen Henderson viermal belogen haben. So ist es dann auch nicht weiter verwunderlich, daß für Michalka im Jahre 1980 das Verhalten der deutschen Regierung und Reichswehrspitze immer noch nicht geklärt ist (daß es 1938 keine Reichswehr mehr gab, hat der Historiker Michalka 1980 noch nicht begriffen).

Auch für Henke lagen den Demarchen - er vermeidet dieses Wort in diesem Zusammenhang - Entschärfungsabsichten zugrunde.[45] Henderson habe wohl vom Reichsaußenminister eine Gegenerklärung erhofft, mit der dann die akute Krise hätte entschärft werden können.

Weder Henke noch Michalka haben in ihrer sehr ähnlichen Art der Argumentation Belege für die friedfertigen Absichten gebracht, die mit den Demarchen verbunden gewesen sein sollen. Ihre Vorstellungen sind rein realitätsfernes Wunschdenken.

Ob die Begleitumstände der Demarchen, die Mobilisierung von Teilen der britischen Flotte und Besetzung der Maginotlinie durch die dafür vorgesehenen französischen Truppen, geeignet waren, die angeblichen Entschärfungsabsichten zu unterstützen, wird von den betreffenden Autoren nicht untersucht.

Diese Begleitumstände lassen doch erhebliche Zweifel an Entschärfungsabsichten aufkommen. Die Verfechter der Entschärfungsthesen haben offensichtlich die Aufzeichnungen Weizsäckers vom 21. Mai 1938 über eine der Demarchen nicht gelesen.[46] Henderson las eine Instruktion von Halifax vor, die mit dem Hinweis endete, daß Frankreich bekanntlich durch einen Vertrag zur Hilfeleistung an die Tschechoslowakei gebunden sei, wenn diese Opfer eines Angriffs von dritter Seite wäre. Die britische Regierung habe bekanntlich derartige Bindungen nicht. Sie werde aber im gegebenen Falle nicht aufgrund vertraglicher Unterlagen handeln müssen, sondern aufgrund politischer Notwendigkeiten. Das war eine der vielen Wiederholungen der Chamberlain-Erklärung vom 24. März , die alle nicht zur Ent- sondern zur Verschärfung der Krise beigetragen haben , so auch in diesem Fall.

War Hitler zur gewaltsamen Lösung entschlossen?
Die Mehrzahl der deutschen Zeitgeschichtler unter der Führung des Schweizers Hofer ist der Auffassung, daß Hitler die tschechische Frage gewaltsam lösen wollte. Es wird unterstellt, daß Hitler im außenpolitischen Kräftespiel nur die Anwendung der nackten Gewalt und nicht die friedlichen Möglichkeiten der Diplomatie kannte. Das sei ihm auch schon deshalb verwehrt gewesen, weil für ihn nach Meinung dieser Autoren der Einsatz der Streitkräfte nicht Mittel zum Zweck, sondern Selbstzweck war. Für diese Historiker steht fest, daß er den Krieg suchte. Hofer und Graml

stehen an ihrer Spitze.[47] Ein weiteres Argument kam hinzu: Nur ein Krieg erlaubte die Unterwerfung der gesamten Tschechoslowakei.

Auch in der Behandlung der in der Konferenz von Bad Godesberg entstandenen Probleme (siehe unten) erwies sich Graml als einer der schärfsten Vertreter der Auffassung, daß Hitler die Annexion wollte. Sein Bekenntnis zu Heraklits Worten vom *Kampf* als Vater aller Dinge wird interpretiert als *Krieg* als Vater aller Dinge, um daraus seinen absoluten Kriegswillen abzuleiten. Freund versteigt sich sogar zu der Behauptung: "Hitler nimmt nicht den Krieg auf sich, weil er das Sudetengebiet will, er verlangt vielmehr das Sudetengebiet, weil er den Krieg will."[48] Aus dieser angeblichen Einstellung Hitlers folgt, daß "in seiner Planung weder eine friedliche Beilegung der von ihm initiierten Krise noch eine bloße Abtretung der sudetendeutschen Gebiete je in Betracht gezogen worden ist".[49]

Natürlich gibt es auch Gegenstimmen. Wie so häufig beurteilen die Angelsachsen die Dinge realistischer. "He had no desire to make war even for the fun of it" ("Er hatte nicht den Wunsch, Krieg zu führen, weil er Spaß daran hatte."). Mit diesen Worten verurteilt Wheeler-Bennet die simplen Nur-Gewaltanwendungs-Theorien. Er war 1945-48 britischer Herausgeber der "Akten zur Deutschen Auswärtigen[50] Politik 1918-45" und danach als historischer Berater ein besonders guter Kenner der Materie. Hitler habe nur besonders sein Grundprinzip beachtet, die größten Erfolge zu den niedrigsten Kosten zu erringen. Er sei sich immer scharf der Tatsache bewußt gewesen, daß die Androhung von Gewalt oft ebenso ergiebig ist in ihren Ergebnissen wie ihre Anwendung selbst, besonders dann, wenn Macht vorhanden ist, um die Drohung, falls erforderlich, zu unterstützen. Von Zerschlagung der Tschechoslowakei hat Hitler mehrfach gesprochen. Für viele Autoren ist das gleichbedeutend mit Annexion von Böhmen und Mähren, "nicht des Sudetenlandes allein",[51] mit Einverleibung der Tschechoslowakei, mit der ursprünglichen Absicht, die ganze Tschechoslowakei zu besetzen, um nur einige Aussagen anzuführen.

Daß die Tschechoslowakei nicht nur nach Hitlers Vorstellung in ihrer damaligen Gestalt als weit in das deutsche Gebiet hineinragende Speerspitze nicht weiter existieren konnte, ist unbestritten. "Zerschlagung" bedeutet aber nicht Annexion, sondern Auflösung des Staates in seine Nationalitätenbestandteile. Wahrscheinlich ist Hitler sich über den Endzustand der "Zerschlagung" gar nicht klar gewesen.

Es wird - von Ausnahmen abgesehen - auch nicht ausreichend geprüft, ob von Anfang an der Entschluß zur "Zerschlagung" der Tschechoslowakei als Ziel bestanden hatte oder ob Vorstellungen für eine evolutionäre Lösung bei Hitler vorhanden waren, wie sie der Verfasser schon angedeutet hat.

Für Messerschmidt[52] und Brügel[53] ist der am 28. Mai angekündigte "unabänderliche Entschluß" gar nicht neu. Für Brügel spielt im Unterschied zu der Auffassung der meisten Autoren die Maikrise für den Entschluß keine Rolle. Hitler sei vor dem 21. Mai wie nachher unabänderlich entschlossen gewesen. Ähnlich urteilt Messerschmidt, für den der 28. Mai nur eine Neuformulierung des unabänderlichen Entschlusses gewesen ist.[54] Daß im übrigen bei einer kriegerischen Auseinandersetzung mit der Tschechoslowakei aus strategischen Gründen keine andere Lösung als die Besetzung von Böhmen und Mähren von Österreich und Schlesien aus möglich war, was die "Zerschlagung" der Tschechoslowakei bedeutet hätte, wird kaum berücksichtigt.

Vier Weisungen im Fall "Grün", des Tarnnamens für die Auseinandersetzung mit der Tschechoslowakei, hatte es 1938 gegeben. Am 22. April, am 20. und 30. Mai und am 18. Juni. Am 22. April war es nur eine "Grundlage zur Studie Grün".[55] Am 20. Mai hatte es in dem "Entwurf für die neue Weisung Grün" noch geheißen: "Es liegt nicht in meiner Absicht, die Tschechoslowakei ohne Herausforderung in nächster Zeit zu zerschlagen".[56] Für unmittelbare Angriffsabsichten sprechen diese beiden Weisungen nicht. Durch den "Anschluß" war die 1937 an die Wehrmacht erlassene Weisung überholt, und es war notwendig geworden, bis zum Erlaß der Jahresweisung 1938 Übergangsweisungen zu erlassen. Um Pläne als Teile des angeblichen großen Eroberungsplanes Hitlers handelte es sich schon gar nicht.

Anders war es mit der Weisung vom 30. Mai.[57] Die Wochenendkrise hatte Hitler klar die feindselige Einstellung der westlichen Mächte und der Tschechoslowakei gezeigt. Auch die Sowjetunion hatte ihre Bereitschaft zur Erfüllung ihrer Bündnisverpflichtung gegenüber der Tschechoslowakei deutlich gemacht. Hitler hatte sicherlich daraus die Erkenntnis gewonnen, daß erstens eine friedliche Lösung des Konfliktes nicht zu erwarten war, und daß er zweitens schnell handeln mußte, bevor die anderen ihren Aufrüstungsrückstand aufgeholt haben würden. Dementsprechend hieß es auch in der Weisung, daß die "Vorbereitungen unverzüglich zu treffen seien".

Und so kam es auch zu der Formulierung: "Es ist mein unabänderlicher Entschluß, die Tschechoslowakei in absehbarer Zeit durch eine militärische Aktion zu zerschlagen."[58]

Sicher hat für Hitler bei der Formulierung dieses unabänderlichen Entschlusses auch eine gewisse Verärgerung über die Triumphäußerungen der anderen Seite wegen seines angeblichen Zurückweichens in der Wochenendkrise und über die demütigenden Artikel in der westlichen Presse mitgespielt. Sicher war Hitler empfindlich gerade in solchen Fragen. Das war jedoch keine Hauptsache. Der "unabänderliche Entschluß" ist ja nicht von Hitler allein im stillen Kämmerlein gefaßt worden, sondern in einer Konferenz mit den Spitzen der militärischen Führung; und da sollte es nicht zu einer realpolitischen Beurteilung der Lage gekommen sein, kaum denkbar.

Daher kann der Verfasser auch Taylor nicht zustimmen, für den der Satz in Wirklichkeit nur einem "momentanen Zornesausbruch"[59] entsprang. Es war immerhin schon eine Woche seit der Krise vergangen.

Auch Fest sieht in der Emotion und nicht in der Ratio die Wurzel zu diesem Entschluß. Er schreibt von "einer Reaktion des präzisierenden Trotzes".[60] Dabei ergibt sich dann der interessante Nebenaspekt, daß die Weisung, wenn sie als "Trotzreaktion" erteilt wurde, nicht als Dokument des Hitlerschen Expansionswillen genommen werden kann, wie es geschieht.

Und wie steht es um das Wort "unabänderlich"? Hier ist es

erstaunlicherweise Brügel, der die Bedeutung des Wortes relativiert,[61] jedoch sagt, "...daß die Wahl der Worte erfolgte, weil er sich gern an ihnen berauschen wollte".

Die Relativierung hat schließlich Hitler selbst vorgenommen. Drei Wochen nach der inkriminierten Weisung vom 30. Mai, am 18. Juni 1938, gab "es den Entwurf für die neue Weisung".[62] Jetzt hatte Hitler es offenbar nicht mehr so eilig wie am 28./30. Mai. Von einem "unabänderlichen Entschluß" war nicht mehr die Rede. Zwar hieß es, daß "als Nahziel... die Lösung der tschechischen Frage aus eigenem freiem Entschluß im Vordergrund seiner politischen Absicht" stehe, und daß er entschlossen sei, ab 1. Okt. jede günstige politische Gelegenheit zur Verwirklichung dieses Zieles zu nutzen, aber dann kam die entscheidende Einschränkung, die in der Weisung vom 30. Mai völlig fehlt. "Ich werde mich aber zur Aktion gegen die Tschechoslowakei nur entschließen, wenn ich wieder wie bei der Besetzung der entmilitarisierten Zone und beim Einmarsch in Österreich der festen Überzeugung bin, daß Frankreich nicht marschiert und damit auch England nicht eingreift."

Kann man bei dieser Einschränkung und angesichts der fortdauernden britischen Hinweise auf die Chamberlain-Erklärung vom 24. März noch von einem absoluten Angriffswillen Hitlers sprechen? Kaum. In der Wochenendkrise war Hitler nach Meinung des Verfassers nicht zurückgewichen, wohl aber am 18. Juni von seinem "unabänderlichen Entschluß". Allerdings liefen die militärischen Vorbereitungen weiter. Für den einäugigen Hofer gibt es dafür keine andere Verwendung als losschlagen. "Wozu hätten denn die geschilderten militärischen Vorbereitungen... dienen sollen, wenn nicht zur beabsichtigten militärischen Lösung des deutsch-tschechischen Gegensatzes," fragt er.

Die Briten beurteilten die Lage wie so häufig nüchterner, unvoreingenommener und differenzierter. Es ist jedem vernünftig denkenden Menschen klar, schreibt Henderson an Halifax, daß Hitler selbst auf alle Eventualitäten in gleicher Weise vorbereitet sein muß.[63] Und dann folgt eine Bemerkung, die in ähnlicher Form in seinen Berichten dieser Wochen immer wiederkehrt. "Aber daraus

zu schließen, daß er sich bereits für eine Aktion gegen die Tschechoslowakei in diesem Herbst entschieden hat wäre, wie ich meine, irrig."
Und am 19. Aug. hielt er es für möglich, daß Hitler Kriegsbereitschaft für Mitte September angeordnet hat. "But I do not believe he wants war."[64]("Aber ich glaube nicht, daß er Krieg will.") Seiner Meinung nach lag die Hauptkriegsgefahr nicht bei Hitler selbst, sondern bei deutschen und tschechischen Extremisten, Kommunisten und anderen Einflüssen sowie dem weltweiten Nazihaß.

Er weist aber auch darauf hin , daß Hitler bei ungenügender Konzessionsbereitschaft der Tschechen marschieren wird. "He will march."[65]

Das Thema hatte er schon Anfang August anklingen lassen.[66] Die Deutschen würden zum Mittel der Gewalt greifen, wenn eine friedliche Lösung der Sudetenfrage sich als unrealisierbar herausstellen sollte.

Es wird noch an anderer Stelle auf die Rolle Hendersons hingewiesen werden. Der Verfasser hält seine Lagebeurteilungen für sehr realistisch nicht nur wegen seiner eigenen Beobachtungsgabe, sondern auch weil die britische Botschaft in Berlin über zahlreiche Informationsquellen, deutsche Agenten und den deutschen Widerstand bis in die hohen Regierungs- und Militärkreise hinein verfügte. Das Urteil Brügels, für den Henderson "der Verbreiter der lächerlichsten Illusionen über Hitler" ist, hält der Verfasser für unfundiert,[67] denn Henderson stand nicht allein da mit der Annahme, daß Hitler nicht unbedingt marschieren wollte. Harvey, der Privatsekretär der britischen Außenminister, Eden und Halifax kommen n zu einem ähnlichen Urteil, von dem man annehmen muß, daß es in Anbetracht des engen Vertrauensverhältnisses, das Harvey mit seinem Chef Halifax verband, auch die Meinung des Außenministers darstellte. [68]

"Ob er beabsichtigte, Krieg zu beginnen und in die Tschechei einzumarschieren, oder ob er seine Macht lediglich zur Erpressung benutzen wollte, um eine Regelung der Sudetenfrage zu diktieren, kann niemand, selbst seine Umgebung nicht, sagen. " Dann folgt ein Satz, der Hitlers Einstellung zur Situation nach Meinung des Verfassers richtig widergibt: "Probably he does not know himself yet."

Robbins übernimmt die These Harveys, ob Hitler sich völlig auf die Anwendung von Gewalt festgelegt hatte, ist immer noch ein Geheimnis. Vielleicht war es auch ein solches für Hitler?[69]

Wahrscheinlich nicht unbeeinflußt durch diese Situationsbeurteilung zeitgenössischer britischer Diplomaten und Politiker haben manche britische Historiker keinen Anteil an der simplen einseitigen Schwarz-weiß- oder hier besser Gut-böse-Darstellung der Deutschen. Auf Wheeler-Bennet wurde in diesem Zusammenhang schon hingewiesen. Nach Meinung des Verfassers findet sich die differenzierteste Analyse der Hitlerschen Absichten bei Bullock, dem sich der Verfasser weitgehend anschließt.[70]

Zwei Auffassungen stellt Bullock heraus. Die eine besagt, daß Hitler von Anfang an darauf hingearbeitet habe, nach einer sechsmonatigen politischen, diplomatischen und propagandistischen Kampagne in einem Blitzkrieg die Tschechoslowakei zu vernichten, eine von den meisten deutschen Zeitgeschichtlern vertretene Version. Nur durch Chamberlain sei er am Krieg gehindert worden. Nach der anderen Auffassung hat Hitler niemals die Absicht gehabt, einen Krieg zu beginnen. Er habe von Anfang an eine politische Lösung im Auge gehabt, und seine militärischen Vorbereitungen seien nicht ernst gemeint gewesen. Dagegen sagt Bullock, daß Hitlers Kurs darin bestanden habe, "sich beide Möglichkeiten bis zum allerletzten Augenblick offenzuhalten, zumal sie nicht miteinander im Widerspruch standen. Je ernster die militärischen Vorbereitungen durchgeführt wurden, um so wirksamer war der Druck zugunsten einer politischen Regelung, falls Hitler sich im letzten Augenblick dafür entschied... " Bullock revidiert mit dieser Aussage von 1970 seine erste von 1953. Damals hatte er noch unter Hinweis auf die " ...militärischen Anweisungen des Sommers" die traditionelle Auffassung vertreten, daß "Hitler die Absicht hatte, die Tschechoslowakei zu zerschlagen; die sudetendeutschen Forderungen seien nur ein Mittel zu diesem Zweck gewesen". Seit Mai habe es ihn "gelüstet", "an

Benesch Rache zu nehmen und die Tschechoslowakei durch Gewalt niederzuschlagen".

Während Bullock eine Entwicklung zu einer differenzierten Beurteilung der Hitlerschen Politik durchlaufen hat , ist Hofer - und in seinem Gefolge viele andere - bei der einseitigen Deutung der Hitlerschen Absichten als Wille zum Krieg stehengeblieben.[71]

5. Das sudetendeutsche Problem

Die Volkstumsfrage

Bereits im Kapitel über den Anschluß wurde auf die zentrale Bedeutung der Volkstumsfrage für Hitler hingewiesen. "Gleiches Blut gehört in ein gemeinsames Reich" , hatte Hitler bereits auf der ersten Seite seines Buches "Mein Kampf" gefordert. Das galt nicht nur für die deutschen Bewohner Deutsch-Österreichs, sondern genauso für die Deutschen in der tschechoslowakischen Republik, die erst durch die Friedensverträge von 1919 von einander getrennt waren. Bis dahin hatten sie als eine Einheit der Deutschen innerhalb des Vielvölkerstaates Österreich-Ungarn die führende Schicht gebildet. Und wenn Hitler in "Mein Kampf"[73] von dem "elementaren Aufschrei des deutsch-österreichischen Volkes... nach Vereinigung mit dem deutschen Mutterland" schrieb, so gehörten für ihn die Sudetendeutschen dazu, die zusammen mit den anderen ihren Willen zum Anschluß an das Deutsche Reich 1918/19 bekundet hatten.

So war es selbstverständlich, daß Hitler in seiner Rede vom 20. Febr. 1938 auch von einer Einheit sprach, den 10 Mill. Deutschen an den Grenzen, deren weitere Unterdrückung er nicht hinnehmen werde. Auch in seiner Saarbrücker Rede vom 9. Okt. 1938 erwähnte er seinen damaligen Entschluß, "die 10 Mill., die noch außerhalb unserer Grenzen standen", zurückzuführen.

Der "Anschluß" als Heimführung der Deutschösterreicher war ohne die Sudetendeutschen unvollkommen. Um ihre Befreiung von tschechischer Unterdrückung ging es Hitler. Dabei war es sekundär, wie gut oder schlecht die Behandlung durch die Tschechen und deren Gesetzgebung war. "In the fact that it was minority legislation lay the offence."[74]

Und das besagte, daß sie in einem nur von Tschechen beherrschten Staat eine nicht gleichberechtigte Minderheit darstellten. Es soll nicht auf die Einzelheiten tschechischer Unterdrückungspolitik eingegangen werden, es genügt, Lord Runciman zu zitieren. Es sei eine harte Sache, von einer fremden Rasse (Volk) regiert zu werden, und die tschechische Herrschaft sei durch Taktlosigkeit, Mangel an Verständnis, kleinliche Unduldsamkeit und Diskriminierung gekennzeichnet. Nun klingt das verbal noch ganz harmlos. Aber er sah die tschechische Herrschaft bis zu einem Punkt geführt, wo sie die "Deutschen unausweichlich zum Aufstand reizen mußte".[75]

Aber es gab auch schärfere Stimmen. "For the last twenty years the Czechs have treated like dogs the German speaking minority who were placed under them', war die Auffassung des Unterhausabgeordneten Sir Lambert Ward.

Während Taylor noch feststellt, daß Hitler "unzweifelhaft die Deutschen in der Tschechei befreien wollte"[76], sprechen andere Hitler dieses völkische Verlangen als unmittelbare Antriebskraft ab. Hier wiederholt sich eine abschätzige Beurteilung, die wir schon bei der Behandlung von Hitlers Motivation in der Anschlußfrage kennengelernt haben.

Wir haben oben über Hitlers Ergriffenheit in Linz berichtet. Über eine ähnliche Gefühlsbewegung gegenüber den Sudetendeutschen schrieb Henderson. Sein belgischer Kollege habe in Bayreuth Tränen in Hitlers Augen beobachtet, als Sudetendeutsche ihm zujubelten. Es sei genauso in Breslau beim Turnfest gewesen, das von 40.000 Sudetendeutschen besucht war. "Krokodilstränen" werden manche sagen, meint Henderson. Aber das wäre ein psychologischer Irrtum. Die Wirkung solcher Szenen auf den für solche Eindrücke empfänglichen Hitler dürfe nicht verkleinert werden.[77]

Freund dagegen stellt ohne Einschränkung fest, daß die Sudetendeutschen Hitler nicht interessiert hätten. "Nur die Festungen interessierten ihn, die auf ihrem Gebiet lagen."[78] Und für Bullock war "die Frage der deutschen Minderheit nichts anderes mehr als ein Vorwand für Hitler, seinen Fuß in die Tür zu setzen".[79] Als "Sprengsatz" hätten ihm die Sudetendeutschen gedient, meint Krummacher[80] und liegt damit in der Nähe von Brügel, nach dessen Auffassung die Existenz der Tschechoslowakei durch Ausspielung ihrer innerstaatlichen Probleme zerstört werden sollte.[81]

Unter Hinweis auf Weinberg kommt dann Erdmann zu der Erkenntnis, daß "das Schicksal der Sudetendeutschen für Hitler gar keine Rolle gespielt" habe.[82]

Etwas abgeschwächter urteilt Messerschmidt. Für ihn stand 1938 "die wehrwirtschaftliche und strategische Bedeutung der Tschechoslowakei im Zentrum des deutschen Interesses" , und so spielte dann das Minderheitenproblem nur eine untergeordnete Rolle.[83] Das klingt etwas ausgewogener als das rigorose, auf der schmalen Basis Weinbergscher Erkenntnis beruhende Urteil Erdmanns. Und wieder muß gesagt werden, reichlich wenig an wissenschaftlichen Grundlagen für ein Handbuch von der Bedeutung, die der "Gebhardt" genießt.

Die strategische Bedeutung der Tschechoslowakei

Nun wird niemand behaupten wollen und können, daß strategische Überlegungen bei Hitler keine Rolle gespielt haben. Er müßte sträflicher Vernachlässigung der deutschen Sicherheitsprobleme beschuldigt werden, wenn er sie nicht gesehen hätte. Die geographische Lage der Tschechei, die mitten in das Reichsgebiet hineinragte "als Pfahl des prosowjetischen Völkerbundskollektivismus... und als potentielles Flugzeugmutterschiff jeder antideutschen Bündniskonstellation", machte sie als Speerspitze der seit 1935 miteinander verbündeten Großmächte Frankreich und Sowjetunion gegen das Deutsche Reich zu einer Bedrohung ersten Ranges.[84]

Als "Flugzeugmutterschiff des Bolschewismus in Mitteleuropa" sei sie die einzige Grundlage des sowjetisch-tschechischen Defensivbündnisses von 1935 gewesen, urteilt Celowsky.[85] Freund ist ähnlicher Auffassung, wenn er darauf hinweist, daß Frankreich "in der Tat den tschechoslowakischen Staat dazu gebraucht habe, das

Reich einzukreisen".[86] Und er zieht daraus eine für einen etablierten Historiker nahezu unglaubliche Konsequenz: "Ein Deutsches Reich, das sich als Großmacht verhalten wollte, mußte wohl fast naturnotwendig danach trachten, den Dolch wegzuschlagen, der gegen eine verwundbare Flanke Deutschlands gerichtet war." Allerdings hatte er vorher die Einsichtigkeit dieser Feststellung eingeschränkt, als er die These von der Verwendbarkeit der Tschechei als Flugzeugmutterschiff der Sowjetunion und Frankreichs als ein Erzeugnis der nationalsozialistischen Propaganda hinstellte.

Die Briten waren sich der Unhaltbarkeit dieser strategischen Situation bewußt, und so spielte in ihren Überlegungen zur Lösung der tschechoslowakischen (nicht nur der sudetendeutschen) Frage neben der Gewährung der Autonomie für die Sudetendeutschen die Neutralisierung der Tschechoslowakei durch eine Herauslösung aus ihren Bündnissen eine bedeutende Rolle. Besonders der britische Gesandte in Prag, Newton, setzte sich für eine Neutralisierung nach dem Muster der Schweiz und Belgiens ein.[87] Neben dieser militärischen Bedrohung war Prag ein weiterer Gefahrenherd als ein Zentrum der von der marxistischen Emigration ausgehenden antideutschen Agitation geworden. Daß die Führung des Reiches eines Tages diesen potentiellen Gegner ausschalten würde, durfte nicht überraschen.

6. Von der Autonomie zu "Heim ins Reich"

Es schien, als ob auch die britische Regierung zu der Erkenntnis kommen würde, daß Prag und die Sudetendeutschen nicht weiterkommen würden, wenn sie sich in ihren Verhandlungen selbst überlassen blieben. Jedenfalls habe man das aus der Mission Runcimans, der im August in Prag eintraf, schließen können. Aber auch diese Mission war wie das meiste, was die Briten in diesen Monaten zustande brachten, noch weniger als eine halbe Sache. Statt ihn als Schiedsrichter (arbitrator) mit klar umrissenen Aufgaben zu schicken, sollte er nur als Vermittler (mediator) und Berater (advisor) tätig werden. Sicherlich wäre ein schiedsrichterlicher Auftrag auf reichsdeutschen Widerspruch gestoßen. Das Entscheidende war, es fehlte offenbar an einem klar umrissenen Auftrag. Henderson höhnte (muß man wohl sagen), keine andere Regierung in der Welt als die britische könne je ein solches Boot wie Runciman mitten im Ozean ohne definitive Segelanweisung ausgesetzt haben.[88] Das war offensichtlich absichtlich geschehen, die Engländer verfolgten auch mit der Mission Runcimans keine ernsthaften Versuche, die Sudetenfrage zu lösen. "Runcimans Mission ist nur darauf gerichtet, Zeit zu gewinnen und durch Verhandlungen fürs Auge ein etwaiges deutsches Einschreiten hinauszuschieben."[89]

Man muß annehmen, daß diese Absicht seiner Regierung wie auch andere Henderson unbekannt geblieben waren.

Aber auch Runciman brachte zunächst noch keine Ergebnisse. Noch am 22. Aug. urteilte Henderson, daß nach dreimonatigem Druck Beneschs einzige Geste ein Statut sei, für das niemals irgendeine Hoffnung bestand, angenommen zu werden, weder von den Sudetendeutschen noch von den Deutschen[90]. Und zur selben Zeit teilte Ribbentrop Henderson mit, daß den Anstrengungen der britischen Regierung nicht nur kein Erfolg beschieden sei, sondern daß sie im Gegenteil nur die intransigente, aggressive Haltung der Prager Regierung gestärkt hätten.[91]

Schließlich ließ Runciman durch Newton Benesch in voller Offenheit erklären, was die Engländer über seine Verzögerung dächten. Nichts könne sein langsames Vorgehen und seine hinhaltende Verhandlung während der vergangenen fünf Monate entschuldigen.[92]

Im übrigen wurde die Mission Runcimans auch von den der deutschen Politik nicht gerade freundlich gegenüberstehenden Historikern kritisch beurteilt. Sie sei "eine der infantilsten Versuche der Weltgeschichte, mit einem komplizierten Problem fertig zu werden".[93]

Schon beim Karlsbader Programm vom 24.4.1938 konnte festgestellt werden, daß die große Masse der Sudetendeutschen sich mit der Autonomie nicht mehr zufrieden gab und "Heim ins Reich" wollte. Wenn damals noch eine gewisse Chance für die Annahme einer vollständigen Autonomie war, so bestand sie 4 1/2 Monate später nicht mehr.

Auch Runciman meinte in seinem Abschlußbericht, daß im September keine Regelung innerhalb des tschechischen Staates gewünscht war.[94]

Während die britische (und erst recht die französische) Diplomatie zumindest nach außen Widerstandswillen demonstrierte - noch am 27. Aug. hatte Sir Simon in einer Rede in Lanark die britische Haltung durch Hinweis auf Chamberlains Rede vom 24. März bekräftigt -, begann deutlich sichtbar an der Zeitungsfront der Widerstand abzubröckeln. Schon am 3. Juni hatte sich die "Times" für ein Plebiszit im sudetendeutschen Gebiet ausgesprochen. Damit war man englischerseits erstmals öffentlich über die Forderung nach Autonomie hinausgegangen und - ein nicht bezweifelter positiver Ausgang der Abstimmung vorausgesetzt - die Möglichkeit eines Anschlusses des Sudetengebietes an das Deutsche Reich aufgezeigt worden. Und angesichts der bedeutenden Rolle, die das Selbstbestimmungsrecht im westlichen Lager spielte, wurde mit der Forderung nach einem Plebiszit eine durchaus realistische Forderung erhoben.

Während mit der "Times", eine der Regierung nahestehende Zeitung, sich geäußert hatte - von ihrem Chefredakteur Dawson sagte man, daß er privat häufig mit Chamberlain verkehrte -, folgte am 27. Aug. eine der Opposition nahestehende Zeitung, "The New Statesman", die von ihren Liberal-Labour-Sympathien her antinazistisch und damit pro-tschechisch war.[95] Der strategische Wert der böhmischen Grenze sollte nicht zur Veranlassung eines Weltkrieges gemacht werden, war der leitende Gesichtspunkt dieses Artikels.[96]

Am 7. Sept. wurde die "Times" noch deutlicher. Sie schrieb: Wenn die Sudetendeutschen mehr wollen als den Vierten Plan, ist es ein Zeichen dafür, daß sie sich nicht wohl fühlen innerhalb der tschechoslowakischen Republik. Dann sollte die tschechische Regierung doch an eine Abtrennung des andersartigen Randes ihres Staates denken. Auf jeden Fall würden die Wünsche der betreffenden Bevölkerung ein entscheidend wichtiges Element bei jeder dauerhaften Lösung sein.

Ob aber die Tschechoslowakei von der These der "Times" zu überzeugen war, daß die Vorteile, ein homogener Staat zu werden, die offensichtlichen Nachteile eines Verlustes des Sudetendistriktes, also des Grenzlandes, überwiegen würden, ist zwar mehr als fraglich, für unsere Erörterung jedoch völlig nebensächlich. Für uns ist nur wichtig, daß die einflußreichste Zeitung Großbritanniens sich offen für die Abtretung des Sudetenlandes einsetzte und das sicher nicht in einem Gegensatz tat zu den ihr bekannten oder zumindest mit starker Berechtigung vermuteten Absichten der Regierung.[97]

Sie vertrat damit eine Forderung, die bis dahin weder von der Sudetendeutschen Partei noch von Hitler erhoben war und schon gar nicht von Hitler in ultimativer Form und unter Drohungen. Einen Tag später hielt die Times" trotz regierungsamtlicher Dementis und Angriffe anderer Zeitungen, die ihr eine Verschärfung der Lage vorwarfen, mit einem Leitartikel "The Threat of Force" an ihrer These fest.[98]

Einen Tag vor der Times, am 6. Sept. 1938, hatte die ebenfalls einflußreiche französische Zeitung "La République" sich in gleicher Weise geäußert. Kann Prag 3,2 Mill. Deutsche noch zu seinen loyalen Untertanen zählen? hatte sie gefragt. Wenn ja, ist alles gut, wenn aber nicht, dann sollten die beiden Völker, die nicht innerhalb des Rahmens des zentralisierten tschechischen Staates zusammenleben können, getrennt werden. Der Verfasser dieses Artikels war ein enger Mitarbeiter einflußreicher französischer Politiker, darunter des Außenministers Bonnet.[99]

Natürlich kannte die deutsche Führung diese Artikel und konnte von ihnen auf offizielle Tendenz schließen. Angesichts dieser "Kapitulationsmerkmale" sollte der "böse" Hitler sich mit einer unvollständigen Autonomie zufriedengeben und nicht auf den Zeitpunkt warten, an dem ihm die Abtretung des Sudetenlandes "angeboten" wurde. Das war kaum zu erwarten gewesen. Man brauchte kein"Erzbösewicht", "Erzschurke", "Aggressor", und wie die Bezeichnungen für Hitler noch heute heißen, zu sein, sondern nur Realpolitiker, allerdings mit einem bestimmten Ziel, um sich ähnlich wie Hitler zu verhalten.

Nun war die "Aufweichung" nicht auf die Presse beschränkt, sondern hatte auch politische Kreise erfaßt, obwohl natürlich nicht zu ermessen ist, inwieweit die deutsche politische Führung über das ganze Ausmaß unterrichtet war. Aber schließlich hatte ja schon Chamberlain am 18. März die Abtretung des Sudetengebietes als Endpunkt einer nicht zu vermeidenden Entwicklung angesehen. Am 10. Mai hatte er sich in Cliveden Manor, dem Familiensitz der Familie Astor, im privaten Kreis ähnlich geäußert, und zwar in der Überzeugung, daß Hitler sich mit der Abtretung des Sudetenlandes zufriedengeben werde.

Ende Mai war William Strang, der Leiter der Zentraleuropäischen Abteilung des Foreign Office, auf Erkundungsfahrt nach Berlin und Prag geschickt worden, um mit den dortigen britischen Diplomaten die Lage zu besprechen. Sowohl Henderson als auch Newton machten ihm klar, daß ein Plebiszit erforderlich sei, zumindest aber Realisierung von "Karlsbad" einschließlich des umstrittenen Punktes 8, der Freiheit des Bekenntnisses zur nationalsozialistischen Weltanschauung und Herauslösung der Tschechei aus ihren Bündnisverpflichtungen, einer Neutralisierung also.[100]

So wurde Strang, ein Diplomat in einflußreicher Stellung, der als einziger führender Angehöriger des Foreign Office Chamberlain nach Berchtesgaden begleitete, ein Vertreter des Abtretungsgedankens. Die Sudetendeutschen würden niemals mehr friedliche, loyale Bürger der Tschechoslowakei werden. Dann wäre es für die letztere besser, sie loszuwerden, trotz der strategischen und wirtschaftlichen Argumente für die Einheit des Landes, notierte Harvey am 15. Sept. als Strangs Auffassung, mit der er Chamberlain als dessen nach Wilson wichtigster Berater nach Berchtesgaden begleitete.[101] Unter den britischen Diplomaten, nicht nur bei Henderson, machte sich in zunehmendem Maße mit der Zuspitzung und Verschärfung der Lage die Überzeugung breit, daß die Sudetenfrage "was not an issue on which we should be on very strong ground for plunging Europe into war".[102] So Cadogans Überlegungen. Denn die Deutschen hätten eine Waffe von heimtückischer Gewalt, die Formel von der Selbstbestimmung.[103]

Auch bei Halifax verstärkten sich die Zweifel. Wenn Hitler ein Plebiszit forderte, würde die große Masse in allen Ländern es für unverständlich halten, einen europäischen Krieg zu beginnen, um die Menschen daran zu hindern, über ihre künftige Lage abzustimmen.[104]

Solche Überlegungen blieben nicht auf die Briten beschränkt. Über die Stimmung in Frankreich berichtete Phipps am 13. Sept. an seinen Außenminister, daß nach seiner Ansicht die öffentliche Meinung dort immer mehr bereit war, sogar die Plebiszitlösung zu akzeptieren, um einen Krieg zu vermeiden.[105]

Fast ein halbes Jahr war seit dem Anschluß Österreichs vergangen, eine lange Zeit, die Hitler sich nahm und den anderen gewährte. Ein Zeitraum, in dem Hitlers anfangs offenbar noch unklare Vorstellungen über eine Lösung der Sudeten-Tschechen-Frage Gestalt annehmen konnten. Einerseits in Richtung einer friedlichen Lösung, andererseits aber erhielt er Gelegenheit, die Wehrmacht auf eine u. U. notwendige militärische Lösung vorzubereiten.

Und für Chamberlain war jeder Monat ein Gewinn, der die von ihm am 18. März 1938 erkannte notwendige, aber nicht wünschenswerte Lösung, das Sudetenland abzutreten, hinausschob. Vielleicht konnte eine günstige Entwicklung ihn dieser Notwendigkeit entheben und eine für die britischen Interessen akzeptable, den mit einer Abtretung unvermeidlichen deutschen Machtzuwachs in erträglichem Rahmen haltende Lösung bringen. Auf alle Fälle galt es für ihn, Zeit zu gewinnen, um den britischen Rüstungsrückstand aufzuholen.

Aber auch die längste Frist stellt sich einmal als zu kurz heraus. In eine solche Lage, in ein Dilemma, geriet Chamberlain spätestens in der zweiten Augusthälfte. Hitler hatte keinen Zweifel daran gelassen - u. a. hatte Henderson oft berichtet -, daß er marschieren werde, wenn es nicht zu einer friedlichen Lösung der Sudeten- und Tschechenfrage kommen würde.[106] Die wohlinformierten Briten wußten, daß die Zeit nach dem Reichsparteitag vom 4.-12. Sept. der kritische Zeitraum sein würde. Man brauchte kein großer Stratege zu sein, und es bedurfte auch keines britischen

Offiziers in höchster deutscher Generalstabsstellung, wie Hesse zu wissen meint,[107] um sich vorstellen zu können, daß Hitler keinen Winterfeldzug führen würde. Die Entscheidung erwartete man von ihm in der für den 12. Sept. vorgesehenen Parteitagsschlußrede, auf die alle wie das Kaninchen auf die Schlange starrten.

Jetzt kam Chamberlain in Schwierigkeiten. Er wußte endgültig seit Juli 1938, daß Großbritannien nicht vor einem Jahr fähig sein würde, Krieg zu führen.[108] Er wäre also gar nicht in der Lage gewesen, seine und seiner Mitarbeiter vielfachen Hinweise auf die am 24. März 1938 erklärte Bereitschaft, Frankreich zu unterstützen, zu realisieren. Das hätte nach seiner Auffassung auch nur Sinn gehabt, wenn er Deutschland in die Knie hätte zwingen können, "to bring Germany to her knees".[109] Ein Nichteingreifen aber hätte dem Ansehen Englands größten Abbruch getan, seine Großmachtstellung erschüttert. "We shall be despised for ever", hatte Harvey am 13. Sept. notiert und damit sich Hendersons Urteil zu eigen gemacht. Frankreich war in dieses Urteil einbezogen.[110] Um nicht in eine solche Lage hineinmanövriert zu werden, mußte Großbritannien unter allen Umständen 1938 versuchen , einen Krieg zu vermeiden. Dafür durfte kein Opfer zu groß sein. Selbstverständlich war es Aufgabe der Diplomatie, ein solches Opfer zu begrenzen. Vor allem mußte vermieden werden, daß einer der zahlreichen Zwischenfälle Deutschland zum Einmarsch veranlassen und damit den Kriegsfall herbeiführen würde. Aus dieser Besorgnis ist auch Chamberlains wiederholte Forderung an Hitler während der Berchtesgadener Besprechung zu erklären, er möge versprechen, während der laufenden Verhandlungen nicht zu marschieren.

Aber auch die französische Regierung war schwach geworden, nicht nur der Außenminister Bonnet, von dem Phipps berichtete, daß er die Nerven verloren habe.[111] Zu der schon in Frankreich vorhandenen kleinmütigen Stimmung kam dann der Bericht des Ozeanfliegers Lindbergh, der, von einem Deutschlandbesuch zurückgekehrt und im höchsten Maße überzeugt von der Überlegenheit der deutschen Luftwaffe über die französische, höchst alarmierende Berichte abgab.[112]

Chamberlain trug dieser Situation Rechnung. Um einem Krieg zu entgehen, stellte er seit August Überlegungen an, Hitler aufzusuchen. Daladier war offensichtlich nicht sehr erfreut darüber, daß Chamberlain allein nach Berchtesgaden fliegen wollte, noch dazu, da er erst einen Tag vorher von der Absicht des britischen Premierministers erfahren hatte. Den Besuch selbst hielt er für erforderlich, nahm er doch in einem offiziellen Kommuniqué vom 15. Sept. für sich in Anspruch, als erster den Gedanken vorgeschlagen zu haben, was die ganze französische Presse lobte.[113]

Diese Ausgangssituation für Berchtesgaden, diese Bereitschaft zu kapitulieren, d. h. in die Abtretung des Sudetenlandes einzuwilligen, "our state of surrender"[114], wird vor allem von den deutschen Zeitgeschichtlern, die immer noch von Drohung und einem Ultimatum Hitlers sprechen, völlig übersehen.

Das liest sich dann z. B. bei Hildebrand folgendermaßen: "Chamberlain war in einer großmütigen Geste und in der Besorgnis um den Frieden nach Deutschland geeilt, um Hitlers Ziele und Bedingungen in der tschechischen Krise zu erfahren".[115]

Bei Feiling ist dagegen der Sachverhalt umgekehrt. Er stellt die Entwicklung so dar, daß Chamberlain das Prinzip der Selbstbestimmung unter Androhung eines Ultimatums angenommen hatte.[116]

Was hatte sich bei dem Treffen am 22./23.9. in Bad Godesberg abgespielt?

Nachdem die Tschechen am 21. Sept. unter starkem britischem und französischem Druck in die Abtretung der Sudetengebiete eingewilligt hatten, kamen Chamberlain und Hitler am 22./23. Sept. in Bad Godesberg erneut zusammen.

Hitlers Verhalten bei diesem Treffen und vor allem seine dabei erhobenen "neuen" Forderungen sind von einem Teil der etablierten Zeitgeschichtler als Beweis für seine Absicht angesehen worden, sich nicht auf eine friedliche Lösung des Konfliktes durch Abtretung des Sudetenlandes an das Deutsche Reich zu beschränken, sondern sein angebliches Ziel, die Annexion der ganzen Tschechoslowakei durch eine militärische Aktion zu erreichen.

Chamberlain war überzeugt, seit Berchtesgden wertvolle Arbeit geleistet zu haben. Nicht nur durch Erlangen der französischen und tschechischen Zustimmung, die britische Regierung hatte auch viele Überlegungen angestellt, wie im einzelnen verfahren werden sollte. Eine Kommission sollte eingesetzt werden, die nach einem leitenden Grundsatz die Ausführungen übernehmen sollte. "Chamberlain entwickelte in diesem Zusammenhang ein ziemlich umfangreiches und kompliziertes Vertragssystem mit verhältnismäßig langen Übergangsfristen.[117]

Freund meinte sogar, Chamberlain habe es überhaupt vermieden, von Übergangsfristen zusprechen. Sein Vorschlag habe daher auch so aufgefaßt werden können, "als sollte die Übergabe der Sudetengebiete bis zur Regelung all der Fragen, die der Premierminister selbst aufgeworfen hatte, hinausgeschoben bleiben".[118]

Ein anderer wichtiger Punkt für die Festsetzung des Übergabetermins wurde von ihm nicht angesprochen, - "was die Tschechen dann taten" -, "daß nämlich die Übergabe des Sudetengebietes erst dann erfolgen könnte , wenn die Tschechen einen Ersatz für die verlorengegangenen Festungen des Sudetengebietes gefunden hätten"[119]

Hitler hatte Chamberlains Ausführungen geduldig zugehört und Chamberlain, nachdem dieser geendet hatte, für seine Mühe, eine friedliche Lösung zu erreichen, gedankt.[120] Dann kam es für Chamberlain wie ein Donnerschlag. Hitler erklärte, daß diese Vorschläge nicht aufrechterhalten werden könnten. Er halte nichts von Kommissionen, Komitees usw. Es müsse sofort eine Grenze festgelegt werden, die mit der Sprachengrenze identisch sein sollte, die später durch eine Volksabstimmung korrigiert werden könnte. Das betreffende Gebiet sollte sofort durch Deutschland besetzt werden.

Mit dieser Grenzlinie hatte Hitler offenbar keine ungerechtfertigte Forderung erhoben, denn in der Kabinettssitzung vom 24. September wurde ausdrücklich festgestellt, daß hinsichtlich der zu übertragenden Gebiete keine Differenzen zwischen Hitlers Vorschlägen und den britischen bestünden.[121] Das bestätigte auch

73

Halifax in einem Telegramm an Phipps und Newton: "In fact it corresponded very closely to the line we have been examining"[122]. Dennoch hatte Chamberlain zunächst Bedenken erhoben. Die Linie schien ihm viel weiter in tschechisches Gebiet hineinzuragen, als er erwartet hatte. Er fürchtete, daß die englische Öffentlichkeit sie nicht als fair ansehen würde.[123]

Aus allen diesen Erörterungen über Hitlers Ziele geht schon hervor, daß von einer möglichen Annexion der ganzen Tschechoslowakei nicht die Rede war. Zwar hatte Hitler gesagt, daß er sich neben der Möglichkeit einer friedlichen Lösung auch eine militärische vorstellen könne. Das würde eine Grenze bedeuten, die nicht auf einer völkischen, sondern auf einer strategischen Grundlage beruhe. Über ihren.Verlauf äußerte er sich nicht. Es gab nur britische Vermutungen, wonach sie an der engsten Stelle der Tschechei verlaufen würde, also Böhmen mit Prag in deutsches Gebiet eingeschlossen würde. Hitler kam im Laufe des Gespräches noch einmal auf das Problem "militärische und friedliche Grenze" zurück, wobei er ausdrücklich betonte, daß er persönlich ein gutes Verhältnis zu England einer strategischen Grenze vorziehen würde. Das war nun auch gerade kein Zeichen für Angriffsabsichten.[124]

Und schließlich sei noch einmal auf Hitlers Antwort auf Chamberlains Frage in Berchtesgaden hingewiesen, daß er selbst keine über die Abtretung des Sudetenlandes hinausgehenden Ziele verfolge. Die "Zerschlagung" der Tschechoslowakei oder besser ihre "Unschädlichmachung" (Celowsky) würde sich durch die Forderungen der Minderheiten selbst erledigen. Dazu bedürfe es keiner deutschen militärischen Aktion. Auch dies wäre ein Beweis dafür, daß er nicht auf eine Ablehnung durch die Tschechen spekuliert hatte, um einen Kriegsgrund zu haben. Im Gegenteil, Hitlers Befürchtungen, daß ein Regierungssturz in Prag Kräfte an die Macht bringen könnte, die die Zustimmung ihrer Vorgänger umwerfen würden, hat auch seine Forderung nach schneller Besetzung bestimmt. Wenn er einen Kriegsgrund hätte haben wollen, hätte er doch eine solche Entwicklung in der Tschechei begrüßen müssen.[125]

Der Hauptgrund für Chamberlains Widerstand gegen eine sofortige Besetzung war innenpolitischer Natur. Die Besetzung durch deutsche Truppen würde als ein Gewaltakt angesehen werden, eine unnötige Entfaltung von Macht, aus der ihm Schwierigkeiten erwachsen würden.[126] Mußte Hitlers Forderung nach einer sofortigen Besetzung so überraschend für Chamberlain sein und für die Mehrheit der Zeitgeschichtler so unvereinbar mit einer friedlichen Lösung sowie ein Beweis für Hitlers Absicht, durch Hinaufschrauben seiner Forderung einen Kriegsgrund zu schaffen?

Hitler hatte schon in Berchtesgaden von einer sofortigen Besetzung und Abtretung des Sudetengebietes gesprochen und auf die Dringlichkeit hingewiesen. Harvey berichtet, daß Gladwyn Jebb die Nachricht aus Berchtesgaden mitgebracht hatte, daß Hitler die Auslieferung des Sudetengebietes bis Ende des Monats gefordert hatte, andernfalls er es sich durch Krieg holen würde.[127]

Chamberlain gab zu, daß Hitler ihm gesagt hatte, die Sudetenfrage sei dringend, eine Lösung könne nicht verzögert werden und ein Abkommen müsse erreicht werden, bevor irgendeine andere Frage diskutiert werden könne.[128]

Hitlers Gründe für eine sofortige Besetzung des Sudetenlandes
Nun gab es für Hitler eine nicht geringe Zahl von sachlichen Gründen, auf eine sofortige Besetzung des abzutretenden Sudetengebietes zu bestehen.

Es wurde oben auf Henleins Mitteilung vom 15. Sept. hingewiesen. Henlein hatte zwei Vorschläge für die weiteren Forderungen nach Chamberlains vorausgesetzter Zustimmung zur Abtretung erhoben. Keine Volksabstimmung, sondern sofortige Abtretung der Gebiete mit mehr als 50 % deutscher Bevölkerung, und zweitens die Besetzung innerhalb von 24 Stunden durch deutsche Truppen. Henleins Begründung für diese Forderung wird Hitler stark beeindruckt und überzeugt haben: "um dem weiteren Morden des tschechischen Fanatismus ein Ende zu setzen".[129]

Eile war aber auch noch aus anderen Gründen geboten. Falls es doch noch zu einer militärischen Aktion kommen sollte, durfte sie

nicht im Spätherbst begonnen werden. Die Wetter- und Wegeverhältnisse würden mitärische Operationen dann außerordentlich
erschwert haben.

Auch ohne Mordfälle war die Lage an der Grenze unhaltbar
geworden. 120.000 Flüchtlinge seien innerhalb der letzten 14 Tage
in das Reichsgebiet geströmt, erklärte Hitler dem britischen Premierminister. "Diese Verhältnisse würden nach dem anglo-französischen Plan noch unabsehbare Zeit andauern".[129] Das erfordere
schnelles Handeln, und daraus entstehe auch der Hauptgrund für
die Ablehnung des englisch-französischen Planes, "its operations
would be too slow".[130]

Chamberlain habe ihm versichert, führte Hitler weiter aus, daß
der Grundsatz der Abtretung im Prinzip anerkannt werde.
Deutschland aber habe schlechte Erfahrungen mit der theoreti-
schen Anerkennung von Grundsätzen gemacht, es komme auf die
praktische Realisierung an, die zähle. Und er verwies auf das
Beispiel der Wilsonschen 14 Punkte, auf Grund derer Deutschland
1918 den Waffenstillstand abgeschlossen habe. Theoretisch seien
sie überall anerkannt, dann aber später gebrochen worden.

Vor allem aber war das Mißtrauen gegenüber den Tschechen ein
entscheidender Grund für Hitlers Drängen auf sofortige Besetzung. "Sie haben kein Vertrauen in Benesch und die tschechischen
Militärs", hatte Henderson schon am 22. Aug. berichtet, und er
fügte hinzu, "from their point of view they are probably justified".[131]

In der Kabinettssitzung vom 24. Sept. unmittelbar nach seiner
Rückkehr aus Godesberg fand Chamberlain verständnisvolle
Worte für das deutsche Mißtrauen gegenüber den Tschechen.[132]
Bei der Beurteilung der Hitlerschen Reaktion auf die englischen
Vorschläge müsse man berücksichtigen, daß er von tiefer Abneigung gegenüber den Tschechen erfüllt sei. Er habe viele Jahre
unter ihnen gelebt und habe kein Vertrauen zu ihnen. Er glaube
nicht, daß sie Vorschläge verwirklichen wollten, die sie angenommen hatten. Jeder Plan, der nicht die sofortige Übergabe des
Gebietes bedeute, gebe den Tschechen nur die Gelegenheit, aus-
zuweichen und zu verzögern.

Chamberlain trug offenbar auch durchaus einsichtsvoll Hitlers Überlegungen vor. Die Situation sei so explosiv, daß sofort entschieden werden müsse. Der einzige Weg, der Ausschreitungen gegenüber Sudetendeutschen vermeide, sei die schnelle und effektive Durchführung der Übergabe. Er fand auch weitere verständnisvolle Worte für Hitlers Verhalten, das er aus dessen Persönlichkeit zu erklären suchte. Am ersten Tag in Godesberg sei er entrüstet darüber gewesen, daß Hitler neue Forderungen erhoben habe. Aber nach weiteren Gesprächen habe er seine Ansichten über diesen Punkt geändert. Wenn man die Handlungen von Menschen beurteilen wolle, müsse man ihre Motive zu würdigen wissen und erkennen, "how their minds worked".

Das habe er in bezug auf Hitler getan und sei nicht zu der Auffassung gelangt, daß Hitler ihn täuschen wollte.

7. Chamberlains "Kapitulation" führt zu "München"

Es hätte wahrscheinlich gar nicht des "versöhnlichen" Briefes Hitlers an Chamberlain bedurft. Die Erkenntnis, daß Wilson bei seinem Versuch, Hitler einzuschüchtern, gescheitert war, hatte genügt.

Mit höchster Dringlichkeitsstufe schickte Halifax im Klartext schon am nächsten Vormittag um 11.50 Uhr ein Telegramm an Henderson mit dem Auftrag Chamberlains, um ein sofortiges Interview bei Hitler nachzusuchen und ihm eine persönliche Botschaft zu überbringen. In ihr teilte Chamberlain Hitler mit, daß er alle wesentlichen Dinge ohne Krieg und - was angesichts der Hitlerschen Forderungen besonders wichtig war - unverzüglich erhalten könne.[133] Chamberlain erklärte sich bereit sofort nach Berlin zu kommen, um mit tschechischen Vertretern und - falls Hitler es wünsche - mit Vertretern Frankreichs und Italiens Vorkehrungen für den Transfer zu erörtern. Er sei überzeugt, daß es innerhalb einer Woche erreichbar sei. Wenn Hitler auch den Absichten der tschechischen Regierung mißtraue, so könne er nicht an der Macht der britischen und der französischen Regierung zweifeln, dafür zu sorgen, daß Versprechungen richtig, vollständig und sofort ausgeführt würden. Er habe öffentlich erklärt, daß sie bereit seien, sich für ihre Durchführung zu verbürgen. Er könne sich nicht vorstellen, daß Hitler wegen einer Verzögerung von einigen Tagen bei der Regelung dieses schon lange fälligen Problems die Verantwortung für einen Weltkrieg übernehmen wolle, der das Ende der Zivilisation bedeuten könnte.

Diese Botschaft Chamberlains kam einer vollständigen Kapitulation der Engländer gleich. Du kannst ja alles haben und auch sofort, sei bitte nur friedlich, mach nur keinen Krieg, muß man aus dieser Botschaft entnehmen. Welche völlig veränderte Sprache gegenüber dem Beschluß des britischen Kabinetts vom 25. Sept., die "neuen Forderungen" des Hitlerschen Memorandums abzulehnen und der französischen Regierung Unterstützung für den Fall einer kriegerischen Verwicklung mit Deutschland anzubieten.[134] Welche veränderte Sprache auch im Vergleich mit den allerdings schon eingeschränkten "Drohungen" Wilsons.

Der Entschluß zu der "Kapitulationsbotschaft" muß sehr schnell gefaßt worden sein, denn noch um 10.40 Uhr hatte Hesse von London aus telefoniert, daß Wilson ihm am selben Vormittag erklärt hatte, die britische Regierung sei bereit, den deutschen Forderungen in allen sachlichen Fragen zu entsprechen. Nur die Form, in der sich alles abspielen sollte, nämlich die militärische Besetzung, sei "völlig unerträglich".[135] "Der gegenwärtige Plan werde psychologisch als die Anwendung brutaler Gewalt anzusehen und unerklärlich" sein. Wenn es nicht möglich sei, den Führer von der vollen Annahme seines Planes abzubringen, "werde England wegen der Vergewaltigung demokratischer Freiheiten zum Kriege schreiten, da das gesamte Volk davon überzeugt sei, daß die höchsten Güter auf dem Spiel stünden". Zwei Stunden später war auch hiervon nicht mehr die Rede, auch nicht mehr von der Besetzung des Sudetenlandes durch die britische Legion ehemaliger Soldaten und britische Truppen, die Halifax noch am Abend des 27. Sept. an Henderson als britischen Vorschlag telegrafiert hatte.[136]

Aus dieser Botschaft Chamberlains an Hitler spricht die Besorgnis, um nicht Angst zu sagen, in letzter Stunde - die von Hitler gesetzte Frist für die Annahme des Memorandums lief am 28. Sept. um 14 Uhr ab - doch noch in einen Krieg, den man ja unter allen Umständen vermeiden wollte und mußte, verwickelt zu werden. Es ist nicht anzunehmen, daß Hitler und seine Berater das nicht aus der Chamberlainschen Botschaft herausgehört haben sollten. Zudem hatte es ja bereits andere Informationen über die trotz ihrer Mobilmachungsmaßnahmen gar nicht kriegsbereite Stimmung der Westmächte gegeben.

Über die kriegsunlustige Stimmung der Franzosen hatte die britische Regierung ein Telegramm ihres Pariser Botschafters erhalten. Vertreter von 200 Abgeordneten seien zum Premierminister und zum Staatspräsidenten gezogen, um dagegen zu protestieren, wegen einer reinen Verfahrensfrage in den Krieg geführt zu werden.[137]

Von der unentschlossenen Haltung der Franzosen hatte Chamberlain selbst in einem Gespräch mit Daladier am Abend des 25. Sept. auf einer gemeinsamen anglo-französischen Ministerkonferenz einen Eindruck erhalten, worüber er auf einer abendlichen Kabinettssitzung berichtete.[138] Er hatte Daladier über einige Punkte informiert, darunter auch über Hitlers Entschluß, bei Ablehnung seines Memorandums und damit eines "peaceful settlement" der Tschechoslowakei eine nach strategischen Gesichtspunkten festgesetzte Grenze aufzuerlegen. Das sei eine unprovozierte Aggression, hatte Daladier dazu gemeint. Ob Frankreich dann den Krieg erklären würde, war Chamberlains Gegenfrage gewesen. Die ausweichende Antwort Daladiers bestand in der unverbindlichen Erklärung: "France would fulfil her obligations of assistance."

Ob Frankreich die Maginotlinie bemannen und vollen Gebrauch von seinen Landstreitkräften machen würde, wurde weiterhin gefragt. Er könne solche technischen Fragen nicht diskutieren, wich Daladier weiterhin aus, Frankreichs künftige Aktion hänge von vielen Dingen ab. Daß diese Erklärungen seines französischen Kollegen nicht dazu angetan waren, Chamberlains ohnehin vorhandene Kapitulationsbereitschaft zu mindern, ist wohl einleuchtend.

Daran konnten auch Daladiers Korrekturen vom nächsten Tag nichts ändern.[139] Er war offenbar zu der Erkenntnis gelangt, daß er am Tage vorher eine schlechte Figur abgegeben hatte. "Speaking frankly he did not feel that he had himself expressed well on the previous evening." Jetzt gab er eine eindeutige Erklärung ab. Wenn deutsch-tschechische Feindseligkeiten entstünden, beabsichtige Frankreich, in den Krieg einzutreten und innerhalb von fünf Tagen mit Deutschland Kampfhandlungen zu beginnen. Es ist nicht anzunehmen, daß diese nachträgliche Korrektur Daladiers Chamberlain von der Kriegsbereitschaft der Franzosen überzeugt hat.[140]

8. Das Erwachen der "Benesch-Mentalität"

Gegen Ende des Jahres 1938 trat in der Haltung der deutschen Regierung gegenüber der Resttschechei eine Änderung ein, die die Folge einer Wiederbelebung der feindseligen Haltung der Tschechen gegenüber Deutschland war.

Beim Besuch des slowakischen Prof. Tuka am 12. Febr. 1939 wurde zum ersten Mal von Hitler diese wiederaufgelebte deutschfeindliche Tendenz mit "Benesch-Mentalität" bezeichnet. Bei dem zweiten Besuch des tschechischen Außenministers Chwalkowsky bei Hitler am 21. Jan. 1939 hat dieser ihm ein ganzes "Sündenregister' vorgehalten.[141] Es habe in der Tschechoslowakei noch keine gründliche Säuberung der Benesch-Tendenzen stattgefunden. Diese wirkten weiter und hätten ihre Positionen eigentlich verstärkt. Wenn man die Zeitung lese, sei manches unverständlich. Er habe das Empfinden, als warteten die Leute auf das große Wunder, das doch nie kommen werde. Wenn die Tschechen nicht einsähen, daß sie mit Deutschland in allem verbunden sein müßten, gäbe es keine Lösung.

Ribbentrop ergänzte in seinem Gespräch mit Chwalkowsky Hitlers Ausführungen.[142] Auch in Blättern, die der Regierung naheständen, würde ein für Deutschland äußerst befremdlicher Ton angeschlagen. "Vier Monate nach München ist bereits klar, daß ein Krieg unausbleiblich ist...", "Die augenblickliche politische Lage wird nicht als unabänderlich und ewiger Zustand betrachtet", waren Proben aus zwei tschechischen Zeitungen, die Ribbentrop dem tschechischen Außenminister vorlas. Eine Säuberung von Kommunisten und Juden, die eine Bedrohung Deutschlands darstellten, habe auch noch nicht stattgefunden.

Nun sei es nicht unverständlich, daß es in dem nationalbewußten tschechischen Volke nach der Niederlage bedeutende Kräfte gab, die im tiefsten ihres Herzens immer noch den Wunsch hätten, sich an dieser antideutschen Reaktion zu beteiligen (Hitler übertrug das auf die gesamte Tschechei) , die den ganzen Inhalt ihrer Existenz darin sähen, in einem etwa ausbrechenden europäischen Konflikt gegen Deutschland anzutreten.[143]

Es ist aber natürlich auch nicht verwunderlich, daß die deutsche Führung begann, ihre bisherige Haltung gegenüber der Tschechei zu überdenken. Man hatte zwar das Sudetenland gewonnen und den Festungsgürtel ausgeschaltet, aber bei einer etwaigen europäischen Auseinandersetzung war "der Speer im Fleische" mit seiner intakten Armee immer noch vorhanden und hatte, vom Revanchismus geführt, an Bedrohlichkeit nichts eingebüßt.

Es sei für eine Großmacht unerträglich, ein kleines Land an seiner Seite zu dulden, das gewissermaßen eine ständige Flankenbedrohung darstelle, hatte Hitler warnend zu Chwalkowsky gesagt, als er ihn auf die Notwendigkeit für die Tschechei hinwies, ein freundschaftliches Verhältnis zum Deutschen Reiche herzustellen.

Die Reaktion des deutschen Volkes nach der Niederlage von 1945 war grundlegend anders als die der Tschechen nach "München".

Liegt hier vielleicht eine Erklärung dafür, daß die deutsche historische Wissenschaft so wenig Verständnis zeigt für den durch die Reaktion der Tschechen hervorgerufenen Entschluß Hitlers, die Chwalkowsky schon am 14. Okt. 1938 dargestellte Alternative zur volkspolitischen Münchener Lösung zu realisieren?

Hesse sieht in der Unmöglichkeit, gegenüber einer entstehenden anglo-franko-russischen Koalition im Herzen des deutschen Raumes "einen ständigen Unruheherd" bestehen zu lassen, den entscheidenden Grund für Hitlers Marsch nach Prag.[144] Krausnick bestreitet die Richtigkeit dieser These mit, wie mir scheint, gar nicht überzeugenden Gründen.[145]

Daß auch Henke sich zu diesem Problem äußert, überrascht nicht. Aber er drückt sich vorsichtig aus. Es muß als Frage offenbleiben, meint er, ob bei der Annexion "Hitlers oft geäußerte Besorgnis, daß in Prag der 'Benesch-Geist' wieder aufleben werde, eine echte Rolle spielte".[146]

Dieser Versuch Henkes, wenigstens in einer Anmerkung zu einer objektiven Beurteilung zu gelangen, überrascht. Steht er doch im Widerspruch zu seiner im Text geäußerten Auffassung, nach der eine Annexion erforderlich gewesen sei zur "Abrundung der antibolschewistischen Ausgangsbasis in dieser Region" und zur "Rückendeckung bei einem Westkrieg".[147]

Aber auch einen englischen Beobachter hat die "Benesch-Mentalität" beschäftigt, und er hat sie nicht als Hitlersches Hirngespinst abgetan. Henderson berichtete an Halifax, daß die drohende Haltung der deutschen Regierung mindestens teilweise auf die Vorstellung zurückzuführen sei, daß die Benesch-Partei einen Staatsstreich plane, in der Absicht, internationale Verwicklungen hervorzurufen. "Wir empfehlen M. Mastny, weiterhin auf das stärkste auf seine Regierung einzuwirken, Handlungen gegen deutsche Untertanen in der Tschechei zu vermeiden", schreibt Henderson.

Nach Beendigung der Krise hat am 21. März der britische Geschäftsträger in Berlin, Sir Ogilvie-Forbes - Henderson war nach dem deutschen Einmarsch in Prag "zur Berichterstattung" nach London beordert worden - einen langen Bericht an Halifax über den Ablauf der Ereignisse in der Tschechoslowakei angefertigt. Auch in diesem Bericht spielt die "Benesch-Mentalität" eine Rolle. Ähnlich wie Henderson verweist er zwar immer darauf, daß es sich um Annahmen der deutschen Seite handelt, bestreitet aber auch nicht ihre Richtigkeit.[149] Die Wiederbelebung des Benesch-Geistes sei zum großen Teil nach deutscher Ansicht von den Vereinigten Staaten unterstützt worden. Der Benesch-Partei sei auch von dort zu verstehen gegeben, daß "München" keine endgültige Lösung sei, daß es Krieg geben werde und daß die Tschechen nicht nur das bekommen würden, was sie verloren hatten, sondern sogar noch mehr. Differenzierter als seine "einäugigen" Kollegen nimmt Freund Stellung und rückt von der einseitigen Expansions-Annexionsthese ab. Er bringt Hitlers Entschluß mit der schon erkennbaren polnischen Verweigerung, die die Slowakei als künftiges Aufmarschgebiet gegen Polen interessant mache und mit der Garantiefrage in Verbindung.[150]

Das ist für unsere Fragestellung unwichtig; zudem erscheint der an sich interessante erste Aspekt in diesem frühen Stadium nach Auffassung des Verfassers noch keine Rolle gespielt zu haben.

Wichtig vielmehr ist Freunds Feststellung, daß "bis Ende des Jahres 1938" das Reich bereit gewesen wäre, "die Einheit und Stabilität der Tschechoslowakei zu schützen, weil die Prager Regierung bereit schien, sich der deutschen Führung unterzuordnen". Gegen Ende Januar 1939 habe sich dann "bei den Deutschen die Vorstellung festgesetzt, daß keine wirkliche Umkehr in der Tschechoslowakei stattgefunden hat".

Wenn Freund auch nicht expressis verbis sagt, daß das der entscheidende Grund für Hitlers Entscheidung, nach Prag zu marschieren, gewesen war, so muß man das aus dem Zusammenhang doch schließen.

Der Verfasser hat dieser Freundschen Erkenntnis nichts hinzuzufügen. Ihm erscheint die Expansionsthese nicht mehr haltbar.

9. Wie kam Präsident Hacha nach Berlin?

In der Kabinettsitzung vom 15. März 1939 wurde auch die Frage gestellt, ob die Vertreter der tschechischen Regierung, der Staatspräsident Hacha und der Außenminister Chwalkowski aufgrund einer "Aufforderung" der deutschen Regierung nach Berlin gegangen seien. Der Foreign Secretary konnte sich nur auf ein von der deutschen Regierung am Morgen des 15. März herausgegebenes Kommuniqué beziehen, nach dem die tschechischen Vertreter

aufgrund ihrer eigenen Bitte empfangen worden waren.[151]
Offensichtlich lagen den Briten gegenteilige eigene Erkenntnisse nicht vor. Bei dem gut arbeitenden britischen Nachrichtendienst hätten solche sicherlich vorgelegen, wenn der Tatbestand dem entsprochen hätte. Das war anscheinend nicht der Fall. Aus dem Tagebuch des Reichsministers Dr. Goebbels wissen wir, daß die Tschechen nicht "vorgeladen" wurden. "Wie ich vorausgesagt habe, melden sich mittags die Tschechen an. Der tschechoslowakische Staatspräsident Hacha bittet um eine Unterredung, darauf wird nun alles konzentriert."[152]

Und von einer "Vergewaltigung" Hachas ist bei Goebbels keine Rede. Er schreibt zwar, "der Führer läßt sie bis Mitternacht warten und langsam und allmählich zermürben. So hat man es mit uns in Versailles gemacht." Dann aber heißt es bei Goebbels weiter, "die Verhandlungen werden mit zäher Erbitterung geführt." Das ist eine wichtige Aussage. Es hat sich also nicht um ein geistiges Diktat gehandelt, sondern um Verhandlungen, die noch dazu mit "Erbitterung" geführt wurden. Dann kann man eigentlich nicht von Vergewaltigung sprechen, wie es in der deutschen etablierten Geschichtsschreibung üblich ist.

Der Premierminister fügt noch eine weitere wichtige Aussage hinzu. Die Deutschen hätten es leicht gehabt, ihre Aktion zu begründen. Sie hätten es unter dem Deckmantel einer Übereinstimmung mit der tschechischen Regierung getan (under the guise of an agreement with the Czech Government).[153] Sie waren deshalb in der Lage, eine plausible Antwort auf alle Vorhaltungen zu geben, die ihnen gemacht wurden. Sie konnten sagen, daß eine Lage entstanden war, in welcher deutsche Staatsbürger beleidigt und mißhandelt wurden, sie konnten auch ausführen, daß Vertreter der tschechischen Regierung sie aufgesucht und sie dann aufgefordert hätten, die Tschechen bei der Aufrechterhaltung der Ordnung zu unterstützen.[154]

Der britische Botschafter Henderson bestätigte indirekt, daß die Tschechen freiwillig gekommen waren. Er hatte am 14. morgens mit Berlin telefoniert. Der tschechische Gesandte Mastny hatte ihm berichtet, daß er am Tag zuvor, also am 13. März, von Prag

instruiert worden war, daß Chwalkowski, der tschechische Außenminister, zur Besprechung (for consultation) nach Berlin kommen
würde, also nicht als Folge einer deutschen Aufforderung. Daß
diese Absicht aus tschechischen innenpolitischen Gründen nicht
verwirklicht wurde, ist für unsere Betrachtung unwesentlich. Entscheidend ist, daß aus diesem Telefonat die tschechische Absicht,
nach Berlin zu fahren hervorgeht, ohne daß eine Weisung oder gar
ein Befehl der deutschen Regierung vorlag.

Auch für die Besetzung des Industriegebietes von Mährisch-
Ostrau am Abend bevor Präsident Hacha in Berlin eintraf, fand
die englische Regierung eine Erklärung. Es geschah, um zu ver-
hindern, daß dieses Gebiet wie auch das von Wittkowitz von den
Polen besetzt wurde, wie die Polen das bereits vorher im Falle
Bogomien gemacht hatten.

Henderson kann noch ein weiteres Mal als Zeuge angeführt
werden. In seinem Buch "Failure of a Mission" nahm er natürlich
auch zu den Prager Ereignissen Stellung. Darin heißt es auf Seite
238: "Dr. Hacha folgte Tiso am 14. März nach Berlin, wobei man
wahrheitsgemäß sagen muß, daß er aus freien Stücken sich dorthin
wandte, in der Hoffnung, seinem Land die Schrecken der Besetzung zu ersparen und durch seine persönliche Demütigung wenigstens eine Spur von großmütiger Behandlung zu sichern. Henderson weiß auch zu berichten, daß Hacha mit den "Ehren" empfangen wurde, die einem Staatsoberhaupt zukamen.

10. Hätte es eine andere als die
Protektoratslösung gegeben?

Hitler hatte das Erstarken der Benesch-Mentalität als mit - wenn
nicht gar hauptverantwortlich für seine Entscheidung, die Rest-
Tschechei zu besetzen, genannt. Er meinte, daß die Tschechen die
Notwendigkeit hätten erkennen müssen, mit dem Großdeutschen
Reich, dem bestimmenden Faktor in Mitteleuropa, zu koalieren.
Auch im Foreign Office waren vor München Überlegungen von
einem anderen Status als politische Form angestellt.

So kann es Halifax nicht überrascht haben, als er am 6. Januar 1939 ein Schreiben der Prager britischen Gesandtschaft erhielt, das über einen Artikel eines bekannten (well known) tschechischen Journalisten Peroutka in einer Prager Wochenzeitschrift über deutsch-tschechische Beziehungen berichtete.[155]

Der Artikel forderte ein neues Verhältnis zu Deutschland. Das sollte nicht gewaltsam herbeigeführt werden, ein Appell an die Vernunft des realistischen tschechischen Volkes würde genügen. Denn die Tschechoslowakei betrachtet sich als völlig abgerüstet gegenüber Deutschland (was nicht den Tatsachen entsprach), und das tschechoslowakische Volk (das es nicht gab) würde jahrhundertelang nicht vergessen, wohin England und Frankreich es geführt hatten.

Für eine deutschfeindliche Politik, selbst wenn es eine solche wünsche, habe die Tschechoslowakei alle Partner verloren. Frankreich würde künftig niemanden finden, der sich mit ihm auf ein risikohaftes Unternehmen einlassen würde. Auch England sei kein Partner für eine Sicherheitspolitik. Die Tschechoslowakei würde ihre Verpflichtungen gegenüber Deutschland erfüllen, so wie sie es gegenüber ihren Alliierten getan hatte. Schon in der Auseinandersetzung über Ruthenien hatte Deutschland die tschechische Seite unterstützt, während England und Frankreich noch nicht ihre "Septemberheiserkeit" verloren hatten.

Peroutka forderte, daß die deutsch-tschechischen Beziehungen ehrlich sein müßten. Niemand sollte behaupten, daß er erfreut über die Entwicklung der Dinge sei.

170

BRITISH LEGATION,

PRAGUE.

No.462.   30th December, 1938.

(44/1889/38)

C . . . 56

3 JAN 1939

My Lord,

    I have the honour to inform you that an article
dealing with German-Czech relations by Monsieur Peroutka,
the well-known Czech journalist, has appeared in a Prague
weekly.

2.   Monsieur Peroutka said that the Government must not
try to dictate by force the country's new relationship with
Germany; it would be sufficient to address an appeal to
the reason of the realistic Czech people. Czecho-
Slovakia considered herself entirely disarmed vis-à-vis
Germany and the Czecho-Slovak people would not forget for
centuries what France and England had led them to. Czecho-
Slovakia had lost all partners for a policy hostile to
Germany, even if she wished to pursue it. France would
in future find no one who would embark on any risky enter-
prises with her. England, too, was no partner for a
security policy. Czecho-Slovakia would honour her pledge
of loyalty to Germany as she had been ready to honour her
pledges to her allies. In the struggle for Ruthenia she
had embarked on closer and more positive co-operation with
Germany who had protected her whilst France and England
had not yet lost their "September hoarseness". The field
was thus open for positive co-operation in foreign affairs
with Germany.

The Right Honourable

171

3.   Czecho-Slovakia's relations with Germany must
be straightforward and nobody should pretend that he was
delighted at the way matters had developed.   On the contrary undue subservience aroused amongst the Germans more
suspicion than gratitude.   The Germans could be quite
frankly told that Czecho-Slovakia's own interests led
to co-operation with them.   Whatever might divide the
Czecho-Slovaks from the Germans they had one factor in
common, namely, that both peoples were in September the
only ones who were ready to fight for their cause.

4.   I am sending a copy of this despatch to His
Majesty's Ambassador in Berlin.

          I have the honour to be, with the highest respect,
               Your Lordship's most obedient,
                    humble Servant,

                    (for His Majesty's Minister)

Mein Lord,

ich habe die Ehre, Sie darüber zu informieren, daß ein die deutsch-tschechischen Beziehungen behandelnder Artikel des sehr bekannten tschechischen Journalisten M. Peroutka in einer Prager Wochenzeitschrift erschienen ist.

2. M. Peroutka schreibt, daß die Regierung nicht gewaltsam versuchen soll, die neuen Beziehungen des Landes zu Deutschland zu diktieren. Es würde genügen, an die Vernunft des realistischen tschechischen Volkes zu appellieren. Die Tschechoslowakei betrachte sich gegenüber Deutschland als völlig abgerüstet. Und das tschecho-slowakische Volk würde jahrhundertelang nicht vergessen, wohin Frankreich und England es geführt hatten. Die Tschechoslowakei hatte wegen einer deutschfeindlichen Politik alle Partner verloren, selbst wenn es wünschte, diese Politik fortzusetzen. Frankreich würde künftig niemanden finden, der sich mit ihm auf irgendein risikovolles Unternehmen einlassen würde. Auch England sei kein Partner für eine Sicherheitspolitik. Die Tschechoslowakei würde ihre Loyalitätsverpflichtung gegenüber Deutschland erfüllen, wie sie bereit gewesen war, ihre Verpflichtungen gegenüber ihren Alliierten zu erfüllen.

In dem Kampf um Ruthenien hatte sie mit engerer und positiverer Zusammenarbeit mit Deutschland, das sie beschützt hatte, begonnen, wohingegen Frankreich und England noch nicht ihre "Septemberheiserkeit" verloren hatten.

So war das Feld geöffnet für eine positive außenpolitische Zusammenarbeit mit Deutschland. '

3. Die Beziehungen der Tschechoslowakei mit Deutschland müssen ehrlich sein und niemand sollte behaupten, daß er von der Art, wie sie sich entwickelt haben, angetan ist. Im Gegenteil, unangemessene Unterwürfigkeit erregt bei den Deutschen mehr Verdacht als Dankbarkeit. Den Deutschen kann man ganz offen sagen, daß es im eigenen Interesse der Tschechoslowakei liegt, mit ihnen zusammenzuarbeiten. Was auch immer die Tschechoslowaken von den Deutschen trennt: einen Faktor haben sie gemeinsam, beide Völker waren im September die einzigen, die bereit waren, für ihre Sache zu kämpfen.

4. Ich sende eine Copie dieser Depesche an Seiner Majestät Botschafter in Berlin.

Ich habe die Ehre, mit der größten Hochachtung Eurer Lordschaft gehorsamster ergebener Diener zu sein.

Eric E. Crowe (Für den Gesandten Seiner Majestät).

III. Hitler und der Westen

1. Hitlers Verhältnis zu England

In "Mein Kampf" findet man bekanntlich keine antienglische Haltung Hitlers. Die antifranzösischen Äußerungen haben sich zu einem Teil in den Jahren 1922 vor allen Dingen unter dem Eindruck und Einfluß des Ruhrkampfes gebildet. Dazu war Frankreich der Garant des die deutsche Niederlage besiegelnden Versailler Vertrages und mit seinen östlichen Trabanten die Hegemonialmacht Europas.

Aber mit dem Erstarken Deutschlands und der damit parallel verlaufenden innen- und außenpolitischen Schwächung Frankreichs, einer Entwicklung, die einen gewissen Kulminationspunkt in der deutsch-französischen Erklärung vom 6. Dez. 1938 mit dem deutschen Verzicht auf Elsaß-Lothringen fand, war auch der deutsch-französische Gegensatz auf normale Interessenunterschiede reduziert worden.

Hitlers positive Einstellung zu England, sein in "Mein Kampf" ausgedrückter Wunsch nach einem Bündnis, blieb auch nach 1933 unverändert bestehen. Erst die in Ribbentrops Schlußbericht und in der "Notiz für den Führer" vom 2. Jan. 1938 niedergelegte Erkenntnis, daß England für ein solches Bündnis nicht zu haben war, ließ auch Hitler erkennen, daß England seinen Absichten widerstrebte und daß die Ziele der deutschen Außenpolitik nicht mit, sondern nur ohne England zu erreichen waren. Daß aus dieser Erkenntnis Hitlers nicht die Konsequenz gezogen wurde, die erkannte Gegnerschaft Englands erfordere auch eine Außenpolitik gegen England, ist als der entscheidende Fehler Hitlers vom Verfasser bereits an anderer Stelle dargestellt worden.[1]

Er befindet sich damit im Gegensatz zu einem großen Teil der deutschen Zeitgeschichtler, die unter Außerachtlassung der Tatsache, daß sie keine entsprechenden militärischen Vorbereitungen wie operative Planungen und Rüstungsmaßnahmen nachweisen können, Hitler Angriffsabsichten gegen den Westen (einschließlich England) unterstellen.

2. Eine trübe Geschichtsquelle

Der vergessene "allermerkwürdigste Ausspruch des Führers"

"Alles, was ich unternehme, ist gegen Rußland gerichtet. Wenn der Westen zu dumm und zu blind ist, um dies zu begreifen, werde ich gezwungen sein, mich mit den Russen zu verständigen, den Westen zu schlagen, um dann nach seiner Niederlage mich mit meinen versammelten Kräften gegen die Sowjetunion zu wenden. Ich brauche die Ukraine, damit man uns nicht wieder wie im letzten Krieg aushungern kann." Diese von Burckhardt selbst als "allermerkwürdigster Ausspruch" bezeichnete Äußerung Hitlers hat vielen Zeitgeschichtlern als Beweis für Hitlers Absicht gedient, einen Krieg gegen den Westen zu führen.

Vor allem Henke paßten diese angeblichen Ausführungen Hitlers für seine These von der Zwischenkriegsstufe[2]. Aber auch Hildebrand und Hillgruber neben vielen anderen nahmen sie in ihre Beweisführung auf[3]. Hillgruber geht mit seiner Deutung sogar noch einen Schritt weiter. Er sah in der Äußerung Hitlers einen Beweis für seine (Hillgrubers) These, daß Hitler "sein eigentliches kontinentales Ziel, die Eroberung des europäischen Rußland, ebensowenig wie die nachfolgende Etappe der zu erwartenden maritimen Großkriege darüber nicht aus den Augen verlor". Es gehört schon eine gehörige Portion Verranntheit in aufgestellte Theorien dazu, um Eroberung des europäischen Rußland - nur von der Ukraine war die Rede - und maritime Großkriege als Zielsetzung aus den Worten Hitlers zu interpretieren.

Die Überlieferung dieses angeblichen Ausspruches Hitlers weist einige Merkwürdigkeiten auf. Nach seinem Gespräch mit Hitler war der Schweizer Burckhardt in seine Heimatstadt Basel gefahren, was dem Foreign Office und dem Quai d'Orsay bekannt war. Sie schickten sofort ihre zuständigen Beamten Makins und Arnal nach Basel, um von Burckhardt zu erfahren, was Hitler ihm gesagt hatte.

Makins hat einen ausführlichen Bericht über seine Unterredung mit Burckhardt angefertigt[4]. In diesem Bericht fehlt der "allermerkwürdigste Ausspruch", was Burckhardt in seinem Buch "Meine Danziger Mission" auch erwähnt hat[5].

Er bringt auch eine Erklärung für die Nichterwähnung. Er habe gerade die Mitteilung von einer erfolgten Indiskretion über seinen Besuch bei Hitler, der geheimgehalten werden sollte, erhalten. Das habe ihn so niedergeschlagen gemacht, "daß ich dieser letzten und überraschendsten Mitteilung des Kanzlers keinen Ausdruck mehr verlieh, vor allem, weil sie so völlig unwahrscheinlich wie der Bestandteil einer Halluzination erschien". Diese Erklärung Burckhardts für sein "Vergessen" ist unzureichend. Indiskretionen waren damals an der Tagesordnung[6]. Daher dürfte er einen so wichtigen, unerhört bedeutsamen Ausspruch, vielleicht das Bedeutendste an der ganzen Unterredung, nicht vergessen.

Der Verfasser ist vielmehr der Auffassung, daß Hitler diese Äußerung gar nicht getan hat, und begründet das wie folgt: In jenen Augusttagen fanden deutsch-sowjetische Fühlungnahmen statt, die zwölf Tage später zur Vertragsunterzeichnung führten. Schon zwei Tage nach der Unterredung mit Burckhardt (am 13. August) wurde Hitler während seiner Besprechung mit Ciano ein Telegramm der Sowjetunion überreicht, in dem sie ihr Einverständnis mit der Entsendung eines deutschen politischen Unterhändlers nach Moskau erklärte. Es ist unwahrscheinlich, daß Hitler zu diesem Zeitpunkt eine solche Bemerkung über Rußland gegenüber einem ausländischen Diplomaten gemacht hat. Er mußte annehmen, daß der Inhalt des Gespräches - wie ja auch geschehen - sofort den Westmächten überbracht werden würde, die ihrerseits mit den Sowjets in Verhandlungen standen. Eine solche antisowjetische Äußerung Hitlers hätten sie sofort zur Förderung ihrer eigenen Absichten benutzt und an die Sowjets als Beweis der antisowjetischen Einstellung Hitlers weitergegeben.

Ferner ist in Hitlers angeblichem Ausspruch ein logischer Fehlschluß enthalten. Wenn der Westen einmal geschlagen war, bestand nach seiner Niederlage die Gefahr einer Blockade und damit die Gefahr der Aushungerung nicht mehr. Damit wäre für Hitler die Notwendigkeit entfallen, sich in den Besitz der Ukraine zu setzen. Es sei denn, Hitler hätte sich nur mit der Besetzung Frankreichs, Belgiens und der Niederlande begnügt[7].

Der Verfasser sieht sich nicht in der Lage, diesen angeblichen Ausspruch Hitlers als eine Quelle für seine Westangriffspläne anzuerkennen.

Aber die deutsche Geschichtsschreibung hält immer noch an der überlieferten, angeblichen Hitlerschen Aussage fest. Einer der letzten ist Bavendamm[8] der wie viele andere die Veröffentlichungen anläßlich des 100. Geburtstages Burckhardts am 10. September 1991 anscheinend nicht kennt.[9]

Die zu diesem Gedenktag erschienene Burckhardt-Biographie seines Landsmannes Stauffer hat viele Besprechungen hervorgerufen, die Einblicke in die Charaktereigenschaften dieses Mannes, dieser "Lichtgestalt in dunkler Zeit" ermöglichen. Sie mindern seinen Wert als Geschichtsquelle erheblich. Einen fabulierenden Historiker nennt Stauffer Burckhardt. Er sei bedenkenlos im Umgang mit der Wahrheit gewesen, soweit seine eigene Person im Spiel war. Burckhardt sei mit seinem Quellenmaterial sehr unorthodox verfahren, heißt es in der Verlagsankündigung.[10] Das läßt sogar Quellenfälschung vermuten. Stauffer glaubt, nachweisen zu können, daß "Burckhardt sich teilweise selber gefälscht hat". Und wie so häufig in der neueren deutschen Geschichtsschreibung, findet sich eine psychologische Erklärung. Hans Mayer, der große Schweizer Literaturwissenschaftler, hält es für evident, daß bei Burckhardt der Realitätssinn nicht immer mit der Einbildungskraft harmonisierte. "Die Grenzen wurden durchlässig. Dann mochte wohl Erfundenes bisweilen als ein Wirkliches vorgetragen werden. Einige sprachen von Unaufrichtigkeit. Sie wäre es nicht. Burckhardt habe es für wirklich gehalten."[11]

Der Verfasser fühlt sich in seinen Zweifeln an der Richtigkeit des "Allermerkwürdigsten Ausspruches" Burckhardts bestätigt.

3. Der Holland-Popanz (The Holland Scare)

Es begann mit einer "story" des Sir Ivone Kirkpatrick. Dieser war von seinem Posten als Botschaftssektretär (stellvertretender Botschafter) in Berlin abberufen und in die Zentrale des Foreign Office nach London versetzt worden. Er wurde dort stellvertretender Leiter der wichtigen Mitteleuropaabteilung.

Im Unterschied zu seinem auf Ausgleich bedachten Berliner Chef Henderson war der in der Nachkriegszeit als Hochkommissar für die britische Besatzungszone einem größeren Kreis bekannt gewordene Kirkpatrick nicht gerade deutschfreundlich gesonnen. Er verstärkte im Foreign Office die deutschfeindliche Mehrheit.

Kirkpatrick, der in Deutschland Verbindungen zu sogenannten Widerstandskreisen gehabt hatte, brachte eine Horrormeldung mit, als er am 15. Dezember 1938 in London ankam. Hitler plane nichts weniger als einen überraschenden Luftangriff auf London. Eingehend überprüft wurde diese so wichtige Nachricht, die wirklich jeder Grundlage entbehrte, aber wiederholt wurde, nicht. Schuld daran mag auch die Tatsache gewesen sein, daß der schwer krebskranke britische Botschafter Henderson vom 11. November 1938 bis 13. Februar 1939 nicht auf seinem Posten in Berlin, sondern in London war. Außerdem war die diplomatische Verbindung zu London offensichtlich nicht sehr eng. Es wird berichtet, daß der deutsche Botschafter Dirksen den britischen Außenminister Halifax vom Oktober 1938 bis März 1939 nur ein einziges Mal gesehen hatte, offenbar nur nach entscheidenden Ereignissen wie "München" und "Prag".

Die Frage muß gestellt werden, was ein solcher Luftschlag hätte bewirken sollen, welche strategische Zielsetzung könnte ihm zugrunde gelegen haben? Abgesehen davon, daß die deutsche Luftwaffe mangels einer ausreichenden Zahl von hierfür geeigneten Bombern gar nicht in der Lage gewesen wäre, einen wirkungsvollen Luftschlag zu führen; es gab solche Pläne nicht. Gewiß, die britische Luftabwehr war damals noch unzureichend entwickelt und wurde erst wirkungsvoll verstärkt - auch aufgrund der Gerüchte über einen geplanten Luftschlag gegen London.

Sinn hätte ein solcher Luftschlag nur gehabt als Einleitung für eine Westoperation Hitlers, vor allem gegen Holland. Auch davon war die Gerüchteküche Anfang 1939 voll. Wenn man geneigt ist, nachträglich diese Gerüchte als substanzlos abzutun, so muß die Tatsache um so mehr überraschen, wie ernsthaft sich die politische und militärische Führung damals mit ihnen auseinandersetzte. Das Foreign Policy Committee und die Chiefs of Staff seien hier genannt (außenpolitischer Ausschuß und die Stabschefs der Streitkräfte), vor allem aber auch ein "minute" des Staatssekretärs Cadogan.[12]

Daß die britischen diplomatischen und vor allem militärischen "Profis" das Irreale, ja Unmögliche eines solchen Luftschlages gegen London nicht gesehen haben, ist erstaunlich. Weniger erstaunlich ist die Aufnahme von Gerüchten, die Anfang 1939 über eine deutsche Westoffensive immer wieder entstanden sind, und von denen wir wissen, daß sie nicht ganz substanzlos waren. Es muß daran erinnert werden, daß es nicht erst im 19. Jahrhundert zu der britischen Theorie der "balance of power" gehörte, das Festsetzen einer starken gegnerischen Macht an der den britischen Inseln gegenüberliegenden Küste zu verhindern. Dieser Theorie verdanken schließlich die Niederlande und Belgien ihre getrennte Existenz. So darf es nicht verwundern, daß es in England eine besondere Empfindlichkeit im bezug auf Holland und Belgien gab und Gefahr auch dann gewittert wurde, wenn diese gar nicht bestand.

In Cadogans "minute" heißt es in deutscher Übersetzung: "Ich habe begriffen, daß das Kabinett zugestimmt hat, daß wir im Falle des holländischen Widerstandes gegen eine deutsche Invasion in Holland einen Krieg mit Deutschland beginnen werden. Es würde jedoch für den Fall, daß die Holländer keinen Widerstand leisten, Zweifel über unsere Stellungnahme geben. Ich meinerseits würde sagen, daß wir auch in diesem Fall mit Deutschland Krieg beginnen sollten. Die entscheidende Frage ist erstens die Integrität Hollands, und zweitens haben die Stabschefs uns gesagt, daß in keinem Fall die Frage eines holländischen Widerstandes die Sachlage verändert. Wenn dem zugestimmt wird, könnte unsere Formel einfach und klar lauten: Im Falle einer deutschen Invasion in Holland würde Seiner Majestät Regierung in einen Krieg gegen Deutschland eintreten."[13]

Nun war nicht nur Cadogan, der zweithöchste Mann der britischen Außenpolitik, diesem Hollandpopanz erlegen, auch der Außenminister war offensichtlich davon überzeugt, daß Hitler eine Westoffensive plante, Vorstellungen, die sich im Januar/Februar 1939 zur Hysterie steigerten. Holland, Belgien, Frankreich, aber auch die Schweiz sollten das Ziel des Hitlerschen Imperialismus sein.

In einer Kabinettssitzung vom 1. Februar 1939[14] lag dem Kabinett der Bericht des Foreign Policy Committees über die Frage eines möglichen deutschen Angriffs auf Holland vor. Darin hieß es, jeder Versuch Deutschlands, militärische Kontrolle über Holland zu erlangen, würde von H. M. G. (Seiner Majestät Regierung) als eine Bedrohung der Sicherheit Englands angesehen. Angefügt war diesem Bericht eine Stellungnahme der Chiefs of Staff, die der Sitzung des Foreign Policy Committees beigewohnt hatten.

Der Premierminister erklärte den Hauptpunkt des Kommittee-Berichtes. Der Schluß des "Chiefs of Staff-Berichtes" lautete zusammengefaßt, daß durch einen Krieg mit Deutschland in naher Zukunft eine sehr schwierige Situation entstehen würde. Eine Interventionsunterlassung im Falle eines deutschen Angriffs auf Holland würde verheerende Wirkungen haben, die die Risiken eines Konfliktes überwiegen würden. Das Kommittee hatte diese Schlußfolgerung bestätigt und festgestellt, daß eine deutsche Invasion[15] in Holland einen "casus belli" bilden würde. Eine solche Situation würde einen Krieg mit Deutschland rechtfertigen.

Das würde nicht bedeuten, daß man sofort den Krieg beginnen müßte, ohne andere Erwägungen in Betracht zu ziehen. Eine solche wäre die Möglichkeit, daß die Holländer keinen Widerstand leisten würden.

Natürlich wäre es notwendig, im Falle einer deutschen Aggression in Verbindung mit Frankreich und Belgien zu handeln. Dabei sei die Erkenntnis schwierig, wie sich diese beiden Länder aus dem Krieg heraushalten könnten, wenn Deutschland in Holland einfiele. Diplomatische Besprechungen sollten vor den militärischen Stabsbesprechungen stattfinden. Aufgrund von empfangenen Nachrichten - es wird leider nicht gesagt, um welche Nachrichten es sich handelte - sei der Foreign Secretary vom Kommittee ermächtigt worden, solche Verhandlungen "dringend" zu machen.

Von der französischen Regierung erwartete man, daß sie die Frage nach unserer Haltung im Falle eines deutschen Angriffs auf die Schweiz stellen würde.

Der Premierminister ging dann noch weiter in seinen Schlußfolgerungen. Ein deutscher Angriff auf die Schweiz würde ein klarer Beweis für einen deutschen Versuch sein, Europa durch Gewalt zu beherrschen (would be clear evidence of an attempt to dominate Europe by force).

Und von diesem Gesichtspunkt aus gehörten ein deutscher Angriff auf Holland und ein solcher auf die Schweiz in dieselbe Kategorie. Man kann überlegen, was die britische Führung bewogen hatte, diese Theorie der Westorientierung deutscher Angriffsabsichten so nachdrücklich zu vertreten, widersprach sie doch der anderen vorherrschenden Auffassung, daß Hitler enttäuscht darüber war, daß "München" ihn um die Chance eines erfolgreichen Krieges gebracht hatte und er diesen nun im Osten gegenüber der Tschechoslowakei nachholen müsse. Vielleicht sollte das "Holland scare" die Briten durch Vortäuschen einer drohenden Gefahr zu größeren Rüstungsanstrengungen und einem engeren Zusammengehen mit Frankreich und Belgien veranlassen? Vor allem an einem Zusammengehen mit Frankreich, vielleicht sogar an einem Bündnis, war man in England interessiert.

"Eile tut Not", meinte der Premierminister. "Wenn wir nicht zu spät kommen wollen, sollten wir bald wissen, was die betreffenden Mächte unternehmen werden". "Bisher", fuhr der Premierminister fort, "haben wir enge Kontakte zwischen unseren Stäben und denen der Länder vermieden, die unsere möglichen Verbündeten sein könnten, aus Furcht, uns in besondere Verpflichtungen verwickelt zu sehen. Jetzt jedoch hat der Auswärtige Ausschuß sich entschieden. Die Unterredungen sollen vorangehen, um vereinigte Pläne zu entwickeln trotz der Tatsache, daß diese Pläne größere Verpflichtungen enthalten werden, als wir sie bisher in Betracht gezogen haben."

Und dann kommt eine kleine Überraschung. Obwohl der "Stahlpakt" noch gar nicht abgeschlossen war, englisch-italienische Verhandlungen gerade beendet waren, gingen die britischen Überlegungen um einen Krieg gegen Deutschland und Italien.

Aber damit nicht genug. Die britischen Vorbereitungen sollten alle möglichen Kriegsschauplätze einschließen, besonders das Mittelmeer und den Mittleren wie den Fernen Osten,[16] wenn man auch annehmen konnte, daß die Japaner zu Beginn eine vorsichtige Haltung einnehmen würden.

Erstaunlich sind diese britischen Kriegsvorbereitungen, um einer angenommenen, angeblich bevorstehenden deutschen Invasion Hollands zu begegnen. Man muß dazu noch an das Datum dieser Überlegungen erinnern, es war der 1. Februar 1939. Es waren noch sechs Wochen bis "Prag", der, wie wir noch sehen werden, so willkommenen britischen Begründung ihrer Politik gegenüber Deutschland.

Unklar bleibt die Vorstellung des Innenministers (Secretary of State for Home Affairs), wie die Festung Holland (Fortress Holland), nachdem dieses Land in wenigen Tagen überrannt sein würde, in eine furchterregende Luftabwehrzone verwandelt werden sollte.[17] Realistischer war wohl schon der Plan, die holländischen Streitkräfte in Fernost wirkungsvoll zu modernisieren.[18] Auf alle Fälle sollte der holländische Generalstab in die Stabsbesprechungen einbezogen werden.

Der Außenminister maß dem holländischen Widerstand im Hinblick auf das Endergebnis eines Krieges nicht viel Bedeutung zu. Und er warnte vor einer Überbetonung der Frage, ob Holland Widerstand leisten würde oder nicht. Damit haben wir dann wieder den typisch britischen Standpunkt, daß die Haltung der "Bedrohten" keine Rolle spielte. Der Premierminister stimmte dieser Ansicht im allgemeinen zu, gab jedoch zu bedenken, daß man nicht alle möglichen entstehenden Umstände vorhersehen könne.

Der Außenminister ließ die Katze dann noch ein wenig weiter aus dem Sack. Nicht nur wegen Holland, sondern auch aus anderen Gründen (from some other grounds) könnten Verwicklungen entstehen. Deswegen sei keine Zeit zu verlieren, um mit ausgedehnten Stabsbesprechungen zu beginnen. Man war sich über den großen Schritt, den man unternahm, durchaus klar. Es sei beinahe einem Bündnis gleich.[19] Es bestand Einvernehmen, daß dieser Schritt unternommen werden mußte und der Außenminister ging dann noch weiter und machte klar, daß Holland nur ein Vorwand war. Die Stabsbesprechungen sollten sich nicht nur mit der Möglichkeit einer Invasion Hollands beschäftigen, sondern mit der allgemeinen Frage eines Westkrieges. In einem Telegramm an den britischen Geschäftsträger in Washington, Victor Mallet, forderte Halifax diesen auf, den Inhalt zur persönlichen und vertraulichen Information an den Präsidenten weiterzugeben. Das Telegramm war vom Februar datiert, ein genaues Datum fehlte. Es kann jedoch aus dem Inhalt des folgenden Telegramms vom 7. Februar geschlossen werden, daß es zwischen der Kabinettssitzung vom 1. Februar und dem 7. Februar abgesandt wurde.

Das Telegramm bestätigte die uns schon aus der Kabinettssitzung vom 1. Februar bekannte Auffassung, daß jeder deutsche Angriff auf Holland die Sicherheit der westlichen Mächte bedrohen würde und daß im Falle eines solchen Angriffs die Briten gezwungen wären, einen Krieg mit Deutschland zu führen, denn jeder deutsche Versuch, Holland zu beherrschen oder auch nur die Gewaltandrohung würde die Sicherheit Englands bedrohen.

Auch ein deutscher Angriff auf die Schweiz wäre ein deutlicher Beweis eines deutschen Versuches, Europa mit Gewalt zu beherrschen. Und falls die französische Regierung anfragen sollte, ob bei einem Angriff Deutschlands auf die Schweiz und eine darauffolgende Kriegserklärung Frankreichs an Deutschland, England Frankreich unterstützen würde, sollte eine bejahende Antwort gegeben werden.

H.M.G (Seiner Majestät Regierung) überlegte ferner, ob über ihre Haltung hinsichtlich der Niederlande eine öffentliche Erklärung abgegeben werden sollte. Sie sollte deutlich machen, daß das britische Interesse sowohl an den Niederlanden wie an Belgien über gesetzliche Verpflichtungen hinaus lebenswichtig war. Deswegen müßte H.M.G. jeden Versuch, die Integrität oder Unabhängigkeit dieser zwei Länder zu verletzten oder zu gefährden, als eine Verletzung der für England lebenswichtigen Interessen angesehen werden".[20]

Deutlicher hätte es eigentlich dem amerikanischen Präsidenten Roosevelt nicht gesagt werden können.

Am 7. Februar hat das Foreign Office ein weiteres Telegramm an Mr. Mallet geschickt für die Weitergabe an das amerikanische Außenministerium zur persönlichen und geheimen Unterrichtung des Präsidenten.

Die Antworten der französischen und belgischen Regierung waren eingegangen und ebenso Hinweise auf die Ansichten der niederländischen Regierung. So ganz waren die Antworten sicher nicht nach den Vorstellungen der britischen Regierung ausgefallen, am ehesten noch naturgemäß die der französischen Regierung. Auch sie hatte ähnliche Berichte wie die Engländer erhalten, obgleich sie nicht bestätigt waren, also wohl nur Gerüchte darstellten. Gleichwohl berechtigten sie zu Befürchtungen über deutsche Westaktionen, die entweder spontan sein könnten oder als Unterstützung italienischer Ansprüche unternommen werden konnten, meinten die Franzosen.

Die französische Regierung stimmte mit der britischen überein und betrachtete eine Invasion Hollands als einen "casus belli". Jedoch sollte sich daraus keine vertragliche Verpflichtung mit England ergeben. Eine gemeinsame Aktion mit Großbritannien würde nur einen präventiven Charakter haben. Sie forderten zudem eine Zusage der britischen Regierung, daß sie eine Invasion der Schweiz genauso ansehen würde, wie eine Invasion Hollands.

Die französische Antwort begrüßte die Entscheidung Seiner Majestät Regierung, die Verteidigungs- und Gegenverteidigungsmaßnahmen zu beschleunigen und gab zu verstehen, daß die allgemeine Wehrpflicht in England wesentlich für eine effektive britische Teilnahme an der gemeinsamen Verteidigung des Kontinents sein würde. Das war ein belehrender Hinweis der Franzosen, der nicht der Meinung aller Briten entsprochen hat.

Noch weniger wird es die belgische Antwort getan haben. In höflichen Formen bedankten sich die Belgier für die erhaltene Information und waren für weitere dankbar. In der Sache waren sie jedoch anderer Meinung als die Briten und erteilten ihnen eine Absage. Sie waren entschlossen, an ihrer Politik der Unabhängigkeit festzuhalten, die einstimmig in Belgien gebilligt würde und die sie als bestens geeignet für Belgien und die Interessen Europas hielten. Bei der Übermittlung dieser Antwort ging der belgische Außenminister noch weiter. Er könne nicht glauben, daß die Deutschen die Inbesitznahme Hollands beabsichtigten.[21]

Auf alle Fälle sei die belgische Regierung davon überzeugt, daß ihre einzige Aussicht, die Unabhängigkeit zu erhalten und eine Invasion zu vermeiden darin bestünde, überhaupt keine Verpflichtungen mit irgendeinem Lande zu haben. Das war eine deutliche Absage an den britischen Versuch, die belgische Politik vor den britischen Karren zu spannen.

In Washington hatte der Präsident Roosevelt zu den Gerüchten über deutsche Invasionsabsichten beigetragen und den niederländischen Gesandten entsprechend "informiert". Darauf hatte am 26. Januar 1939 der niederländische Außenminister den britischen Gesandten Sir William Bland gefragt, ob er die Information des amerikanischen Präsidenten bestätigen könne. Sir William Bland wich aus. Auf Weisung seiner Regierung unterrichtete er dann den niederländischen Außenminister, daß unter den vielen Berichten, die Seiner Majestät Regierung erhielte, einige waren, die von Herrn Hitlers Plänen, den Westen in naher Zukunft anzugreifen, berichteten. Seine Pläne könnten auch die Besetzung Hollands einschließen. Sir William Bland erklärte, daß Seiner Majestät Regierung sich für die Zuverlässigkeit dieser Berichte nicht verbürgen könne. Aber in Anbetracht ihrer Zahl wäre es nicht ungefährlich, sie zu ignorieren. Der niederländische Außenminister war offensichtlich bereits infiziert, es gäbe zwar zur Zeit keine deutschen Truppenbewegungen gegen Holland, aber seine neuesten Informationen hätten ihn nicht beruhigt.

Er deutete an, daß die Holländer ihre Grenzverteidigungsbefesti-
gungen solange wie möglich verteidigen würden, wenn es zum
Äußersten käme. Dann würden sie sich zurückziehen und das
Wasser hineinlassen (then fall back and let the water in).

Einen wichtigen Punkt für die Notwendigkeit, Partei für die
Niederlande zu ergreifen, erwähnten die Briten nicht, wenn er
auch mehr für die USA als für Großbritannien zutraf, den Reichtum an strategischen Rohstoffen in den niederländischen Koloni-
en, vor allem an Gummi und Zinn.

Cadogan faßte die britische Einstellung zusammen: Jeder Versuch Deutschlands, militärische Kontrolle über Holland zu erlangen, würde von Seiner Majestät Regierung als eine Bedrohumg
der Sicherheit ihres Landes betrachtet.

Das ist ein wichtiger, entscheidender Satz. Es geht nicht um die
Bewahrung der Freiheit und Unabhängigkeit eines vom "deutschen Imperialismus" bedrohten Landes, sondern ausschließlich
um die angeblich bedrohte britische Sicherheit.

12

agreed that, in the event of a German
invasion of Holland resisted by the
Dutch, we should go to war with Germany.

There would appear to be some doubt
about the position in the event of the Dutch
not resisting.

For my part, I should say that in
this case also we should go to war with
Germany. For ① the point at issue
for us is the integrity of Holland
and ② the Chiefs of Staff have told
us that in any case Dutch resistance
would make little difference.

If that were agreed, our formula
could be simple and clear: "In the
event of a German invasion of Holland,
H.M.G. would go to war with Germany."

There then arises the difficulty of
conclusion (b) (p.15 of the minute), which
attempts to deal with rather more disguised
action by Germany, taking a number
of different imaginable forms.

Here we certainly ought not to use
the phrase "casus belli" if its
interpretation is open to doubt.

I suggest it might be possible to
say: "Any attempt by Germany to
obtain

4. Die Quellen

a) Die Hoßbach-Niederschrift

Von den "Haßgegnern" England und Frankreich soll Hitler am 5. November 1937 nach der Hoßbach-Niederschrift gesprochen haben. Das wird von den Zeitgeschichtlern natürlich nur so gedeutet, daß Hitler haßerfüllt gegenüber diesen beiden Staaten war. Dabei wird übersehen, daß Hitler seinen Satz ergänzt hatte, "denen ein starker Koloß inmitten Europas ein Dorn im Auge ist, wobei beide Staaten eine weitere deutsche Erstarkung sowohl in Europa als auch in Übersee ablehnten . . ." Daß aus dieser Formulierung nur eine aktive Gegnerschaft der anderen gegen Deutschland herausgedeutet werden kann, liegt außerhalb der Interpretationsmöglichkeiten der betreffenden Historiker.

Nicht einmal eine Notlage Englands wollte Hitler zu einem Angriff ausnützen. Sollte es einen Zeitpunkt geben, "an dem England sich in einer Notlage befindet und das Deutsche Reich stark und gerüstet sei", lesen wir in der Niederschrift, sei es nicht etwa der geeignete Augenblick, über England herzufallen, sondern um "in eine ernsthafte Diskussion wegen der Rückgabe der Kolonien an uns einzutreten". Diskutieren wollte Hitler und nicht die britische Notlage ausnützen, um "erpresserische Forderungen" zu stellen.

An einer anderen Stelle der Niederschrift lehnt er bei einem Konflikt mit Frankreich einen Durchmarsch durch Belgien und Holland (er dachte an 1914) ab, "da es in jedem Falle die Feindschaft Englands zur Folge haben müßte". Die wollte Hitler offenbar unter allen Umständen vermeiden, auch noch am 5. Nov. 1937. Und schließlich wiesen Feldmarschall von Blomberg und Generaloberst von Fritsch bei der Beurteilung der Lage wiederholt auf die Notwendigkeit hin, daß "England und Frankreich nicht als unsere Gegner auftreten dürften . . ."

Nein, für Angriffsabsichten gegen den Westen gibt die Hoßbach-Niederschrift nichts her.

b) "Die Weisung an die Wehrmacht vom 21. 10. 1938"

Der Teil 2 dieser Weisung behandelt unter A die Aufgaben für das Heer und unter B diejenigen der Luftwaffe. Am Schluß dieses Teils B heißt es dann: "Daneben ist der gleichzeitige Aufmarsch der übrigen Angriffskräfte gegen Westen vorzubereiten." Nun ist es eigentlich gar nicht zu übersehen, daß es sich nur um Einheiten der Luftwaffe, nämlich Bomberverbände handeln konnte, die bei einem französischen Eingreifen offensiv reagieren sollten. Das Heer war bei äußerster Anstrengung gerade noch in der Lage, mit den nicht für den Aufmarsch gegen die Tschechoslowakei benötigten "Angriffskräften" den unfertigen Westwall zu besetzen. Henke jedoch, ein Vertreter der Auffassung, daß Hitler ab 1938 seine Politik nicht nur ohne England, sondern gegen England durchführen wollte, liest daraus einen Befehl für den Aufmarsch vom Heer und Luftwaffe gegen den Westen, obgleich die Weisung an anderer Stelle nur von Vorbereitungen für eine Grenzsicherung spricht.[22]

Auch Messerschmidt unterliegt dem von Henke begangenen "Irrtum". Auch bei ihm heißt es "im Zusammenhang mit der Aktion gegen die Tschechen", die "auf Überfall abzustellen" sei, daß "ein gleichzeitiger Aufmarsch der übrigen Angriffskräfte gegen Westen . . . vorzusehen" sei.[23] Nun, die Weisung vom 21. Oktober 1938 gibt trotz Henke und Messerschmidt für Angriffspläne Hitlers gegen den Westen nichts her.

c) Die Ansprache vom 8. März 1939

Während Messerschmidt im Falle "der Weisung an die Wehrmacht einem (im Grunde unverzeihlichen) Interpretationsirrtum erlegen ist, bezieht er sich bei einem anderen Versuch, Hitler Angriffsabsichten gegen den Westen zu unterstellen, auf eine angebliche Ansprache Hitlers, von der er selber schreibt, daß ihr Quellenwert aufgrund der Überlieferung "mit Vorsicht beurteilt werden müßte".[24] Hitler habe am 8. März 1939 eine Ansprache vor hohen Offizieren, Wirtschaftsvertretern und Parteifunktionären gehalten. Die Ansprache hätten Staatssekretär Keppler und Generaldirektor Vögler am 12. März 1939 in Wien schriftlich niedergelegt, und sie sei im September in den Besitz des US-Botschafters Bullitt gelangt. Über das "Wie" erfahren wir nichts. Allerdings hat sie Aufnahme in die USAkten gefunden.[25]

Über erstaunliche Vorstellungen Hitlers wird berichtet. Nach Einbeziehung Polens in den deutschen Machtbereich sollte "es bei der Wendung nach Westen gegen Frankreich als der ersten großen Etappenlösung bleiben". Nun, das könnte man noch als eine reale Möglichkeit akzeptieren. Dann aber wird es nahezu phantastisch. Nach dem Sieg über Frankreich, so Messerschmidt, schien Hitler "eine Art automatischer Herrschaft Deutschlands über Großbritannien - dieses alte und 'demokratiegeschwächte' Land - anzunehmen", und nicht nur Herrschaft über die Insel - von Frankreich aus - war damit gegeben, sondern es war auch die "Disposition über Englands Reichtümer in der Welt damit verbunden". So einfach ist das.

Zwei Vorwürfe müssen Messerschmidt gemacht werden. Einmal das ausgiebige Benutzen (zwei Seiten) einer von ihm selbst als dubios bezeichneten Quelle und die kritiklose Übernahme einer so simplen Vorstellung, von Frankreich aus automatisch die Herrschaft über die Insel und die Reichtümer des Empires ausüben zu können.

d) Westliche Befürchtungen vor einem deutschen Angriff

In den Monaten Januar und Februar 1939 war vor allem London erfüllt von Gerüchten über deutsche Angriffsabsichten gegen Holland, während schon vorher Gerüchte über einen überraschenden Blitzschlag der deutschen Luftwaffe gegen London die Gemüter bis in die höchsten Stellen aufs stärkste beunruhigt hatten.[26] Es war der abgelöste Botschaftsrat an der Berliner britischen Botschaft, Kirkpatrick (der spätere britische Hochkommissar in der Bundesrepublik), der am 6. Dezember 1937 mit einer geheimnisvollen "story" über einen deutschen überraschenden Luftangriff auf London aufwartete.

Wie ein billiger Krimi hört sich diese "story" an. Bei einem geheimnisvollen Treff im Berliner Tiergarten nach Eintritt der Dunkelheit soll ein deutscher Stabsoffizier einem Angehörigen der

Berliner britischen Botschaft von deutschen Plänen, einen solchen Blitzschlag gegen London zu führen, berichtet haben. Bis Mitte März sollten die Vorbereitungen abgeschlossen sein. Wenn der Befehl für die Ausführung dieses Angriffs gegeben werde, solle die Nachricht durch einen "home-made-code", ein herausgerissenes Blatt des Berliner Telefonbuches, übermittelt werden. Nun brauchte man diese "story" nicht weiter zu erwähnen , wenn sie nicht in voller Breite (mit Konsequenzen natürlich) in den Erinnerungen des damaligen Außenministers Halifax dargestellt worden wäre.[27]

Nach Erhalt dieser Nachricht seien sofort Schritte unternommen worden, um die Produktion zu beschleunigen, berichtet Halifax. Und obwohl sie nicht von der Telefonbuchseite begleitet worden seien, hätten die Märzereignisse einen Wendepunkt in Chamberlains Überlegungen über Hitlers Absichten dargestellt. In den schriftlichen Anweisungen an die diplomatischen Vertretungen verdichteten sich die Gerüchte zu festen Nachrichten. Wir haben "definite informations" von einem hochgestellten Deutschen erhalten, heißt es in einem Telegramm von Halifax.

Gerüchte über deutsche Angriffspläne im Westen - vor allem gegen Holland - kursierten in den britischen Regierungsstellen besonders im letzten Januardrittel 1939.

"Many worked themselves up into a potential state of hysteria", war Hendersons Urteil über die in London herrschende geistige Verwirrung.[28] Henderson hatte das in einem Bericht an Halifax über die gemäßigte Reichstagsrede Hitlers vom 30. Jan. 1939 geschrieben, die, wie er hoffte, wie ein ernüchternder "Schock" auf alle hysterisch aufgeputschten Briten wirken würde.

Halifax nahm bei der Verbreitung der Gerüchte über deutsche Angriffsabsichten einen führenden Platz ein. Die diplomatische Korrespondenz zwischen dem Foreign Office und den verschiedenen Botschaften und Gesandtschaften, aber auch mit der französischen Regierung handelte im Januar 1939 vorwiegend von der Gefahr eines deutschen Angriffs im Westen.

Dabei ging es den Engländern (und auch den Franzosen) gar nicht um Holland selbst. Sie befürchteten, daß Deutschland sich an der holländischen Küste festsetzen wollte, um von dort aus den Ländern England und Frankreich seine Bedingungen zu diktieren.

Welche phantastischen Blüten diese Gerüchtemacherei trieb, geht aus einem Bericht des britischen Botschafters in Paris, Phipps, an Halifax hervor. Die Franzosen besäßen geheime Informationen, nach denen die Deutschen sehr kleine U-Boote (zwischen 200 und 300 t) besäßen, mit denen sie leicht durch holländische und andere Kanäle fahren könnten. Als Stammtischgespräche sind solche Vorstellungen denkbar, aber als Gegenstand diplomatischer Korrespondenz ein Zeichen geistiger Verwirrung. Selbst wenn die Holländer sich nicht verteidigen würden, hatte der französische Ministerpräsident Daladier gemeint, müsse ein deutscher Angriff auf Holland als casus belli betrachtet werden.

Dabei nahmen die angeblich so sehr bedrohten Holländer die Angelegenheit gar nicht so ernst. Halifax und Cadogan waren sehr enttäuscht über diese realistische Haltung. Jedenfalls muß man das einem Telegramm entnehmen, das das Foreign Office am 26. Jan. an den britischen Gesandten in Den Haag schickte. Aus dessen Berichten und aus Gesprächen mit dem niederländischen Geschäftsträger in London habe das Foreign Office entnommen, daß die niederländische Regierung nicht bereit sei, diesen "stories" über "eine eminente Bedrohung der Niederlande" zu große Bedeutung beizulegen. Die Briten dagegen würden beträchtliche Überlegungen an die Frage verwenden, welche Haltung die britische Regierung für den Fall eines solchen Angriffs auf die Niederlande einnehmen sollte. In den nächsten Tagen sei die endgültige Entscheidung zu erwarten.

Die nüchterne Haltung der Niederländer war um so bemerkenswerter, als sie nicht nur von den hysterisch gewordenen Briten vielfach gewarnt wurden.

Am 27. Jan. berichtete der britische Gesandte in Den Haag über ein Telegramm des niederländischen Gesandten in Washington. Danach hatte Präsident Roosevelt diesem gesagt, daß er aus drei voneinander unabhängigen, zuverlässigen Quellen Informationen erhalten habe, aufgrund derer er annehmen müsse, daß Deutschland sich nach Westen wenden und dabei einen Konflikt mit den Niederlanden provozieren werde.

Daß auch die Belgier in die britischen Befürchtungen mit einbezogen wurden und sogar die Schweiz nach britischer Auffassung bedroht war, da Deutschland ja im Zuge seiner geplanten Angriffsoperation die Maginotlinie umgehen mußte, war nicht überraschend.

Was war dran an diesen Phantastereien? Nichts! Wir schließen uns dem Urteil Bavendamms an, der bei seinem Versuch, "die lange verkannte Realität . . . wiederherzustellen, über den bestürzenden Sachverhalt" stolperte, "daß ab Ende 1938/Anfang 1939 ein in mancher Beziehung grob irreführendes Bild von Hitlers nächsten Absichten verbreitet wurde, um England kriegsbereit zu machen und den Diktator zu unbedachten Handlungen zu provozieren. Bis heute haben die Historiker diese vom deutschen Widerstand genährte Manipulation der öffentlichen Meinung übersehen." Dem ist eigentlich nichts hinzuzufügen, und es darf nicht überraschen, daß es deutsche Historiker gibt, die diesen Manipulationen aufgesessen sind und noch heute daran festhalten.

5. Hitler und die "kleinen Würmchen"

Ein Wort noch zum Verhältnis Hitler-Chamberlain - in der deutschen Geschichtsschreibung ist die geringschätzige, angebliche Äußerung Hitlers v. 22. August 1939 über die "kleinen Würmchen", die er in München in ihrer Bedeutungslosigkeit kennengelernt habe, wiedergegeben. Die anliegende, geheime Aufzeichnung, die auf Veranlassung des britischen Premierministers unter den Kabinettsmitgliedern zirkulierte, spricht eine andere Sprache. Danach hatten die beiden Politiker sich in München schätzen gelernt.*

---

* Hitler habe das Empfinden gehabt, daß der Premierminister ihn verstanden habe, und Hitler seinerseits habe den Premierminister schätzen gelernt. Insbesondere die Offenheit, mit der er gesprochen hatte, und die Schnelligkeit, mit der er die wesentlichen Dinge der Lage begriffen habe, hätten ihn beeindruckt.

Notes by Sir Horace Wilson.

Notes by Sir Horace Wilson.

I travelled to Munich this morning by car with Von
Dircksen, the German Ambassador in London, in two hours.
He had not seen the Fuehrer after yesterday's conversation
between the Prime Minister and Hitler, but he had seen Von
Ribbentrop, Weizsäcker, Hewel and others who had been present
at a conference with Hitler after we had gone.   Von Dircksen
told me that the opinion of all of them was that Hitler had
obviously been impressed by the Prime Minister and had felt
that he, the Prime Minister, understood Hitler and that, in
turn, Hitler had appreciated the Prime Minister - especially
the directness with which he had talked and the rapidity with
which he had grasped the essentials of the situation.   Von
Dircksen said that he himself was satisfied that the visit
had been most valuable.   He added that it could not have
been better timed or done in a better way.   They all seem
to be impressed by the "statesmanship" of what they evidently
regard as a bold master-stroke in diplomacy.   It had clearly
appealed to Hitler as something after his own heart, and his
subsequent long conversation with the Prime Minister had
done nothing to lessen its effect.

111

Ich reiste nach München heute morgen im Auto mit von Dircksen, dem deutschen Botschafter in London, in 3 Stunden.

Er hatte den Führer nach der gestrigen Unterredung zwischen Hitler und dem Premierminister nicht gesehen. Aber er hatte Ribbentrop, Weizsäcker, Hewel und andere gesprochen, die auf einer Besprechung anwesend waren, nachdem wir gegangen waren.

Von Dircksen erzählte mir, daß Hitler offensichtlich vom Premierminister beeindruckt war und empfunden hatte, daß er, der Premierminister, Hitler verstanden hatte, und daß Hitler seinerseits den Premierminister geschätzt hatte, besonders die Direktheit, mit welcher er gesprochen hatte und die Schnelligkeit, mit welcher er die wesentlichen Punkte jeder Lage verstanden hatte. Von Dircksen sagte, daß er selbst befriedigt war von dem höchst wertvollen Besuch. Er fügte hinzu, daß es weder zu einem besseren Zeitpunkt noch in einer besseren Weise hätte verlaufen können. Alle schienen beeindruckt von der Regierungskunst dessen, was sie als ein diplomatisches Meisterstück betrachteten, zu sein. Es hat klar Hitler angesprochen, da es nach seinem Herzen war. Seine anschließende lange Unterhaltung mit dem Premierminister hatte nicht dazu beigetragen, die Wirkung zu verringern.

IV. Das "deutsch-polnische" Verhältnis

1. Die Beziehungen bis zur Danzigkrise

Als die Polen gegen Ende des 1. Weltkrieges ihre staatliche Unabhängigkeit wiedererlangten, fielen ihnen durch den Friedensvertrag von Versailles erhebliche Teile des deutschen Reichsgebietes zu. Um den Polen einen Zugang zum Meer zu verschaffen, entstand der Korridor, der Ostpreußen vom übrigen Reichsgebiet trennte. Angesichts der Tatsache, daß Danzig einen deutschen Bevölkerungsanteil von über 95% hatte, wagte man nicht trotz der sonstigen zahlreichen Verstöße gegen das Selbstbestimmungsrecht, auch diese Stadt gegen den Willen ihrer Bevölkerung den Polen zu übergeben. Die Stadt wurde unter der Verantwortlichkeit des Völkerbundes zu einer Freien Stadt. Ein Hochkommissar des Völkerbundes war dessen Vertreter in der Stadt Danzig, die eine Regierung hatte, den Senat, der aus freien Wahlen hervorging. Diese freien Wahlen hatten 1933 eine nationalsozialistische Mehrheit ergeben.

Den Polen wurden weitgehende wirtschaftliche Rechte in Danzig eingeräumt. Die Stadt wurde in die polnischen Zollgrenzen eingeschlossen, polnische Zollgesetze und Tarife galten auch für Danzig. Danzigs Beamte führten sie zwar aus, aber polnische Zollinspektoren überwachten ihre Tätigkeit insbesondere die Anwendung der polnischen Zollgesetze und Tarife.

Dieses von den Siegermächten geschaffene künstliche Gebilde trug mit seinen beiden Schwerpunkten Danzig und dem Korridor den Keim einer notwendigen Veränderung in sich.

Die expansionistischen Kräfte Polens verlangten die volle, besonders auch politische Eingliederung Danzigs in das polnische Staatsgebiet und darüber hinaus die Abtretung Ostpreußens. Weitergehende Ansprüche, auf Schlesien zum Beispiel, konnten durch deutsche Freikorps verhindert werden. Den Regierungen der Weimarer Republik ist mit Recht viel vorgeworfen worden, aber keine

113

von ihnen war bereit, sich mit der Abtretung Ostpreußens und dem Ausschluß Danzigs vom Reich abzufinden. Selbst ein Mann wie der als "Verzichtspolitiker" von den nationalen Kräften verurteilte Außenminister Stresemann war nicht bereit, in Verträge einzuwilligen, die eine Garantie der durch Versailles geschaffenen Grenzen im Osten bedeutet hätten. Den Abschluß eines "Ost-Locarno-Vertrags" - in dem 1925 in Locarno abgeschlossenen Vertrag hatte das Deutsche Reich die in Versailles geschaffenen Westgrenzen garantiert - hatte er stets abgelehnt.

Im Gegensatz zu dieser defensiven Haltung der deutschen Politik bestand die latente Gefahr einer polnischen Aggression, die sich nicht nur gegen Danzig und Ostpreußen richtete, sondern in ihren extremen Ausprägungen auf die Oder-Neisse-Grenze zielte. Die schwache deutsche Reichswehr, auch wenn sie im Ernstfall verstärkt werden konnte durch irreguläre Grenzschutzformationen, hätte einem polnischen Angriff nicht standhalten können.

Nach der nationalsozialistischen Machtübernahme 1933 verstärkten sich die polnischen Angriffsabsichten bis zur Planung eines Präventivkrieges, der in keiner Weise durch die Gefahr einer deutschen Aggression begründet war. Die zögernde Haltung Frankreichs und die starke deutsche Zurückhaltung ließen die polnischen Pläne 1933 nicht zur Ausführung kommen. Der von Hitler initiierte und im Januar 1934 zwischen Deutschland und Polen (Marschall Pilsudski) abgeschlossene Nichtangriffsvertrag schuf einen Entspannungszustand. Dieser Vertrag war nicht nur ein zeitbedingter taktischer Zug Hitlers, er war auch als ein langfristig geplantes Zusammengehen von Deutschland und Polen gegen den Bolschewismus gedacht.

Hitler setzte dabei voraus, daß die von Oberst Beck geführte polnische Außenpolitik zu der Erkenntnis kommen mußte, daß eine eigenständige polnische Außenpolitik zwischen den mächtigen Nachbarn im Osten und Westen nicht möglich war. Oberst Beck jedoch, der eine polnische Großmachtstellung von der Ostsee bis zum Schwarzen Meer anstrebte, fehlte die Einsicht, daß eine solche Stellung nur bei militärischer und politischer Schwäche der Nachbarn möglich war. Das war 1918 und im ausgehenden

Mittelalter der Fall gewesen, aber nicht mehr Anfang und Mitte der dreißiger Jahre. Diese fehlende Einsicht in die Irrealität der polnischen Großmachtträume war im Grunde die Ursache für die stete polnische Weigerung, den berechtigten deutschen Revisionsansprüchen zu entsprechen.

1935, noch vor Pilsudskis Tod (12. Mai 1935), nahm Hitler den Gedanken einer langfristigen deutsch-polnischen Verständigung wieder auf. Dem polnischen Berliner Botschafter Lipski sagte er am 23. Mai 1935, er denke über eine definitive Gesamtlösung der deutsch-polnischen Grenzfrage nach. Sie könne auch durch eine Autostraße durch den Korridor gelöst werden. Als Gegenleistung forderte er die polnische Bundesgenossenschaft gegen die Sowjetunion.

In dieser Beschränkung auf die Forderung einer Verbindungsstraße durch den Korridor, die in den folgenden Jahren neben dem Anschluß Danzigs an das Reich immer wieder zum Kern der deutschen Revisionsforderung gehörte, lag ein erheblicher Verzicht. Keine deutsche Regierung der Weimarer Republik hätte eine derartige Verzichtslösung vertreten können.

Die Polen jedoch blieben uneinsichtig. Vielmehr waren sie 1936 nach der Rheinland-Besetzung im Falle eines französischen Einmarsches ihrerseits bereit, eine solche französische Aktion durch einen Angriff auf die deutschen Ostgrenzen zu unterstützen.

Hitler ließ nicht nach in seinen Bemühungen um einen deutsch-polnischen Ausgleich. 1937 forderte er die Polen erfolglos zum Beitritt zum Antikominternpakt auf und schloß mit ihnen ein Abkommen, das der deutschen Minderheit in Polen eine bessere Behandlung verschaffen und zu einem Abbau der deutsch-polnischen Spannungen beitragen sollte.

Das Jahr 1938 mit seinen Spannungen im deutsch-tschechischen Verhältnis brachte auch Bewegung in die deutsch-polnischen Beziehungen. Für die etablierte Geschichtsschreibung war Polen gewissermaßen das nächste Opfer, das der "aggressive" Hitler in seiner Liste der geplanten Eroberungen abhaken wollte. Er hatte "sofort nach dem Einmarsch in Prag (15. März 1939) die Polen-

Krise anlaufen lassen", schreibt einer ihrer prominenten Vertreter. Das ist mehrfach falsch. Denn die nach Prag erhobenen deutschen Forderungen vom 21. März 1939 waren nur der Schlußstein einer halbjährigen Verhandlungsserie, die am 24. Oktober 1938 begonnen hatte. Dann aber war auch mit dem Lipski-Ribbentrop-Gespräch vom 24. Oktober 1938 die Danzig-Frage nicht zum ersten Mal zwischen den beiden Regierungen erörtert worden. Den Anstoß für die Aufnahme der Verhandlungen hatten die angesichts des fortschreitenden Erstarkens des Dritten Reiches nervös gewordenen Polen gegeben. Sie wünschten eine geringe Veränderung des Danzig-Statuts, d.h. im Grunde eine deutsche Bestätigung, daß an seiner Abschaffung durch den Anschluß des von einer nationalsozialistischen Regierung geführten Danzigs an das Deutsche Reich nicht gedacht würde.

Mehrfach fanden polnische Vorstöße in dieser Richtung statt. Zuletzt war Lipski im September 1938 in der Danzig-Frage vorstellig geworden. Die polnischen Vorstöße wurden verständlicherweise abgelehnt, da Hitler nicht bereit war, den Status der Freien Stadt durch eine Zustimmung zu polnischen Veränderungswünschen zu sanktionieren.

Dem Gespräch Lipski-Ribbentrop vom 24. Oktober 1938 folgten solche zwischen Hitler und Beck am 5. Januar 1939. Am 26. Januar 1939 führte Ribbentrop in Warschau die Gespräche fort und am 21. März 1939 überreichte er dem polnischen Botschafter letztmalig die deutschen Forderungen.

In allen diesen Verhandlungen beschränkten sich die deutschen Forderungen auf Danzig und den Korridor, Forderungen auf Rückgabe der in den ehemaligen deutschen Provinzen Posen, Westpreußen und Oberschlesien verlorenen Gebiete wurden nicht erhoben. Und während bei den anderen Begegnungen immer noch als polnische Gegenleistung für die deutschen Verzichte Teilnahme an der antibolschewistischen Politik des Reiches gefordert wurde, ließ die deutsche Seite am 21. März 1939 auch diese Forderung fallen. Zusätzlich ließ Hitler durch Ribbentrop den Polen einen 25jährigen Nichtangriffspakt und eine Garantie der polnischen Grenzen anbieten.

Am 26. März 1939 lehnten die Polen in scharfer Form ab. Eine weitere Verfolgung der deutschen Pläne, vor allem soweit sie Danzig beträfen, würde Krieg bedeuten, drohten sie. Es war die in Aussicht gestellte britische Unterstützung - auch Roosevelt hatte seine Finger mit im Spiel - die die Polen in ihrer unnachgiebigen Haltung bestärkte. Als dann am 31. März 1939 die britische Garantie für Polen erfolgte -anschließend war Beck einige Tage zu Verhandlungen in London -, war für Hitler die Situation klar. Da er auf Danzig nicht verzichten wollte, war Polen vom beabsichtigten Partner zum Gegner geworden.

Auf potentielle Gegner müssen Generalstäbe aller Zeiten sich mit ihren Planungen einstellen. So auch der deutsche Generalstab. Am 3. und 11. April 1939 ergingen Hitlers Weisungen zum Fall "Weiß", wie die mögliche Auseinandersetzung mit Polen bezeichnet wurde. Vorbereitungen sollten getroffen werden für eine mögliche militärische Auseinandersetzung mit Polen.

Das bedeutete nicht den Entschluß zum Krieg. Hitlers Wunsch nach einer friedlichen Lösung blieb weiterhin bestehen.

In der Weisung wurde der 1. September 1939 festgesetzt als Termin für den Abschluß der Vorbereitungen. Dieser lange Zeitraum ließ ausreichend Zeit für eine angestrebte friedliche Lösung. "Das deutsche Verhältnis zu Polen bleibt weiterhin von dem Grundsatz bestimmt, Störungen zu vermeiden", hieß es in der Weisung. Und der Kriegsfall war nur vorgesehen, wenn "...Polen seine bisher auf dem gleichen Grundsatz beruhende Politik gegenüber Deutschland umstellen und eine das Reich bedrohende Haltung einnehmen" sollte. Dieser friedlichen Tendenz hatte auch schon eine Besprechung Hitlers mit Brauchitsch vom 25. März 1939 gedient. Als ihr Ergebnis hatte Brauchitsch notiert: "Führer will die Frage nicht gewaltsam lösen."

Auch als er einen Tag vor der Reichstagsrede vom 28. Anril 1939 den Nichtangriffsvertrag von 1934 gekündigt hatte, erklärte er in der Rede selbst ausdrücklich die Bereitschaft zu einer vertraglichen Regelung der deutsch-polnischen Beziehungen.

Das machten die Polen am 5. Mai 1939 zunichte. In einer Rede Becks vor dem polnischen Parlament und in einem am selben Tage dem Staatssekretär von Weizsäcker übergebenen Memorandum erklärten sie, daß sie nur bei Annahme der von Beck in seiner Rede niedergelegten Grundsätze zu Verhandlungen bereit wären. Das hieß: keine Veränderungen des Status quo in Danzig und nur geringfügige Verkehrsverbesserungen im Korridor. Der Konflikt war vorprogrammiert, wenn Hitler nicht auf Danzig verzichten wollte.

Die Rede Becks vom 5. Mai 1939 hatte die Spannung vergrößert und die Welt erwartete eine weitere Verschärfung durch das Verhalten Hitlers. Und noch im nachhinein beurteilen die etablierten deutschen Historiker die Situation des Frühsommers 1939 in dieser Weise. "Es ist im Großen offenkundig, daß das Reich es darauf anlegt, in Danzig eine Krisensituation zu schaffen. Das Reich steuert auf die große Auseinandersetzung das Jahres zu..." stellt einer ihrer führenden Vertreter als die Absichten der deutschen Führung im Sommer 1939 fest. Und sie haben gar nicht so unrecht, wenn man von den Verhältnissen an der "Front" in Danzig ausging. Hier nahmen die Spannungen zwischen der Danziger Führung und den Polen erheblich zu. Aber von seiten Hitlers geschah in den Monaten Mai bis Mitte Juli 1939 nichts. Das hielt man für die Stille vor dem Sturm, dessen Ausbruch man für den Hochsommer 1939 erwartete. Er blieb aus.

Was war passiert? Der Danziger Gauleiter der NSDAP Albert Forster war am 18./19. Juli bei Hitler auf dem Obersalzberg gewesen und mit neuen Instruktionen zurückgekehrt. Ihr Kern bestand in der Forderung Hitlers, eine Entspannung in der Danzig-Frage herbeizuführen. Deutschland werde zwar von seinen Forderungen nicht ablassen, wies er Forster an, aber die Entwicklung habe noch ein oder auch zwei Jahre Zeit. Alles solle in ein ruhigeres Fahrwasser geleitet werden. Die Danziger Presse solle die Danzig-Frage ruhen lassen und der das Feuer schürende Notenwechsel zwischen Danzig und Polen solle eingeschränkt werden.

Sowohl aus den deutschen als auch aus den britischen Akten wird dieser Sachverhalt ersichtlich. Und der gewiß unverdächtige Völkerbundskommissar für Danzig, der Schweizer Burckhardt, bestätigt in seinen Erinnerungen Hitlers Entspannungsabsichten. "... durch verschiedene Vermittlungen war es mir möglich zu erreichen, daß mir Herr Hitler durch Forster sagen ließ: Ich will keinen Konflikt wegen Danzig, diese Angelegenheit kann ein oder zwei Jahre warten sogar noch länger. Ich will kein plötzliches Nachgeben, man muß allmählich beruhigen, der Hochkommissar soll zwischen Ihnen (Forster) und den Polen dienen."

So ganz neu war den Briten diese Entwicklung nicht, wenn sie diese auch nur ungern zur Kenntnis nahmen. Schon in der Kabinettsitzung vom 6. Juni 1939 hatte Halifax über Informationen seines Danziger Generalkonsuls Shepherd berichtet, Burckhardt hätte eine einstündige Unterredung mit Ribbentrop gehabt. Vorausgesetzt, daß sich keine weiteren Zwischenfälle ereigneten und die polnische Presse Zurückhaltung übe, würden die Deutschen ihrerseits Schritte unternehmen, die Spannungen zu reduzieren, hatte Ribbentrop erklärt.

Sechs Wochen später, am 19. Juli 1939, beschäftigte sich das britische Kabinett abermals mit der Danzig-Frage. Man habe Informationen, daß Deutschland in bezug auf Danzig kurztreten wolle. Henderson hatte in mehreren Berichten auf diese Entwicklung hingewiesen, und die britischen Geheimdienste hatten vom Schwanken Hitlers berichtet und der Tatsache, daß er offensichtlich "kalte Füße" bekommen habe.

Das Foreign Office bestätigte in einem Aktenvermerk vom 20. Juli die obige Lageeinschätzung des Kabinetts. Ein "Coup" sei zwar nicht ausgeschlossen, aber im ganzen komme man aufgrund der vorliegenden Beweise zu dem Schluß, daß die Deutschen jetzt mit einer langsamen Konsolidierung ihrer Position in Danzig begännen. Das sei von ihrem Standpunkt aus die klügste Politik.

Angesichts des Hitlerschen Entspannungswillens waren für die beiden Hauptkontrahenten Deutschland und Großbritannien beste Voraussetzungen für eine echte und nachhaltige Entspannungspolitik gegeben. Aber das Foreign Office war aufgrund einer falschen Beurteilung der Hitlerschen Motive zu einer solchen Politik nicht bereit. Man verfolgte seit Monaten eine "Politik der Stärke" und glaubte, in der Hitlerschen Entspannungsbereitschaft ein erstes Ergebnis dieser Politik erblicken zu können. Statt aber nun die festgestellte "Wende" in Hitlers Politik zur Eröffnung von Verhandlungen zu benutzen, kam man zu dem Schluß, daß die "Wende" nicht weit genug ginge. Deshalb müsse man hart bleiben, um mehr zu erreichen; denn jedes Zeichen von Schwäche müsse die eingetretenen Veränderungen ganz und gar zum Stillstand bringen. Wie weit sollten nach den Vorstellungen des Foreign Office die Veränderungen gehen? Bis zur Kapitulation Hitlers, d.h. bis zu einem endgültigen Verzicht auf Danzig? Man hätte Hitler eigentlich schon soweit kennen sollen, daß das nicht zu erwarten war, sondern allenfalls eine Kompromißlösung, für die er durch seine Bereitschaft, die endgültige Lösung zu vertagen, beste Voraussetzungen geschaffen hatte. Zudem hatte Burckhardt den Mr. Makins vom Foreign Office über sein Gespräch mit Hitler nach seiner Rückkehr vom Obersalzberg und über die detaillierten deutschen Forderungen informiert.

2. Hat Hitler "die Polenkrise nach Prag anlaufen lassen"?

"Hitler hat. . . sofort nach dem Einmarsch in Prag die Polenkrise anlaufen lassen", erklärt Graml".[1] Mit dieser Fixierung auf den März gewissermaßen als den Beginn der Spannungen im deutschpolnischen Verhältnis steht Graml ziemlich allein da. Andere Historiker sehen die Ereignisse im März 1939 nur als den Schlußteil einer halbjährigen Verhandlungsserie. So meint z.B. Bullock zutreffender, daß mit dem Ribbentrop-Lipski-Gespräch vom 24. Oktober 1938 "zum ersten Mal... jetzt zwischen den beiden Regierungen die Danzigfrage" auftauchte.[2]

Auch das ist nicht korrekt. Am 24. Oktober 1938 wurde sie von deutscher Seite wieder ins Gespräch gebracht, müßte es richtiger lauten. Denn fünf Wochen früher, auf dem Höhepunkt der Sudetenkrise, drei Tage vor der Konferenz von Bad Godesberg hatte Lipski an Hitler den Vorschlag herangetragen, einen direkten deutsch-polnischen Vertrag zu schließen, um die Lage der Freien

Stadt Danzig durch Schaffung eines neuen Danzig-Statuts zu stabilisieren.[3]

Akuter Anlaß dafür kann die ein wenig unsicher gewordene Stellung des Völkerbundes und des Hochkommissars in Danzig gewesen sein, die einer inneren total nationalsozialistischen Entwicklung Danzigs gegenüberstanden, was eine Reform des Danzig-Statuts erforderlich machte.

Nun war der Lipski-Vorschlag kein isolierter Vorstoß gewesen. Er war das Ende einer Reihe von Vorstößen, deren Ursache polnische Unruhe und Unsicherheit über das in Versailles geschaffene Danzig-Statut war. Waren es vor 1933 expansionistische polnische Elemente gewesen, die den Status Danzigs durch Annexion Danzigs verändern wollten, so fürchteten die Polen nach dem Tod Pilsudskis 1935 und dem Erstarken Deutschlands, daß von deutscher Seite eine Änderung des Danzig-Statuts durch Anschluß Danzigs an das Reich angestrebt wurde.

Am 30.7. und am 13.8.1937 erörterte der polnische Außenminister Josef Beck mit dem deutschen Botschafter von Moltke seinen Vorschlag, daß von beiden Regierungen Erklärungen über die Achtung des Danzig-Statuts abgegeben werden sollten.[4]

Obwohl von Moltke Beck am 6. September erklärte, er sei "zu der Mitteilung ermächtigt, daß der Führer und Reichskanzler das Danzig-Statut als eine Realität" ansehe und daß er nicht beabsichtige, daran zu rühren, mußte Lipski am 11. September 1937 nochmals in der Angelegenheit im Auftrage Becks bei von Neurath vorstellig werden. Dieser wies ihn ab mit der Begründung, "daß wir aus prinzipiellen Gründen Bestimmungen der Friedensverträge nicht anerkennen" würden.[5]

Mehrfach versuchte Lipski, in den folgenden Wochen sein "Schmerzenskind" (von Neurath), die beiderseitige Erklärung über Danzig, zu erwirken.[6] Er könne sich "in seiner Stellung unmöglich halten, wenn er in der Danziger Frage versage", hatte er erklärt.[7]

Einige Tage vorher, am 6. Oktober, hatte Beck in Warschau auf von Moltke im Sinne der Erlangung einer beiderseitigen Erklärung eingewirkt.[8]

Auch die Frage einer Autobahn durch den Korridor war, als sie am 24. Oktober aufgeworfen wurde, nicht neu. Ein Jahr früher, am 22. Oktober 1937, hatte von Moltke dem Vortragenden Legationsrat Schnurre auf dessen Schreiben "in Sachen Autobahn" geantwortet, daß die Frage, wie sich Polen zu einer Autobahn durch den Korridor zwischen Ostpreußen und dem übrigen Reichsgebiet stellen würde, bereits im Jahre 1935 aufgetaucht sei".[9] Er habe Beck im Mai 1935 darauf angesprochen. Dieser habe Prüfung zugesagt, aber trotz wiederholter Erinnerungen niemals eine klare Antwort erteilt. Auch jetzt, meinte von Moltke, tue die polnische Regierung alles, um den Bau einer solchen Autobahn zu verhindern.

Am 24. Oktober waren dann alle weiteren Vorstöße in den beiden strittigen Fragen beendet. Das Deutsche Reich legte seine Vorschläge auf den Tisch.

Sollten diese Vorschläge ein "unbefristetes Ultimatum"[10] darstellen, das eine militärische Lösung in die Überlegungen mit einbezog, oder hatte Hitler eine friedliche Regelung vorgesehen?

Auf der Suche nach einer Antwort auf diese Frage fällt auf, daß angelsächsische Historiker Hitler zubilligen, nicht von vornherein oder gar noch vor der britischen Garantie am 31. März eine militärische Auseinandersetzung mit Polen beabsichtigt zu haben.[11]

Anders dagegen die deutschsprachigen Autoren. Graml wurde bereits genannt. Hofer geht weiter zurück. Für ihn war der deutsch-polnische Konflikt bereits vor "Prag" und der britischen Garantie bis zur Kriegsgefährlichkeit gediehen.[12] Wenn der Leser dann gespannt auf die Begründung für diese Behauptung wartet, erfährt er, daß im Oktober die deutsche Forderung nach Rückkehr Danzigs und auf Errichtung der exterritorialen Eisen- und Autobahn erhoben wurde.

Nun nimmt der Schweizer Hofer allerdings in dieser Frage die extremste Position ein. Selbst "Der Spiegel" hatte die Erkenntnis gewonnen, daß "Polen nicht von Anfang an auf der braunen Eroberungsliste" gestanden hatte.[13]

Auch die Polen, zumindest ihr "Mann vor Ort", der Berliner

Botschafter Lipski, waren anderer Meinung. In einer Analyse der Reichstagsrede Hitlers vom 30. Januar 1939 kam er in einem Bericht vom 7. Februar an seinen Außenminister zu folgendem Ergebnis: "Ich möchte des Kanzlers Worte unterstreichen, daß er an fortdauernden Frieden glaubt. Ich meine, daß diese Worte folgendermaßen verstanden werden müssen: Vermutlich hält der Kanzler es für möglich, die Durchsetzung seiner Forderungen durch politischen und wirtschaftlichen Druck zu erreichen, ohne zu militärischen Maßnahmen Zuflucht zu nehmen".[14]

War es eine Polenkrise? Die meisten deutschen Historiker verwenden diese Bezeichnung, so natürlich auch Graml, dessen Formulierung für diesen Abschnitt als Titel gewählt wurde.[15] Wenn man diesen Historikern folgt, war jedoch auch die Annexion Polens nicht das letzte Ziel der Hitlerschen Politik. Die Vernichtung Polens war nur eine Etappe in Hitlers "maßlosem Streben nach Lebensraum": "für Hitler stand nicht mehr und nicht weniger als die Lebensraumidee selber auf dem Spiel. Erst dieser Aspekt macht die Hartnäckigkeit und radikale Konsequenz ganz begreiflich, die er in dieser Frage entwickelte." Fest steigert sich noch: "Es ging für ihn in der Tat um alles oder nichts."[16]

Wenn für die Mehrzahl der deutschen Historiker die Polenkrise eine für die Existenz Deutschlands entscheidende Bedeutung nicht hatte, eine erste Etappe stellte sie doch für viele dar, die Schaffung einer Aufmarschbasis gegen die Sowjetunion.

Wenn man mit den genannten angelsächsischen Historikern der Auffassung ist, daß Hitler keine Annexion oder Vernichtung Polens beabsichtigt hatte, wird der Konflikt auf die ursprünglichen Forderungen Hitlers reduziert: die Rückkehr Danzigs zum Reich und die Verbindungen des Reiches mit Ostpreußen. Man sollte deshalb nicht von der Polenkrise, sondern von der Danzigkrise sprechen, die ein Teil von Hitlers Kampf gegen den Friedensvertrag von Versailles war.

Das jedoch wäre ja nur "ein gewöhnlicher Handel" gewesen, "die Befriedigung eines Revisionsbegehrens" (Fest). Das wäre zuwenig gewesen, nahezu ein legitimes Begehren und hätte nicht zu einer Verurteilung Hitlers gereicht. Aber selbst, wenn man anerkannte, daß es zumindest vordergründig für Hitler um Danzig gegangen war, so war man nicht bereit zuzugeben, daß es ihm um die Heimführung der dort lebenden deutschen Menschen zu tun war. Die schon aus der Anschluß- und der Sudetendiskussion bekannten Argumente werden auch in der Danzigfrage präsentiert. "Es ist unwahrscheinlich, daß Hitler auf Danzigs Rückkehr bestand, nur weil es deutsch war."[17] Obwohl Hitler sich angeblich "während der Sudetenkrise als Gefangener des Deutschtumsprinzips gefühlt" hatte, "griff er jetzt wieder auf das ethnische Prinzip zurück". Aber- und das ist für Booms offensichtlich - waren "auch Danzig kaum mehr als taktische Funktionen zugedacht". Wenn man aber Hitler solche Niederträchtigkeit unterstellt, die Volkstumsfrage als Mittel zum Zweck zu mißbrauchen - was im übrigen mehr noch für das Deutschtum in Polen als für Danzig galt -, muß auch Booms die Frage nach dem Zweck beantworten, den Hitler mit seiner Politik anstrebte. Hitler suchte vordergründig den Ausgleich mit Polen (zunächst über Danzig), um dann "neben der Ukraine die zweite Daumenschraube ansetzen zu können", ist seine Antwort.

Booms steht natürlich nicht allein da mit seiner Auffassung über Danzigs funktionale Aufgabe und Hitlers entsprechende Vorstellungen. Auch für Fest war "die Stadt. . . nur der Vorwand."[18] "Tatsächlich lag ihm kaum an Danzig."

So urteilen kann nur derjenige, der die Leidenschaften des Volkstumskampfes und die Mobilisierung des völkischen Bewußtseins nicht selbst erlebt hat. Hitler jedenfalls war nicht frei davon. Noch im Spätstadium des deutsch-polnischen Konflikts hat Hitler den Kampf gegen Versailles als das ihn bestimmende Motiv seines Kampfes und die Danzig- und die Korridorfrage als Teil dieses Kampfes dargestellt. Das ist aber für Graml, Booms und all die anderen nur Mittel zum Zweck gewesen.

Sein politisches Lebensziel sei, Versailles zu zerbrechen. Das Ziel habe er fast erreicht, hatte er dem rumänischen Außenminister Gafencu am 19. April 1939 bei dessen Besuch in Berlin erklärt.[19]

Über den Besuch Hesses, des deutschen Presseattachés an der deutschen Botschaft in London nach dessen Rückkehr aus

Deutschland, wo er mit Hitler und Ribbentrop Besprechungen gehabt hatte, notierte Wilson am 20. August: "Die Danzigfrage betrachten sie als Teil der Revision des Vertrages von Versailles."[20] Und am *29.* August hieß es in der deutschen Antwort auf die britische Note vom 28. August hinsichtlich der deutschen Forderungen an Polen: "Die Forderung der deutschen Reichsregierung entspricht der von Anfang an als notwendig erkannten Revision des Versailler Vertrages in diesem Gebiet: Rückkehr von Danzig und dem Korridor zu Deutschland, Sicherung des Lebens der deutschen Volksgruppe in den restlich Polens verbleibenden Gebieten".[21]

Die Polenkrise hatte Hitler anlaufen lassen, schreibt Graml.[22] Das klingt als ob Hitler bewußt eine Krise hat provozieren wollen, zumindest eine solche um Danzig. Das ist falsch. Hitler wollte keine Krise und hat die Gefahr krisenhafter Zuspitzung vermieden.[23]

Besonders bezeichnend für eine Politik der Kriegsvermeidung ist eine Weisung Weizsäckers vom 24. März an den deutschen Botschafter in Warschau, von Moltke, eine bereits angesagte Unterredung des Botschafters mit Beck wieder abzusagen.[24] Sie sollte eine Ergänzung des am 21. März zwischen Lipski und Ribbentrop geführten Gespräches bilden, in dem die deutschen Vorschläge nochmals vorgebracht waren. Ein dafür ausgearbeiteter Erlaß wurde von Hitler gestrichen, da er "etwas schärfer formuliert" war und "die Polen sozusagen vor die Option Freund oder Feind stellte". Das wollte Hitler vermeiden.

Eine Krise hätte auch entstehen können, wenn Hitler am 21. März mehr gefordert hätte als vor "Prag". Das war nicht der Fall, wie wir noch sehen werden. Es waren immer die gleichen Forderungen, die erhoben wurden. Und schließlich beweist auch die sogenannte Weisung an Brauchitsch vom 25. März mit dem Kernsatz "Führer will die Danzigfrage jedoch nicht gewaltsam lösen", daß Hitler keine Krise wollte.[25]

Nun sollte die politische Entwicklung nach Lösung der Danzigfrage sicher nicht stillstehen. Für die meisten Historiker ist die Antwort auf eine solche Frage nicht schwer. Die Lösung der "polnischen Frage" sollte der Schaffung eines Aufmarschraumes gegen die Sowjetunion dienen. Sie sollte einen Teil "jenes grandiosen Planes" bilden, "die Staaten Ostmitteleuropas... von Deutschland abhängig und zu Bundesgenossen für einen antisowjetischen Feldzug zu machen".

Nun hat Hitler bestimmt Überlegungen zur Schaffung eines Großraumes angestellt, aber nicht als Vorbereitung für einen Angriffskrieg gegen die Sowjetunion.

Der Versailler Vertrag hatte nicht nur territoriale Probleme gebracht, sondern durch Schaffung einer Reihe von nicht existenzfähigen "nationalen Staaten" die bestehende Großraumstruktur zerstört. Diese "nationalen Staaten" waren durch ihren hohen Anteil an völkischen Minderheiten Nationalitätenstaaten geworden und waren dadurch mit hoher Sprengkraft gefüllt. Denn nicht nur die deutschen Minderheiten drängten zu ihrem Volkskern.[26]

Die Neuordnung des Raumes Ostmittel- und Südosteuropa von der Mitte her war ein schon vor 1933 und auch außerhalb des Nationalsozialismus viel diskutiertes Problem in Deutschland. Dabei war immer klar, daß diese Neuordnung keine Wiederbelebung des überwundenen westlichen Imperialismus mit der Unterdrückung anderer Völker darstellen durfte, deren Eigenleben garantiert werden mußte.

Eine kleine Schrift "Das Reich als europäische Ordnungsmacht" spielte in den Vorstellungen vor allem der jüngeren Nationalsozialisten eine Rolle.[27] In solche Vorstellungen paßten Annexion und Vernichtung von Völkern nicht, aber ebensowenig eine Protektoratsverfassung.

Hitler selbst hat sie am 11. August 1939 gegenüber Burckhardt als eine Notwendigkeit für den Augenblick bezeichnet und als Beispiel für seine eigentlichen Absichten auf die Slowaken hingewiesen, die tun könnten, was sie wollten.[28]

In seiner Stellungnahme zum Hitler/Burckhardt-Gespräch wies Henderson auch auf Hitlers Äußerung über das Protektorat hin. Man solle sie sich merken. Er (Henderson) habe Grund zu der Annahme, daß Hitler mit der Lösung vom 15. März nicht zufrieden sei und erkannt habe, einen Fehler begangen zu haben. Böhmen sei letztlich nur eine Formfrage, habe ihm der Oberste SA-Führer gesagt. Es könne jede andere Form erhalten, solange es nicht wieder in eine Festung gegen Deutschland und in einen Brückenkopf für einen Angriff auf Deutschland verwandelt würde.[29]

Im Sommer 1939 scheinen sich die auf eine Veränderung der Protektoratsverfassung gerichteten Überlegungen verdichtet zu haben. Jedenfalls berichtete Lipski an Beck, das polnische Generalkonsulat in Prag erhalte seit einiger Zeit Nachrichten, daß Deutschland Veränderungen in der gesetzlichen Struktur des Protektorats zugunsten der Tschechen plane. Lipski empfahl sorgfältige Aufmerksamkeit gegenüber diesen deutschen Bestrebungen. Ein solcher milderer Kurs könnte eine Gefahr für die polnischen Interessen sein, denn er könnte als Hitlers Absicht gedeutet werden, zur Politik von München zurückzukehren und das ethnographische Prinzip wieder herzustellen, das durch die Besetzung Prags ausgelöscht worden war. Diese "billige Konzession" an den Westen würde der auf völkischer Grundlage beruhenden Forderung nach Danzig mehr Gewicht verleihen.[30]

Aus solchen Vorstellungen von einer notwendigen Neuordnung des mittelost- und südosteuropäischen Raumes mußte sich aber auch ohne die Danzigfrage ein Konflikt mit Polen ergeben. Sie stießen mit den polnischen und insbesondere Becks Großmachtzielen zusammen. Ein polnisches Großreich von der Ostsee bis zum Schwarzen Meer hätte sich auf den von Deutschland als Ordnungsmacht beanspruchten Raum erstreckt. Wir wissen nicht, inwieweit Hitler sich dieses möglichen deutsch-polnischen Gegensatzes bewußt war. Es ist anzunehmen, daß Beck auch diese Rivalität erkannt hatte und mit der Undurchführbarkeit seiner Großmachtträume den Verlust seiner Optionsfreiheit zwischen dem Deutschen Reich und der Sowjetunion einhergehen sah. Es muß angenommen werden, daß der polnische Widerstand gegen einen Ausgleich mit dem Reich auch in dieser Erkenntnis seine Wurzeln hatte. In deutschen Akten findet man jedoch darüber keine Unterlagen.

3. Die deutschen "Forderungen"

Am 24. Oktober 1938 - der Reichsaußenminister hatte Lipski nach Berchtesgaden gebeten - entwickelte Ribbentrop nach einer längeren Erörterung der polnischen Wünsche hinsichtlich der Karpato-Ukraine seine Lösungsvorschläge für eine deutsch-polnische "'Generalbereinigung' aller bestehenden Reibungsmöglichkeiten", für die die Zeit, wie Ribbentrop meinte, gekommen sei.[31] In einem freundschaftlichen Ton bat Ribbentrop um Vertraulichkeit. Um sie zu wahren, möchte Lipski Beck nur mündlich über das Gesprochene berichten.[32]

Er sprach eine Einladung an Beck aus, ihn im Laufe des nächsten Monats zu besuchen. "Die polnischen Freunde hätten hiermit eine Dauereinladung nach Deutschland." "Lipski nimmt dies mit Freude an und will Beck benachrichtigen."

Als "Krönung des von Marschall Pilsudski und dem Führer eingeleiteten Werkes" wollte Ribbentrop die Generalbereinigung verstanden wissen. Er sah also in den zu unterbreitenden Vorschlägen keinen Bruch mit der im Januar 1934 durch den Nichtangriffspakt zwischen Deutschland und Polen eingeleiteten Versöhnungspolitik, sondern stellte sie in ihre Kontinuität. Diese Tendenz wurde verstärkt durch einen Vergleich mit dem deutschen Verhältnis zu Italien, wo der Führer auch um einer Generalbereinigung wegen Verzicht auf Südtirol geleistet habe. "Eine solche Übereinkunft sei auch mit Polen und auch für Polen erstrebenswert und liege in der Richtung der Politik des Führers, zu allen Nachbarn in ein klares Verhältnis zu kommen."

In dieser freundschaftlichen Atmosphäre trug Ribbentrop dann die bekannten deutschen Vorstellungen, soweit sie Danzig und den Korridor betrafen, vor, "als Teillösung einer großen Regelung zwischen den beiden Nationen".[33]

Diese Eröffnung war Lipski nicht unerwartet gekommen, und überrascht konnten die Polen nicht sein. Die wiederholte Ablehnung des polnischen Wunsches nach einer beiderseitigen Erklärung über das Danzig-Statut mußte ihnen gezeigt haben, in welche

Richtung die deutschen Wünsche gingen. Auch der deutsche Wunsch nach einer Autobahnverbindung nach Ostpreußen war ihnen nicht neu.

Lipski hatte eine Erwiderung schnell zur Hand. Ohne Beck vorgreifen zu wollen, glaubte er sich zum Problem sofort äußern zu können. Er bestritt die Richtigkeit der deutschen Auffassung, daß Danzig ein Produkt von Versailles wäre. Es sei erst durch die Wiederauferstehung Polens nach dem Kriege aus ziemlicher Bedeutungslosigkeit wieder auferstanden. So sei es "für Polen quasi eine symbolische Stadt", ein Gedanke, auf den wir später noch einmal zurückkommen werden. Einen Anschluß an das Reich hielt er für unmöglich, auch aus innerpolitischen Gründen. Beck könne das dem Volke gegenüber nie durchsetzen. Da kaum zu erwarten war, daß Beck eine andere Einstellung als sein Berliner Botschafter haben würde, war im Grunde der Versuch einer Bereinigung des deutsch-polnischen Verhältnisses, kaum daß er unternommen war, bereits gescheitert.

Waren die deutschen Forderungen als gemäßigt zu bezeichnen? Die Frage muß bejaht werden. Sie erstreckten sich nur auf einen Teil des durch den Vertrag von Versailles abgetretenen Gebietes. Wenn ein Kanzler der Weimarer Zeit einen derartigen, soviel deutschen Verzicht enthaltenden Vorschlag gemacht hätte, würde er einen Sturm der Entrüstung, nicht nur auf der rechten Seite, sondern wahrscheinlich bis in die SPD hinein erzeugt und, als Erfüllungs- und Verzichtspolitiker bezeichnet, wohl die nächste Wahl verloren haben. Hitler hatte ja nur Danzig zurückverlangt, nicht einmal den Korridor als Ganzes. Und Danzig und der Korridor waren bis 1933 ein einheitlicher Revisionsbegriff. Von den anderen, für die Ernährung (Posen, Westpreußen) und für die Lieferung von Erzen und Kohle (Oberschlesien) wichtigen Gebieten gar nicht zu reden.

Es war kein "do-ut-des"-Abkommen (lat. : "Ich gebe, damit du gibst"), wie es gelegentlich dargestellt wird, sondern ein Ausdruck der deutschen Verzichtsbereitschaft, um zu einem erstrebten Abkommen zu gelangen. Wenn überhaupt von einer deutschen Gegenleistung gesprochen wurde, so bestand sie nach deutscher

Auffassung in der angebotenen Garantie der deutsch-polnischen Grenze (Ribbentrop am 26. Januar 1939 in Warschau.) Und das war sehr viel, wenn man bedenkt, daß im Nach-Versailles-Deutschland die Gebietsverluste an Polen als die größten und schmerzhaftesten empfunden wurden.

Wer einigermaßen sachlich und unvoreingenommen urteilt, muß zu einer ähnlichen Bewertung der deutschen Vorschläge kommen. Selbst Fest meint, daß Hitler nicht zu Unrecht sein Angebot für großzügig gehalten habe.[34] Er hält es für eine "geringfügige Gegenleistung" angesichts des Polen in Aussicht gestellten riesigen Erwerbs. Er anerkennt auch indirekt den Verzicht, der mit der Beschränkung auf die Forderung nach exterritorialen Verbindungswegen enthalten war, wenn er schreibt, daß "auch die geforderte Verbindungsstrecke nach Ostpreußen... ein nicht unbilliger Versuch war, mit der problematischen Gerechtigkeit des Beschlusses fertig zu werden, der Ostpreußen vom Reich abgetrennt hatte".

Nun kann Fest natürlich bei einer solchen sachlichen Wertung der deutschen territorialen Forderungen nicht stehenbleiben, die Hitler als gemäßigten, auf Ausgleich bedachten Politiker erscheinen läßt: "Was Hitler wirklich wollte, hängt mit dem letzten großen Ziel aller seiner Politik zusammen: den Gewinn neuen Lebensraumes." Und für den "geplanten Eroberungszug gegen Osten" bedurfte es einer gemeinsamen Grenze mit der Sowjetunion. Da diese infolge des großen Ländergürtels, der zwischen Deutschland und der Sowjetunion lag, nicht vorhanden war, mußten ein oder mehrere Länder Hitler das militärische Aufmarschgelände zur Verfügung stellen. Es gehört viel (auch und besonders militärische) Phantasie zu solchen Vorstellungen, von der Forderung nach Danzig auf solche Expansionsvorstellungen zu schließen. Es gibt keine Quelle, die auch nur den geringsten Hinweis auf solche Schlüsse bietet.

Auch Roos kann nicht umhin, der deutschen Seite Mäßigung zu bescheinigen und die Absicht, keinen Konflikt mit Polen herbeizuführen.[35] Aber ähnlich wie Fest kann Roos dieses deutsche Verhalten - bei Hitler ist es ja ganz deutlich festzustellen - nicht positiv interpretieren. Es war bestimmt durch "die offenkundige Bereitschaft der polnischen Regierung, den deutschen Wünschen wenigstens teilweise entgegenzukommen". Der Verfasser ist nicht in der Lage, aus den Akten ein solches Entgegenkommen festzustellen. Bestimmt nicht in den entscheidenden Punkten, auf die es hier allein ankam: Danzig und die Verbindungen nach Ostpreußen.

Am 5. Januar 1939 kam es zu der seit längerem geplanten Aussprache zwischen Hitler und Beck.[36] Sie brachte in der Sache nichts Neues. Die deutschen Forderungen blieben unverändert. In der Form war Hitler konziliant, er beharrte zwar auf seiner Forderung, daß Danzig deutsch werden müsse, beruhigte Beck aber mit der Zusicherung, daß kein "fait accompli" geschaffen werden sollte, und daß nicht daran gedacht war, Polen den Zugang zum Meer zu nehmen.

An der deutschen Einstellung gegenüber Polen habe sich seit 1934 nichts geändert, aber man müsse über die "mehr negative Abmachung" von 1934 hinaus und die einzelnen Probleme einer endgültigen vertraglichen Abmachung zuführen. Daher müsse man nach ganz neuen Wegen suchen. So denke er in Danzig an "eine Formel, nach der Danzig politisch zur deutschen Gemeinschaft gelange, wirtschaftlich aber bei Polen" bleibe. Dies sei "auch in Danzigs Interesse", denn Danzig könne "wirtschaftlich ohne Polen nicht leben." Maßlosigkeit? Es war die einzig mögliche Kompromißlösung, und sie wurde vom "aggressiven und expansionswütigen" Hitler vorgetragen. Beck wich einer direkten Antwort in der Danzigfrage aus. Für eine Lösung sehe er größte Schwierigkeiten hinsichtlich der Meinung des Volkes. Er wolle sich das Problem gerne einmal in Ruhe überlegen.

Polens ablehnende Einstellung war schon in der polnischen Antwortnote vom 31. Oktober 1938 auf die deutschen im Gespräch mit Lipski vom 24. Oktober 1938 erhobenen Forderungen enthalten. Sie enthielt aber auch eine Wendung, die eigentlich Hitlers heftigen Widerspruch hätte herausfordern müssen, da sie den Kern der polnischen Einstellung darlegte. Polen sei bereit, in Danzig Freiheit des nationalen und kulturellen Lebens seiner deutschen Minderheit zu gewähren.

Im Grunde war dies eine unerhörte Provokation, die 96 % Deutschen in Danzig als polnische Minderheit zu bezeichnen, aber Hitler blieb ruhig.

Pessimistischer äußerte Beck sich am nächsten Tag in der Unterredung mit Ribbentrop.[37] Danzig stelle "in der Mentalität des ganzen polnischen Volkes einen Prüfstein für die deutsch-polnischen Beziehungen dar", und es werde sehr schwer sein, "dies irgendwie zu ändern."

Auch in der Besprechung Ribbentrops mit Beck vom 26. Januar 1939 in Warschau wurde kein Fortschritt erzielt.[38] Trotz fast beschwörenden Werbens Ribbentrops gegenüber Beck um eine Lösung der Danzigfrage blieb Beck bei seiner dilatorischen Politik. Nach Ribbentrops Meinung hatte Beck sich zwar von seinen Darlegungen beeindruckt gezeigt, in seiner Antwort aber blieb er mit den gleichen Argumenten wie in den früheren Besprechungen ausweichend und kündigte reifliche Überlegungen an.

Über die freundschaftliche und herzliche Atmosphäre bei diesem Treffen berichtete auch der britische Botschafter in Warschau an Halifax. Er betonte, Ribbentrop habe erklärt, daß die Stärkung und Vertiefung der freundschaftlichen Beziehungen zu Polen ein lebenswichtiges, wesentliches Element der deutschen Außenpolitik bilde.[39]

Beck hatte - nicht zum ersten Mal - gelogen. Denn er hatte bereits Mitte Januar zusammen mit Marschall Rydz-Smigly, "wahrscheinlich auch durch die Diplomatie der Vereinigten Staaten beeinflußt", die Ablehnung der deutschen Vorschläge beschlossen.[40]

Im Grunde ist Hitlers Geduld zu bewundern, die er in den Monaten Oktober 1938 bis zur britischen Garantieerklärung vom 31. März 1939 an den Tag gelegt hatte. Auch gewisse entspannungsfeindliche Ereignisse, so von polnischen Studenten in Danzig provozierte Zwischenfälle, polnische Verhärtung in der Behandlung der deutschen Minderheit, Presseangriffe und deutschfeindliche Demonstrationen während eines Ciano-Besuches in Warschau, veränderten die Grundhaltung der deutschen Regierung nicht. Dies erklärte Ribbentrop dem Botschafter Lipski am 21. März, als er ihm noch einmal die deutschen Vorschläge unterbreitete und gegen Rückgabe von Danzig und exterritoriale Verbindungen nach Ostpreußen einen 25jährigen Nichtangriffspakt und eine Garantie der polnischen Grenzen anbot.[41]

Lipski seinerseits äußerte in dieser Besprechung Besorgnis wegen der Übernahme des Schutzes der Slowakei durch Deutschland. In Polen könne man diesen Schritt nur als gegen Polen gerichtet empfinden.

Trotz dieser gegenseitigen Beschuldigungen blieb der Ton freundschaftlich, eine neue Einladung an Beck wurde ausgesprochen.

Neue Forderungen erhob Deutschland nicht. Mit einem leichten warnenden Unterton schloß die Unterredung. Ribbentrop hatte vorgeschlagen, daß Lipski zur mündlichen Berichterstattung nach Warschau fahren solle, da ihm ein deutsch-polnischer Ausgleich gerade im jetzigen Stadium nützlich erscheine. Das sei auch deswegen wichtig, "weil der Führer bisher über die merkwürdige Haltung Polens in einer Reihe von Fragen verwundert" sei. Es komme darauf an, daß er nicht den Eindruck erhalte, daß "Polen einfach nicht wolle".[41]

Ob Roos wohl aus dieser Formulierung geschlossen hat, daß Hitler "seine Forderungen an Polen in Form eines unbefristeten Ultimatums stellen ließ"?[42] Der Verfasser vermag dieser Interpretation von Roos nicht zu folgen. Das würde auch der oben geschilderten Tendenz Hitlers, auf Entspannung zu wirken, widersprochen haben. Nachdem die Polen - wohl unter dem Eindruck der Memel-Regelung - am 23. März eine Teilmobilmachung durchgeführt hatten, überbrachte Lipski am 26. März die ablehnende Antwort auf die deutschen Vorschläge. In der Gewißheit britischer Unterstützung hatte Beck seine Hinhaltetaktik aufgegeben. In einer langen Instruktion für Lipski vom 25 . März, die dieser in verkürzter Form als Memorandum überreichte, lehnte die polnische Regierung die deutschen Vorschläge ab.[43] Sie sprach sich nur für ein Abkommen über Danzig aus, das den Status der Freien Stadt nicht veränderte, und war hinsichtlich besserer Verkehrsverhältnisse im übrigen nur bereit, über die technische Seite bei voller Aufrechterhaltung der polnischen Souveränität zu verhandeln. Die polnische Haltung war am 24. März auf einer Geheimkonferenz von höheren Beamten (senior offcials) mit Beck eindeutig festgelegt worden.[44] Jeder einseitige Vorschlag in der Danzigfrage sei für Polen unannehmbar. Dabei gehe es nicht um den materiellen Wert des Objektes Danzig, wenn Beck ihn auch hoch einschätze. Danzig sei zum Symbol geworden, zum Symbol für den polnischen Willen, sich keine Forderungen diktieren zu lassen. Damit sei die Linie der polnischen Interessen definiert. Darunter komme das polnische "non possumus, und es sei klar, daß Polen zum Kampf entschlossen sei: "We will fight." Von dieser Haltung wich Polen nicht ab. Der Krieg war vorprogrammiert, wenn Hitler nicht auf Danzig verzichtete.

4. Das Memorandum des Foreign Office vom 5. Mai 1939

Wenn man sich mit dem Memorandum[45] des Foreign Office über die Danzigfrage vom 5. Mai 1939 beschäftigt und sich seiner Bedeutung für die antideutsche Haltung des Foreign Office und damit Großbritanniens in der zum Krieg treibenden Danzigfrage bewußt wird, drängt sich der Vergleich zu einem früheren Memorandum des Foreign Office auf, dem bekannten "Memo on the Present State of British Relations with France and Germany" (Memo über den gegenwärtigen Stand der britischen Beziehungen mit Frankreich und Deutschland) des Sir Eyre Crowe vom 1. Januar 1907, das eine ähnliche Bedeutung für den Ausbruch des Ersten Weltkrieges gehabt hat wie das 1939er Memo für den Zweiten. Ein kühner Vergleich, mag man einwenden. Aber alle Vergleiche hinken, und so muß man auch diese Aussage "cum grano salis" nehmen. Aber immerhin, Crowe war besonders als Permanent Undersecretary ab 1912 der mächtigste Mann der britischen Außenpolitik. Er war gewissermaßen der Begründer der deutschfeindlichen Tradition des Foreign Office.

Und diese Tradition stellt den eigentlich Schuldigen am Zweiten Weltkrieg dar. Gewiß, die haßerfüllten Churchill und Roosevelt haben ihren nicht unerheblichen Anteil am Ausbruch dieses Krieges. Aber im Grunde haben sie nur geholfen, den traditionellen Grundsatz des Foreign Office zu verwirklichen, den der britische Historiker Charmley in der bekannten Aussage verkörpert sieht "that it was a primary interest of this country to prevent any single power dominating Europe (...daß ein elementares Interese dieses Landes darin besteht, jede einzelne Macht an der Beherrschung Europas zu hindern). Und nach dem deutschfeindlichen Politiker und Tagebuchschreiber Duff Cooper, dessen Urteil sich Charmley anschloß, war "Nazi Germany ...the most formidable power that had ever dominated Europe (war Nazi-Deutschland die schrecklichste Macht, die jemals Europa beherrscht hatte).[46]

Es waren nicht nur polnische Waren, die über Danzig verschifft wurden. Auch russische und natürlich auch deutsche Güter haben zur Entwicklung Danzigs beigetragen. Danzigs Hinterland war Osteuropa gewesen, nicht nur Polen, wie verkürzend aber unrichtig gesagt wird. Das Memorandum soll wahrscheinlich den Eindruck erwecken, daß es sich nur um den Umschlag polnischer Güter gehandelt hat und unterschlägt vor allem den erheblichen Anteil, den die deutsche Landwirtschaft Ost- und Westpreußens, Hinterpommerns und Schlesiens gehabt hat. Eine Landwirtschaft, die einen höheren Entwicklungsstand als die polnische gehabt hat.

Nach der Niederlage des Deutschen Ritterordens hat Danzig zwar gewisse Schutzrechte der polnischen Könige (nicht des polnischen Staates) anerkannt, aber es war dadurch nicht zu einem polnischen Hafen und schon gar nicht zu einer polnischen Stadt geworden. Das Verhältnis zum neuen Lehnsherrn war ein sehr loses. Deshalb kann man nicht, wie es das Memorandum tut, von einer Vereinigung mit Polen sprechen (and became united to Poland in 1454) und von einer Periode "under Polish rule 1454-1793".

In der Darstellung der durch den Versailler Vertrag geschaffenen Lage und der Entwicklung seit 1920 begeht das Memorandum in der Korridorfrage eine entscheidende Fälschung.

Es verkennt, daß die Jahrhunderte, in denen polnische Könige die Souveränität über Danzig hatten, am deutschen Charakter der

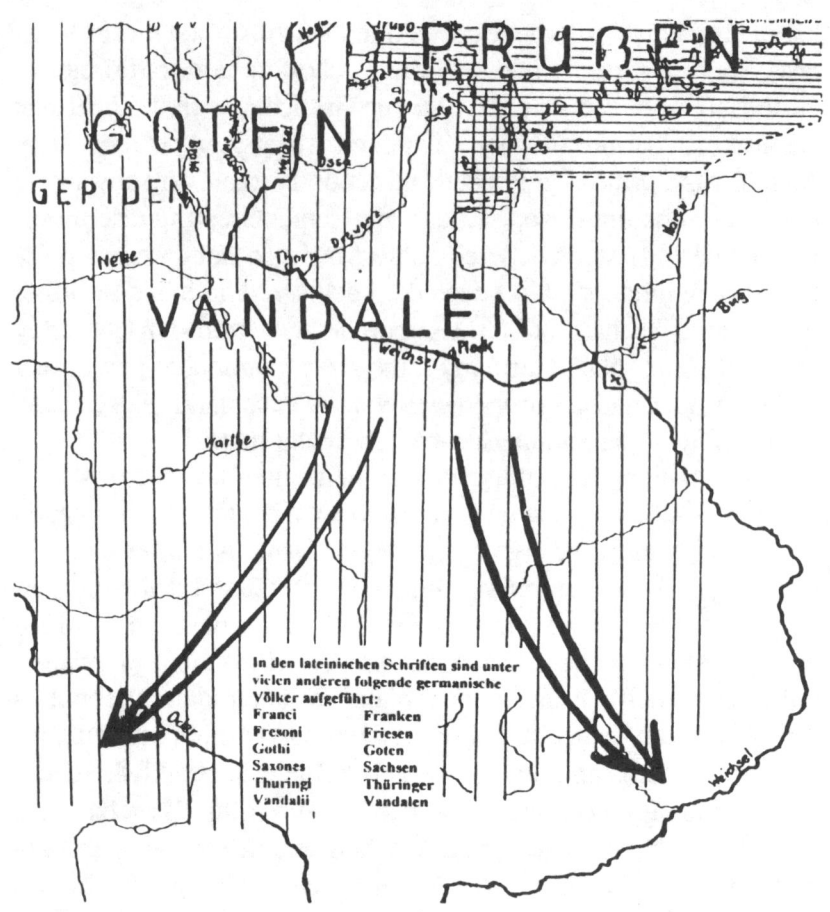

In den lateinischen Schriften sind unter
vielen anderen folgende germanische
Völker aufgeführt:

Franci	Franken
Fresoni	Friesen
Gothi	Goten
Saxones	Sachsen
Thuringi	Thüringer
Vandalii	Vandalen

136

Stadt nichts geändert hatten. Und besonders, wenn das Selbstbestimmungsrecht der Völker der bestimmende Grundsatz des 20. Jahrhunderts ist, dynastische Ansprüche keine Bedeutung haben sollen und die Bevölkerund Danzigs und der Hafen nie polnisch gewesen sind, muß die Behauptung des Foreign Office zurückgewiesen werden, daß historisch sowohl ein polnischer als auch ein deutscher Anspruch auf Danzig bestand. Es sei immer ein Streitknochen zwischen Germanen und Slawen gewesen.[47]

Für das Foreign Office ist der polnische Anspruch auf das Korridorgebiet unanfechtbar (unassailable). Von den frühesten Zeiten an sei es von Polen bewohnt gewesen. Daß germanische Stämme in diesen Gebieten vor der Völkerwanderung gesiedelt hatten, ist dem Foreign Office offensichtlich unbekannt, wie auch, daß von einem Staat oder einem Land Polen in diesen frühen Zeiten nicht gesprochen werden kann. Falsch ist auch die Feststellung des Foreign Office, daß der Korridor, oder die Provinz Pomorze, wie die Polen das Gebiet nennen, eine polnische Bevölkerung gehabt hat. Für 1931 gibt das Memorandum eine Bevölkerung von über einer Million an, von der 90 Prozent Polen gewesen wären. Es wird nicht erwähnt, daß nach dem Waffenstillstand von 1918 über eine Million Deutsche aus den polnisch gewordenen Gebieten vertrieben wurden. Wenn Hitler in den 16 Punkten seines Angebotes vom 29. August 1939 eine Volksabstimmung im Korridorgebiet forderte, so tat er das in der Erwartung, daß eine Abstimmung auf der ethnischen Basis von 1918, d. h. einer Teilnahme der vertriebenen Deutschen eine deutsche Mehrheit erbringen würde.

Die Friedenskonferenz von Versailles sei unterrichtet gewesen, daß es nicht möglich war, einen Seehafen an der Küste von Pomorze zu errichten. Auch deswegen habe die Konferenz einen Anspruch Polens auf Danzig als den natürlichen Ausgang des Weichselbeckens anerkannt. Unterschlagen wird die durchaus erfolgreiche Gründung Gdingens als polnischer Hafen. Schon in dieser historischen Einleitung drückt sich die pro-polnische Einstellung des Foreign Office aus.

The Treaty Settlement. In der Wiedergabe der Regelung durch

den Vertrag von Versailles wird den Deutschen in Erinnerung gerufen, daß Deutschland keine Erwähnung in dieser Regelung findet. Der Völkerbund, der von ihm ernannte Hochkommissar für Danzig sind die Vertragspartner. 1921 hatte der Völkerbundsrat entschieden, daß Polen besonders geeignet ist, die Verteidigung Danzigs zu Lande zu sichern, wie auch die Aufrechterhaltung von Ordnung auf dem Territorium. Der Hochkommissar war ermächtigt, im Falle eines Angriffs oder der Gefahr eines Angriffs eines benachbarten Landes polnische Truppen ins Land zu rufen, eine Bestimmung, die sich nahezu ausschließlich gegen Deutschland richtete.

Die durch die Artikel 100-108 des Versailler Vertrages errichtete Freie Stadt umfaßte ein Gebiet von 1.900 km^2 und eine Bevölkerung von ungefähr 400.000 Bewohnern, von denen nur 15.000 Polen waren. Ursprünglich war das Gebiet im Durchschnitt 30 km breit und 20 km tief und erstreckte sich auf beiden Seiten der Weichsel. Es hatte eine denkbar große strategische Bedeutung. Der Artikel 102 errichtete Danzig als eine Freie Stadt unter dem Schutz des Völkerbundes. Der Artikel 103 sah den Entwurf einer Verfassung vor, die unter die Garantie des Völkerbundes gestellt wurde. Der Hochkommissar, der in Danzig wohnen sollte, war mit der Pflicht betraut, als erste Instanz alle Differenzen zwischen Polen und Danzig zu regeln, die in bezug auf den Vertrag oder aus ihm sich ergebende Vereinbarungen entstehen würden. Für die Verhandlung eines Danzig-Polnischen Vertrages sah der Artikel 104 folgende Punkte vor:

a) Die Einbeziehung Danzigs in das polnische Zollgebiet.
b) Der freie, beschränkungslose Gebrauch des Hafens und der Wasserwege, die für polnische Im- und Exporte notwendig sind und der Ausbau der Hafenanlagen.
c) Die Kontrolle und Verwaltung der Weichsel durch Polen, des Eisenbahnsystems und der Post- und Telegrafieverbindungen zwischen Polen und Danzig.
d) Die Verhinderung von Benachteiligung polnischer Staatsbürger und Personen polnischer Abstammung und Sprache.

138

e) Die Führung der auswärtigen Beziehungen der Freien Stadt durch Polen.

In den folgenden Abschnitten behandelt das Memorandum die innere Entwicklung in Danzig und die Politik der drei Staaten Deutschland, England und Polen. Die Entwicklung der Danziger Verhältnisse zu einem Mikrokosmos des Reiches wird festgestellt, die polnische Offensivpolitik verharmlost und die Bedeutung auch für Danzig der von Hitler betriebenen Entspannungspolitik gegenüber Polen, die in den Vertrag von 1934 mündete, nicht erwähnt. In der wirtschaftlichen Entwicklung wird die Abhängigkeit Danzigs vom polnischen Hinterland überbetont und die Tatsache, daß die Danziger Wirtschaft teil hatte an der wirtschaftlichen Entwicklung, die im Reich stattgefunden hatte, übersehen. Dagegen wird ohne Untermauerung durch Zahlen ein ernsthafter Schlag (a serious blow) gegen die wirtschaftliche Stabilität Danzigs durch den Weggang reicher Juden mit ihrem Kapital infolge der antisemitischen Kampagnen behauptet. Ein weiterer Schlag sei die Einverleibung (absorption) der CSR durch Deutschland gewesen, da Deutschland den bedeutenden Transitverkehr dieses Landes nach rein deutschen Häfen umgeleitet habe. Die Folge solcher Maßnahmen sei eine Abnahme der Golddeckung und eine Abwertung des Danziger Guldens und die Einführung von Währungsbeschränkungen gewesen, die das Vertrauen weiter unterminiert hätten. Das Memorandum erwähnt auch, daß der Gulden vorher bereits einmal abgewertet worden war, die Gründe für seine Schwäche also andere als die Judenabwanderung und die Gründung des Protektorates gewesen sein und vor allen Dingen in der Trennung vom Reich gelegen haben müssen. Das Memorandum muß zugeben, daß es nach 1933 wirtschaftliche Aktivitäten in Danzig gegeben hatte. So habe man eine Reihe von Schiffbauaufträgen aus dem Reich hereingeholt. Auch eine verstärkte Bautätigkeit mußte das Memorandum feststellen. Dabei habe es sich aber um "grandiose und teure Nazibaupläne" gehandelt. Und als Unternehmer habe der Schwiegervater des Gauleiters Forster diese Bauten durchgeführt. Nationalsozialistische Vetternwirtschaft soll wohl

139

dadurch angedeutet werden. Die im Reich so erfolgreiche Wohnungsbauwirtschaft und der Straßenbau finden keine Erwähnung
wie auch andere Arbeitsbeschaffungsmaßnahmen, die auch in
Danzig angewandt wurden. So kann es nicht verwundern, daß das
Memorandum keinen wirtschaftlichen Aufschwung erkennen
kann, sondern glaubt, einen finanziellen und wirtschaftlichen Zusammenbruch in naher Zukunft voraussagen zu müssen.[48]

Auf den Gedanken, daß nur die Vereinigung mit dem Reich und
die Teilnahme Danzigs an dem deutschen Wirtschaftsaufschwung
den vermuteten Kollaps der Danziger Wirtschaft abwenden könnte, kommt das Memorandum nicht, denn das hätte die von England
sehr verabscheute Beschränkung des freien Handels bedeutet. Das
Memo glaubt, es läge im Danziger Interesse, den polnischen
Handel in der Freien Stadt zu erleichtern. Doch Unabhängig-
keitstradition und das Nationalgefühl hätten den Polen jede Art
Schwierigkeiten in den Weg gelegt.

Im Punkt 12 wird die Politik Seiner Majestät Regierung behandelt. Es wird auf die besondere Verantwortlichkeit, die ihr als
Berichterstatter des Völkerbundsrates für Danzig zukam, hingewiesen. Auf die Darstellung dieser formalen Stellung beschränkt
sich jedoch der Hinweis. Seit 1936 habe die Regierung sich
bemüht, die Autorität des Hochkommissars zu stützen und Berlin
und Warschau wissen lassen, daß sie eine Änderung des gegenwärtigen Status der Freien Stadt, der sowohl Deutschland als auch
Polen zustimmen würde, begrüßen würde. Eine Haltung, die für
einen Berichterstatter (Rapporteur) kaum ausreichend ist, aber in
ihrer Zurückhaltung nicht den Aufgaben einer Großmacht entspricht, einer Großmacht, von der Entscheidung über Krieg und
Frieden abhängt.

Die polnische Politik wird stark verharmlost in Punkt 11 dargestellt. Sie sei bis 1934 darauf gerichtet gewesen, die sich aus dem
Vertrag von Versailles ergebenden polnischen Rechte (Polish
Treaty Rights) zu erhalten, unter Umständen mit Hilfe des Völkerbundsrates. Die große Bedeutung des Hitler-Pilsudski-Vertrages von 1934 wird nur sehr stark eingeschränkt anerkannt.

Was aber wird geschehen, fragt das Memorandum, wenn der

Danziger Senat und der Volkstag Danzigs (Popular Assembly) ihren Wunsch nach Vereinigung mit dem Reich erklären? Die polnische Haltung in einem solchen Fall hält das Memorandum erstaunlicherweise für ungewiß. Und das Foreign Office glaubt, daß sich nichts am Status der Freien Stadt ändern würde, wenn diese Erklärung nicht von weiteren Schritten begleitet würde. Eine solche Annahme war irreal, denn es mußte angenommen werden, daß eine solche Anschlußerklärung von einer Unterstellung unter deutschen Schutz begleitet würde. Das hätte eine einseitige Änderung (unilateral alteration) des Status der Freien Stadt bedeutet, die nach vielen Erklärungen von den Polen aber auch von den Engländern als Provokation und als so nachteilig (detrimental) für ihre wirkliche Unabhängigkeit betrachtet worden wäre, daß die folgende Verschlechterung ihrer Beziehungen mit Deutschland zu Feindseligkeiten hätte führen können.

Die Anschlußerklärung hätte angesichts der Mehrheitsverhältnisse im Senat und Volkstag gegenüber der Weltöffentlichkeit als Ausdruck des Volkswillens, also demokratisch, dargestellt werden können. Zur Verhinderung des Anschlusses hätten die Polen den ersten Schuß abgeben müssen, was sie mit britischer Rückendeckung wohl auch getan hätten. Es muß angenommen werden, daß die deutsche Führung sich dieser Situation auch ohne Kenntnis des Memorandums bewußt war. Wenn sie nicht auf eine zum Krieg führende Anschlußerklärung gedrungen hatte, kann das als Beweis dafür gelten, daß Hitler bis zum letzten Augenblick auf eine friedliche Lösung gehofft hatte. Bis zum letzten Augenblick, d.h. solange Wetter- und Wegeverhältnisse in Polen eine schnelle deutsche Entscheidung ermöglicht hätten.

Natürlich sieht das Memorandum auch die "Gefahr" einer Anwendung des Selbstbestimmungsrechtes durch die Mehrheit der Danziger Bevölkerung, spiegelte Danzig doch im Inneren die deutschen Verhältnisse wider.[49]

Present Position (Die gegenwärtige Lage). Wenn schon in den bisher behandelten Abschnitten 1 - 14 die pro-polnische Tendenz des Memorandums unverkennbar war, so wird sie in den folgenden Abschnitten (15-25) ganz deutlich. Es fällt zunächst einmal die Unbestimmtheit der Ausdrucksweise auf, eine für ein offizielles Dokument (milde ausgedrückt) unverständliche Tatsache. So spricht das Memorandum von der Wahrscheinlichkeit (likelihood) deutsch-polnischerVerhandlungen 1939. Dabei ist unbestritten, daß Polen zu keinem Zeitpunkt bis zum Kriegsausbruch zu Verhandlungen bereit war. Ihr Ergebnis hätte bestenfalls ein Kompromiß sein können, der nur durch polnische Zugeständnisse erreichbar gewesen wäre. Dazu waren die Polen zu keinem Zeitpunkt bereit. Das Memorandum unterschlägt das erste der deutsch-polnischen Gespräche vom 24. Oktober 1938, verlegt das Gespräch Beck-Hitler vom Januar 1939 in den Dezember 1938, um dann nach diesen beiden "Irrtümern" richtig festzustellen, daß der Besuch Ribbentrops in Warschau vom Januar 1939 keinen Fortschritt gebracht hatte. Falsch ist die Angabe des Memorandums, daß Hitler Beck zugesagt hatte, die Danzigfrage vorläufig ruhen zu lassen und daß Polen auf die Aufrechterhaltung der Stellung des Völkerbundes in Danzig gedrängt hatte.

Nach diesen Falschdarstellungen kommt das Memorandum dann zur Lieblingsbeschäftigung britischer Politiker jener Zeit, und in ihrem Gefolge auch der etablierten deutschen Historiker zu der vereinfachenden Erklärung des Geschehens vom März 1939 an. Schuld an der Entwicklung sei die deutsche Besetzung der Tschechei. Unmittelbar nach dem deutschen Coup in Prag sei sofort (promptly) der deutsche Druck gegen Litauen, Polen und Rumänien verstärkt ausgeübt worden, eine falsche Behauptung des Foreign Office.

Gewisse Forderungen, deren genaue Natur (exact nature) nicht bekannt waren, wären gegenüber Polen in bezug auf Danzig und den Korridor erhoben worden. Den Höhepunkt dieser unbewiesenen Behauptungen erreicht das Memorandum dann mit der Verdächtigung, anscheinend (apparently) seien Vorbereitungen für einen Handstreich in Danzig getroffen worden. Und verhindert worden sei das nur durch die polnische Teilmobilmachung vom 23. März und die britische Garantie an Polen vom 31. März 1939. Damit hat man dann eine Rechtfertigung für diese beiden Maßnahmen, die immer als defensiv hingestellt werden. Zu den unbewiesenen Behauptungen gehört auch eine Wiederbelebung der "Ti-lea-Lüge",[50] sie war offensichtlich im Foreign Office noch nicht ganz überwunden. Wenn die deutschen Forderungen sich nicht verändert hatten, sondern bereits in ihrem Kern am 24. Oktober 1938 erhoben worden waren, konnten sie nicht Teil eines mit "Prag" entflammten deutschen Expansionismus gewesen sein.

Es darf nicht verwundern, daß die polnische Bereitschaft zu Leistungen vom Foreign Office als sehr hoch eingeschätzt wurde. Die Polen seien völlig bereit gewesen, über eine neue Regelung der Danzigfrage zu verhandeln, über die Beeinträchtigung der Danziger Souveränität, wie z.B. die Kontrolle der auswärtigen Politik und der Schutz des Völkerbundes abgeschafft werden sollten. Hitlers Forderungen nach exterritorialen Verbindungen nach Ostpreußen sollten nicht entsprochen werden. Auf polnischer Seite bestand nur die Bereitschaft, die Reisemöglichkeiten durch den Korridor zu verbessern.[51] Dies war für Hitler genau so wenig annehmbar, wie die polnische Forderung nach einem Verzicht auf die Remilitarisierung Danzigs. Das hätte eine Einschränkung der deutschen Souveränität bedeutet.

Im weiteren Verlauf des Textes stellt sich dann heraus, daß die Verfasser des Memorandums sehr wohl zumindest die entschei-denden deutschen Forderungen gekannt hatten: die Rückkehr Danzigs zum Reich und die exterritoriale Verbindung nach Ost-preußen durch den Korridor. Auch die deutschen Gegenleistungen waren ihnen bekannt. Die angebliche Forderung eines Beitritts Polens zum Antikomintern-Pakt versahen sie zwar mit einem "vielleicht" (perhaps). Nach Meinung des Foreign Office waren die Polen bereit, über eine neue Regelung der Danzigfrage zu verhandeln. Dabei wollten sie die Einschränkungen der Souverä-nität Danzigs wie die Kontrolle der Danziger Außenpolitik ab-schaffen, wie auch den "Schutz" des Völkerbundes. Die Transit-möglichkeiten durch den Korridor sollten verbessert werden, ohne daß näher ausgeführt wurde, worin diese Verbesserungen beste-hen sollten. Die Polen seien gewillt, die Danzigfrage gesondert (on its merits) zu behandeln. Sie würden aber ihre lebenswichtigen Interessen wie die Sicherheit ihres Ausganges zum Meer nicht aufgeben. In den Augen des Foreign Office war die Danzigfrage mit der des Korridors eng verbunden und wäre keine rein örtliche Frage mehr. Sie sei zu einem Testfall geworden. Es ginge um den deutschen Versuch, Osteuropa zu beherrschen und die polnische Entschlossenheit, die außenpolitische Unabhängigkeit zu bewahren. Daß bei dieser Einstellung des Foreign Office an eine Rückgabe Danzigs an das Reich nicht zu denken war, ist offensichtlich.

Nach Meinung des Foreign Office sahen die Polen das Problem dreifach: strategisch, psychologisch und ökonomisch. Danzig sollte entmilitarisiert bleiben. Die polnische Regierung war von der schnellen Remilitarisierung Memels beeindruckt und fürchtete eine Wiederholung in Danzig. Dann würde Deutschland die Möglichkeit erhalten, den Korridor zu strangulieren, und Gdingen würde endgültig unhaltbar werden.

Für die Polen waren die Rechte in Danzig, wo ihr Hauptfluß ins Meer fließt, ein Symbol ihrer nationalen Existenz. Dieser psychologische Faktor verbot der polnischen Regierung, irgendwelche Konzessionen in Danzig und dem Korridor zu machen. Konzessionen, die ihre lebenswichtigen Interessen und ihre Unabhängigkeit gefährdeten, wie sie meinten. Das würde auch antideutsche Zwischenfälle im Korridor hervorrufen, die wahrscheinlich zu deutscher Intervention und zum Krieg mit Polen führen würden.

Die Polen weigerten sich, das Wort Korridor zu gebrauchen. Sie betrachteten ihn als ein ureigenes polnisches Gebiet, die Provinz Pomorze. Er war in ihren Augen nicht nur ein von den Deutschen tolerierter Ausgang zum Meer, sondern ethnographisch und historisch eine polnische Provinz. Danzig und der Korridor wurden von ihnen als Teil ihres Lebensraumes angesehen (die Briten verwendeten das deutsche Wort "Lebensraum").

Daraus resultierte auch die polnische Weigerung, den Deutschen eine exterritoriale Eisenbahn und Autobahn durch polnisches Gebiet zu geben, obwohl sie bereit waren, ein Minimum an Visa- und Paßerleichterung zu gewähren. Eine einseitige Lösung der Danzigfrage, d.h. die Gewährung deutscher Ansprüche gegen den Willen Polens, würde keine Lösung sein. Denn Polen würde Danzig wirtschaftlich durch Sperrung des Hafens boykottieren, die Deutschen die Aufhebung des Boykotts verlangen und Krieg oder Polens Unterwerfung unter Deutschland die Folge sein.

Im § 22 behandelt das Memo die deutsche Position und hier kommt der antideutsche Charakter des Memos und damit des Foreign Office am deutlichsten zum Ausdruck. Es gibt für die Briten im Grunde keine eigenständige Danzigfrage. Sie wird nach Meinung des Foreign Office von Deutschland nur als ein Bauer im Spiel, nur als ein Hebel benutzt, um eine Neutralisierung und vielleicht eine weitere Teilung Polens zu erreichen. Das wirkliche deutsche Ziel sei das Auseinanderbrechen des polnischen Staates.

Die deutsche Presse behauptete, die Haltung der Polen sei provokativ. Dem widersprach das Foreign Office. Es gäbe auf beiden Seiten Behauptungen über schlechte Behandlung der eigenen Minderheit. Die seien im Umfang gleich und nur von geringer Bedeutung und hätten periodisch während der letzten 20 Jahre stattgefunden. Auch mit dieser Feststellung verringerte das Foreign Office die polnische Schuld. Es nahm nicht zur Kenntnis, wie es spätere britische Aussagen taten, daß die Unterdrückung der deutschen Minderheit in Polen ein bedrohliches, den Frieden gefährdendes Ausmaß angenommen hatte. Das Foreign Office übersah, daß die deutsche Minderheit in Polen sehr viel stärker war als die polnische in Deutschland und daß von einer Unterdrückung und Verfolgung der Polen in Deutschland keine Rede sein konnte.

Wenn es noch eines Beweises für die Einseitigkeit des Memorandums des Foreign Office bedurft'hätte, die Briten lieferten ihn mit der Aufnahme der Antwort Becks auf die Hitlerrede vom 28. April 1939 in ihr Memorandum. Er wollte die Danzigfrage in ihren historischen Rahmen stellen und emotionale Elemente ausschließen. Er wiederholte die alte polnische These, daß der Reichtum Danzigs dem polnischen Überseehandel zu verdanken sei.

In den Abschnitten 19-22 kommt der propolnische Charakter des Memorandums am stärksten zum Ausdruck. Psychologisch seien die polnischen Rechte in Danzig, wo ihr Hauptfluß seinen Ausgang in die See findet, ein Symbol ihrer nationalen Existenz. Wenn die polnische Regierung Konzessionen in Danzig und den

Korridor mache, die die polnischen lebenswichtigen Interessen gefährden könnten, würde nicht nur das Vertrauen der Polen in sich selbst und ihre Regierung unterminiert, sondern es sei äußerst wahrscheinlich, daß sich antideutsche Zwischenfälle im Korridor ereignen würden. Die Ergebnisse würden wahrscheinlich eine deutsche Intervention sein oder etwas, was einem Bürgerkrieg in Polen ähnlich wäre.

Das Foreign Office glaubte an das Vorhandensein von Beweisen dafür, daß es Deutschland gar nicht um Danzig ging, sondern daß sein wirkliches Ziel das Zerbrechen des polnischen Staates war.[52] Die kürzliche deutsche Note an Polen bedeutete, daß eine Bedingung für weitere Verhandlungen mit der polnischen Regierung deren Aufgabe des Einverständnisses mit den westlichen Mächten war. Inzwischen wäre die gesamte deutsche Propaganda hinsichtlich Polens auf die Behauptung konzentriert, daß England seine Garantie im Fall Danzig nicht erfüllen würde und in bezug auf England auf die These, daß die polnischen Rechte in Danzig nicht wert seien, unterstützt zu werden.

Das Memorandum muß zugeben, daß es nach 1933 wirtschaftliche Aktivitäten in Danzig gegeben hatte. So habe man eine Reihe von Schiffbauaufträgen aus dem Reich hereingeholt. Die im Reich so erfolgreiche Wohnungsbauwirtschaft und der Straßenbau finden keine Erwähnung, wie auch andere Arbeitsbeschaffungsmaßnahmen nicht, die auch in Danzig angewandt wurden. So kann es nicht verwundern, daß das Memorandum keinen wirtschaftlichen Aufschwung erkennen kann, sondern glaubt, einen finanziellen und wirtschaftlichen Zusammenbruch in naher Zukunft voraussagen zu müssen.

The Danzig Question

Historical Introduction.

The history of Danzig reveals the innate contradiction of its geographical position as a Polish port and its national character as a German city.

(a) UnderPolish rule, 1000-1308. - In the tenth and eleventh centuries Danzig, then a. small village at the mouth of the Vistula and the surrounding territory formed part of the Polish kingdom. On the death of the Polish King Bogeslas III in 1138, his kingdom was partitioned; Danzig came under the rule of the Dukes of Pomerelia, obtained the status of a municipality, and became a trading center.

(b) Under the Teutonic Order, 1308-1454. - The Order captured Danzig in 1308 in the name of the Polish King Ladislas, but kept it for themselves. Danzig's prosperity increased, and the city joined the Hanseatic League in the fourteenth century. Its growing independence brought it. into conflict with the Order, and it became united to Poland in 1454.

(c) Under Polish rule, 1454-1793. - Danzig, while acknowledging the sovereignty of the Polish kings, enjoyed a wide measure of independence. As the seaport of the Polish Hinterland and as a member of the Hanseatic League it became rich and powerful, with a strong sense of civic patriotism.

(d) Under Prussian rule, 1793-1807. - The prosperity of Danzig had declined in the eighteenth century and the city fell without resistance to Prussia under the second partition of Poland.

(e) A Free City, 1807-1814. - By the Treaty of Tilsit, Danzig

147

became a Free City under the joint protection of France, Prussia and Saxony, and its ancient liberties and constitution were restored. It had, however, a French military governor and garrison, and suffered heavily in the Napoleonic wars.

(f) *Under Prussian rule*, 1814-1920.-On its return to Prussia, Danzig was reduced to the status of a Prussian provincial capital and seaport. In 1920, after a brief Allied Occupation, Danzig once again became a Free City.

The Danzig Question at Versailles.

2. President Wilson's thirteenth point contained the provision that Poland should be given free and secure access to the sea, and it was the problem of reconciling this pledge with the principle of self-determination which led to the establishment of the Corridor and the Free City of Danzig. The Polish claim to the Corridor was unassailable. From the earliest times it had been inhabited by Slavs and its population has always been predominantly Polish. In 1931 the province of Pomorze had a population of over a million, of which just over 90 per cent were Poles. There was, however, no seaport on the coast of Pomorze, and the Peace Conference was advised that it was not possible to create one. It was therefore necessary to make use of Danzig, the population of which was more than 90 percent. German, but which geographically and historically was the natural outlet for the trade and commerce of the Vistula Basin. Both Germany and Poland claimed Danzig in full sovereignty, and the treaty settlement was a compromise. It will be observed that historically there is a Polish as well as a German claim to Danzig. It has always been a bone of contention between Teuton and Slav.

148

Deutsche Übersetzung des Memorandums des Foreign Office vom 5. Mai 1939

Die Danzigfrage

Geschichtliche Einleitung

Die Geschichte Danzigs enthüllt den angeborenen Widerspruch zwischen der geographischen Lage als polnischer Hafen und dem nationalen Charakter als deutscher Stadt.

(a) Unter polnischer Herrschaft, 1000-1308. - Im zehnten und elften Jahrhundert bildeten Danzig, damals ein kleines Dorf an der Mündung der Weichsel und das umgebende Gebiet Teil des polnischen Königreiches. Beim Tod des polnischen Königs Bogeslaws III. im Jahre 1138 wurde sein Königreich geteilt. Danzig kam unter die Herrschaft der Herzöge von Pommerellen, erhielt Stadtrechte und wurde ein Handelszentrum.

(b) Unter dem Deutschen Ritter Orden, 1308-1454. - Der Orden eroberte Danzig im Namen des polnischen Königs Ladislaus, aber behielt die Stadt für sich. Danzigs Reichtum vermehrte sich und die Stadt schloß sich der Hanse im vierzehnten Jahrhundert an. Ihre wachsende Unabhängigkeit brachte sie mit dem Orden in Konflikt und sie wurde 1454 mit Polen vereinigt.

(c) Unter polnischer Herrschaft, 1454-1793. - Während die Stadt die Souveränität der polnischen Könige anerkannte, genoß sie ein großes Ausmaß von Unabhängigkeit. Als Seehafen des polnischen Hinterlandes und Mitglied der Hanse wurde sie reich und mächtig und entwickelte einen großen städtischen Patriotismus.

(d) Unter preußischer Herrschaft, 1793-1807. - Der Wohlstand Danzigs hatte im achtzehnten Jahrhundert abgenommen und die Stadt fiel durch die zweite Teilung Polens widerstandslos an Preußen.

(e) Eine Freie Stadt, 1807-1814. - Durch den Vertrag von Tilsit wurde Danzig unter dem gemeinsamen Schutz von Frankreich, Preußen und Sachsen eine Freie Stadt. Ihre alten Freiheiten und die Verfassung wurden wiederhergestellt. Sie hatte jedoch einen französischen Militärgouverneur und eine französische Garnison. Sie litt sehr in den napoleonischen Kriegen.

(f) Unter preußischer Herrschaft, 1814-1920. - Bei der Rückgliederung an Preußen wurde Danzigs Status reduziert auf den einer preußischen Provinzhauptstadt und eines Seehafens. 1920 wurde Danzig nach kurzer alliierter Besetzung wieder eine Freie Stadt.

Die Danzigfrage in Versailles.

Präsident Wilsons dreizehnter Punkt enthielt die Bestimmung, daß Polen ein freier und sicherer Zugang zum Meer verschafft werden sollte. Das Problem war, dieses Versprechen mit dem Prinzip der Selbstbestimmung, das zur Errichtung des Korridors und der Freien Stadt geführt hatte, in Einklang zu bringen. Der polnische Anspruch auf den Korridor war unantastbar. Von den frühesten Zeiten an war er von Polen bewohnt gewesen und seine Bevölkerung ist immer überwiegend polnisch gewesen. 1931 hatte die Provinz Pomorze eine Bevölkerung von über einer Million, von denen über 90 Prozent Polen waren. Es gab jedoch keinen Seehafen an der Küste von Pomorze und der Friedenskonferenz wurde gesagt, daß es nicht möglich sei, einen zu schaffen. Es war deshalb notwendig, Danzig zu benutzen, dessen Bevölkerung zu mehr als 90 Prozent deutsch war, das aber geographisch und historisch der natürliche Ausgang für den Handel und den Verkehr des Weichsel-Beckens war. Sowohl Deutschland als auch Polen beanspruchten die volle Souveränität über Danzig, und die Regelung durch den Vertrag war ein Kompromiß. Es muß beachtet werden, daß es historisch sowohl einen polnischen als auch einen deutschen Anspruch auf Danzig gibt. Es ist immer ein Streitknochen zwischen Deutschen und Slawen gewesen.

150

5. Hendersons Kritik am Memorandum vom 12. Mai 1939

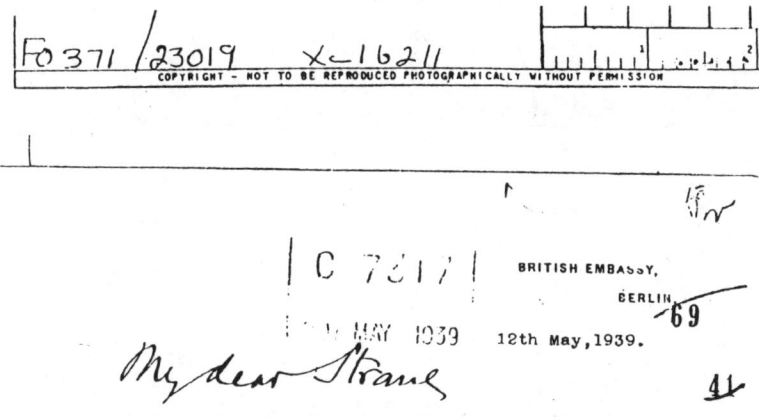

FO 371 /23019   X c 16211

C 7217

BRITISH EMBASSY,

BERLIN

69

12th MAY 1939   12th May,1939.

My dear Strang   41

1. Many thanks for the Foreign Office memorandum of
May 5th on the Danzig question.

2. Unpopular though it may be to say so, the "Present
position" portion (paragraphs 15 to 22) does not strike
me as a strictly impartial statement of the problem as
between Poland and Germany. The Polish case is set out
at some length, but the German case is somewhat summarily
dismissed in paragraph 22 on the basis mostly of suppositions
as to what her ulterior aims are.

3. It is true unfortunately that those suppositions
are likely to be entirely correct, particularly if the
past is any guide to the future. Nevertheless, as you
know, Germany has a case on its own merits and I should
have thought that it would have been fairer to state it,
particularly if the memorandum is intended as a Cabinet
paper. If it is desired to dispose of it, is it not
wisest to put a case at its strongest, rather than at

its...

William Strang Esq., C.B., C.M.G.,
Foreign Office.

151

BRITISH EMBASSY,

BERLIN.

- 2 -

its weakest?

4. Danzig is a purely German city and, quite apart
from ulterior and sinister motives, it is a fact
that even the most pacific of Germans should desire its
return to the Reich.   I doubt if at any time during
the past year and a half Hitler has had his people so much
at the back of him as he has over this Polish question.
If Berlin had a Place de la Concorde, the statue of Danzig
would be no less veiled in crepe than Strasbourg was for
fifty years.

5. It is the same with the Corridor.   It would be
galling for any nation to be cut off from a part of its
possessions by a strip of territory belonging to some other
Power.

6. Those two issues are at least as plain as the
hypothetical ambitions quoted in paragraph 22.   It is sad
that it should be so, but there they are and as such they
have got to be faced.   The question therefore to my mind
is how far these natural aspirations, which date from
long before Hitler's time or his expansionist dreams, can

be...

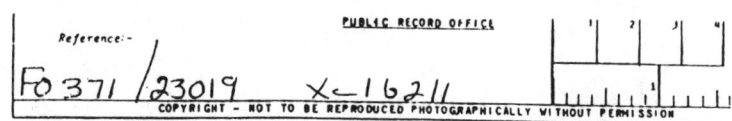
20

BRITISH EMBASSY,

BERLIN.

- 3 -   71   43

be satisfied without prejudicing the legitimate strategic
and economic or even psychologic apprehensions of the
Poles.   If this cannot be done, then we must either
face the prospect of guaranteeing Poland till the next
war breaks out at a moment of Germany's choosing or of
deciding ourselves that we had better make war now and try to
break Hitler before it is too late.

7. Since both alternatives are horrible, what prospect is
there of reconciling Hitler's offer as quoted in his speech
of April 28th with Beck's reply on May 5th?

8. As the Foreign Office memorandum observes, Danzig
is virtually already a microcosm of the Reich.   In any
case it is not Polish and its actual incorporation as a
Free City (as offered by Hitler) in the Reich would make
little difference, provided it is effectively not
militarised and provided all Poland's economic privileges
were assured to her.   As the prosperity of Danzig depends
entirely on the Polish trade, the latter point should not be
a difficult one to settle.   Nor would it seem unfair for
                                              Poland....

153

μ.1

Poland to exchange her control of Danzig's foreign policy
and her demand for a joint Germano-Polish guarantee for
a German undertaking not to militarise Danzig?   However
little faith one may have in Hitler's undertakings, I would
personally prefer to guarantee Poland after they had
been given than before a settlement of the Danzig question.

9. Also there seems advantage in settling, if it be
possible, Danzig separately from the Corridor.   The
Corridor is Polish but Danzig is not, and it will be much
easier for Germany to trump up some case about the latter
such as will give her people the impression of being the
victim of Polish or Western aggression.   That is what I
particularly fear.   One's objective should be, if it must
be, a war in which Germany's aggressiveness should be
patent to all the world, including the Germans themselves.

Yours ever
Nevile Henderson

154

Übersetzung des Henderson-Briefes

Mein lieber Strang

1. Vielen Dank für das Memorandum des Foreign Office über die Danzigfrage vom 5. Mai.

2. Obwohl es nicht populär ist, muß ich sagen, daß der Teil "Gegenwärtige Lage (§§ 15-22) mir keine unparteiische Beurteilung des deutsch-polnischen Problems zu sein scheint. Die polnische Sache ist in ziemlicher Ausführlichkeit dargestellt, aber die deutsche Sache ist etwas summarisch in § 22 auf der Grundlage von Vermutungen hinsichtlich ihrer letzten Ziele abgehandelt.

3. Es ist unglücklicherweise wahr, daß jene Vermutungen ganz richtig sind, besonders wenn die Vergangenheit einen Hinweis auf die Zukunft abgibt. Dennoch hat Deutschland, wie Du weißt, ein besonderes Anliegen, und es wäre m.E. fairer gewesen, es darzustellen, besonders wenn das Memorandum als Kabinettsvorlage dienen soll. Ist es nicht klüger, wenn man eine Sache erledigen will, sie an ihrer stärksten Seite anzupacken und nicht an ihrer schwächsten?

4. Danzig ist eine rein deutsche Stadt, und wenn man von letzten und düsteren Motiven absieht, ist es eine Tatsache, daß selbst die pazifistischen Deutschen seine Rückkehr nach Deutschland wünschen. Ich bezweifle, ob während der letzten eineinhalb Jahre Hitler sein Volk so sehr hinter sich gehabt hat wie in dieser polnischen Frage. Wenn Berlin einen "Place de la Concorde" hätte, wäre die Danzigstatue nicht weniger verhüllt als Straßburg es 50 Jahre lang war.

5. Es ist mit dem Korridor dasselbe. Es würde für jedes Volk bitter sein, von einem Teil seines Gebietes durch einen Geländestreifen abgeschnitten zu sein, der zu einer anderen Macht gehört.

6. Diese beiden Tatbestände sind zumindest ebenso eindeutig wie die im § 22 erwähnten hypothetischen ehrgeizigen Bestrebungen. Es ist traurig, daß das so ist, aber es ist nun einmal so, und als solche müssen sie hingenommen werden. Die Frage stellt sich mir, wie diese natürlichen Bestrebungen, die aus Zeiten lange vor Hitler oder seinen expansionistischen Träumen stammen, befrie-

digt werden können, ohne die legitimen strategischen und wirtschaftlichen oder sogar psychologischen Besorgnisse der Polen zu verletzen. Wenn das nicht getan werden kann, müssen wir entweder Polen garantieren bis der nächste Krieg zu einem von Hitler gewählten Zeitpunkt ausbricht, oder wir müssen uns dafür entscheiden daß es besser ist, jetzt Krieg zu führen und zu versuchen, Hitler zu vernichten, bevor es zu spät ist.

7. Da beide Alternativen schrecklich sind, müssen wir fragen, welche Aussicht besteht, Hitlers Angebot, wie er es in seiner Rede vom 28. April formuliert hat, mit Becks Antwort vom 5. Mai in Einklang zu bringen.

8. Wie das Memorandum des Foreign Office bemerkt, ist Danzig tatsächlich schon ein Mikrokosmos des Reiches. Auf jeden Fall ist es nicht polnisch und seine tatsächliche Einordnung in das Reich als eine Freie Stadt (wie Hitler es angeboten hat), würde den Sachverhalt nicht verändern, vorausgesetzt es wird tatsächlich nicht militarisiert und vorausgesetzt alle polnischen wirtschaftlichen Privilegien werden Polen zugesichert. Da der Wohlstand Danzigs gänzlich vom polnischen Handel abhängt, sollte es nicht schwer sein, den letzten Punkt zu regeln. Auch ist es nicht unfair, von Polen zu verlangen, seine Kontrolle der Außenpolitik Danzigs und seine Forderung nach einer gemeinsamen deutsch-polnischen Garantie gegen eine deutsche Versicherung, Danzig nicht zu militarisieren, aufzugeben? Wie wenig man auch Hitlers Versprechungen vertrauen kann, ich persönlich ziehe es vor, Polen zu garantieren nachdem sie gegeben wurden, als vor einer Regelung der Danzigfrage.

9. Auch scheint es von Vorteil zu sein, wenn möglich, die Danzigfrage getrennt von der Korridorfrage zu regeln. Der Korridor ist polnisch, Danzig aber nicht. Und es wird für Deutschland sehr viel leichter sein, hinsichtlich des letzteren aufzutrumpfen und so seinem Volk den Eindruck zu vermitteln, ein Opfer polnischer oder westlicher Aggression zu sein. Das befürchte ich besonders. Unser Ziel sollte es sein, wenn es sein muß, einen Krieg zu führen, in dem die deutsche Aggressivität aller Welt, einschließlich der Deutschen selbst, offenkundig ist.

6. Die Antwort des Foreign Office auf Hendersons Kritik[53]

Es kann nicht verwundern, daß Hendersons an Strang gerichtete Kritik am Memorandum des Foreign Office auf Widerspruch eben dieses Foreign Office gestoßen ist. Die Feststellung Hendersons, daß die "Deutsche Sache" nicht berücksichtigt sei, halten die Foreign Office Angehörigen nicht für fair.[54] Die Deutsche Sache sei in den §§ 3 und 13 des Dokumentes ausreichend dargestellt worden, behaupten sie. Das muß zurückgewiesen werden. Der § 3 behandelt die Regelung wie sie in den Artikeln 100 bis 108 des Versailler Vertrages erfolgt ist und kann nicht als eine Darstellung der "Deutschen Sache" aufgefaßt werden. Es muß daran erinnert werden, daß die Versailler Regelung von der überwiegenden Mehrheit des Deutschen Volkes abgelehnt wurde, nicht nur von Hitler und seiner Partei. Der § 13 beschreibt zwar die inneren Verhältnisse in Danzig, die Ausschaltung der anderen Parteien, den latenten Streit zwischen Greiser, dem Präsidenten des Senats, und dem Gauleiter Forster und bezeichnet (richtig) den inneren Zustand Danzigs als einen "microcosm of the Reich". Aber das hat mit dem eigentlichen Kern der Deutschen Sache (the German case) direkt nichts zu tun. Dieser Kern ist der deutsche Anspruch auf Danzig (the German claim to Danzig). Und der wird in den beiden angezogenen Paragraphen nicht behandelt und begründet. Im Gegenteil. Das Foreign Office ist in § 13 der Auffassung, daß Herr Forster mit der Unterstützung Hitlers es unterlassen habe, die Vereinigung mit dem Reich zu fordern und auf diese Weise zur Befriedung beigetragen habe. Die beiden Paragraphen gipfelten in der auch für das Foreign Office selbstverständlichen Feststellung, daß Danzig eine deutsche Stadt sei. Das bestreite niemand und brauche nicht wiederholt zu werden. Die polnische Sache dagegen bedürfe der Begründung. Die Polen hätten Argumente zu erbringen, warum eine rein deutsche Stadt (purely German city) nicht zum Reich zurückkehren sollte.

Hendersons weiteres Argument, daß alle Deutschen die Rückkehr Danzigs zum Reich wollten, möge den Tatsachen entsprechen, sei aber nach Meinung des Foreign Office nicht relevant. Relevanz der Wünsche der Danziger sei gegeben, wie auch für ihre Wünsche bezüglich des Korridors. Das gelte nicht notwendigerweise für die Wünsche des deutschen Volkes, obwohl dies eine Regelung vielleicht schwieriger mache.[55]

Der Verfasser des Memorandums, Roger Makins, stimmt Hendersons Feststellung zu, daß es nicht schwierig sei, die Danzigfrage zu lösen. Er macht jedoch einen etwas merkwürdigen Vorbehalt. Sie müsse allein und für sich gesondert (on its own merits) behandelt werden.[56] Wie das, muß dazu gefragt werden. Die Danzigfrage schwebte doch nicht im luftleeren Raum. Sie konnte nur im Zusammenhang mit deutschen und polnischen Interessen gelöst werden.

Die Auffassung des Foreign Office von der Güte der Versailler Lösung kommt auch noch an anderer Stelle zum Ausdruck. Offenbar hatte man nicht erkannt, daß Hitler grundsätzlich nicht bereit war, Bestimmungen der Nachkriegsdiktate anzuerkennen und eine Lösung der Danzigfrage auf der Grundlage von Versailles deswegen nicht möglich war.

Das Foreign Office fand, daß die Versailler Lösung auch deswegen nicht so schlecht war, weil die Polen bereit waren, Zugeständnisse zu machen,[57] wie die Aufgabe der Führung der Außenpolitik Danzigs durch Polen. Das Foreign Office machte aber gleich eine wesentliche Einschränkung, man sei zu dieser Überlassung der Außenpolitik nur bereit, wenn man sich auf deutsche Vertragstreue verlassen könne. Die größte Schwierigkeit läge genau in dem Mangel an Vertrauen in die deutschen Absichten, eine Begründung, mit der nicht nur in der Danzigfrage jede politische Initiative abgewürgt wurde. Die Mitglieder des Foreign Office teilten die polnische Skepsis und fragten: "Wie können wir sicher sein, daß eine Regelung der Danzigfrage das Ende bedeutet und nicht das Vorspiel zu weiteren Forderungen?"[58]

Das Foreign Office ist sicher klug genug gewesen zu erkennen, daß bei dieser Einstellung eine friedliche Regelung nicht möglich war und Hitler nur der Verzicht oder die Lösung durch Gewalt übrig blieb.

Das Foreign Office entnahm aus der Kritik Hendersons, daß dieser glaubte, daß die Deutschen berechtigt waren, Danzig zu bekommen. Er würde es gern sehen, wenn die "Deutsche Sache" nicht nur auf dem Papier festgestellt, sondern mit einer Empfehlung von Seiten der Briten versehen würde. Das Foreign Office war dagegen offensichtlich grundsätzlich ablehnend, und so hielten die Verfasser des Memorandums es nicht für notwendig, in eine Auseinandersetzung mit Henderson einzutreten, eine Auseinandersetzung, die eigentlich die Folge seines Briefes hätte sein müssen.[59]

Außer dem Adressanten Halifax haben mehrere Beamte des Foreign Office das Schriftstück zur Kenntnis genommen und mit ihren Paraphen versehen. Cadogan hat dazu mehrere kurze und eine längere handschriftliche aufschlußreiche Bemerkung gemacht. Hendersons Feststellung von legitimen deutschen Bestrebungen versah er mit der Frage "what about the Czechs?" (Was ist mit den Tschechen?). Es ist erstaunlich, daß der zweite Mann der britischen Außenpolitik zu der Feststellung von Henderson, die sich auf Bestrebungen bezog, die seit 1919 mit Abschluß des Versailler Vertrages bestanden, nur mit dem Hinweis auf ein Ereignis antworten konnte, das sich 20 Jahre später am 15.März 1939 ereignet hatte, die Besetzung Prags. Hierin drückt sich die Einfältigkeit der britischen Außenpolitik aus, alle Ereignisse monokausal zu erklären. Ich werde darauf noch mehrfach hinweisen. Daß Deutschland böser Absichten verdächtigt wurde, darf nicht weiter überraschen und so war es für Cadogan nicht nur möglich, sondern sogar wahrscheinlich, daß nach einer Übereinkunft über Danzig die extremistischen Elemente in Deutschland auf weitere Forderungen bestehen und so eine endgültige Lösung unmöglich machen würden.

V. Der um Ausgleich und Frieden bemühte Henderson

1. Unser "britischer Nazibotschafter" in Berlin

Sir Nevile Henderson war dieser Mann, der wegen seiner ausgleichenden Tätigkeit von seinen Landsleuten verdächtigt wurde, die Interessen der "Nazis" zu vertreten und am Ende seiner Tätigkeit erkennen mußte, mit seiner selbstgestellten Aufgabe, den Frieden zu erhalten und den deutsch-englischen Gegensatz zu beseitigen, gescheitert zu sein. Er hat dies in seinem aufschlußreichen Buch "Failure of a Mission" (Fehlschlag einer Mission) bekannt.

Er war ein typischer britischer Karrierediplomat, Eton-Schüler (an old Etonian) und nach vielen Auslandsmissionen im April 1937 als englischer Botschafter nach Deutschland versetzt. Er war in seinem langen Diplomatenleben nur zweimal für kurze Zeit im Foreign Office tätig gewesen. So hatte er dienstlich dort keine Wurzeln und auch keine Hausmacht wie sein Gegenspieler Kennard, der britische Botschafter in Warschau. Aber auch privat als Junggeselle war er nicht sehr stark in England verwurzelt, obwohl immer wesentlich in Erscheinung und Auffassung Englisch, schrieb sein damaliger Abteilungsleiter Sargent nach Hendersons frühem Tod 1942 (als 60jähriger) im "Dictionary of National Biography".[1]

Er wird als zurückhaltender kritischer Typ geschildert, schwer zugänglich außerhalb seines eigenen Kreises mit strengen, fast starren Ansichten, auch über die Rolle Großbritanniens in Europa.

Göring war sehr für Henderson, dieser habe großes Verständnis für den deutschen Standpunkt gehabt und habe mehr für die englisch-deutsche Verständigung getan als irgend jemand anders. Aber er habe nur wenig Antwort aus Großbritannien erhalten.

Henderson war für Deutschland, nicht etwa aus Germanophilie oder Neigung zum Faschismus. Allenfalls hatte er Verständnis für die sozialen Ziele des Dritten Reiches. Aufschlußreich ist seine

Bemerkung gegenüber Cadogan, mit der er jede Unterstellung, deutschfreundlich zu sein, zurückwies und sogar der Meinung war, weniger deutschfreundlich zu sein als dieser.[2]

Er war um den Frieden in Europa besorgt und glaubte, daß dieser durch einen deutsch-englischen Ausgleich zu sichern wäre. Er war zu der Erkenntnis gekommen, daß die auf Versailles aufgebaute französische Nachkriegspolitik wirkungslos geworden war und nur eine Revision unter Berücksichtigung der deutschen, in seinen Augen weder ungerechten noch unmoralischen Forderungen (claims) den Frieden erhalten konnte. Er hatte erkannt, daß "Nazi-Deutschland" durch seine Nachkriegserfahrungen unglücklicher-weise gelehrt worden war, daß man nur durch Macht oder Zur-schaustellung von Macht etwas erreichen konnte.

Und deshalb sah er auch die künftigen Forderungen der "Nazis" auf England zukommen. Nach dem Anschluß, schrieb er im April 1938, würden sie das Sudetenland, Danzig, eine Regelung der polnischen Frage (er meinte wohl die 1919 abgetretenen Provin-zen Posen und Westpreußen) und das Memelland fordern. Da Eden sich 1936 schon ähnlich geäußert hatte, durften diese Forde-rungen, die eine Revision des Versailler Vertrages bedeuteten, die Engländer, als sie verwirklicht wurden, nicht überrascht haben.

Eines müssen wir erkennen, obwohl ein allgemeiner Krieg hier immer noch unpopulär ist, ist die Nation viel mehr geeinigt in der Unterstützung Hitlers, als sie es im letzten September gewesen wäre - vor unseren Angeboten an Rußland und unserem Ruf nach Einkreisung. Über die polnische Frage selbst wird sie bei weitem begeisterter sein als über die Sudetenfrage oder selbst über die Tschechenfrage.

Henderson anerkannte das Selbstbestimmungsrecht und sah deshalb die deutschen Forderungen als berechtigt an. Damit stand er im äußersten Gegensatz zum Foreign Office und den vielen Politikern, die in diesen Forderungen die deutsche Bedrohung, "the German menace", sahen wie Eden, der das 1936 sagte.

In der Ablehnung der Versailler Ordnung wurde der Gegensatz zum frankophilen Foreign Office deutlich, und es machte sich nachteilig bemerkbar, daß Henderson keine Wurzeln im Foreign

Office hatte. Für Sargent gab es keine berechtigten deutschen Ansprüche, sondern nur Ansprüche, mit denen Hitler seine Vertragsbrüche und folgende Angriffshandlungen begründete.[3] Henderson dagegen sah es als seine Aufgabe an, den wachsenden Antagonismus zwischen Großbritannien und Nazi-Deutschland (Nazi-Germany) zu beenden.

Im Unterschied zu seinen Vorgängern besuchte er 1937 und 1938 als einer der ersten ausländischen Diplomaten die Reichsparteitage in Nürnberg, als eine freundliche Geste gegenüber dem Regime, bei dem er akkreditiert war (as a friendly gesture to the regime). Er war entschlossen, alles zu tun, was in seiner Macht stand, mit NS-Führern zusammenzuarbeiten. Wenn möglich, wollte er ihr Vertrauen, wenn nicht gar ihre Sympathie, erwerben. Er wollte die deutsche Sache so objektiv wie möglich studieren, und wo er sie gerechtfertigt fand, seiner eigenen Regierung vortragen.

Dabei blieb er ein kritischer Beobachter, so wenn er an einer Schirach-Rede ihre "peinlich servilen Hinweise auf den Führer monierte". Er hatte keine vorgefaßte Abneigung gegenüber autoritären Regierungen als solche.[4] Er glaubte, daß man Deutschland und England versöhnen könne, auch wenn es eine gewisse britische stillschweigende Hinnahme bedeutet hätte, daß Deutschland den Nationalsozialismus übernommen hatte. Die deutschen Revisionsforderungen sah er als berechtigt an und war auch bereit, eine gewisse Vergrößerung Deutschlands in Mitteleuropa hinzunehmen. Daß Hitler ganz Europa beherrschen wollte, glaubte er wahrscheinlich nicht, und von einer angeblich von ihm angestrebten Weltherrschaft lesen wir bei ihm nichts. Das hielt er wahrscheinlich für irreal und als Ausdruck einer wildwuchernden Phantasie.

Mit seiner Einstellung fand er nicht die Zustimmung des Foreign Office, weder des Außenministers Halifax noch dessen Mitarbeitern, auch nicht dessen Vertreters, des Permanent Undersecretary Cadogan, des Nachfolgers von Vansittart. Sir Orme Sargent faßt gewissermaßen die Haltung des Foreign Office zusammen. Statt Mittel zu finden, den Widerstand gegen Hitlers stetig wachsenden

Forderungen zu organisieren (ever increased demands), ermutig-
ten seine Berichte die Minister in ihren Bemühungen, diesen
zuzustimmen.
Weder der Anschluß Österreichs - die "Invasion" und "Annektion" in britischer Sicht - noch die Sudetenkrise brachten ihn zu
einer Revision seiner Auffassungen. Das in England viel ge-
schmähte Münchener Abkommen unterstützte er sehr. Nur die
Besetzung der Tschechei habe ihn völlig desillusioniert, war Sargents Meinung. Das ist aber so ausschließlich genauso wenig
richtig, wie die Versuche, ihn in die Überbewertung der Besetzung
Prags durch das Foreign Office einzuordnen.
Man braucht nur seine Berichte vom Mai 1939 zu lesen sowie
seine Kritik am Memorandum des Foreign Office, um festzustellen, daß er keineswegs völlig desillusioniert war, wie manche
behaupten. Wenn es jemals eine echte Appeasementpolitik der
britischen Regierung gegeben haben sollte - das Foreign Office
war sicher nicht daran beteiligt -, Henderson setzte entsprechende
Bemühungen fort, auch noch als diese Politik von ihren wenigen
Verfechtern längst aufgegeben war.
Man muß Sargent in seiner Auffassung zustimmen, daß Henderson sich vorherbestimmt gefühlt hat, die Gegensätze zu beenden.
"A man with a mission"[5] (ein Mann mit einer Mission) nennt ihn
ziemlich treffsicher auch Charmly. Henderson hat sich offensichtlich auch selbst so gesehen, denn in seinem Buch schreibt er, die
unerwartete Betrauung mit einem solchen Posten, könne nur bedeuten, daß die Vorhersehung ihn ausersehen hätte für die endgültige Aufgabe, dabei zu helfen, den Frieden der Welt zu erhalten.[6]
Charmley kennzeichnet auch treffend den Gegensatz Hendersons zur offiziellen britischen Politik, wenn er darauf hinweist, daß
Henderson offensichtlich in Unkenntnis seiner Auffassungen von
Vansittart und Eden, den beiden extrem deutschfeindlichen englischen Politikern, in seinen Berliner Posten eingesetzt wurde als
der beste verfügbare Diplomat. Später sollten diese beiden Politiker erkennen, daß sie einen Fehlgriff (in ihrem Sinne) getan hatten
und gossen Haß über ihn aus (poured odium upon him).[7] Eden
schreibt in seinen Memoiren:

"Es war ein internationales Unglück, daß wir gerade in dieser Zeit in Berlin von einem Mann vertreten wurden, der, weit davon entfernt, die Nazis zu warnen, sie ständig zu rechtfertigen suchte, oft sogar in ihrem Beisein. Henderson mochte die Tschechen nicht und blieb dabei. Er betrachtete sich mehr und mehr als den von der Vorsehung ausersehenen Mann, mit den Nazis Frieden zu machen. Im ehrlichen Glauben, daß dies möglich sei, sah er in mir und anderen Mitgliedern des Foreign Office, die meine Ansicht teilten, den Weg zu seinem Ziel versperrende Hindernisse. In den nächsten neun Monaten mußte ich ihn mehr als einmal ermahnen, doch nicht immer wieder meine Instruktionen in einer für die Nazis zu freundlichen Weise zu interpretieren. Mein Nachfolger, Lord Halifax, sollte später mit ihm noch ärgere Erfahrungen machen. Mit dem Vertrauen, das Henderson in die guten Absichten der Nazis setzte, und der Unterstützung, die er ihren Ansprüchen an Österreich und die Tschechoslowakei lieh, beschleunigte er Ereignisse, die zu verzögern seine Pflicht gewesen wäre. Trotz alledem empfand Hitler ihm gegenüber, wie Paul Schmidt berichtet, immer größere Abneigung.

Als ich im Februar 1938 zurücktrat, vermochte Henderson nicht, seine Freude zu verbergen. 'Jetzt können wir endlich mit den Deutschen ins reine kommen', rief er in Gegenwart eines die Berliner Botschaft besuchenden Engländers aus. Drei Tage später sprach Henderson mit Mastny, dem tschechoslowakischen Gesandten in Berlin:

'Ich sagte', schreibt Mastny, 'nun könne ich ihm wohl gratulieren, denn er habe ja aus seiner Abneigung gegen Edens Politik nie ein Hehl gemacht...' Eine Weile später bemerkte Henderson: 'Wenn es einen neuen Wechsel gibt und Eden zurückkehrt, dann haben Sie Ihren Eden, aber auch Krieg...'"

Dieser "Fehlgriff" wirft kein günstiges Licht auf das Auswahlverfahren der britischen Diplomatie. Es gab viele britische Kritiker der Tätigkeit Hendersons. Unter ihnen waren Gilbert und Gott, die in ihrem Buch "Der gescheiterte Frieden" (The Appeasers), das Wort von "unserem Nazibotschafter" in Berlin brachten, ein

Name, dem man ihm nach seiner (gewissermaßen) Antrittsrede gab. Das war am 1. Juni 1937 auf einem ihm zu Ehren gegebenen Dinner der deutsch-englischen Gesellschaft. Er selbst schrieb darüber: "Der Satz, der beim linken Flügel und anderen Leuten den stärksten Anstoß erregte, war derjenige, indem ich bemerkte, es wäre besser, wenn die Leute in England weniger Nachdruck auf die Nazidiktatur legten und statt dessen dem großen sozialen Experiment, das in Deutschland ausprobiert wurde, mehr Beachtung schenkten. Ich erklärte, wenn sie das täten, vermöchten sie manche nützliche Lehre daraus zu ziehen. Es gibt tatsächlich manche Dinge innerhalb der Naziorganisation und ihrer Sozialeinrichtungen, die wir studieren und für den eigenen Gebrauch zum Nutzen der Gesundheit und des Glückes unseres Volkes und unserer alten Demokratie übernehmen sollten. Das war zuviel."

In seinem Buch "Failure of a Mission" hatte er seine vorurteilsfreie Einstellung dargestellt. Es gäbe Leute, die nicht begreifen wollten, "daß sogar Diktatoren bis zu einem gewissen Grade und für eine geraume Zeit notwendig, ja selbst außerordentlich segensreich für eine Nation sein können". Auch würde die Welt nicht versäumt haben, Hitler als einen großen Deutschen anzusprechen, wenn er gewußt hätte, wo er Halt zu machen hatte.

Das waren unerhörte Worte für die Ohren der liberalen Engländer. Nun war Henderson nicht der einzige in England, der so dachte. Man muß daran erinnern, daß im selben Jahr der englische König Edward VIII. abdanken mußte, nicht nur weil er eine geschiedene Frau heiraten wollte, sondern auch - und vielleicht in der Hauptsache -, weil er von der Notwendigkeit großer sozialer Reformen in England überzeugt war und Verständnis für das gezeigt hatte, was sich in Deutschland auf sozialem Gebiet abgespielt hatte. Unannehmbar für die Mehrheit der Engländer war aber auch seine außenpolitische Grunderkenntnis. Es würde keine wirkliche Aussicht auf Stabilität innerhalb Deutschlands aber auch innerhalb ganz Europas geben, solange nicht die Übelstände, die aus dem Versailler Frieden erwachsen waren und die Hitler erst zur Welt gebracht hatten, berichtigt wurden, war seine Auffassung.

Das deutsche Ziel sei die Vereinigung aller seiner Länder. Darüber dürfe man sich keiner Täuschung hingeben. Und wenn wir endgültig bereit wären, uns dem zu widersetzen, so sollten wir keine Zeit verlieren, und uns der Frage stellen, auf welche Weise? Sehr aufschlußreich sind diese Überlegungen. Es geht nicht darum, einen annektionswütigen, imperialistischen Hitler zu bremsen, sondern die Vereinigung aller Deutschen zu verhindern. Das ginge nicht ohne Waffengewalt. Die letzte Chance, das auf friedlichem Wege zu erreichen, wäre die Rheinlandbesetzung gewesen. Jetzt müsse man in den Krieg ziehen, um ein klares "Nein" zu erreichen.

2. Ein faires Angebot Hitlers - Schreiben Hendersons an den Secretary of State vom 4. Mai 1939[9]

Wohl unter dem Eindruck der Reichstagsrede Hitlers vom 28. April 1939 mit ihren Kündigungen des deutsch-englischen Flottenabkommens und des deutsch-polnischen Nichtangriffsvertrages von 1934 sandte Henderson ein pessimistisches Schreiben an seinen Außenminister. "Obwohl alle Anzeichen auf eine Periode der Stille deuten, vorausgesetzt, daß kein ernster Zwischenfall unerwartet dazwischen kommt, erfüllen mich düstere Ahnungen für die Zukunft, und ich bin viel mehr um einen Krieg besorgt, als ich es im letzten September war", schrieb er (gemeint ist die Sudetenkrise vom Herbst 1938). Erstaunlich ist die dann folgende Feststellung: "Noch einmal, die unmittelbar anliegende deutsche Sache ist weit entfernt davon, ungerecht oder unmoralisch zu sein. Wenn ein unparteiischer Marsbewohner als Schiedsrichter zu handeln hätte, könnte er nur in Übereinstimmung mit Hitlers Angebot entscheiden".[10] Rechnet Hitler etwa damit, daß es abgelehnt wird?" Auch Henderson hatte nicht begriffen, daß Hitler aufrichtig den Frieden wollte. "Meine These war immer, daß Deutschland erst zur Normalität zurückkehren kann, was es unter dem Druck der öffentlichen Meinung wohl tun wird, wenn seine (in deutschen Augen) legitimen Bestrebungen befriedigt sind." Die Danzig- und Korridorfrage war mit Memel eine davon. Henderson fährt fort: "Es muß daran erinnert werden, daß Danzig und der Korridor die große Frage vor 1933 war. Eine der unpopulärsten Handlungen, die Hitler je tat, war sein 1934 abgeschlossener Vertrag mit Pilsudski. Er hatte seine ganze Partei gegen sich. Heute stehen alle gemäßigten Deutschen, die einen Weltkrieg vermeiden wollen, hinter seinem gegenwärtigen Angebot an Polen. Nur die Extremisten, die mehr wollen, z.B. den ganzen Korridor und Posen und Schlesien usw., werden erfreut sein, wenn die Polen unnachgiebig sind.

Die Polen spielen auf diese Weise nur das Spiel der Extremisten für sie. Nach Ansicht meines belgischen Kollegen betrachten alle hiesigen diplomatischen Vertreter das deutsche Angebot[11] selbst als überraschend günstig. Der holländische Gesandte, der Geschäftsträger der Vereinigten Staaten und mein südafrikanischer Kollege haben sich mir gegenüber in diesem Sinne ausgesprochen. Ich frage mich infolgedessen, ob wir gut beraten sind, wenn wir gegen Deutschland kämpfen, ohne daß die Welt in der Frage der Moralität der deutschen Sache einig ist. Wird selbst unser Empire einig sein?" fragt er.

"Natürlich, das dem Krieg zugrunde liegende Motiv liegt tiefer und ist wichtiger als nur Danzig, und selbst wenn ein Abkommen über Danzig erreicht wäre, ist es immer möglich, daß die extremistischen Elemente hier auf weitere Konzessionen drängen werden, die Polen dann nicht verweigern kann.

Ich bin erschreckt über den Gedanken, Danzig sei der vorgeschobene Grund, und ich bin noch mehr erschreckt darüber, daß unser Schicksal in den Händen der Polen liegt. Zweifellos sind sie heroisch, aber tollkühn und man fragt jeden, der sie kennt, ob man ihnen trauen kann".

Spielte Beck in London mit offenen Karten hinsichtlich des deutschen Angebots, fragte Henderson. Ribbentrop hatte Henderson am Vortag gefragt, ob Beck bei seinem London-Besuch die britische Regierung über das deutsche Angebot informiert hatte. Henderson war ehrlich genug zu antworten, daß er das nicht wisse, worauf Ribbentrop ihm erklärte, daß nach seinen Informationen Beck das nicht getan hatte.

Die deutschen Historiker sollten Hendersons Bemerkung über die Haltung der Deutschen zur Kenntnis nehmen. Ein allgemeiner Krieg sei immer noch unpopulär, natürlich. Aber die Nation wäre viel einiger in der Unterstützung Hitlers, als sie es im September 1938 gewesen war. Über die polnische Frage wären sie weit mehr "begeistert" als über die Sudeten- oder sogar die Tschechenfrage. Hitler habe sich in der Danzigfrage festgebissen und würde sie nicht loslassen.[12]

Dann kam ein bemerkenswerter Vorwurf an die eigene britische Adresse. Sie, die Briten, seien in den polnischen Zwist hineingeraten und gaben die Garantie bedingungslos. Jetzt zerbreche er sich den Kopf, wie die Briten in befriedigender Weise aus den östlichen Verpflichtungen herauskommen könnten."[13] Die Hoffnung, daß der Völkerbund oder irgendein Schiedsspruch für die Regelung der Danzig- und Korridor-Frage gefunden werden könnte, sei zu optimistisch.

Das deutsche Volk sei eines Abenteuers überdrüssig, aber Polen (hier irrt Henderson, es muß Danzig heißen) und der Korridor mit dem Gespenst der Einkreisung und Soviet-Russia im Hintergrund (Henderson meint, die britischen Annäherungsversuche an die Sowjetunion, die Franzosen hatten bekanntlich schon seit 1925 einen Vertrag mit der UdSSR), seien ein Schlachtruf (battlecry), unter dem sich wahrscheinlich mehr als unter jedem anderen die ganze Nation versammeln würde.

Dann verließ Henderson seine objektive Betrachtungsweise und schloß sich Vermutungen an, die aus verschiedenen Quellen an ihn herangetragen wurden und unterstellten, daß Hitler gar nicht an einer Annahme seines Angebotes interessiert war und hoffte, daß es abgelehnt würde. Dann würden die Polen ähnlich wie Schuschnigg und Benesch nur Hitlers Spiel spielen. Andererseits glaubte Henderson nicht, daß Hitler direkt auf einen Krieg lossteuerte. Er stimmte mit dem italienischen Botschafter in Berlin überein, daß Hitler die Zeit auf seiner Seite glaubte und ein "waiting game" spielte. Wenn dem so wäre und die Engländer die Dinge sich hinziehen ließen, wie sie es 1938 taten, würden sie noch im Herbst einer Krise gegenüberstehen. Andererseits würden die

Polen, falls sie glaubten, daß das Hitlers Absicht sei, einen Zwischenfall herbeizuführen suchen. Beide Aussichten wären unangenehm, schloß Henderson seinen Bericht, ohne eine Lösung aufzuzeigen.

Eine erstaunliche, für einen Briten objektive Beurteilung der Danzigfrage. Sie war jedoch erfolgt, bevor Henderson das Memorandum des Foreign Office zur Danzigfrage bekannt sein konnte. Ob er bei Kenntnis des Memorandums an seiner in manchen Punkten abweichenden Beurteilung festgehalten hätte?

Aus den handschriftlichen Anmerkungen Cadogans ist zu entnehmen, wie wenig Hendersons Auffassung mit der des Foreign Office übereinstimmte. Die von Henderson behaupteten legitimen Bestrebungen (legitimate aspirations) haben es Cadogan angetan. Er kann dem nichts entgegensetzen, sondern nur an den Rand schreiben: "what about the Czechs?" (und was ist mit den Tschechen?) und damit bestätigen, daß die Briten nicht in der Lage waren, die Danzigfrage an sich (in itself) zu behandeln, losgelöst von den März-Ereignissen mit der Besetzung Prags.

Und wenn Henderson von der Möglichkeit schreibt, es sei jederzeit möglich (it is always possible), daß nach Regelung der Danzigfrage die Extremen in Deutschland auf weitere Konzessionen drängen, muß Cadogan hinzufügen "or even probable" (oder sogar wahrscheinlich). Das sind zwar nur Kleinigkeiten, aber in ihnen kommt die deutsch-feindliche Tendenz des Foreign Office zum Ausdruck. Zu der handschriftlichen Anmerkung Cadogans muß gefragt werden, wenn die Engländer so friedenswillig waren, warum haben sie sich nicht für Verhandlungen eingesetzt, um eine einseitige Regelung zu vermeiden?

3. Henderson beurteilt in seinem Schreiben an Halifax vom 17. Mai die Lage (s. Faksimile)

Henderson hat eine Antwort auf seine Kritik am Memorandum des Foreign Office über die Danzigfrage - sie erfolgte am 24. Mai 1939 - nicht abgewartet, sondern hielt es offenbar für erforderlich, seinem Außenminister schon vorher (am 17. Mai) erneut seine Beurteilung der deutschen Situation zu senden, mit einer Deutung von Hitlers damaligem Verhalten. Dessen Reichstagsrede vom 28. April 1939, die Antwort auf Roosevelts Friedensappell, spielte damals eine größere Rolle als der heutige Beurteiler annimmt. Das gilt auch für die britische Einkreisungspolitik, die heute gern als nur in der nationalsozialistischen Propaganda existierend dargestellt wird. Tatsächlich muß sie aber als real vorhanden angesehen werden. Ein Mann wie Henderson ist sich ihrer Wirkung auf die deutsche Bevölkerung durchaus bewußt.

Er erkennt die Bedeutung der Rede Hitlers. Sie habe nicht so sehr in den billigen Späßen (cheap jokes) auf Kosten Roosevelts gelegen, auch nicht in der Kündigung des deutsch-englischen Flottenabkommens. Vielmehr war es die Bitterkeit gegenüber den Polen und die Aufhebung des deutsch-polnischen Vertrages von 1934.

Als großzügiges Angebot habe man die 25jährige Garantie der bestehenden polnischen Grenzen im Austausch für eine befriedigende Regelung des Danziger- und Korridorproblems angesehen. Und daß dieses Angebot gewissermaßen sofort aus dem Stegreif(out of hand) ohne jede Prüfung von Polen zurückgewiesen wurde, habe nicht nur Hitler persönlich erregt, sondern tiefen Eindruck auf das ganze Land gemacht. Der Ton der Darstellung Hendersons läßt vermuten, daß er Verständnis für die deutsche Reaktion hatte. Aber er geht noch weiter. Die Öffentlichkeit in Deutschland sei gegen einen allgemeinen Krieg, weiß er zu berichten. Aber, und er wiederholt seine schon am 4. Mai 1939 gemachte Feststellung, es gäbe keine populärere Streitfrage als das Danzig-Korridorproblem. Sie wäre in der Lage, auch die lauesten und zögerndsten Anhänger des Regimes unter dem nationalsozialistischen Banner eines Befreiungskrieges zu sammeln. Die Einzelheiten des Angebotes hätten den Mann auf der Straße kaum interessiert. Alles was er erkannte, war die Zurückweisung eines großzügigen Angebotes, das nicht wiederholt werden konnte. Der in Deutschland, besonders in der Armee, vorhandene Polenhaß und die polnische Undankbarkeit gegenüber früheren deutschen Diensten (Henderson dachte wohl an die polnischen Gebietserwerbungen während der Sudetenkrise) haben dazu geführt, daß die deutsche Regierung nicht vor einer gewaltsamen Aktion im geeigneten Augenblick zurückschrecken würde, um das in Ordnung zu bringen, was als bitteres Unrecht des Versailler Vertrages angesehen wird.

Henderson glaubte, wohl um von seinem nicht gerade deutschfreundlichen Minister keiner einseitigen Stellungnahme bezichtigt zu werden, Verständnis für die polnische Seite zeigen zu müssen. Das tat er aber nur mit Einschränkungen. Er sagte jedoch von der polnischen Sache, daß ihre Argumente äußerst stark seien und betonte, daß er ihre Stärke voll erkenne.

Die deutsche Propaganda gegen Polen habe nicht nachgelassen, berichtet er seinem Minister. Jede schlechte Behandlung der deutschen Minderheit sei in der Darstellung der deutschen Presse vergrößert. Die phantastische Forderung unverantwortlicher polnischer Elemente auf Ostpreußen und anderes deutsches Gebiet habe billiges Öl (cheap fuel) in die Flammen gegossen. Der - nach Ansicht der Deutschen - Blankoscheck der britischen Regierung an Polen wird hauptsächlich verantwortlich gemacht für den Ausbruch von polnischem Chauvinismus und Megalomanie, und das ist besonders wichtig für die Zurückweisung jeglicher Kompromißlösung.[14]

Henderson mußte jedoch zugeben, daß die deutsche Presse offenbar auf Weisung von oben noch nicht die volle Kraft ihres Giftes (full force of its poison) gegen Oberst Beck und die polnische Regierung losgelassen hatte.

Henderson glaubte, eine offensichtlich vorherrschende Entspannung feststellen zu können. Über die Gründe war er sich noch nicht klar. Er meinte jedoch nicht, daß ein Sinneswandel Hitlers der Grund sei oder seine Bereitschaft, die Danzig- und die Korridor- frage im Völkerbundsrat und nicht durch Waffen zu lösen.

Die unverkennbar vorhandene Entspannungspause bedeutete nach Ansicht Hendersons lediglich, daß Hitler glaubte, ein Fron- talangriff sei derzeit mit zu viel Gefahren für Deutschland beladen. Deshalb wäre es für ihn zweckmäßiger, eine Verzögerungstaktik (Fabian tactics) anzuwenden. Es ist natürlich bedauerlich, daß auch Henderson nicht erkennt, daß nicht vorübergehendes takti- sches Verhalten, sondern eine grundsätzliche Bereitschaft zu einer friedlichen Lösung der Danzigfrage, die allerdings eine Rückkehr Danzigs zum Reich einschließen müßte und nur durch Verhand- lungen hätte erreicht werden können, Hitlers Verhalten bestimmte. Diese vermutete Verzögerungstaktik hätte auch das Ziel haben können, die demokratischen Mächte in ein falsches Sicherheitsge- fühl einzulullen (lulling the democratic powers into the false sense of security) und die allgemeine Spannung abzubauen, um aber zur selben Zeit die Polen unter solchen finanziellen und militärischen Druck zu setzen, daß sie es klüger finden würden, sich mit Deutschland zu einigen (to come to terms).

Aber auch eine solche spannungslose Zeit könnten die Deut- schen für ihre eigentlichen Absichten nutzen (es wird nicht deut- lich, was Henderson unter den eigentlichen Absichten versteht, nur die Inbesitznahme von Danzig?), und sie würde sich dazu eignen, durch einen plötzlichen Handstreich ein "fait accomply" zu schaffen, ohne einen Weltkrieg zu provozieren.

Henderson sah in Hitler einen wahren Meister in der Kunst, von den Fehlern seiner Gegner zu profitieren und die jeweiligen Situa- tionen für seine Zwecke auszunutzen. Er wagte nicht, eine Pro- gnose für die Zukunft zu stellen. Es sei angesichts eines so unbe- rechenbaren Mannes wie Hitler bedenklich (dangerous). Aber sowohl wegen des Prestiges im eigenen Land als auch wegen des inneren wirtschaftlichen Druckes müsse er so oder so (by hook or crook) vor September eine Regelung des Danzig- und Korridor- Problems erreichen, die ihm wenigstens das wesentliche seiner Forderung verschaffen sollte.

172

Wenn dem so ist, werden Krieg und Frieden sich in der Balance befinden und darin bleiben, bis das Problem befriedigend gelöst ist, schloß Henderson den Bericht an seinen Außenminister. Dieser Schluß ist wie der ganze Bericht höchst aufschlußreich. Die Situation ist nach seiner Beurteilung äußerst spannungsgeladen, aber es wird nicht unbedingt zum Krieg kommen. Hitler wird zwar nicht auf seine Forderung verzichten, aber er wird auch zufrieden sein, wenn er das wesentliche seiner Forderung, nämlich Danzig, erhält. Im Grunde war es auch eine direkte Aufforderung an die britische Außenpolitik, die von Hitler gewährte Pause für Verhandlungen zu nutzen.

Ein Wort muß noch zu der mehrfach erwähnten Reichstagsrede Hitlers vom 28. April gesagt werden. Sie stellte nach deutscher Auffassung ein großzügiges Angebot dar. Sie enthielt zwar in ihrem Kern die Forderung nach Rückkehr Danzigs zum Reich und der Schaffung einer exterritorialen Verbindung nach Ostpreußen. Aber diese Punkte waren schon in den Gesprächen zwischen Ribbentrop und dem polnischen Botschafter Lipski vom 24. Oktober 1938 und in allen weiteren Verhandlungen und Gesprächen zwischen Deutschland und Polen enthalten. Das galt auch für die 25jährige Garantie der polnischen Grenzen. Neu war allenfalls die indirekte Begründung der Exterritorialität des Verbindungsweges nach Ostpreußen. Vielleicht hielt Hitler es für nötig, auf diesen Punkt besonders einzugehen, weil er auf Widerspruch seitens der Polen gestoßen war. So forderte er "den gleichen Exterritorialcharakter für Deutsche, wie der Korridor ihn für Polen besitzt". Nun konnte diese Begründung für die Polen keine überzeugende Kraft haben, war doch der Korridor für sie ureigenes polnisches Land und kein von den Deutschen gewährter exterritorialer, durch deutsches Land führender Zugang zum Meer.

Neu war auch die ausdrückliche Anerkennung sämtlicher wirtschaftlicher Rechte Polens. Am 24. Oktober war nur von Danzig und der Absatzgarantie für polnische Waren gesprochen worden. Ebenso neu war natürlicherweise eine Bestimmung über die Slowakei, die gewissermaßen eine deutsche Vorherrschaft verhindern sollte, wenn es hieß, daß ihre Unabhängigkeit "durch

Deutschland, Polen und Ungarn gemeinsam" sicherzustellen sei, was "den praktischen Verzicht auf jede einseitige deutsche Vormachtstellung in diesem Gebiet" bedeutete. Ein bedeutungsvoller Satz, der auch an die englische Adresse gerichtet sein konnte und ihre immer wieder geäußerte Befürchtung einer deutschen Vorherrschaft in Südosteuropa zerstreuen konnte.

Auch die Forderung nach Exterritorialität der zu schaffenden Verbindungswege war nicht zuerst den Polen gegenüber erhoben, schon vorher in Verhandlungen mit der Tschechoslowakei war von der Schaffung einer exterritorialen Autobahn von Berlin über Brünn nach Wien gesprochen worden.

4. Danzig muß an Deutschland fallen
(Henderson an Cadogan)

Der Mai 1939 war ein äußerst betriebsamer Monat. Henderson hatte nicht nur Kritik am Memorandum des Foreign Office geübt, er hatte auch zweimal an seinen Außenminister Halifax geschrieben. Damit hatte er gewissermaßen die oberste und die unterste Stufe des Foreign Office mit seinen Gedanken bedacht. Jetzt fehlte noch der Mittelbau. Das holte er am 23. Mai 1939 in einem Schreiben an Sir Alexander Cadogan als Permanent Undersecretary (Nachfolger Vansittarts), den zweiten Mann in der britischen Außenpolitik, nach.

Hitler sei der leitende Kopf (the directive brain) in der deutschen Politik und entscheide die "big things" (die großen Sachen), schrieb er. In den Einzelheiten überlasse er seinen Untergebenen freie Hand. Das habe er in der Sudetenfrage so gemacht und in dem Slowakei-Streitfall. So könnte es vielleicht wieder in Danzig sein. Die SS sei dort an der Macht - nach Hendersons Auffassung -, und am wahrscheinlichsten wird Danzig sich nach Deutschland hineinwählen und dann fragen "Was nun?[15]

Wenn es nicht im Juni geschähe, dann später. Nach Hitlers Rede vom 28. April sei es ganz unvermeidlich, daß es eines Tages so kommen würde.

174

"Es ist nutzlos, im Namen der Polen mit der deutschen Regierung etwas abzumachen, wenn wir nicht vorbereitet sind, der letzteren zu sagen, daß wir nach Nachlassen der Spannung unseren Einfluß in Warschau nutzen, um eine gerechte (equitable) Regelung herbeizuführen." Die Deutschen würden dann fragen, was ist eine gerechte Regelung? "Ich habe keine Vorstellung davon, wie weit Seiner Majestät Regierung bereit ist, in diese Richtung zu gehen. Ich liebe die Deutschen nicht." wiederholte er, "aber es kann nicht 'zwei Könige in Brentford' geben" (There cannot be two Kings in Brentford).

Selbst Versailles gab Danzig nicht an Polen: "Ergo, es muß zu Deutschland kommen".[16]

Das sagte er nicht aus Deutschfreundlichkeit, denn in demselben Schreiben bekannte er ja, daß er die Deutschen nicht liebe. Und er wiederholte seinen Satz: "Hoffnung auf Frieden oder Stabilität in Europa gibt es bis dahin oder nach einem weiteren Krieg nicht".

Wenn die britische Garantie es den Polen ermöglichen sollte, ihre Teilkontrolle über Danzig unter günstigen Bedingungen aufzugeben, wäre alles bestens geregelt, meinte er.

Nach seiner Auffassung änderte zwar "Prag" die britische Politik gegenüber Hitler und seinen Gangsteranhängern (gangster crowd), aber es berührte nicht die moralischen und die praktischen Fragen, die mit Danzig verbunden waren.[17]

Eine bemerkenswerte englische Stimme, die in der Lage war, die Danzigprobleme "an sich" zu betrachten und nicht durch die "Prager Brille". Nur bei einer solchen Betrachtungsweise, die das Foreign Office total vermissen ließ, wäre es möglich gewesen, die Danzigfrage ohne Krieg zu lösen. Aber es muß erneut gefragt werden, wollte man das im Foreign Office, wollte es Chamberlain oder sollte seine Politik "pull down the bully" (den Tyrannen niederzwingen), wie er es einmal formuliert hatte?

5. Eine realistische, sachliche Betrachtung[18]

Hatte man im Foreign Office in London den "Völkischen Beobachter", das Zentralorgan der NSDAP, das wichtigste deutsche Blatt, das auch die Gedanken der Regierung verkündete, nicht gelesen? Das ist eigentlich nicht vorstellbar. Sir Ogilvie-Forbes, Hendersons Stellvertreter, jedoch war offensichtlich der Meinung, daß es nützlich oder sogar erforderlich war, seinen Chef Halifax mit den wichtigsten Aussagen eines im "Völkischen Beobachter" erschienenen Aufsatzes, der die Politik des "Herrn Hitler" "widerspiegele" (the policy of Herr Hitler), bekanntzumachen.

Es war keine offizielle Darstellung der deutschen Politik, aber sicher konnte man dieser Veröffentlichung des Chefredakteurs einen offiziösen Charakter nicht absprechen.

Und so hatte auch der Begleitbrief der Berliner Botschaft gelautet, die Argumente seien nicht neu, aber inspiriert und sie wiederholten noch einmal die Ansichten, die ständig in die Köpfe der deutschen Öffentlichkeit vom Propagandaministerium eingehämmert wurden.[18]

Was hatte Sir Ogilvie-Forbes mit der Übersendung dieses Berichtes bezweckt?

Dr. Seibert, der Verfasser des Artikels, wollte dazu beitragen, die bestehenden Mißverständnisse im englisch-deutschen Verhältnis abzubauen. Diese hatten einen Punkt erreicht, an dem man nicht nur aneinander vorbeiredete, sondern nicht einmal mehr zuhörte, wenn der andere etwas sagte. Aber schon die Anfangsworte Dr. Seiberts wurden als ein heftiger Angriff auf Großbritannien aufgefaßt, als er feststellte, daß die britische Regierung und die britische Presse alle deutschen Meinungsäußerungen unterdrückten und nur das zuließen, was geeignet war, anti-deutsche Leidenschaften zu erregen.

Dadurch wurde die fatalistische Kriegsatmosphäre, mit der die britische Öffentlichkeit künstlich durchtränkt wurde, vermehrt.

Wir erfahren nicht, was Dr. Seibert mit seinem Aufsatz bezweckte und können nur Vermutungen anstellen. Wollte er die britischen Politiker mit dieser sachlichen Darstellung der deutschen Politik zu einer realistischen Beurteilung veranlassen, weg von Unterstellungen utopischer Ziele, wie sie das angebliche Streben nach Weltherrschaft darstellte, um damit zur Friedensbewahrung, um die es Henderson immer ging, beizutragen?

Seiberts Darstellung bringt keinen neuen Gedanken. Das ist nicht entscheidend. Wichtig ist, daß eine britische Botschaft es für erforderlich hielt, noch 8 Wochen vor Kriegsausbruch, am 4. Juli 1939, diese Gedanken dem britischen Außenminister in einer Zusammenfassung zu unterbreiten. Wollte sie ihm sagen, der Hitler ist ja gar nicht so schlimm, man kann mit ihm leben, es bedarf keines Krieges? Wenn Sir Ogilvie-Forbes diese Hoffnung gehabt haben sollte, muß man ihm vorhalten, daß er die Grundzüge der britischen Politik, die "balance of power" nicht berücksichtigt hat. Da das wiederum nicht anzunehmen ist, muß die Frage nach den Gründen, die den stellvertretenden Berliner Botschafter zur Übersendung des Briefes veranlaßt haben, weiterhin unbeantwortet bleiben.

Wenn der Zweck des Aufsatzes gewesen ist, Verständnis in England zu erwirken, dann ist dieser Zweck nicht erreicht worden. Der begleitende Text im Public Record Office gibt uns darüber Aufschluß. Er beschreibt den Aufsatz als einen Versuch, die Gründe für englisch-deutsche Spannungen aufzuzeigen.[19] Der Artikel enthält nach der Auffassung des Foreign Office wenig mehr als einen weiteren heftigen Angriff auf Großbritannien. Und ein Vermerk des Sachbearbeiters Roberts ist aufschlußreich: "Nicht viel Neues hierin", heißt es.[20]

Eine andere Frage kann gestellt werden. Warum diese ausführliche Darstellung des Aufsatzes von Dr. Seibert in diesem Buch? Sie ist in gewisser Weise für deutsche Leser bestimmt. Sie soll ihnen zeigen, daß eine solche realistische Darstellung der deutschen Politik, die von der Auffassung der deutschen etablierten Geschichtsschreibung abweicht, von der britischen Diplomatie ohne Korrekturen aufgenommen und nicht bestritten wurde und soll ferner zeigen, daß keine Gegenargumente von den Briten gebracht wurden.

Zwei große Ziele verfolge die deutsche Politik, sagt der Aufsatz. Die Vereinigung aller deutschen Bewohner Mitteleuropas in großen zusammenhängenden Gruppen (collective groups) und die Versorgung dieser großen Zahl von Menschen, die auf wenig ertragreichen Böden lebt, mit Nahrungsmitteln und Rohstoffen. Das solle durch Förderung der friedlichen Entwicklung enger wirtschaftlicher Beziehungen mit benachbarten Staaten erreicht werden, deren Volkswirtschaften die deutsche ergänzen.

Diese Ziele der deutschen Politik störten nirgends die natürlichen Bedürfnisse Großbritanniens,[21] denn England benötige weder den Holzreichtum Osteuropas noch das Getreide, das Öl oder die Mineralien des Südostens, meinte Seibert. Auch britische Kapitalinvestitionen stünden nicht auf dem Spiel, denn England hätte in diesen Ländern keine großen Summen investiert. Auch hätte England keine sichtbaren strategischen Interessen in diesen Teilen Europas zu verteidigen. Aber obwohl britische Minister und Politiker immer wieder zugegeben hätten, daß Deutschland Vorrechte in diesen Gebieten besäße, hätten die britische Diplomatie und die britische Wirtschaftspolitik sich deutscher Entwicklung dort widersetzt.

Diese antideutsche Politik begründete England mit der Errichtung des Protektorats Böhmen und Mähren durch Deutschland, die als ein Bruch des Münchener Abkommens angesehen wurde, als eine Abkehr von allen nationalsozialistischen völkischen Grundsätzen und als ein Anfang der deutschen Politik der Weltherrschaft. Stimmte diese Deutung oder hatte man überzogen auf Prag reagiert? fragte man im Kabinett.[22]

Dieser Auffassung setzte Seibert die Tatsachen entgegen. Der Rumpfstaat Tschechoslowakei sei von innen her zusammengebrochen, weil es Slowaken und Karpaten-Ukrainer nicht gelungen war, die Tschechen von der Notwendigkeit zu überzeugen, den "rumpstate" in einen Bundesstaat zu verwandeln, der seinen Teilen volle Autonomie gab.

So hatte das tschechische Verhalten (Czech action) zu der slowakischen Unabhängigkeitserklärung geführt und zur Zerreißung eines Staates, dessen Wiederaufbau in München versucht worden war. Dadurch war das Münchener Abkommen null und nichtig geworden.[23] Und dem dringenden Wunsche Ungarns und Polens folgend, war die Karpato-Ukraine Ungarn zugeschlagen worden. Diese Darstellung Seiberts ist natürlich umstritten. Sicherlich auch heute noch richtig ist aber die Feststellung Seiberts, daß die nunmehr übrig gebliebenen rest-tschechischen Gebiete fast vollständig von deutschem Gebiet umgeben waren. Dieser Zustand hätte die Tschechei veranlassen müssen, in engste Beziehungen zu Großdeutschland zu treten. Keine Großmacht könne es dulden, daß andere Mächte fremde Enklaven als gegen sich gerichtete Pulvermagazine benutzen. Zudem stellte die Errichtung des Protektorats nur einen Zustand wieder her, der fast ununterbrochen 1000 Jahre bestanden hatte.

Nun muß natürlich festgestellt werden, daß die unbestrittene Zugehörigkeit Böhmens und Mährens zum Heiligen Römischen Reich Deutscher Nation qualitativ ein anderes Verhältnis zum Reich war, als das des Reichsprotektorates Böhmen und Mähren. Zustimmen muß man aber Herrn Seibert zu seiner Feststellung, daß die Gesetze (die Vorschriften des Protektorates) einen Beweis dafür darstellten, daß von einer Verletzung deutscher völkischer Theorien keine Rede sein konnte.

Sogar die heftigsten demokratischen Hasser Deutschlands müßten erkennen, fuhr Dr. Seibert fort, daß selbst totalitäre Staaten es vorziehen, den Weg des geringsten Widerstandes einzuschlagen. Das gelte auch für Deutschland. Wenn der frühere Benesch-Staat enge und aufrichtige Beziehungen zum Reich hergestellt hätte, würde Deutschland zweifellos eine Regelung vorgezogen haben, die für sich selbst angenehmer gewesen wäre als diejenige, die bedeutete, die Last der Verantwortung für 7 Millionen Tschechen zu tragen. Es sei nicht nur die Schuld der Benesch-Clique gewesen, daß eine solche Regelung nicht zustande gebracht worden war, sondern auch die Schuld Frankreichs und Englands, die versucht hatten, die Tschechen als ein Werkzeug auszunutzen, als eine dauernde militärische Bedrohung, die auf das Herz Deutschlands gerichtet war.

Nach Meinung Dr. Seiberts waren Polen und Rumänien in einer

ähnlichen Lage. Die britische Garantie an Polen habe die deutsch-polnischen Beziehungen vergiftet und die an Rumänien gegebene britische Garantie habe dieses Land in eine Kontroverse verwickelt, die unnötigerweise seine Sicherheit und hinsichtlich der englisch-sowjetischen Verhandlung seine Zukunft gefährdete.

Andererseits habe Deutschland in den weiträumigen Slawen- und Balkanländern nur das Interesse, seine Wirtschaft zu ergänzen. Keine andere Nation als Deutschland habe eine größere Kenntnis der Bedürfnisse und der Verhältnisse dieser Länder. Jede Art von Unterwerfung dieser Länder würde eine äußerst schwierige Aufgabe sein, die vielleicht selbst das Menschenpotential Deutschlands übersteige.

Die aktuellen Beziehungen zwischen den beiden Ländern waren einzig durch die Antwort auf die Frage diktiert, ob diese Länder ihre eigene Politik verfolgen könnten, die notwendigerweise zur Kooperation mit Deutschland führen würde oder ob sie Instrumente fremder Mächte werden wollten und damit zumindest in eine Rolle zurückkehren würden, die ihnen in Versailles durch die plutokratischen imperialistischen Mächte auferlegt wurde.

Im letzten Absatz seines Aufsatzes greift Seibert dann die Briten an. Sie seien als letzte berechtigt, sich über deutsche Methoden aufzuregen. Wenn sie die "minutes" ihrer eigenen Parlamentssitzungen der letzten 50 Jahre lesen würden, würden sie vor Scham erröten. Die Deutschen hätten nicht das geringste Vertrauen in die Ehrlichkeit und staatsmännische Weisheit der demokratischen Weltmächte und sie dächten nicht im Traum daran, ihr Schicksal irgendeinem internationalen Forum anzuvertrauen. Sie wüßten, daß in solcher Gesellschaft ihre geschworenen Feinde, kapitalistische Reaktion, Judentum, Freimaurerei und Marxismus die Sprecher seien und jede Dauerregelung verhindern würden. Great Britain besäße weder einen gesetzlichen noch moralischen Anspruch auf Vormundschaft (tutelage) in Mittel- und Osteuropa. Die Aufgabe seiner arroganten Anmaßung (arrogant pretentiousness) sei erforderlich.[24]

Die Frage wird gestellt werden, warum die Darstellung der

obigen Argumente in dieser Ausführlichkeit gebracht wurde? Neu sind sie nicht, sie sind bekannt aus der deutschen revisionistischen Geschichtschreibung.

6. *Das Foreign Office fand keine überzeugende Antwort*

Sir Ogilvie-Forbes erhielt Anfang Juli 1939 Besuch von einem deutschen Journalisten und berichtete über den Besuch an seinen Außenminister Halifax.

Es war ein bedeutender Journalist der Zunft, Dr. Megerlé, Chefredakteur der Börsenzeitung. Das Foreign Office maß dem Besuch deshalb besondere Bedeutung bei, weil es sich um einen Mann handelte, der enge Beziehungen zum deutschen Außenministerium hatte.

Er sei auf eigenen Wunsch gekommen und habe einen Vorschlag zu machen, begann er. Es sei nutzlos, Vorschläge zu machen angesichts der Tatsache, daß die britische Labour Party eine Resolution angenommen hatte, sich unter Umgehung von Herrn Hitler an die deutsche Nation zu wenden. Und was noch schlimmer sei, daß diese Resolution auf deutsch von der BBC gesendet worden sei, d.h. also mit der Einwilligung Seiner Majestät Regierung.

Nach Dr. Megerlés Meinung war solche Taktik ein schrecklicher psychologischer Fehler. Viele Deutsche mögen die Nazi-Partei hassen, meinte er und mögen wünschen, von ihr befreit zu werden, aber alle würden einen Angriff auf Hitler verabscheuen.

Zum Bericht Megerle

Eine solche Entschließung würde nicht nur als ein moralischer Angriff auf Deutschland angesehen werden, sondern als eine nicht zu duldende Einmischung in innerdeutsche Angelegenheiten. Das damit erreichte Ergebnis würde das Gegenteil des Gewünschten bedeuten. Es würde eine friedliche Lösung der Danzigfrage um Wochen verzögern.

Es möge sein, daß Megerlé aus einer gewissen Verärgerung heraus gesprochen hat, meinte Sir Ogilvie-Forbes. Aber man habe das unangenehme Gefühl, daß er vielleicht recht hat. Die Auffassung der Labour Party möge vielleicht von anti-nationalsozialistischen Deutschen geteilt werden. Ihre Idee sei jedoch, daß England für sie die Kastanien aus dem Feuer holen sollte. Man habe im Foreign Office ein tief verwurzeltes Mißtrauen gegenüber ihrem Rat und ihrer Information. Sie seien ganz machtlos bei ihrem Versuch, die Naziführer aus eigener Kraft loszuwerden. Und sie setzten alle ihre Hoffnung zu diesem Zweck in einen Krieg mit England und die Niederlage Deutschlands. Man könne nur wenig Achtung oder auch wenig Vertrauen für solche Deutsche haben, für die die Vernichtung ihres Regimes ein höheres Ziel ist, als der Erfolg im Krieg für ihr eigenes Land. Deswegen habe er auch ein tief verwurzeltes Mißtrauen in den Rat und die Information solcher Leute.

Was waren die deutschen Ziele?

Hier bringt Dr. Megerlé Gedanken, wie wir sie schon durch Dr. Seibert kennengelernt haben.

Zu den deutsch-englischen Mißverständnissen gehöre auch die Auffassung der Engländer über den englisch-deutschen Flottenvertrag. Er sei von Hitler nicht abgeschlossen worden als ein Beitrag zur Rüstungsbeschränkung, sondern als eine Garantie gegen die Wiederholung eines Krieges zwischen England und Deutschland.

Eine andere Feststellung betraf den Ruf des britischen Premiers in Deutschland. Hier habe er an Popularität, die er unzweifelhaft im letzten September gehabt habe, eingebüßt wegen seiner Einkreisungspolitik und wegen des Blankoschecks, den er an Polen gegeben hatte.

Am Schluß dieses Gespräches kam es zu der entscheidenden Fragestellung. Sir Ogilvie-Forbes meinte, es gebe in Deutschland zwei sich widersprechende Theorien. Die eine sage, daß England nicht wegen Danzig in den Krieg ziehen würde. Die andere sei überzeugt davon, daß England auf alle Fälle Krieg führen wird, sobald es voll vorbereitet sei, das zu tun. Seit April 1939 glaubten immer mehr Leute, daß England aus Eifersucht auf Deutschlands wachsende Stärke entschlossen sei, es auf alle Fälle zu bekämpfen. Sir Ogilvie-Forbes fragte, welches die wahre Theorie sei. Unzweifelhaft die letztere, war Megerlés Antwort.

Sir Ogilvie-Forbes Antwort enthielt keine neuen Argumente, sie bewegte sich auf stereotypen Linien (stereotypical lines), wie er selbst sagte." Und er schloß die Unterredung ausweichend, alles hinge von Hitler ab.

Es ist erstaunlich, daß Sir Ogilvie-Forbes nur eine der üblichen stereotypen Antworten fand, denn es war ihm schon länger bekannt, daß in führenden deutschen Kreisen die Auffassung von Englands Kriegsentschlossenheit zur Vernichtung Deutschlands vertreten wurde. Es hätte ihm möglich sein müssen, sie einsichtig zu widerlegen, falls sie unzutreffend gewesen war. Aber offenbar gab es eine solche überzeugende Antwort nicht.

Nach einer "Wetparty" ("feuchten Party") bei dem für seine Trinkfreudigkeit bekannten Reichswirtschaftsminister Funk hatte Sir Ogilvie-Forbes an Halifax am 26. Juni berichtet, daß man in den deutschen Führungsschichten glaube, daß England auf alle Fälle Krieg führen werde. Je näher man an die Spitze komme, desto häufiger fände man den Glauben an diese Theorie. Selbst Lammers, mit dem der Vertreter des Foreign Office auf der Party hatte sprechen können, teile diese Auffassung. Als Ergänzung dazu: "The lower down one hears the echoes of the Ribbentrop propaganda that England will not make war for Danzig" (je weiter man nach unten kommt, desto mehr hört man den Widerhall der Ribbentrop-Propaganda, daß England keinen Krieg wegen Danzig führen werde).

Mit dieser Beurteilung zeigt sich das im allgemeinen gut informierte Foreign Office schlecht unterrichtet. Hitler hat bis zuletzt in Verkennung der englischen Absichten nicht an einen Kriegseintritt der Briten geglaubt, und Ribbentrop war spätestens in seinem großen Bericht bei Abschluß seiner Botschaftertätigkeit in London vom englischen Kriegswillen überzeugt.

Hendersons Schreiben
an den Secretary of State vom 4. Mai 1939

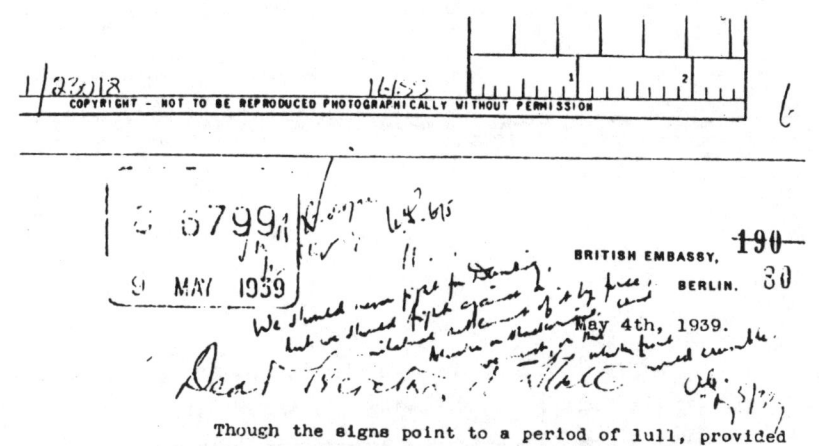

BRITISH EMBASSY,
BERLIN.

May 4th, 1939.

Dear Halifax,

Though the signs point to a period of lull, provided
no grave incident unexpectedly intervenes, I am filled
with the gloomiest forebodings for the future and am
far more apprehensive of war than ever I was last
September.

Once again the German case on the immediate issue is
very far from being either unjustifiable or immoral.   If
an impartial Martian were to act as arbitrator I cannot
believe that he would give judgment otherwise than more
or less in accordance with Hitler's offer.   Did he count
on its being refused?

My thesis has always been that Germany cannot revert
to normalcy which, under pressure of public opinion, she
might well yet do, until her legitimate (in German eyes)
aspirations have been satisfied.   The Danzig-Corridor
question was, with Memel, one of these (see my despatch
No. 315 of March 9th).

It ...

The Right Honourable
   The Viscount Halifax, K.G., G.C.S.I.,
                           G.C.I.E.

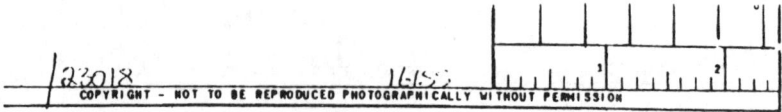
- 2 -

It must be borne in mind that Danzig and the Corridor was the big question prior to 1933.   One of the most unpopular actions which Hitler ever did was his 1934 Treaty with Pilsudski.   He had the whole of his party against him. Today all the most moderate Germans, who are opposed to a world war, are behind him in his present offer to Poland. It is only the extremists (who want much more, i.e. the whole Corridor and Posen and Silesia etc.) who will rejoice if the Poles are uncompromising.   The Poles are thus merely playing the extremist game for them.   According to my Belgian colleague, practically all the diplomatic representatives here regard the German offer in itself as a surprisingly favourable one.   The Dutch Minister, the United States Chargé d'Affaires and my South African colleague have themselves spoken to me in that sense.   I consequently ask myself whether, if we are going to fight Germany, is it well-advised to do so on a ground on which the world will not be united as to the immorality of Germany's case?   Will even our Empire be united?   Of course the underlying motive of war will be something far deeper and more important than just Danzig itself, and, even though

agreement ...

82

192

- 3 -

agreement were reached in Danzig, it is always possible/that
the extremist elements here would press for further concessions which Poland might not then be in a position to
refuse.   Even so I am appalled at the thought of Danzig
being even the ostensible cause, and I am even more appalled
at our fate being in the hands of the Poles.   Heroic no
doubt but foolhardy and ask anyone who knows them whether they
can be trusted.   Did Beck even play fair in London over the
German offer?   Ribbentrop asked me yesterday whether Beck
had informed His Majesty's Government when he was in London
of the German offer.   I was obliged to say that I honestly
did not know: to which Ribbentrop replied that his information from London was to the effect that he did not.

        One thing we must realise is that though a general
war is of course still utterly unpopular here, the nation
will be much more united in support of Hitler than it would
have been last September - before our advances to Russia and
the encirclement cry.   On the Polish issue itself it will
be far more enthusiastic than over the Sudeten or even the
Czechs.

        I did not like Hitler's allusions in his May Day

                                    speeches ...

187

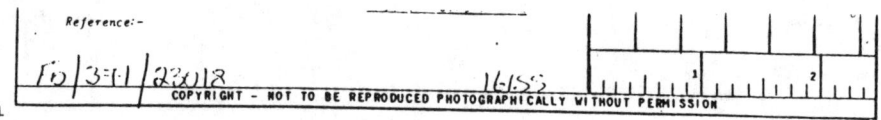

speeches to the possibility of the nation being called upon
to make sacrifices. He has got his teeth into the Danzig
question and he is not going to let go.

We stepped into the Polish breach and gave our
guarantee unconditionally and I rack my brains as to how
we are going to find a satisfactory issue out of our present
eastern obligations. I suppose it is too optimistic to
hope that some form of arbitration could be found for a
settlement of the Danzig and Corridor issues.

The German people is sick of adventure but Poland
and the Corridor with the spectre of "encirclement" and
"Soviet Russia" in the background is a battle cry which
would be more likely than any other to rally the whole nation
It may well be true that Hitler preferred to have his offer
turned down. From several sources I have heard hints to
that effect. If it is true it only confirms me in my
personal belief that the Poles, just like Schuschnigg and
Benes, are persisting in playing Hitler's game for him.

Personally I incline to believe that Hitler, as the
Italian Ambassador tells me, in fact regards time to be on
his side and would prefer to play a waiting game. If so

and ...

194-   84

- 5 -

and if we let things drag on as we did in 1938, I fear we
shall be faced with another autumn crisis. On the other
hand, if the Poles believe that such is Hitler's intention,
it is they who will seek to precipitate an incident.   Either
way it is an unpleasant prospect.

Yours ever

Nevile Henderson

Transkription der handschriftlichen Pemerkung Cadogans

We should never fight for Danzig,but we should fight against
an unilateral settlement of it by force,bluster or blackmail.
And we must or the western front would crumble.

Übersetzung:

Wir würden niemals für Danzig kämpfen, aber wir würden gegen eine
einseitige Regelung kämpfen, die durch Gewalt, Drohung oder Erpressung
herbeigeführt worden ist. Und wir müssen kämpfen oder die westliche Front
wird auseinanderbrechen.

189

Übersetzung des Schreibens Hendersons an den Secretary of State vom 4. Mai 1939

Obwohl alle Anzeichen auf eine Periode der Stille deuten, vorausgesetzt, daß kein ernster Zwischenfall unerwartet dazwischen kommt, erfüllen mich düstere Ahnungen für die Zukunft, und ich bin viel mehr um einen Krieg besorgt als ich es im letzten September war.

Noch einmal, die unmittelbar anliegende deutsche Sache ist sehr weit davon entfernt weder ungerecht noch unmoralisch zu sein. Wenn ein unparteiischer Marsbewohner als Schiedsrichter zu handeln hätte, könnte er nur in Übereinstimmung mit Hitlers Angebot seine Entscheidung treffen. Rechnet er damit, daß es abgelehnt wird? Meine Auffassung war immer, daß Deutschland nicht zur Normalität zurückkehren wird, was es unter dem Druck der öffentlichen Meinung auch tun wird, bevor nicht die (in deutschen Augen) legitimen Forderungen erfüllt sind. Die Danzig-Korridorfrage war zusammen mit Memel eine von ihnen (siehe meine Depesche No. 315 vom 9. März). Es muß daran erinnert werden, daß Danzig und der Korridor die große Frage vor 1933 war. Eine der unpopulärsten Entscheidungen, die Hitler jemals traf, war sein 1934 mit Pilsudski abgeschlossener Vertrag. Er hatte seine ganze Partei gegen sich. Heute stehen die gemäßigtesten Deutschen, die gegen einen Weltkrieg sind, hinter seinem Angebot an Polen. Nur die Extremisten, die mehr fordern (u.a. den ganzen Korridor, Posen und Schlesien), werden erfreut sein, wenn die Polen kompromißlos sind. Die Polen spielen auf diese Weise nur das Spiel der Extremisten für diese. Nach Meinung meines belgischen Kollegen betrachten alle hiesigen diplomatischen Vertreter das deutsche Angebot für sich als überraschend günstig. Der holländische Gesandte, der Geschäftsträger der Vereinigten Staaten und mein südafrikanischer Kollege haben sich in diesem Sinne mir gegenüber geäußert. Ich frage mich infolgedessen, ob wir im Falle eines Krieges gegen Deutschland gut beraten sind, ihn zu führen, ohne daß die Welt hinsichtlich der unmoralischen Qualität der deutschen Sache einig ist? Wird selbst unser Empire einig sein? Natürlich liegt das dem Krieg zugrunde liegende Motiv viel tiefer und ist wichtiger als Danzig selbst, wenn eine Übereinkunft in Danzig erreicht wurde, ist es immer möglich oder sogar wahrscheinlich, daß die hiesigen extremistischen Elemente auf weitere Konzessionen drängen würden, die Polen dann nicht verweigern könnte. So bin ich über den Gedanken entsetzt, daß Danzig der angebliche Grund sein sollte, und ich bin noch entsetzter darüber, daß unser Schicksal in den Händen der Polen ist.

Heroisch sind sie, zweifellos, aber tollkühn, und frag Leute, die sie kennen, ob ihnen vertraut werden könne. Waren sie sogar in London aufrichtig hinsichtlich des deutschen Angebots? Ribbentrop fragte mich gestern, ob Beck H.M.G. über das deutsche Angebot informiert hätte, als er in London war. Ich mußte ehrlicherweise natworten, daß ich es nicht wüßte. Darauf antwortete Ribbentrop, daß nach seinen Informationen aus London Beck es nicht getan hatte.

Wir müssen erkennen, daß die Nation bei aller Ablehnung eines allgemeinen Krieges viel einiger in der Unterstützung Hitlers sein wird, als sie es im letzten Kriege gewesen wäre, vor unserer Annäherung an Rußland und vor dem Ruf nach Einkreisung. Über die Streitfrage mit Polen wird mehr Zustimmung bestehen als über die Sudetenfrage und sogar als über die Tschechen.

Ich schätze Hitlers Andeutung nicht in seiner Rede vom 1. Mai über die Möglichkeit, daß von der Nation Opfer gefordert werden könnten. Er hat sich in die Danzigfrage festgebissen und wird sie nicht loslassen. Wir gerieten in den polnischen Zwist und gaben unsere Garantie bedingungslos.

Ich zerbreche mir den Kopf, wie wir einen zufriedenstellenden Weg aus unserer gegenwärtigen östlichen Verpflichtung finden können. Vermutlich ist es zu optimistisch zu hoffen, daß eine Völkerbundsentscheidung oder die einer Art Schiedsgericht gefunden wird für eine Regelung der Danzig- und Korridorfrage.

Das deutsche Volk ist der Abenteuer überdrüssig. Aber Polen und der Korridor mit dem Gespenst der Einkreigung und der Sowjetunion im Hintergrund sind ein Schlachtruf, der wahrscheinlich mehr als jeder andere die Nation vereinigen würde. Es mag sein, daß Hitler die Ablehnung seines Vorschlages vorzieht. Aus verschiedenen Quellen habe ich diesbezügliche Andeutungen gehört. Wenn es wahr ist, bestätigt es nur meine persönliche Überzeugung, daß die Polen wie schon Schuschnigg und Hacha beharrlich fortfahren, Hitlers Spiel für ihn zu spielen.

Persönlich neige ich dazu zu glauben, daß Hitler, wie der italienische Botschafter mir berichtet, die Zeit auf seiner Seite glaubt und es vorziehen würde, ein Spiel auf Zeit zu spielen. Wenn dem so ist und wir die Angelegenheit sich hinziehen lassen, wie wir es 1938 taten, befürchte ich noch eine andere Herbstkrise. Andererseits, wenn die Polen glauben, daß das Hitlers Absicht ist, werden sie versuchen, einen Zwischenfall herbeizuführen. Beide Möglichkeiten bedeuten eine unangenehme Zukunft.

Anmerkung (Faksimile) zu dem Abschnitt
Henderson an Halifax vom 17. Mai 1939

No. 574.

British Embassy,

Berlin,

17th May,1939.

My Lord,

The political horizon in this country since the end
of March has been dominated by what is described here as the
British policy of encirclement and by the spectre of Polish-
German relations with all the grave dangers which are
necessarily involved.   Herr Hitler's speech in the Reichstag
on April 28th was primarily intended as a reply to President
Roosevelt's peace appeal, but its real importance lay not
so much in the cheap jibes at the expense of the President
or in the denunciation of the Anglo-German Naval Agreement
as in the bitterness of attitude displayed towards Poland
and the abrogation of the German-Polish Agreement of 1934.
The fact that what was regarded here as a generous offer of a
25-year German guarantee of the existing Polish frontier in
exchange for a satisfactory settlement of the Danzig and
Corridor problem had been rejected out of hand by Poland
has not only incensed Herr Hitler personally, but has made
a deep impression on the country as a whole.   However averse
from war the general public may be, no more popular issue
than that of Danzig and the Corridor could have been conjured
up to rally even the most lukewarm and hesitant supporters of
the present régime to the National-Socialist banner for a war
of liberation.   The subsidiary question as to when and in
what....

The Right Honourable

The Viscount Halifax, K.G., G.C.S.I., G.C.I.E.,

etc.,   etc.,   etc.

what form exactly the German offer was made has hardly
entered into the calculations of the man in the street.   All
he realises is that a generous offer was made and turned down
and cannot be repeated.   Further, the traditional German
feeling of hatred for Poland, particularly in the army, and
Polish ingratitude for Germany's past services only constitute
one of many considerations which may make the German Government
less anxious to refrain from forceful action, if necessary,
at the opportune moment to set right what is regarded as a
galling injustice of the Treaty of Versailles.   Although the
arguments in support of the Polish case may be extremely
strong - and I fully realise their force - it is impossible
to close one's eyes to the natural effect which the present
Polish attitude must have on a mentality such as that of Herr
Hitler in whose hands alone the fate of Germany lies and who
never fails to pay off old scores when he considers the moment
ripe.

2.   Public resentment against Poland has not been
allowed by the propaganda experts to die down.   Every incident
in which the German minority in Poland suffers ill-treatment
is greatly magnified and given full prominence in the German
press, whilst the fantastic claims of irresponsible Polish
elements for domination over East Prussia and other German
territory affords cheap fuel to the flames.   What is
regarded as the blank cheque given by His Majesty's Government
to Poland is generally held to be principally responsible for
the outbreak of Polish chauvinism and megalomania and the
rejection of any compromise solution.   The press, although

continuing...

194

continuing each day in this strain and giving expression to
veiled threats that Poland should think again before it is
too late has, however, probably on orders from higher authority,
refrained up to the present from letting loose the full force
of its venom against Colonel Beck and the Polish Government.
The time has not yet come for that stage of propaganda
machinery.

　　　3.　　A period of comparative calm has now intervened
and this is particularly noticeable in journalistic circles.
From many quarters the opinion is expressed that nothing
untoward will happen for the next two months but that Germany
will in the end obtain satisfaction for her claims without
resort to arms.　　But in spite of this apparent détente in
the atmosphere, the danger always exists that a tactless move
by irresponsible elements on either side of the frontier may
at any moment degenerate into a conflict and thus involve
the world in a general conflagration.　　It is difficult to
explain with certainty the reasons for this relaxation of
tension, but its existence cannot in any way be regarded as
representing a change of heart on the part of Herr Hitler or
as indicating a readiness at all costs to settle the Danzig
and Corridor issues in the Council Chamber rather than by
force of arms.　　If there be a pause it merely means that Herr
Hitler considers any attempt to secure his objectives at
the present moment by a frontal attack to be fraught with too
much danger for Germany and that consequently it behoves him
for the moment to try Fabian tactics.　　These might, for

　　　　　　　　　　　　　　　　　　　　　　　instance

instance, have the effect of lulling the democratic Powers
into a false sense of security and of decreasing the general
atmosphere of tension whilst, at the same time, placing such
a strain on the Polish financial and military machine that
Poland herself might ~~either~~ feel it more prudent to come to
terms. ~~or, what would equally, Ottoman up internally as a
result of intensified German propaganda.~~ Further in German
eyes a period of calm might provide a better stage setting for
a sudden German coup and the presentation of a _fait accompli_
without the provocation of a world war.   Herr Hitler is a
past master at the art of profiting from the mistakes of his
opponents and of turning and employing the circumstances of the
moment to suit his purposes.   If, therefore, this present lull
has been artificially engineered in German interests, no time
is being lost in the interval to bolster up the nerves of the
German public and to bruit abroad the prestige and might of the
Third Reich.   The decision at Milan to conclude a German-
Italian military pact and the publicity given to Herr Hitler's
recent inspection of the Western Fortifications constitute
typical examples of the kind of propaganda which the German
Government are employing to prepare their own country for any
emergency and to sow misgivings in the hearts of the so-called
encirclement Powers and particularly of Poland as regards power
of resistance to the German war machine.

    4.   Whilst I appreciate how dangerous it is to try to
estimate the future course of action of a man so incalculable
as Herr Hitler, yet I cannot help feeling that, from the point
of view of prestige in his own country, to say nothing of the
                                        economic...

economic pressure from within, he must, by hook or crook, obtain
before September some settlement of the Danzig and Corridor
question which gives him the substance at least of his claim.
If that is so and success is not forthcoming in some other
field, peace and war are this year in the balance and must
remain so, until this problem is satisfactorily settled.

     I have the honour to be,

      With the highest respect,

       My Lord,

      Your Lordship's most obedient,

       humble Servant,

Faksimile Original Nr. 769

No. 769
67/93/39

British Embassy,

Berlin.

C 9538   4th July, 1939.

My Lord,   3 JUL 1939

    Dr. Hegerlé, the editor of the Börsen Zeitung,
came to see me yesterday morning at his own request, on
the ground that he had, so he said, some suggestion to
make to me.

    2. On his arrival he said that it was useless to
make any suggestions in view of the fact that the British
Labour Party had adopted yesterday a resolution appealing
to the German nation over the head of Herr Hitler and,
what was worse, that this resolution had been broadcast
in German by the B.B.C., i.e. with the consent of His
Majesty's Government.   In Dr. Hegerlé's opinion such
tactics were a terrible psychological blunder.   Great
numbers of the German people might hate the Nazi Party
and might wish to be delivered from them, but all would
be disgusted by any attack on Hitler himself.   Such a
resolution would be regarded not only as a moral
offensive against Germany but also as an intolerable
interference in German internal affairs and, while he
understood the idea at the back of the British mind,
the result achieved would be just the opposite of that
desired.   In Dr. Hegerlé's opinion it would put back
any possible peaceful solution of the Danzig question
many weeks.

    3. Dr. Hegerlé may have been arguing out of pique
or because the shoe pinches but he gave me the impression
of believing what he said.   Moreover, I have an

                      uncomfortable

The Honourable
Viscount Halifax, K.G., G.C.S.I., G.C.I.E.,
   etc..   etc.   etc.

uncomfortable feeling that he may well be right.   Baron
Weizsäcker holds, as I have reported, the same view.   It
would undoubtedly not be shared by anti-Nazi Germans whose
one idea is to get England to pull the chestnuts out of the
fire for them.   I have for that reason a deeprooted mistrust
of their advice and their information.   They are quite
powerless to get rid of the Nazi leaders by their own
efforts and they place all their hopes for this purpose in
war with England and the defeat of Germany.   One can have
little respect for or confidence in Germans for whom the
destruction of a régime is a higher aim than the success
in war of their own country.

4. After some discussion about mutual psychological
misunderstandings and the practical independence of the B.?.?.,
Dr. Megerlé observed that in German eyes the British reply
to the German note regarding the Anglo-German Naval Treaty
was worthless for the sole reason that it failed to accept
the cardinal fact that it had been concluded by Hitler, not
as a contribution to the limitation of armaments but as a
guarantee against any second war between England and
Germany.

5. Another statement of his was that it would be a
great mistake to believe in England that the Prime Minister
enjoyed the great popularity in Germany which he undoubtedly
had achieved last September.   He had now entirely lost it
as the result of the encirclement policy and the 'blank
cheque given to Poland.'   I disputed naturally the theory
of encirclement but as always without making any real
impression, but when I referred to the encirclement of Poland
and German militaristic preparations at Danzig, Dr. Megerlé

adopted ...

adopted the line that these were solely intended for
resistance to a Polish coup.   As examples of what he
described as a Polish habit, he mentioned the seizure of
Vilna and the Halle**r**-Korfa**n**ty coup at the time of the
post-war plebiscites.

6. In reply to a remark of mine about the tone of
the German Press and the deplorable speeches of Dr.
Goebbels, Dr. Megerlé replied that the attitude of the
German Press was not liked in Germany and would change
from one day to another, if only Britain would put forward
constructive proposals which took account of German
realities.   He saw no possibility of this so long as
England's hands on the continent were tied by her alliances
in Eastern and South-Eastern Europe.   He added however that
he hoped Dr. Goebbels would not make any speech about the
Labour Party resolution.   He may possibly think it wiser
not to do so.

7. I record Dr. Megerlé's remarks for what they are
worth as coming from one who is in close touch with the
Ministry for Foreign Affairs.   At the end of our conversation
I asked him to give me an honest reply to a straight
question.   So far as I could make out there were two
popular but entirely contradictory theories current in
Germany at the moment.   One was that England in the end
whatever happened would not go to war about Danzig and the
other that England meant to make war on Germany in any case
as soon as she felt fully prepared to do so.   Which was
the true one?

8. Dr. Megerlé's reply was "Undoubtedly the latter."
The Ribbentrop theory was, he said, not than England would

not ...

200

not ever fight about Danzig, but that she would not
fight if it was the Poles who were the aggressors.
That was the distinction, but everybody who knew anything
in Germany fully realised that England would certainly
fight, if Germany was the aggressor. He added that
since April an increasing number of people in this country
were convinced that England out of jealousy of Germany's
growing strength was determined to fight her in any case.
My reply to Dr. Hegerlé was on stereotyped lines with the
final observation that everything consequently depended
on Herr Hitler himself.

I have the honour to be,

With the greatest respect,

My Lord,

Your Lordship's most obedient,

humble Servant,

(For His Majesty's Ambassador)

VI. Der britische Botschafter Kennard, ein Anwalt polnischer Interessen

1. Die Aufgabe eines Botschafters

Normalerweise ist es die Aufgabe eines Botschafters, die Interessen des eigenen Landes gegenüber der Regierung zu vertreten, bei der er akkreditiert ist und das eigene Land über die Politik des anderen Landes zu informieren. Diese Informationspflicht darf jedoch nicht dazu führen, daß der Botschafter sich mit den Interessen des anderen Landes identifiziert und so seine Pflicht zu objektiver Berichterstattung verletzt. Denn nur eine solche ermöglicht der politischen Führung des eigenen Landes, der tatsächlichen Lage entsprechende Entschlüsse zu treffen.

Untersucht man die Berichte des britischen Warschauer Botschafters Sir Howard Kennard auf seine Objektivität und Neutralität hin, muß man zu der Auffassung kommen, daß er seine Aufgabe nicht oder nur schlecht erfüllt hat. Kennard erscheint als ein Sachwalter polnischer Interessen gegenüber dem Foreign Office. Es ist keine Übertreibung zu sagen, daß ein polnischer Botschafter am Hofe von St. James in London seine Aufgabe nicht besser hätte erfüllen können.

Greifen wir von den zahlreichen Berichten Kennards einige heraus. Hitlers Reichstagsrede vom 28. April 1939 war nicht nur wegen der Auseinandersetzung mit Roosevelt und der Kündigung des deutsch-englischen Flottenabkommens, sondern auch wegen der Kündigung des von Hitler und Pilsudski 1934 geschlossenen Abkommens ein hervorragendes Ereignis der Vorkriegsmonate nach der Bildung des Reichsprotektorates Böhmen und Mähren. So ist es nicht verwunderlich, daß der Monat Mai eine erhebliche diplomatische Aktivität aufwies.

Das Memorandum des Foreign Office vom 5. Mai 1939 eröffnete gewissermaßen die Diskussion. Hendersons kritische Antwort darauf ist an anderer Stelle behandelt. Sie zeigt den so sehr einseitigen pro-polnischen Standpunkt des Memorandums auf, und so ist es nicht verwunderlich, daß Kennard es nicht für erforderlich hielt, auf das Memorandum einzugehen.

2. Der Herr Danzigs ist der Herr Polens (Kennard an Halifax am 17. Mai 1939)

Er übersandte am 17. Mai 1939 eine längere Ausführung an Halifax, die ursprünglich wohl nur ein Begleitschreiben zu einem "minute", einer kurzen Denkschrift des britischen Militärattachés an der britischen Botschaft in Warschau sein sollte, dann aber zu einer unkritischen Darstellung des polnischen Standpunktes wurde.

Das "minute" des Attachés sollte erklären, wie die strategische Lage Polens durch die Rückkehr Danzigs zum Reich und durch die Militarisierung des Freistaat-Territoriums gefährdet würde.[1]

Dieses Gebiet sei 50 Kilometer breit und von Norden nach Süden 40 Kilometer tief, entnimmt Kennard dem "minute" des Militärattachés. Im derzeitigen Status seien deutsche Truppen 90 Kilometer durch Polen und Danziger Territorium getrennt. Nach einer Remilitarisierung würden es nur noch 40 Kilometer sein. Das hielt Kennard für untragbar, ohne zu bedenken, daß dieser Unterschied von 50 Kilometern, wie sich dann nach Kriegsbeginn herausstellte, keine größere Sicherheit für Polen bedeutete und schnell durch motorisierte Truppen überwunden werden konnte. Kennard verläßt schnell die militärische Betrachtung und sagt, es gäbe jedoch außer den militärischen noch andere Erwägungen für die Polen[2], eine einseitige oder diktierte Regelung der Danzigfrage als eine eindeutige Bedrohung der polnischen Unabhängigkeit zu interpretieren.

Es fällt auf, wie Kennard und andere Mitglieder des Foreign Office immer wieder die Bedrohung der polnischen Unabhängigkeit herausstellen, auch wenn Hitler nur Danzig und den Korridor durch den Korridor forderte. Denn diese mußte bedroht sein, um die britische Garantie vom 31. März 1939 wirksam werden zu lassen. So mußte auch die kleinste deutsche Forderung als eine solche Bedrohung herausgestellt werden.

Kennard greift in der Geschichte weit zurück, um den polnischen Standpunkt zu rechtfertigen. Er bemüht sogar Friedrich den Großen. Dieser habe die Bemerkung gemacht, daß der Herr Danzigs der Herr Polens sei. Der entmilitarisierte Freistaat besitze eine Schlüsselposition über Polens Bahn- und Flußverbindungen mit dem Meer. Er sei geradezu ein Symbol der Unabhängigkeit. Die Gründung von Gdingen habe wirtschaftlich gesehen nichts daran geändert, obwohl er zugeben muß, daß vom polnischen Außenhandel 78 % zu gleichen Teilen über Danzig und Gdingen gehen. Von einer Beeinträchtigung der wirtschaftlichen Stellung Danzigs durch die Gründung Gdingens erwähnt Kennard natürlich nichts.

Untrennbar von der Danzigfrage sei die des Korridors (für Kennard ist es die polnische Provinz Pomorze). Alle deutschen Vorschläge Danzig betreffend hätten sich immer auch auf den Korridor bezogen. Hitlers letzte Vorschläge seien für die Polen unannehmbar gewesen und hätten eine polnische Teilmobilmachung ausgelöst. Hier irrt Kennard nicht nur, sondern er rechtfertigt diese polnische Maßnahme ohne jede Berechtigung, denn diese Vorschläge waren für die Polen nicht neu, sie waren schon am 24. Oktober 1938 gegenüber Lipski gemacht worden.

Offenbar kannte Kennard die deutschen Forderungen im einzelnen nicht. Das ist erstaunlich, man muß es aber annehmen, wenn er von der ziemlich dunklen Geschichte (rather obscure story) der polnisch-deutschen Gespräche der letzten Monate schreibt. Sie waren nicht "obscure", sondern eindeutig und beständig. Und vor allem übersieht Kennard, daß er in seinem Schreiben an Cadogan vom 17. Mai 1939 auf den am 21. März den Polen gemachten britischen Vorschlag einer "common declaration of resistance to aggression" (einer gemeinsamen Widerstandserklärung gegen Aggression) hingewiesen hatte. Da eine solche Erklärung einige Vorbereitungszeit benötigt, bedeutet das, daß die deutsche Forderung vom 21. März 1939 nicht der Auslöser für die versteifte Haltung der Polen und Briten gewesen sein konnte.

Den Boden rationaler Diplomatie verließ Kennard mit seinen weiteren Ausführungen. Es sei nicht unmöglich, daß Herr Hitler wirklich glaubte, daß seine Vorschläge vernünftig seien, meinte

205

er. Aber sie könnten nur unter Berücksichtigung der hinter ihnen stehenden eigentlichen Absichten interpretiert werden.[3]

Aber wie sollten diese ermittelt werden? Deutsche Pläne, aus denen diese ersichtlich waren, hatte man nicht gefunden. Man mußte sie also auf irgendeine Weise erraten bzw. deduzieren. Kennard wußte es. Man solle sich die Nazi-Politik (the Nazi-policy) gegenüber anderen Problemen ansehen, die Deutschland im vergangenen Jahr gelöst hatte, dann hätte man Hitlers wirkliche Absichten (real intentions). Aber diese rational nicht erwiesenen, nur vermuteten (gauged) hitlerischen Ziele stellten keine direkte Bedrohung Polens dar. Sie hatten seine Regierung zur Teilmobilmachung veranlaßt, die im Laufe der folgenden Monate zu einer finanziellen Last für Polen wurde und seine Entscheidung beeinflußte.

Auf den Gedanken, daß es sich dabei "nur" um eine Teilrevision des Versailler Vertrages handelte, kommt Kennard natürlich nicht. Nachgeben gegenüber Hitlers Forderungen hätte keinen Sinn. Wären sie erfüllt, würde er neue stellen. Das Beispiel Tschechoslowakei sollte warnen. Den Konzessionen, die zu machen sie gezwungen waren, wären "dismemberment and occupation" (Zerstückelung und Besetzung) gefolgt.

Die hierbei gegenüber Litauen und Rumänien angewandten Methoden Hitlers hätten die polnische Regierung zur Erkenntnis der Geschehnisse in Europa gebracht."[4]

Die gegenwärtige Situation sei unangenehm und gefährlich.[5] Vor allen Dingen sei es die polnische Teilmobilmachung, die große Anforderungen an die polnischen Finanzen stelle. Das ist nicht der einzige Hinweis auf die schwere, nicht ohne fremde Hilfe tragbare finanzielle Belastung, die den Polen durch die durch angebliche deutsche Bedrohung ausgelöste Teilmobilmachung entstanden war. Man kann vermuten, daß diese Belastung die Polen in ihrer Kriegsentschlossenheit beeinflußt hat. Das ist besonders deswegen interessant, weil häufig fälschlicherweise behauptet wird, die deutschen Rüstungslasten hätten die deutsche Wirtschaftskraft überfordert und Hitler gezwungen, einen Eroberungskrieg zu führen, um mit den Einnahmen aus den eroberten

Gebieten die deutsche Verschuldung zu beseitigen.

Eine Tatsache erschien Kennard besonders wichtig und sollte, so meinte er, so stark wie möglich in der Öffentlichkeitsarbeit wie in privaten Gesprächen betont werden. Die in Versailles getroffene Danziglösung, sei von Polen immer als unfair und unbefriedigend empfunden worden. Die für Polen nachteilige Lösung sei durch die Nazifizierung Danzigs und die Unfähigkeit des Hohen Kommissars noch verschlechtert worden. Im Gebiet des Freistaates seien die Nazi-Parteianhänger die Unterdrücker und nicht die Unterdrückten. Wie kann eine Lösung gefunden werden, wenn die für die Deutschen unerträgliche Lösung von Versailles bereits als unfair gegenüber den Polen empfunden wird?

1: Gutachten des britischen Warschauer Militärattachés

M. 242/P.   _94_

H. E. The Ambassador.
--------------------   6

1. In view of opinions expressed in certain quarters
that the surrender of Danzig to Germany would not apprec-
iably affect the strategic position of Poland, it might
be useful briefly to enumerate certain military factors
which have not found much emphasis in reactions to the
recent exposes of Herr Hitler and M. Beck.

2. The undulating and wooded nature of the country in
the northern zone of the Corridor does offer some measure
of defensive capacity, while the Polish naval base at Hel
is sufficiently isolated from the mainland as to afford
it at least some degree of protection.

3. The western boundary of the Danzig Free State territory, which reaches to within 5 kilometres of Gdynia, and
the ground on the western portion of the Free State afford
artillery positions and observation, by means of which it
would be an easy task to shell Gdynia. The occupation of
Danzig by German troops would enable them without difficulty to build bridges across the Vistula (whereas at
present only one road bridge exists at Tczew), thus facili-
tating German invasion at will of Polish Pomerania, and
rendering still more difficult the defence of the Corridor.

4. While Poland's position in the Baltic in existing
circumstances is admittedly one of extreme strategic
difficulty, the German occupation of Danzig would still
further facilitate the laying of mines with a view to
restricting the traffic of Polish ships.

5. Polish railway communication with Gdynia at present
depends on the so-called "coal line" from Herby, which
still remains mainly a single track, and the Polish-owned
double railway passing through Danzig territory. The
single-line railway is insufficient for the needs of Gdynia.

and in spite of Herr Hitler's promises to respect
Polish rights, in view of recent experiences in Memelland
and elsewhere it can hardly be supposed that Poland would
be allowed to retain full ownership of the double railway.
Much the same applies to the present considerable Polish
ownership of property and harbour rights in the Free City.

6.   In the above paragraphs I have omitted reference to
the many conflicting political and historical arguments
brought forward by Germany and Poland regarding their
respective rights in Danzig, as these lie beyond the scope
of this paper. The fact remains, however, that these
arguments do not appear to justify in themselves any such
drastic alteration in the constitution of the Free City
as is advocated by Germany.

7.   It has often been said in the past that Gdynia and
Polish Pomerania are indefensible. This may ultimately
be true, but the considerations to which I have referred
clearly show that the occupation of Danzig by Germany
would have a very adverse effect on Poland's strategical
position in this area and render still more difficult the
question of defence. Poland could not reasonably be
expected to make such a sacrifice as would involve a
surrender of her rights in Danzig without adequate compensation.

WARSAW.

9th May, 1939.

(Sgd.)   E.R. SWORD.

Lieutenant-Colonel,
Military Attaché.

Übersetzung des Gutachtens
des britischen Warschauer Militärattachés

1. Angesichts der in gewissen Kreisen geäußerten Auffassung, daß die Übergabe Danzigs an Deutschland die strategische Lage Polens nicht wesentlich beeinträchtigen würde, könnte es nützlich sein, kurz gewisse militärische Faktoren aufzuführen, die keinen genügenden Nachdruck in den kürzlichen Exposés von Herrn Hitler und Mr. Beck gefunden haben. 2. Die wellige und bewaldete Landschaft im nördlichen Teil des Korridors bietet einige Verteidigungsmöglichkeiten, während die polnische Marinebasis auf Hela ausreichend vom Festland isoliert ist und so wenigstens einen gewissen Grad von Schutz gewährt.

3. Die westliche Grenze des Danziger Gebietes reicht bis auf 5 Kilometer an Gdingen heran. Das Gelände im westlichen Teil des Freistaates erlaubt Artilleriestellungen und Beobachtungsmöglichkeiten, mit deren Hilfe es leicht sein würde, Gdingen zu zerbomben. Die Besetzung Danzigs durch deutsche Truppen würde ihnen ohne Schwierigkeiten erlauben, Brücken über die Weichsel zu bauen, während gegenwärtig nur eine Brücke bei Tczew (Dirschau) besteht. Das erleichtert die deutsche Invasion von Polnisch-Pomerania und macht die Verteidigung des Korridors noch schwieriger.

4. Während Polens Lage in der Ostsee unter den bestehenden Verhältnissen zugegebenermaßen äußerst schwierig ist, würde die deutsche Besetzung Danzigs das Minenlegen noch leichter machen und den Verkehr polnischer Schiffe beschränken.

5. Die polnische Eisenbahnverbindung mit Gdingen hängt hauptsächlich von der einspurigen "coal-line" von Herby ab, die auch eine einspurige Linie bleibt, und der zweispurigen, Polen gehörenden Eisenbahn, die durch Danziger Gebiet führt. Die einspurige Linie ist ungenügend für Gdingens Bedürfnisse. Und trotz Herrn Hitlers Versprechungen, polnische Rechte zu respektieren, kann man nach den kürzlichen Erfahrungen im Memelgebiet und anderswo kaum erwarten, daß Polen erlaubt würde, die vollen Eigentumsrechte an der doppelspurigen Bahn zu behalten.

Dasselbe gilt auch für das gegenwärtige beträchtliche polnische Eigentum und die Hafenrechte in der Freien Stadt.

6. In den obigen Abschnitten habe ich Bezug auf die vielen sich widersprechenden politischen und historischen Argumente ausgelassen, die von Deutschen und Polen über ihre jeweiligen Rechte in Danzig vorgebracht werden, sie liegen außerhalb des Rahmens dieses Dokuments. Die Tatsache bleibt jedoch, daß diese Argumente solche drastischen Änderungen in der Verfassung der Freien Stadt, wie sie von Deutschland gefordert werden, nicht rechtfertigen würden.

7. Es ist in der Vergangenheit oft gesagt worden, daß Gdingen und Polnisch-Pomerania nicht zu verteidigen sind. Das mag letztlich wahr sein. Aber die Überlegungen, auf die ich verwiesen habe, zeigen, daß eine deutsche Besetzung Danzigs eine sehr ungünstige Wirkung auf Polens strategische Lage in diesem Gebiet haben und die Verteidigung noch schwieriger machen würde. Man kann vernünftigerweise nicht erwarten, daß Polen ein solches Opfer, wie es die Übergabe seiner Rechte in Danzig einschließen würde, ohne angemessenen Ausgleich bringen wird.

3. Kennard an Cadogan

Es ist nicht ganz ersichtlich, warum Kennard glaubte, parallel zu seinem offiziellen Schreiben an seinen Außenminister ein halb persönliches Schreiben, "Dear Cadogan" an den Staatssekretär richten zu müssen. Glaubte er seine These des Berichtes unterstreichen zu müssen, daß jede direkte oder indirekte deutsche Handlung (action) Danzig betreffend (selbst der mildesten Art) in Warschau als eine Bedrohung der polnischen Unabhängigkeit angesehen würde? Oder meinte er, bei Anerkennung dieses Tatbestandes sich gegen den Vorwurf verteidigen zu müssen, daß die britische Botschaft den Polen das Gefühl vermittle, daß sie im Besitz der britischen Garantie voreilige und unüberlegte Handlungen vornehmen dürften? Er habe Beck wiederholt davor gewarnt, nicht in eine deutsche Falle zu geraten und dadurch Polen in der Weltöffentlichkeit in ein falsches Licht zu stellen. Er habe auch vor der Gefahr gewarnt, einer deutschen Kampagne über schlechte Behandlung der deutschen Minderheit Berechtigung zu verleihen.

Kennard bestätigt, was bereits aus anderen Quellen bekannt ist, daß Beck seine britische "Schutzmacht" im unklaren darüber gelassen, hat, was die Polen in gewissen Situationen in der Danzigfrage tun würden.[7] Dieses Eingeständnis gibt der deutschen These vom Blankoscheck, den die Briten den Polen mit ihrer Garantie vom 31. März 1939 erteilt hatten, ihre Berechtigung. Natürlich glaubt Kennard auch in diesem Punkt, Beck rechtfertigen zu müssen. Es sei für ihn schwierig sich festzulegen, bevor nicht die näheren Umstände bekannt seien.

Die "Times" wird von Kennard gerügt. Briefe seien in ihr erschienen, die die deutsche Auffassung in der Danzigfrage unterstützten. Kennard schlägt vor, die öffentliche Meinung in England über die Danzigfrage aufzuklären und den polnischen Standpunkt in ein günstigeres Licht zu stellen.[8]

Haben die Polen zu große finanzielle Unterstützung verlangt?[9] Kennard hofft, daß man ihnen helfen kann, denn durch die Aufrechterhaltung der Teilmobilmachung für einen längeren Zeitraum im Sommer müsse sich die finanzielle Lage verschlechtern, und es entstehe die Möglichkeit einer inflationären Entwicklung. Diese unerwartete und zusätzliche Aufgabe sei besonders verhängnisvoll, da die Polen gerade "über den Berg gekommen" waren und sich auf finanzielle und wirtschaftliche Stabilität zubewegten (had begun to turn over the comer).

Kennard hatte eine gemeinsame Erklärung für den Widerstand gegen eine Aggression vorgeschlagen. Eine Periode des unruhigen Friedens könnte einer solchen Erklärung folgen, in der Polen als unmittelbarer Nachbar Deutschlands besonders englische materielle und moralische Unterstützung benötige. Er wolle nicht den Eindruck erwecken, daß die Polen sich beklagten oder Kopf und Nerven verlören. Die allgemeine Atmosphäre sei ruhig und die innere politische Situation gut, schloß Kennard seine Mitteilung, nachdem er noch einmal auf die bekannten Argumente Polens hingewiesen hatte.

4. Kennard sieht keine Lösung
und kein Ende der Spannungen

Es sei vermutlich Herrn Hitlers Absicht gewesen, die deutsch-polnischen Beziehungen auf den Stand vor der Sudetenkrise zurückzuführen, meinte Kennard. Damals wäre Polen hinsichtlich weiterer deutscher Pläne neutralisiert worden. Polen hätte vielleicht hoffen können, davon zu profitieren, solange es akzeptierte, was Groß-Deutschland abzugeben geruhte. Aber die Zerstückelung und Besetzung der Tschechoslowakei trotz aller Konzessionen, die das Land zu machen gezwungen war, hätte einen tiefen Eindruck nicht nur auf die öffentliche Meinung Englands gemacht, sondern sogar auf jene Mitglieder des polnischen Außenministeriums, die bis März 1939 zu glauben schienen, daß Polens Wohlstand am besten durch die Freundschaft mit Deutschland, selbst auf Kosten einer Entfremdung von Großbritannien und Frankreich, gesichert werden könnte. Nach Beck waren es Hitlers Methoden der Behandlung der Tschechoslowakei, Litauens und Rumäniens, die die polnische Regierung zur richtigen Erkenntnis der Geschehnisse in Europa brachten.

Dann folgt der Höhepunkt der "Mißverständnisse" des Mr. Kennard. Wenn die deutsche Regierung das Danzig- und das Korridorproblem vor dem tschechoslowakischen angepackt hätte, wäre es möglich gewesen, daß die polnische Regierung im Vertrauen auf deutsche Verläßlichkeit einer Regelung zugestimmt hätte.[10]

Wenn es noch eine Beweises der Polenfreundlichkeit des Mr. Kennard bedurfte hätte, hätte es diese totale Verkennung der polnischen Absichten und Ziele sein können. Es muß doch auch Mr. Kennard klar gewesen sein, daß auch ohne "Prag" eine Lösung der Danzigfrage, die die deutsche Mindestforderung, Rückkehr Danzigs zum Reich, einschloß, zu keinem Zeitpunkt (außer vielleicht mit Pilsudski) wegen der polnischen Verweigerung erreichbar gewesen war und es deshalb auch nicht vertretbar ist, "Prag" für die Verhärtung der polnischen Haltung verantwortlich zu machen. Angesichts der pro-polnischen Einstellung des Mr. Kennard ist es nicht verwunderlich, daß auch er zu der beliebten und vereinfachenden Erklärung "Prag" greift und völlig die seit dem Ende des Ersten Weltkrieges bestehenden deutsch-polnischen Spannungen übersieht.

Er schränkt dann allerdings seine "Erkenntnis" ein wenig ein. Es sei müßig (idle) darüber zu spekulieren, ob es Herrn Beck in seinem angeblichen Wunsche, die Beziehungen zu Deutschland zu normalisieren - Kennard übersieht dabei, daß das für Beck nur auf der Grundlage des Status quo vorstellbar war -, möglich sein würde, vom polnischen Volk die Zustimmung zu Zugeständnissen, die sich Herrn Hitlers Bedingungen näherten, zu erhalten.

Eine Autobahn durch den Korridor, meinte er, sei vielleicht möglich, aber eine Militarisierung des Freistaates würde eine Bedrohung der polnischen Unabhängigkeit bedeuten. Mr. Kennard hatte offenbar nicht begriffen, daß die Gewährung einer Autobahn insbesondere mit der von Hitler geforderten Exterritorialität von den Polen als eine Verletzung der polnischen Souveränität gedeutet würde und mehrfach abgelehnt worden war. Kennard stellte die Frage, was geschehen sollte, wenn die Deutschen Aktionen ohne eine militärische Besetzung vornähmen? Er rechnete dazu z.B. eine Erklärung des Senats von Danzig, daß die Danziger mit dem Reich vereinigt sein wollten. Da die deutschen Aggressionstechniken nach Kennard zu mannigfaltig und hinterhältig waren, hielt er es für möglich, daß die Polen dann in Selbstverteidigung dazu getrieben würden, einen Akt der technischen Aggression zu begehen und Danzig militärisch zu besetzen. Er hielt es also für gerechtfertigt, eine freie Willensäußerung des frei gewählten Senates durch eine militärische Operation zu beantworten. Man beachte: Von einer Beteiligung des Deutschen Reiches und von deutschen militärischen Aktionen war keine Rede.

Kennard schränkte seine Aussage dann jedoch ein und hielt weder eine einfache Anschlußerklärung des Senats noch eine unangemessene Antwort der Polen für möglich.

Bei anderer Gelegenheit hatte Halifax von der Möglichkeit eines Boykotts als Antwort auf einen solchen Schritt des Senats gesprochen. Ein Boykott sei aber eine doppelschneidige Waffe und könnte polnische Interessen verletzen, meint Kennard. Zudem wären scharfe deutsche Gegenmaßnahmen zu erwarten, die eine erhebliche Verschlechterung der deutsch-polnischen Beziehungen zur Folge hätten. Dieser Spannungszustand sei für beide Seiten unerträglich. Konnte es denn keine Vermittlung geben, muß gefragt werden. Natürlich beschäftigte sich Kennard auch mit dieser Frage, und er stellte fest, daß eine Vermittlung durch die demokratischen Parteien vermutlich unannehmbar für das Reich und wahrscheinlich auch dem polnischen Staat unwillkommen gewesen wäre. Woher er das weiß, bleibt offen, denn eine solche Vermittlung ist nicht versucht worden. Die direkte Initiative der polnischen Regierung wäre ausgeschlossen, denn sie würde von den Deutschen als Schwäche ausgelegt werden, meinte Kennard. Auch das ist wiederum nur eine unbegründete Vermutung. Kennard unterschlägt, daß die deutsche Regierung auf eine Initiative der polnischen gewartet hatte. Der polnische Botschafter in Berlin, Lipski, hatte jedoch Weisung von seiner Regierung, jegliche Kontakte mit den Deutschen zu vermeiden. Und in der britischen Kabinettssitzung vom 26. August 1939 hatte Henderson vorgetragen, daß der polnische Botschafter in Berlin seit vier Monaten keinen Vertreter der deutschen Regierung gesehen hatte.[11] Das hatte den Staatssekretär im Auswärtigen Amt Weizsäcker zu der sarkastischen Frage veranlaßt, ob der polnische Botschafter noch lebe oder tot oder nicht mehr in Berlin sei.[12]

Zu dumm sei eine solche Haltung, meinte Henderson. Und dann folgte eine unvorsichtige Bemerkung, ein gewisses Schuldeingeständnis. Er sei sich jedoch nicht sicher, ob seine eigene Regierung über eine solche Politik genauso denke wie er. Und wenn man dann noch Hitlers vergebliche Bemühungen um ein Direktgespräch mit einem deutsch sprechenden Engländer hinzunimmt, kann es eigentlich keinen Zweifel geben, wer keine Gespräche wollte und damit Entspannung verhinderte.

Kennard gibt dazu noch eine Begründung, warum es zu solchen Gesprächen oder Verhandlungen nicht kommen konnte. Die deutsche Taktik enthielte nach seiner Meinung hinterlistige Vorschläge (insidious proposals). Der eine richte sich an Polen. Wenn es vernünftig sei und aufhöre, sich auf England und Frankreich, auf die doch kein Verlaß sei, zu stützen, könne es faire Bedingungen von Hitler erhalten. Und der zweite Vorschlag ist an die westlichen Mächte gerichtet. Polen sei ein unvernünftiger Staat und einige Veränderungen in Danzig und dem Korridor wären nicht das Leben britischer und französischer Soldaten wert.

Der Vorschlag von Vermittlungen oder einer Konferenz würde dieser deutschen Taktik die Tür öffnen, meinte Kennard. Allein schon aus diesem Grunde müßten die Briten dringend darauf achten, daß das vorgeschlagene Heilmittel nicht gefährlicher als die Krankheit ist. Ist es verwunderlich, daß es bei einer solchen britischen Einstellung nicht zu Verhandlungen, zur Lösung der Spannungen und damit zur Kriegsverhinderung gekommen ist?

Am 13. Juni äußerte sich Kennard erneut in einem Telegramm. Er sei sich zutiefst der Gefahren bewußt, die im gegenwärtigen Stand der polnisch-deutschen Beziehungen lägen und sehe sich veranlaßt, ein abweichendes Bild, so wie Warschau es bot, in der Überzeugung zu zeigen, daß es für die Aufrechterhaltung des gegenseitigen Vertrauens zwischen Seiner Majestät Regierung und der polnischen Offenheit notwendig sei.

Nach polnischer Auffassung sei die gegenwärtige Spannung nicht auf Unterlassungssünden oder Vergehen polnischerseits zurückzuführen, sondern auf die Tatsache, daß "Herr Hitler" es für richtig gehalten habe öffentlich seine Forderungen gegenüber einem benachbarten und bisher freundschaftlichen Land zu erheben. Diese Forderungen habe Polen mit Gegenvorschlägen, Teilmobilmachung und Annahme der britischen Garantie, der es später eine Gegenzusicherung gab, beantwortet. Zu dieser verzerrten Darstellung der Ursachen für die Spannung fügt Kennard eine ebensolche für das, was Deutschland eine Einkreisungspolitik nannte, hinzu. Die gewissen europäischen Staaten gegebenen Garantien sollten ihnen das Schreckgespenst nehmen, daß sie allein gegen Deutschland kämpfen müßten, wenn Hitler nicht sofortige Erfüllung seiner Forderungen erhielte. Und als Widerstand gegen deutsche Aggressionen sei Polen dabei zum Bundesgenossen Großbritanniens geworden. Und nicht wegen der Danzigfrage habe Großbritannien den Zorn der Nazis auf sich gezogen. Die deutsche Forderung nach

Danzig bedeutet für die Briten Aggression. Nichts dürfe getan werden, um Polens Rolle als ein Bollwerk gegen weitere deutsche Aggressionen in Osteuropa zu schwächen.[13]

Eine weitgehende Identifizierung mit Polen bedeutete diese Formulierung Kennards, denn "Polens Stärke ist unsere Stärke, und Polens Nöte sind unsere Nöte".[14] Diese Formulierung bedeutet aber auch, daß es den Briten gar nicht nur um Danzig ging, sondern um die Erhaltung Polens als eines Eckpfeilers der Einkreisung des verhaßten Deutschlands.

Das entsprach der Auffassung, daß die Engländer mit ihrer Garantie den Polen einen Blankoscheck gegeben hatten. Einer solchen Deutung widersprach Kennard jedoch. Die Polen dürften sich nicht einer vernünftigen Lösung (reasonable solution) des Danzig-Problems verweigern, meinte er. Aber was ist eine "reasonable solution"? Nach extremer polnischer Auffassung - und nur diese setzte sich nach deutschen Erfahrungen mit den Polen durch - war die Versailler Lösung gegenüber den Polen ungerecht. Nach der gemäßigten polnischen Auffassung glaubte Kennard jedoch, war die Versailler Lösung die einzig gerechte.

Waren gerechte Veränderungen 1939 möglich, fragte er. Drastische Änderungen wie die Rückkehr Danzigs zum Reich, was die Militarisierung und die deutsche Kontrolle der polnischen Eisenbahn nach Gdingen bedeuten würde, mit einem exterritorialen Korridor durch den Korridor, würde Deutschland die Möglichkeit gegeben haben, Polen zu erdrosseln.

Deshalb sind solche Veränderungen "ex hypothesii" ausgeschlossen.[15] Nicht nur in diesem Punkt, dem § 17 des Foreign Office Memorandum vom 5. Mai 1939 über die Danzigfrage, sondern in fast allen Punkten dieses Memorandums meinte Kennard, eine Übereinstimmung16 der polnischen Regierung mit dem britischen Standpunkt feststellen zu können. Diese Veränderungen würden Polens Unabhängigkeit zerstören, die unter allen Umständen zu verteidigen Seiner Majestät Regierung sich verpflichtet hatte. Und kleinere Veränderungen, wie Beck sie angedeutet hatte, waren nach Kennards Auffassung möglich, guten Willen auf beiden Seiten vorausgesetzt. Die deutsche Seite wurde jedoch nicht gefragt.

Aber Kennard mußte das sofort wieder einschränken. Die Vorstellung, daß den Deutschen kleinere Verbesserungen angeboten werden sollten, aus Furcht, daß Herr Hitler Polen andernfalls angreifen würde, war für die polnische Regierung unvereinbar mit ihrer Haltung, daß keine Konzessionen unter Drohungen gemacht werden durften. Dazu kam, daß kleinere Veränderungen, die die polnische Unabhängigkeit nicht schwächen würden, die Nazi-Führer nicht zufriedenstellen würden. Es sei eine Selbsttäuschung, meinte Kennard, daß es einen Plan geben könne, der Hitler befriedigt und Polens Fähigkeit, eine unabhängige Politik zu führen, ungeschwächt läßt. Und dann wird das Beispiel Tschechoslowakei wieder ins Spiel gebracht. Es sei nicht möglich, Polen zu überzeugen, die Lektion Tschechoslowakei zu vergessen. Die von den Tschechen gemachten Zugeständnisse hätten nur sechs Monate lang ihre Zerstückelung, Erniedrigung und schließlich Sklaverei verzögert.

Die (von Kennard so nicht ausgesprochene) Konsequenz bedeutete Verzicht Hitlers oder Krieg: Das waren die Lösungsmöglichkeiten der Krise. Er drückte das etwas anders aus. Es hat keinen Zweck, Konzessionen zu machen und zu versuchen, Deutschland durch kleine Häppchen abzuspeisen. Es wird sich doch das Ganze nehmen.

Kennard war der Auffassung, daß die polnische Regierung mit dem Memorandum des Foreign Office vom 5. Mai 1939 voll übereinstimmte, besonders auch mit dem § 17, der aussagte, daß es nicht mehr um eine kleine lokale Angelegenheit ginge, sondern um den deutschen Versuch, Osteuropa zu beherrschen.[17]

Kennard bestritt, daß es deutsche Beschwerden in Danzig gab, die eine Aggression rechtfertigten. Die Danziger litten nicht wie die Sudetendeutschen unter fremder Herrschaft, meinte er. Wenn sie unterdrückt wurden, dann durch ihre Nazi-Aufseher (Nazi-Taskmasters) und Unruhestifter (Agents-Provokateur). Er wandte sich gegen gefährliche, von den Deutschen gelegte Fallen. Eine davon sei der heimtückische Vorschlag an Polen, daß es faire Bedingungen von Hitler erfahren konnte, wenn es aufhören würde, sich auf Großbritannien und Rußland zu verlassen. Ein hinterlistiger Vorschlag war dies in Kennards Augen, der noch ergänzt wurde durch die deutsche, den Polen suggerierte Meinung, daß man sich auf diese beiden Mächte nicht verlassen könnte.

Er sieht offenbar keine Lösungsmöglichkeit. Vermittlungen oder eine Konferenz würden den deutschen Taktiken Tür und Tor öffnen und würden kein Heilmittel darstellen, vielmehr nur noch das Übel verschlimmern. Er äußerte sich noch pessimistischer. Für den Erfolg einer Friedensverhandlung sei ein gegenseitiges Vertrauen und gegenseitiger guter Wille notwendig. Die Beschwerden müßten legitim und der Verhandlungsgegenstand klar definiert sein. Diese Bedingung sah Kennard allerdings nicht als erfüllt an. Deshalb sollte man für die Verbesserung der deutsch-polnischen Beziehungen nicht auf größere oder kleinere Operationen setzen, sondern sich mit dem Sinken der Temperatur zufrieden geben.

Dabei sind in den deutsch-polnischen Gesprächen vom 24. Oktober 1938 bis 24. März 1939 keine Drohungen ausgesprochen worden. Kennard hatte die Situation vielmehr richtig beschrieben, als er schrieb, daß es müßig sei, darüber zu spekulieren, ob Herr Beck in seinem Wunsch die Beziehungen zu Deutschland zu ordnen, in der Lage gewesen wäre, Regierung und Volk zu veranlassen, einer Annäherung an Hitlers Bedingungen zuzustimmen. Dabei muß die Frage gestellt werden, wie er anders als zu seinen Vorstellungen (Drittes Europa, kein deutsches Danzig), die Beziehungen zu Deutschland ordnen wollte.[18]

Was würde geschehen, wenn der Danziger Senat die Vereinigung mit dem Reich beschließen würde? Wäre das nicht ein legitimer Akt, dem Selbstbestimmungsrecht der Völker entsprechend? Kennard erörtert diese Frage gar nicht, ihn interessiert die Reaktion der Polen. Er sieht die Möglichkeit, daß polnische Truppen Danzig besetzen würden, und er erwähnt eine Antwort von Halifax auf sein Telegramm Nr. 94 vom 30. März 1939, in der er einen solchen Schritt rechtfertigt. Die deutsche Aggressionstaktik sei so mannigfaltig und heimtückisch, daß unter gewissen Bedingungen die Polen dazu getrieben würden, einen technischen Akt von Aggression zu begehen.[19] Damit ist in den Augen der Engländer auch ein polnischer Angriff gerechtfertigt. Nicht nur im Fall einer Senatsresolution und nicht ausdrücklich als Präventivschlag.

5. Kennard für den Status quo[20]

Ein Wort noch zu Kennards Auffassung über die Rolle der Tschechoslowakei. Er will offenbar nicht zugeben, daß die Tschechoslowakei nicht zerstückelt (dismembered) wurde, sondern auseinandergefallen war. Er kannte offensichtlich die Worte seines Premierministers aus der Kabinettssitzung vom 15.März 1939 nicht, daß der Staat völlig auseinandergefallen (had now completed broken up), also nicht zerstückelt worden war, ein Staat, der nicht lebensfähig war (which was not viable).[21] Es muß immer wieder auf diese Worte Chamberlains hingewiesen werden, um die auch in der deutschen etablierten Geschichtschreibung, aber vor allem in England bestehende "Legende" über die Auflösung der Tschechoslowakei, zurückzuweisen. In England hat diese Legende die Politik bis zum Kriegsausbruch 1939 bestimmt und die von Hitler gewünschte Entspannung und Verständigung mit England verhindert.

Ganz unverständlich ist Kennards Bemerkung über die gegenüber Litauen und Rumänien von Deutschland angewandten Methoden. Bei Litauen handelte es sich mit Memel um die Rückgabe deutschen Gebietes, die zugegebener Maßen mit leichtem Druck erfolgt war. Und mit Rumänien sind normale Wirtschaftsverhandlungen ohne Druck geführt worden, die zu einem auch für Rumänien günstigen Handelsvertrag geführt hatten. Offenbar war Kennard immer noch nicht frei von den Einflüssen der "Tilea-Lüge".[22] Das zeigt erneut seine Voreingenommenheit.

Seine Position, die nur auf dem angeblichen deutschen Wortbruch in Sachen Tschechoslowakei beruht, ist äußerst schwach. Ohne diesen wäre seiner Meinung nach eine Regelung mit Polen in der Danzigfrage möglich gewesen. Aber mit der Lektion, die der Fall Tschechoslowakei gelehrt hatte (the lesson of Czechoslovakia), mußten diese eine solche unter allen Umständen vermeiden. Beck habe den Wunsch gehabt, die Beziehungen mit Deutschland zu regulieren, meinte Kennard. Aber würde das ausreichen, die Regierung und das Volk Polens zu veranlassen, sich mit einer Lösung einverstanden zu erklären, die sich Hitlers Bedingungen annäherte?

Kennard hielt entgegen polnischen Erklärungen eine Autobahn durch den Korridor noch für möglich, aber die Remilitarisierung Danzigs würde, wie der Militärattaché aufgezeigt hatte, vom polnischen Generalstab als eine Bedrohung der polnischen Unabhängigkeit aufgefaßt werden. Es ist zwar fraglich, ob Hitler sich mit einer die deutsche Souveränität einschränkenden Rückgabe Danzigs zufrieden gegeben hätte, aber eine weitere Erörterung in dieser Richtung ist müßig, da es infolge der polnischen Verweigerung zu keinen Verhandlungen gekommen ist.

Die Berichte Kennards sind offensichtlich auf keinerlei Bedenken des Foreign Office gestoßen. Kein einziges seiner Mitglieder hat sie mit einer negativen Bemerkung abgezeichnet. Das bedeutet die weitgehende Zustimmung des Foreign Office und besagt, daß die Auffassung Kennards der britischen Politik in der deutsch-polnischen Auseinandersetzung entsprach. Es bedeutet auch, daß das Foreign Office keine Möglichkeit sah und wahrscheinlich auch gar keine Möglichkeit haben wollte, die Rückkehr Danzigs zum Reich zu realisieren. Die britische Garantie für Polen vom 31. März 1939 bedeutete also zumindest eine Garantie für den Status quo. Der Krieg war dadurch vorprogrammiert, es sei denn, Deutschland verzichtete auf Danzig. Wollten wir das?

Wenn die deutsche Seite ihre Haltung begründend darauf verweist, daß die Zeiten sich geändert hatten, weist Kennard eine solche Einstellung zurück. Die polnische Antwort würde zweifellos lauten, daß die Zeiten sich nicht so weit geändert hatten, daß Hitlers Einzug in Prag sich an der Mündung der Weichsel wiederholen könnte.[23]

Damit sind die Dinge eindeutig. Für eine Rückkehr Danzigs zum Reich ist die polnische Zustimmung nicht zu erwarten. Auch Kennard scheint das nicht ungewöhnlich zu finden, wie auch die übrigen Mitglieder des Foreign Office offensichtlich nicht, denn die bei den Schriftstücken Hendersons reichlich vorhandenen kritischen handschriftlichen Stellungnahmen von Angehörigen des Foreign Office fehlen bei den Schreiben Kennards fast völlig.

Kennards Empfehlung für die britische Politik, mit der er sein Schreiben schloß, ist schwach, äußerst schwach. Sie sollte das begrenzte Ziel haben, die Lage wiederherzustellen, wie sie vor Hitlers Rede vom 28. April bestanden hatte, nämlich ein gegenseitiges Einverständnis zwischen Polen und Deutschland. Einen Krieg brauchte es dieses Problemes wegen nicht zu geben. Es gelte, den Status quo für eine ungewisse Zeit zu erhalten, während freundschaftliche Verhandlungen möglich sein würden, wie sie in dem deutsch-polnischen Abkommen von 1934 vorgesehen waren. Ein deutlicheres Zeichen britischer Hilflosigkeit oder britischen Nichtwollens, konstruktive Vorschläge zur Entspannung zu machen, damit es nicht zur Einlösung des Garantieversprechens kommen mußte, konnte es eigentlich nicht geben. Die Briten mußten wissen, daß ihr Nichtstun zum Kriege führen mußte. Wollten sie ihn?

Kennard hatte aber noch eine andere Erklärung für die Lage in Danzig. Es müsse betont werden, daß die Versailler Lösung ein Kompromiß war, der die Prinzipien des Lebensraumes und der Selbstbestimmung, die zum Rohmaterial der Nazipropaganda geworden seien, Rechnung trug. Polen habe Versailles immer als unfair und unbefriedigend empfunden. Man muß aber zu den obigen Feststellungen Kennards Widerspruch erheben. Er hatte offensichtlich nicht im geringsten begriffen, welche Verluste Versailles für Deutschland bedeutet hatte.

Und nachdem er die unglückliche geographische Lage Danzigs, des Korridors und Ostpreußens dargestellt und nicht nur auf die bekannten Nachteile, die sich Deutschland aus dieser Situation ergeben hatten, hingewiesen hatte, betonte er, daß diese Lage für die Polen in gleicher Weise unglücklich sei (it is equally unfortunate for Poland). Ein Rezept zur Lösung der Danzigfrage, vor allem angesichts der vielen Spannungen, die sich entwickelt hatten, gab Kennard nicht. Einen Krieg jedoch brauche es wegen des Danzig-Problems nicht zu geben, meinte er. Es gelte, den Status quo für eine ungewisse Zeit zu erhalten, während der freundschaftliche Verhandlungen möglich sein würden, wie sie im deutsch-polnischen Abkommen vorgesehen waren. Auch hier übersah Kennard völlig, daß sich die Zeiten eben doch verändert hatten.

Es geht nach Kennard gar nicht um die lokale Frage Danzig, es geht um den deutschen Versuch, Osteuropa zu beherrschen.

VII. Die "armen" Polen

1. Polnischer Expansionismus

In den Augen vieler Deutscher sind die "armen" Polen unschuldige Opfer deutscher Aggression gewesen. Sie sind noch vor den Sowjets am 1. September 1939 von den Deutschen "überfallen" worden. Daß die Polen ihrerseits weitreichende Expansionspläne hatten, die weit über das hinausgingen, was sie nach dem 1. Weltkrieg erreicht hatten, wollen die deutschen Polenfreunde nicht wahrhaben und tun es als deutsche nationalistische oder gar nationalsozialistische Propaganda ab oder als Reaktion auf deutsche imperialistische Ziele.

Und ganz unwahrscheinlich erscheint es ihnen, aber auch den Engländern, daß letztere von den polnischen Expansionsplänen gewußt haben sollen. Da ist es nützlich und aufschlußreich, auf britische Quellen zu verweisen, aus denen die polnischen Expansionsabsichten eindeutig hervorgehen, wie auch die Tatsache, daß die britische politische Führung Kenntnis von ihrem Ausmaß gehabt hat.

Am 2. Juli 1939 sandte der Erzbischof von Westminster, Kardinal Hinsley, einen Brief an den britischen Außenminister Lord Halifax. Beigefügt waren eine Landkarte und eine Postkarte, die aus Polen mitgebracht waren und von denen berichtet wurde, daß sie eine große Verbreitung in Polen hätten. Der Zweck dieser Karten sei es, die Propaganda für offensive Aktionen gegen das Reich zu unterstützen. Besonders die beiliegende Karte war in Deutschland als Propaganda des polnischen Westmarkenvereins bekannt, offenbar jedoch nicht in England. (Siehe die fünf Anlagen).

Halifax Antwort kann natürlich nicht befriedigen. Der britische Botschafter habe die Aufmerksamkeit der polnischen Regierung bereits auf die unglückselige (unfortunate) Wirkung gelenkt, die solche unverantwortlichen Feststellungen im Ausland haben, erwiderte er. Halifax leugnete nicht, daß eine solche nationalistische expansionistische Propaganda in Polen bestand. Zu ihrer Rechtfertigung müsse jedoch gesagt werden, daß sie eine Antwort auf die gleiche deutsche Propaganda für deutsche Expansion darstelle.

Wenn er behauptete, daß er viele Karten und Flugblätter gesehen habe, die große nichtdeutsche Gebiete für Deutschland forderten, konnte es sich jedoch nur um solche gehandelt haben, die Deutschland durch den Versailler Vertrag verloren hatte.

Und wenn er ferner behauptete, daß es sich nur um gewisse Elemente in Polen handelte, die diese nationalistische Propaganda trugen, muß ihm erwidert werden, daß der Kardinal von einer großen Verbreitung dieser Karten in Polen geschrieben hatte.

Man kann den Brief auch nicht mit der Bemerkung abtun, daß es sich nur um eine einzige unbedeutende Stimme gehandelt habe, schließlich war der Kardinal der höchste katholische Würdenträger in England. Und seine Aussage erhält um so mehr Gewicht, als sie die Aussage eines Katholiken war und von der im allgemeinen polenfreundlichen Einstellung der katholischen Kirche abwich.

Der Kardinal ließ es nicht bei diesem einen Brief bewenden. Einen Tag später, am 3. Juli 1939, ließ er seinen Sekretär einen weiteren Brief an den britischen Außenminister Lord Halifax schicken mit einer Karte, die die Eisenbahnverhältnisse im Danziger Raum darstellte und machte dazu erklärende Bemerkungen. Von größerer Bedeutung sind für uns die Worte, die der Kardinal seinem Sekretär beifügen ließ. Unter Bezug auf sein Schreiben vom Vortag läßt seine Eminenz diese weitere Information als Beweis für den Aggressionsgeist einer großen Zahl Polen übersenden, heißt es in dem Anschreiben des Sekretärs.

Der Kardinal wolle darauf hinweisen, daß der von allen gewünschte Friede nur gesichert werden könne, wenn die Engländer die volle Wahrheit, von der die Gerechtigkeit abhinge, erfahren würden. Seine Eminenz glaubte, eine Gefahr darin zu sehen, daß Polen sich auf die britische und französische Garantie verließ, um seine Forderungen über das, was gerecht und vernünftig war, hinaus zu erweitern. Der Sekretär fügte hinzu, daß seine Eminenz keine Antwort auf diesen oder den Brief vom Vortage wünsche, es sei denn, "Eure Lordschaft meinen, daß es für die Friedenssache von Nutzen sein könne".

Der Kardinal hat mit der Übersendung der ihm übersandten Unterlagen an den Außenminister keine Zeit verloren. Er erhielt sie am 2. Juli 1939 und hat sie am selben Tag weitergeschickt. Alarmiert hatte ihn offensichtlich der erklärende Brief des Übersenders, eines Mr. Harmshaw. Die Polen seien in einem sehr kriegerischen Zustand, schrieb dieser. Nicht nur in bezug auf Danzig, sondern auch hinsichtlich größerer Ziele. Es sei Zeit für Polen aufzuhören, sich defensiv zu verhalten, vielmehr müßten größere Forderungen an das Reich gerichtet werden, hieß es in der polnischen Propaganda. Zum Beispiel seien das ganze oder der größere Teil Ostpreußens und sogar Teile Brandenburgs polnische Ziele. In einigen Kreisen würde daran erinnert, daß der Ortsname Berlin polnischen Ursprungs sei und daß die Polen sehr große Vernunft zeigten, wenn sie nicht forderten, daß Berlin polnisch würde. Man möge das als kindischen Unfug (childish nonsense) bezeichnen, es habe aber unglücklicherweise eine gewisse Grundlage. Und diese grandiosen Träume machten das polnische Volk weniger bereit, vernünftig über Danzig zu sprechen.

Wie kann man von Herrn Hitler erwarten, mit Zustimmung das britische Agreement mit einem Volk zu betrachten, das es für eine gute Sache hält, wenn seine westliche Grenze durch die Vororte von Berlin gezogen wird? Was würden die britischen Zeitungen sagen, wenn die deutsche innere Propaganda Landkarten drucken ließe, die zeigen, daß ihre Grenze um den "Gare du Nord" in Paris führt? Auf der anderen Karte in seinem Besitz "schlösse die Grenze Polens den schlesischen Bahnhof in Berlin ein. Und was würde Herr Churchill dazu sagen, fragt Mr. Harmshaw.

Und damit beim Kardinal nicht der Eindruck entstehen kann - er ist es wohl auch nicht -, es handle sich bei den polnischen Expansionsbestrebungen um die Auffassung einer kleinen Minderheit, schickte Mr. Harmshaw zusammen mit einer Karte von Danzig und ihren Verkehrsverbindungen noch ein Schreiben am 2. Juli. Es handle sich nicht um eine unbedeutende Bewegung (unimportant movement), um eine kleine Gruppe wie die IRA. Vielmehr sei es eine die ganze Nation umfassende Bewegung (a nationwide movement). Ihr Ziel sei nicht, das Bestehende zu erhalten, sondern mehr zu erlangen (but to acquire more). Und dazu gehöre Danzig.

Und es heißt weiter: Meine neueste Information aus Polen

besagt, daß sich eine große Zahl von Polen in einer sehr kriegerischen Verfassung befindet, nicht nur in bezug auf die Danzig-Frage sondern auch auf große Fragen. Es scheint eine oft verbreitete Meinung zu bestehen, daß es Zeit für Polen ist, aus der Defensive herauszutreten und sehr große Forderungen an Deutschland zu richten. Dazu gehört die Einverleibung des ganzen oder größerer Teile Ostpreußens und von Teilen Brandenburgs.

Eure Eminenz wird richtigerweise sagen, daß das kindischer Unfug ist, aber es hat unglücklicherweise eine gewisse Grundlage. Und da es das polnische Volk mit grandiosen Träumen erreicht, macht es dieses weniger bereit, über die Danzig-Frage selbst zu sprechen, eine Frage, die Vernunft sowohl von den Deutschen als auch von den Polen erfordert, wenn sie ohne Krieg gelöst werden soll.

Zu den geschichtlichen Ansprüchen der Polen fragte Mr. Harmshaw, was wir sagen würden, wenn die Pariser durch die Straßen marschierten mit einem Banner "Dover war einmal französisch und wird es immer wieder sein"? Es war einmal französisch unter Wilhelm dem Eroberer. Jetzt sei es so sehr französisch, wie Danzig polnisch sei.

Die Lage schien nach Mr. Harmshaw die folgende zu sein: Die Polen denken, daß sie in Versailles nicht genug bekommen haben. Sie haben die Hoffnung, mehr zu bekommen, niemals aufgegeben. Jetzt, mit dem britischen Empire hinter sich, glauben sie, daß Großbritannien ihnen helfen wird, Danzig und wahrscheinlich vielmehr zu erhalten (possibly much more), während die Engländer glauben, daß sie aufgerufen sind, eine deutsche Aggression gegen Danzig zu verhindern. Die Sprachenschranke hindere die Engländer wahrscheinlich, je die Wahrheit zu erfahren, während die Deutschen, von denen viele polnisch können, gegen eine polnische Aggression kämpfen werden.

Wie wir aus vielen Veröffentlichungen wissen, waren die Polen vor dem Kriege trotz erkennbarer Mängel ihrer Armee sehr zuversichtlich. Bei Ausbruch eines Krieges wollten sie Ostpreußen angreifen, und sie rechneten mit einem schnellen Erfolg, denn es würde für die Deutschen schwierig sein, meinten sie, diese Provinz schnell und ausreichend zu versorgen. Zudem sahen sie sich in einer gewissen strategischen Überlegenheit, da man diese Provinz von mehreren Punkten aus gleichzeitig angreifen könnte. Was sollte nun mit Deutschland geschehen im Falle eines polnischen Sieges? Vorherrschend war die Auffassung, daß Deutschland in zwei oder mehr Stücke aufgeteilt werden sollte. Der größere Teil sollte aus einem südlichen und katholischen Block bestehen, vielleicht unter Erzherzog Otto v. Habsburg. Ostpreußen sollte natürlich polnisch werden. Das war aber nicht nur die Vorstellung in der breiten Masse des polnischen Volkes, auch ein hoher Beamter im polnischen Außenministerium, der stellvertretende Leiter der Ostabteilung, vertrat diese Auffassung. Er ging so weit und sagte, dies sei bestimmt der polnische Plan. Und er hatte auch eine Begründung: Die Bevölkerung Ostpreußens nähme ab, viele davon seien sowieso polnisch, und ein Bevölkerungstransfer könnte auf jeden Fall gemacht werden. Und damit taucht dieses in der Nachkriegszeit so verhängnisvoll wirkende Wort auf.

Es wird auch an anderer Stelle, in dem Bericht "Zwei Briten in Warschau" darauf hingewiesen, daß die Briten bereits vor dem Kriege von polnischen Absichten, die deutsche Bevölkerung zu vertreiben, unterrichtet waren.

Zu den revanchistischen Stimmen gehörte auch eine "Resolution of the Polish Democratic Party", über die Henderson berichtete. Gewiß, es war eine Minderheit, aber eine sehr einflußreiche. Sie repräsentierte den immer im polnischen Volke vorhandenen Chauvinismus und forderte Ostpreußen und Oberschlesien als polnisches Gebiet.

Diese Resolution paßte natürlich gar nicht in Hendersons auf Ausgleich gerichtete Politik. So nannte er in einem Telegramm vom 1. Juli 1939 an das Foreign Office, die Resolution ein tragisches Beispiel für die Art von Provokation, die einen Temperaturrückgang unmöglich mache.[1]

Das Foreign Office teilte natürlich diese Bemerkung Hendersons nicht. Es schwächte ab und meinte, daß diese Ansprüche nur im Falle eines Krieges erhoben würden.[2] Es dürfte nicht behauptet werden, daß Krieg begonnen würde, um solche Eroberungen zu machen. Auf jeden Fall sei es unvernünftig zuzulassen, daß die

Deutschen ein Provokationsmonopol hätten. Dennoch sei es tö-
richt von den Polen, der deutschen Propaganda solche leichte
Munition zu liefern.

Schon sechs Wochen früher, am 19.Mai 1939, hatte Henderson
Veranlassung gehabt, das Foreign Office auf einen Aufsatz in
einer nicht gerade zum Frieden beitragenden polnischen Zeitung,
der "Krakow Illustrowany Kurjer Codciennny" hinzuweisen.
Deutschland sei in Versailles viel zu milde behandelt worden, und
aus diesem Grunde wären die deutschen Brandstifter noch einmal
in der Lage, ein Blutbad für die Welt zu bereiten, hatte die Zeitung
geschrieben.

Der eigentliche Anlaß für Hendersons Telegramm war jedoch
nicht dieser Aufsatz, sondern ein sich darauf beziehender Kommentar des "Völkischen Beobachters"vom 18.Mai 1939. Der
"Völkische Beobachter" wies darauf hin, daß solche Artikel besser
als alles andere bewiesen, daß Polen in Wirklichkeit nicht im
geringsten an der Erhaltung seines gegenwärtigen Gebietes interessiert sei, sondern daß es bewußt einen Streit herbeiführen wolle,
der zu einem Angriffskrieg führte.

Die fortgesetzten Angriffe auf Volksdeutsche in Polen seien ein
weiterer Beweis für das Ausmaß, bis zu dem die Polen ihre Nerven
verloren hätten. Ihre pathologische Mentalität sei die größte Gefahr für den Frieden. Es muß gefragt werden, was die Weltpresse,
die völliges Stillschweigen hinsichtlich dieser Ereignisse bewahr-
te, sagen würde, wenn die Deutschen die Vernichtung Polens und
des polnischen Volkes verkünden würden?

Anlagen :
Anschreiben des Kardinals mit Übersetzung (Dokument 1,
Faksimile, S. 229)
Anschreiben des Privatsekretärs mit Übersetzung (Doku-
ment 2, S. 230)
Antwort von Lord Halifax (Dokument 3, S. 232)
eine Postkarte (Dokument 4, S. 234)
eine Karte der Verkehrsverbindungen nach Danzig (Doku-
ment 5, S. 235)
eine polnische Geschichtskarte (Dokument 6, S. 237)

Dokument 1:

Dokument 1   163

ARCHBISHOP'S HOUSE,
WESTMINSTER, LONDON, S.W.I.

July 2nd. 1939.

C 9346

5 JUL 1939

Dear Lord Halifax

For your information and without comment I send you a
large map and a post-card map which have been brought from
Poland lately. They are stated to have a large circulation
in that country. From the letter I have received, which I
enclose herewith, the purpose of these maps is to support
a propaganda for offensive action against the Reich.

This information will, no doubt, be in possession of
the Foreign Office already, but in any case I consider that
my duty requires me to submit the matter to your judgment.

My informant is a Mr. John Ward Harmshaw whose address
heads his letter. Naturally he wishes his name to remain
unknown except to those in authority. The third sheet of
his letter to me is on a different and a private matter, and
I therefore do not enclose it.

Yours very sincerely

Cardinal Hinsley

Archbishop of Westminster

The Viscount Halifax,
The Foreign Office,
Whitehall, S.W. 1.

229

Brief des Erzbischofs von Westminster Kardinal Hinsley an den Außenminister Lord Halifax

Dear Lord Halifax,   July 2nd.
1939
For your information and without comment I send You a large map and a postcard which have been brought from Poland lately. They are stated to have a large circulation in that country. From the letter I have received which I enclose here with, the purpose of these maps is to support propapanda for offensive action against the Reich.
This information will, no doubt, be in possession of the Foreign Office already, but in any case I consider that my duty requires me to submit the matter to your judgment.

Übersetzung
Lieber Lord Halifax,   23. Juli
1939
Zu Ihrer Unterrichtung und ohne Kommentar übersende ich Ihnen eine große Landkarte und eine Postkarte, die kürzlich aus Polen hierher gebracht worden sind. Sie sollen eine große Verbreitung in jenem Land haben. Aus dem Brief, den ich erhalten habe und beifüge, ergibt sich, daß der Zweck dieser Landkarten in der Unterstützung der Propaganda für offensive Aktionen gegen das Reich besteht. Diese Information wird zweifellos bereits im Besitz des Foreign Office sein. Aber auf jeden Fall erachte ich es als meine Pflicht, die Angelegenheit Ihrer Beurteilung zu unterwerfen.

Dokument 2: Anschreiben des Sekretärs des Kardinals Hinsley an Lord Halifax

Dear Lord Halifax,   July 3rd.
1939
His Eminence Cardinal Hinsley instructs me to send you the enclosed map which was sent to him with the memorandum

attached, and also the letter and cutting sent to me, both being from Mr. John Ward Harmshaw. Referring to his letter to your Lordship of yesterday's date, His Eminence submits for your information about alleged spirit of aggression among a large body of Poles. The Cardinal wishes to observe that though we all desire peace this can be secured only by our people being informed of the full truth on which depends justice.His Eminence feels that there would seem to be a danger of Poland's relying on the British and French guarantee in order to enlarge her claims beyond what is right or reasonable.

His Eminence tells me to say that he does not desire a reply to this or to his letter of yesterday unless your Lordship thinks that could be of any service to aid in the cause of peace.

Übersetzung

Lieber Lord Halifax,
Seine Eminenz Kardinal Hinsley hat mich beauftragt, Ihnen die beigefügte Landkarte zu senden, die ihm mit der beigefügten Denkschrift zugeschickt worden war, wie auch den mir zugeschickten Brief und Zeitungsausschnitt. Beide sind von Mr. John Ward Harmshaw. Seine Eminenz bezieht sich auf den Eurer Lordschaft gesandten gestrigen Brief und legt für weitere Unterrichtung und Überlegung diese zusätzliche Information über den unter einer großen Zahl Polen verbreiteten Aggressionsgeist vor.
Der Kardinal weist darauf hin, daß der von uns allen gewünschte Friede nur gesichert werden kann, wenn unser Volk über die volle Wahrheit, auf der die Gerechtigkeit beruht, unterrichtet wird.
Seine Eminenz sieht eine Gefahr darin, daß Polen sich auf die britische und französische Garantie verläßt, um seine Forderungen über das, was gerecht oder vernünftig ist hinaus zu erweitern.
Seine Eminenz hat mich beauftragt, Ihnen zu sagen, daß er keine Antwort auf diesen oder den gestrigen Brief erwartet, es sei denn, Eure Lordschaft glauben, es sei eine Hilfe für die Sache des Friedens.

Dokument 3: Antwort von Lord Halifax

My Lord Cardinal,
I have to thank your Eminence for your letter of the 2nd and 3rd
of July and for giving me the opportunity to see Mr. Harmshaw's
letter about the state of feeling in Poland. You will not expect me
to deal with the points raised by Mr. H. in any great detail, but I
can assure you that they have already received full consideration
and our Ambassador in Warzaw has drawn the attention of the
Polish Government to the unfortunate effect which irresponsible
statements might have abroad.
There are of course certain elements in Poland who take an
extreme nationalist line and are responsible for the extravagant
propaganda to which Mr. H. has drawn attention. It is, however,
only fair to remember that this propaganda is in a sense a reply to
exactly similar German propaganda about German expansion
particularly in Eastern Europe.
I have seen many examples of German pamphlets and maps to
prove that vast territories now outside Germany should come
within the frontiers of the German Reich. The importance of this
Polish nationalist propaganda has been exaggerated outside Poland for obvious reasons and it certainly does not represent the
views of any large section of responsible opinion and still less
those of the Polish Government. They are fully alive as we are to
danger of allowing the German propaganda machine to accuse
them of provocation.

Übersetzung
Mein Lord Kardinal
Ich muß Ihnen danken. . . Sie werden nicht von mir erwarten, daß
ich die von Herrn H. angesprochenen Punkte in allen Einzelheiten
erörtere. Aber ich kann Sie versichern, daß sie volle Beachtung
gefunden haben. Unser Warschauer Botschafter hat die Aufmerksamkeit der polnischen Regierung auf die unglückliche Wirkung
gelenkt, die unverantwortliche Äußerungen im Ausland haben
können.

232

Es gibt natürlich gewisse Elemente in Polen, die eine nationalistische Linie verfolgen und für die übertriebene Propaganda verantwortlich sind, auf die Herr H. die Aufmerksamkeit gelenkt hat. Man muß jedoch fairerweise daran erinnern, daß diese Propaganda in gewisser Hinsicht eine Antwort ist auf genau die gleiche deutsche Propaganda über deutsche Expansion, besonders in Osteuropa. Ich habe viele Flugblätter und Landkarten gesehen, die beweisen, daß sehr große Gebiete, die jetzt noch außerhalb Deutschlands liegen, zu Deutschland kommen sollen.

Die Bedeutung dieser polnischen nationalistischen Propaganda ist außerhalb Polens aus erklärlichen Gründen übertrieben worden, und sie stellt sicher nicht die Ansichten eines großen Teils verantwortlicher Meinungsträger und noch weniger der polnischen Regierung dar. Sie sind sich, wie wir, völlig der Gefahr bewußt, der deutschen Propaganda-Maschine zu ermöglichen, sie der Provokation anzuklagen.

Dokument 4: Postkarte

* Die historischen westlichen Grenzen Polens
** Die derzeitigen Grenzen Polens

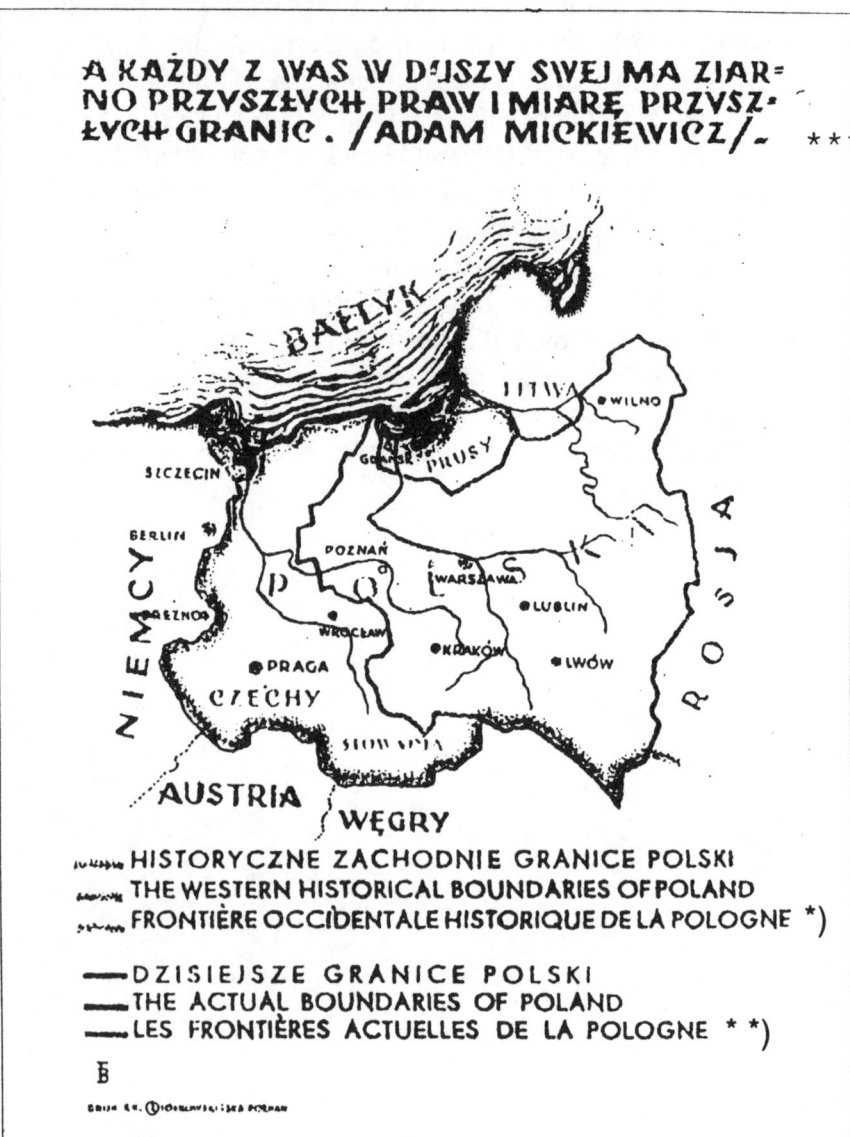

A KAŻDY Z WAS W D'JSZY SWEJ MA ZIAR=
NO PRZYSZŁYCH PRAW I MIARĘ PRZYSZ-
ŁYCH GRANIC . /ADAM MICKIEWICZ/. ***

HISTORYCZNE ZACHODNIE GRANICE POLSKI
THE WESTERN HISTORICAL BOUNDARIES OF POLAND
FRONTIÈRE OCCIDENTALE HISTORIQUE DE LA POLOGNE *)

DZISIEJSZE GRANICE POLSKI
THE ACTUAL BOUNDARIES OF POLAND
LES FRONTIÈRES ACTUELLES DE LA POLOGNE * *)

*** Jeder trägt von Euch in seiner Seele den Samen künftiger
Rechte und in Maßen auch künftiger Grenzen

**Dokument 5: Karte der Umgebung Danzigs mit Verkehrsver-
bindungen**

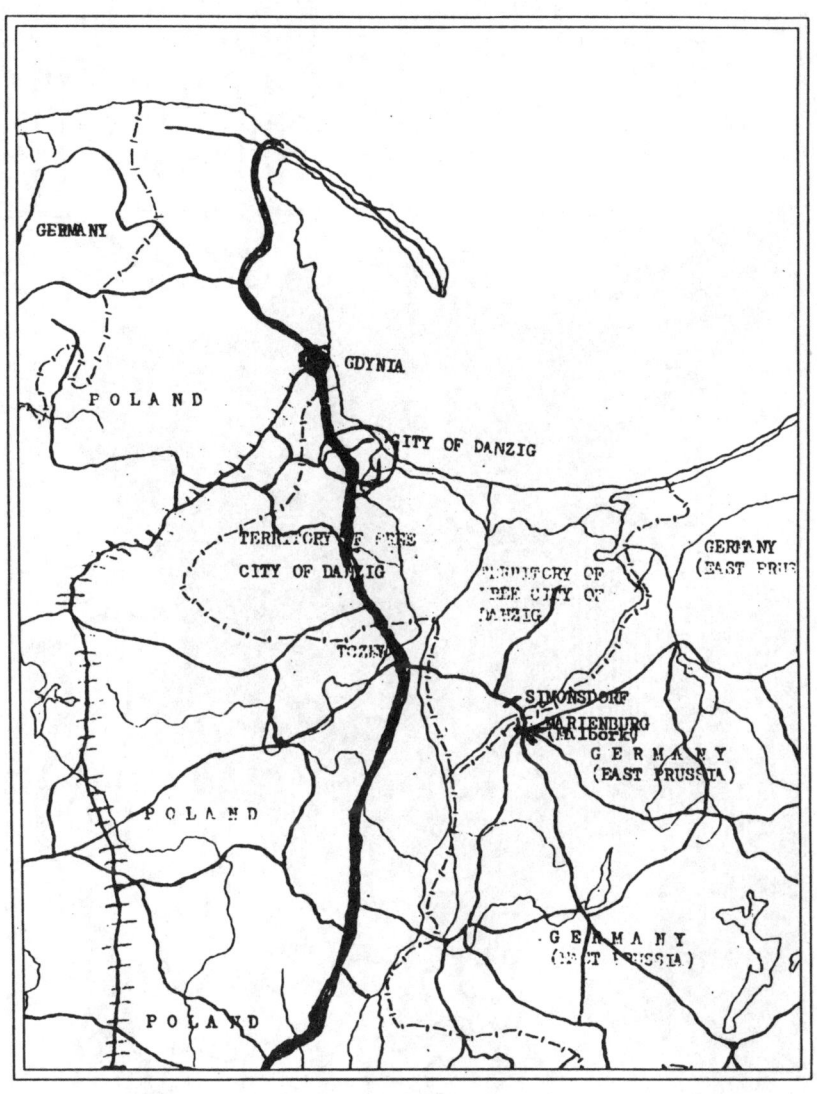

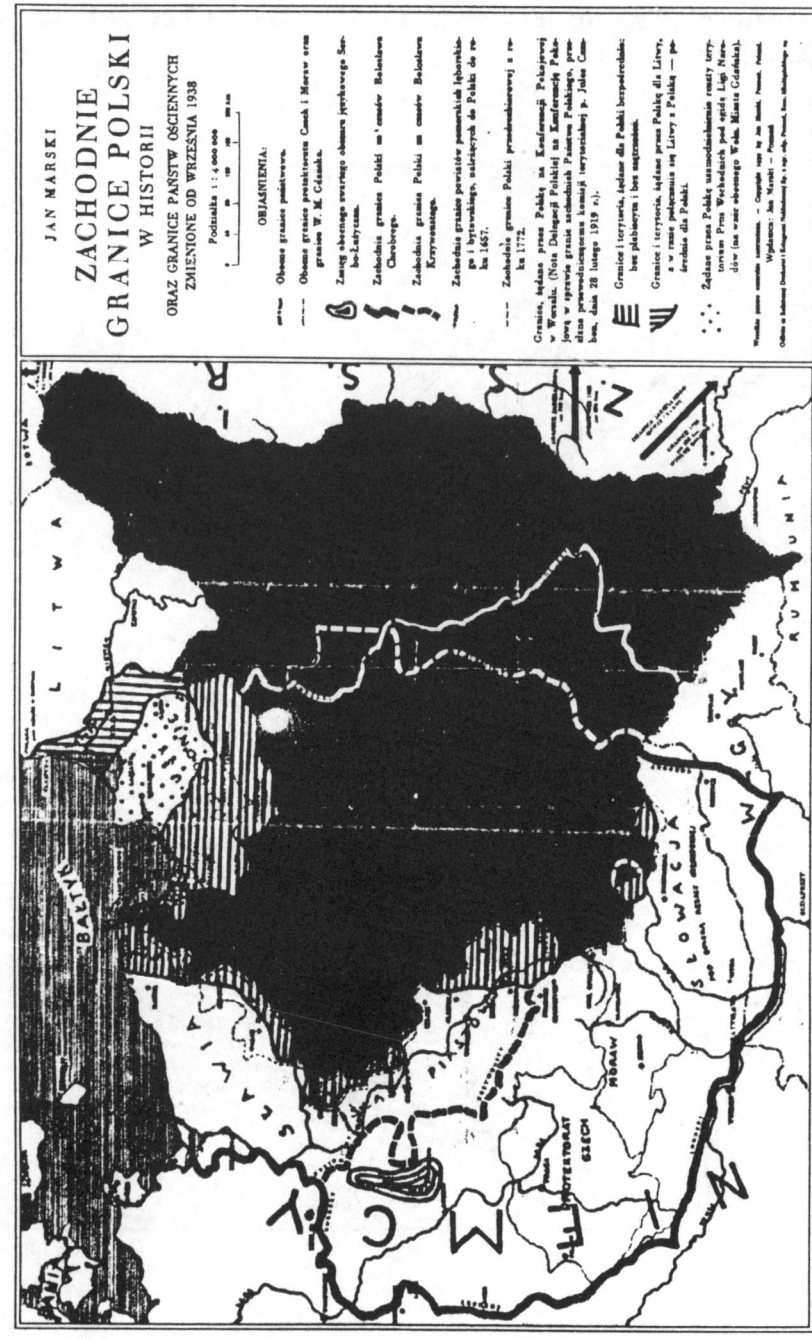

Dokument 6: Polnische Geschichtskarte

Übersetzung der Legende der polnischen Geschichtskarte:

Die westlichen Grenzen Polens in der Geschichte und die geänderten Grenzen der benachbarten Staaten seit September 1938

Maßstab 1 : 4.000.000

Erläuterungen

Die gegenwärtigen Staatsgrenzen

Die gegenwärtigen Grenzen des Protektorates Böhmen und Mähren sowie der Freien Stadt Danzig

Raum des geschlossenen Sprachgebietes der Lausitzer Sorben

Die westlichen Grenzen Polens zur Zeit Boleslaw des Kühnen

Die westlichen Grenzen Polens zur Zeit Boleslaw Schiefmunds

Die westlichen Grenzen der pommerschen Kreise Lauenburg und Bütow, die bis 1657 polnisch waren

Die westlichen Grenzen Polens vor der Teilung des Jahres 1772

Die von Polen auf der Versailler Friedenskonferenz geforderten Grenzen (Note der polnischen Delegation zur Friedenskonferenz hinsichtlich der westlichen Grenzen des Polnischen Staates, die dem Vorsitzenden des Gebietsausschusses, Jules Cambon, am 28.Februar 1919 übersandt wurde

Grenzen und Gebiete, die für Polen ohne Abstimmung und ohne Vorbehalt gefordert wurden

Grenzen und Gebiete, die von Polen für Litauen und im Falle der Vereinigung Litauens mit Polen dadurch für Polen gefordert wurden

Die von Polen geforderte Verselbständigung des Restgebietes von Ostpreußen unter Schutz des Völkerbundes (nach dem Muster der gegenwärtigen Freien Stadt Danzig)

2. Zwei Briten in Warschau[4]

Wir wissen nicht, was die britische Regierung oder das Foreign Office veranlaßt hat, im Juni 1939 zwei hochrangige Diplomaten, Mr. Strang, Leiter der mitteleuropäischen Abteilung des Foreign Office, und Mr. Gladwynn Jebb, Privatsekretär des Permanent Undersecretary des Foreign Office, Cadogan, nach Warschau zu schicken. Waren es Zweifel an der Zuverlässigkeit der Polen, ungenügende Kenntnis der militärischen, politischen und wirtschaftlichen Verhältnisse? Man sollte annehmen, daß die Briten, als sie am 31. März 1939 die Garantieerklärung für Polen abgaben, hinreichend über die Verhältnisse in diesem Staat informiert waren, dessen Unabhängigkeit und Integrität zu schützen sie versprachen.

War der britische Geheimdienst offenbar nicht effektiv genug, um zuverlässige Berichte zu schicken? Hatte man Zweifel an der Objektivität der Berichterstattung des umtriebigen, sehr polenfreundlichen britischen Botschafters Kennard in Warschau? Wir wissen es nicht. Wir wissen jedoch aus einem "minute" von Sargent",[5] warum General Ironside im Juni nach Warschau geschickt wurde. Der britische Botschafter Kennard hatte berichtet, daß keine klare und aufrichtige Antwort von Beck zu bekommen sei. Ironside sollte die Wissenslücke ausfüllen. Sein Bericht bestätigt diesen Sachverhalt. Wir haben ihnen praktisch einen Blankoscheck gegeben und jetzt wollten wir sicher sein, daß dieser Scheck nicht grundlos präsentiert wird.[6]

Was ist das nur für eine Politik, muß man fragen. Man gibt, leichtsinnigerweise, darf man wohl sagen, eine bedingungslose Garantie an ein Land, ohne über die dortigen Verhältnisse und vor allem Absichten ausreichend informiert zu sein. Das versucht man über zwei Monate später durch Erkundungstrupps nachzuholen.

Was muß man der erfahrenen britischen Diplomatie vorwerfen? Dummheit doch sicher nicht, eher schon grobe Fahrlässigkeit. Wahrscheinlich jedoch Absicht. Man wollte den Polen keine Bedingungen stellen, um ihnen die Annahme der Garantie nicht zu erschweren und sich selber nicht durch genaue Kenntnis der polnischen Verhältnisse gezwungen sehen, solche Bedingungen zu stellen.

Wir wissen ferner, daß der von Mr. Jebb abgefaßte Bericht, ein "minute", größtes Interesse im Foreign Office gefunden hat. Alle maßgeblichen Leute haben Kenntnis genommen, Halifax, Vansittart, Cadogan, Butler, Sargent und Kirkpatrick. Der Letztgenannte hat gewissermaßen das Schlußwort geschrieben und die Schlußfolgerung gezogen, die von größter politischer Bedeutung ist. Sie lautet in der deutschen Übersetzung: Die Polen glauben, die Deutschen besser zu kennen als wir, und daß unser einzig sicherer Kurs darin besteht, eine feste Front zu bilden. Die einzige Alternative dazu ist, den Damm unwiderruflich einer unbegrenzten Aggression zu öffnen.[7]

Die Briten stimmten also der polnischen Behauptung, die Deutschen besser zu kennen, zu. Es erhob sich kein Widerspruch. Daraus ergab sich eine verhängnisvolle Konsequenz, die relative britische Untätigkeit, die durch die Unkenntnis über die polnischen Absichten verschlimmert wurde. Wenn die Polen die Deutschen besser kennen, ist es zweckmäßig, ihnen die Deutschland betreffende Politik weitgehend zu überlassen, ist die Folgerung.

Cadogan schienen doch einige Bedenken gekommen zu sein, was man aus einem handschriftlichen Zusatz zu Kirkpatricks "conclusions" schließen kann. Sein Zusatz lautet in der deutschen Übersetzung: "Es zeigt auch - was wir schon aus anderen Quellen gehört haben, daß in gewissen Kreisen in Polen eine ziemlich unbekümmerte (oder unbesonnene) Zuversicht herrscht. Ich hoffe, daß das nicht gefährlich sein wird, ich habe Vertrauen zu Herrn Beck."[8]

Das ehrt Herrn Beck, aber ob das Vertrauen in eine Person ausreicht, eine als leichtsinnig beschriebene Nation von unbesonnenen Taten abzuhalten, ist die Frage. Hätte die britische Politik angesichts dieser Erkenntnisse nicht eine Einschränkung der Garantie vornehmen und ihr Inkrafttreten an gewisse Voraussetzungen vertraglich knüpfen und ihr damit den Charakter eines Blankoschecks nehmen müssen? Aber vielleicht wollte man das gar nicht!

Wenn man bisher angenommen hatte, daß der polnische Chauvinismus in der städtischen Intelligenz seinen stärksten Rückhalt hatte, erfährt man aus dem Bericht von einer kriegerischen antideutschen Einstellung der Landbevölkerung, die sowohl auf völkischen als auch wirtschaftlichen Ursachen beruhte. Eine große Bevölkerungsvermehrung fand auf dem Lande statt und als Folge Hunger nach dem Land der deutschstämmigen Bauern. Die polnische Bevölkerung sehnte sich damals nach einer kriegerischen Auseinandersetzung mit den Deutschen, die mit einer deutschen Niederlage enden würde, wie man erwartete. Und wenn auf deutscher Seite an den von Deutschen angeblich verübten Greueltaten immer wieder Zweifel geäußert wurden, so enthält dieser Bericht zwar keine Bestätigung von Geschehnissen, wohl aber eine Voraussage über künftige Greueltaten der Polen. Es war immerhin der "hochintelligente" (highly intelligent) Leiter der Wirtschaftsabteilung des Außenministeriums, Wszelaki, der im Kriegsfall ein schreckliches Massaker an deutschstämmigen Bauern befürchtete. Durch die dann folgende Vertreibung der Deutschen konnte man den Landhunger der polnischen ländlichen Bevölkerung stillen, ein in der Literatur wenig oder gar nicht beachteter Gesichtspunkt.

Die beiden Briten erfuhren natürlich auch die Grenze der polnischen Kompromißbereitschaft. Kein Pole würde freiwillig weder die Anwesenheit deutscher Soldaten auf Danziger Gebiet noch den wirtschaftlichen Anschluß Danzigs an das Reich zulassen. Im ersten Fall würde der Korridor unhaltbar werden und im letzten Fall der polnische Handel, der nicht ausschließlich über Gdingen gehen könnte, erstickt. In jedem der beiden Fälle würde die polnische Unabhängigkeit gefährdet sein, erfuhren die beiden Briten, die die polnische Argumentation widerspruchslos hinnahmen.

Damit war die deutsche Forderung nach Rückkehr Danzigs zum Reich auf dem Verhandlungswege ausgeschlossen, was die britische außenpolitische Führung ohne Kritik und gewissermaßen zustimmend zur Kenntnis nahm.

Einen Vergleich der Situation der Danziger, mit der der Sudetendeutschen von 1938, die zu ihrer Rückkehr ins Reich geführt hatte, lehnten die Polen ab. Die Danziger seien frei, sie könnten ohne Behinderung "Nazis" sein, wären es auch zum größten Teil und hätten ihr politisches Leben entsprechend organisiert, und wirtschaftlich ginge es ihnen besser als bei einem Anschluß an das Reich, behaupteten die Polen. Daß zur Freiheit auch die Möglichkeit gehören mußte, sich für die Zugehörigkeit zum Deutschen Reich entscheiden zu können, darauf kamen die Polen und offenbar auch die Briten nicht.

In Kürze: Alle Polen waren überzeugt von der Rechtmäßigkeit der derzeitigen Regelung als einer Mindestlösung der Problematik. Im Grunde hätte natürlich alles polnisch sein müssen.

In seiner Zusammenfassung kam Mr. Jebb erstaunlicherweise zu dem Schluß, daß im ganzen gesehen die britische Garantie für Polen weniger waghalsig war, als er vorher gedacht hatte. Eine Schlußfolgerung, die aus dem Bericht nicht hervorgeht. Der zweite Schluß ist auch nicht zwingend. Nachdem die Garantie gegeben war, glaubte Mr. Jebb, daß keine andere Wahl bestünde, als den Polen zu helfen, und jede Lösung der Danzigfrage, die entweder deutsche militärische Besetzung oder Kontrolle oder Zölle einschlösse, mit Gewalt zu verhindern. Damit überließen die Briten, was sie auch praktisch getan hatten, den Polen die Politik. Nicht nur in den angeführten Fällen von deutscher militärischer Besetzung und deutscher Kontrolle der Zölle.

Und was sollte mit der deutschen Bevölkerung der von den Polen eroberten Gebiete geschehen? Wenn manche Deutsche heute noch glauben, die Vertreibung der Deutschen aus den Ostgebieten sei eine "gerechte" Vergeltung für ihre an dem polnischen Volk während des Krieges begangenen "Greueltaten", so hatten die beiden Briten und mit ihnen die britische außenpolitische Führung erfahren, daß die Vertreibungen schon vor dem Krieg geplante Aktionen waren. In dem Bericht der Briten taucht bereits das berüchtigte Wort "Transfer" auf, was bedeutete, daß auf jeden Fall Bevölkerungsverschiebungen organisiert werden sollten.[9, 10]

Ferner wurde eine polnische Expansion mit bevölkerungspolitischen Argumenten begründet. Polen als ein junger schnell wachsender Staat müsse eine seiner Bedeutung entsprechende Küstenlinie haben, erfuhren die Briten.

Mr. Jebb meinte, es gäbe noch einen größeren verschwommenen (shadowy) Plan über Polens Zukunft nach einem siegreichen Krieg gegen Deutschland. Das war die Konzeption eines föderalen Polens unter Einschluß Litauens und mit einer gewissen Autonomie für die Ruthenen. Nach diesen Vorstellungen würde Warschau das Zentrum eines riesigen Gebietes werden, dessen westliche Grenzen bis an die Oder ausgedehnt werden sollten und dessen südliche Grenzen an ein wiederhergestelltes Ungarn stoßen würden.

Mr. Jebb schränkt diese Aussage ein wenig ein. Es sei ein Traum, der in den Hinterköpfen mancher Polen spuke. Aber war es ein irrealer Traum, waren es verschwommene Vorstellungen und war nur die Annektion von Ostpreußen endgültig (definite)? Die polnische Führung dachte durchaus realistisch. Der Krieg würde nicht auf Polen beschränkt bleiben. Zwar würden im ersten Teil die Polen geschlagen werden und sich in die Pripjetsümpfe oder den Urwald von Bialowiecza zurückziehen müssen, aber nachdem Deutschland von den Westmächten geschlagen worden wäre, würden die polnischen Armeen wieder auftauchen und wie 1919 auf das größere Polen (Greater Poland) vorrücken.

Eigentlich hätten den Briten angesichts der polnischen Expansionspläne Bedenken kommen müssen. War nicht ihre den Polen gegebene Garantie die Grundlage, auf der solche polnischen Expansionspläne gedeihen konnten?

Aber zu solchen Erkenntnissen waren die Briten nicht bereit. Kirkpatrick als Berichterstatter schrieb, daß es ein interessanter Bericht über den Besuch sei.

Gab es eine Möglichkeit, die britische Politik zu verändern? Mr. Jebb meint, daß bei einem britischen Versuch, sich aus der Garantie herauszuwinden (to wriggle out of the guarantee), die Polen ihre gegenwärtige Haltung Deutschland gegenüber ernsthaft revidieren würden, womit er indirekt zugibt, daß es die britische Garantie war, die die Polen zu ihrer ablehnenden Haltung veranlaßte. Selbst wenn es ihnen nicht gelänge, die Deutschen zu befriedigen, was wahrscheinlich der Fall sein würde, wäre das erste Zeichen britischer Nachgiebigkeit (weakness) für die Russen das Zeichen, sich mit den Deutschen auf der Grundlage einer vierten Teilung Polens zu einigen. Wenn das einträte, würden die Wirkungen auf die britische Stellung in der Welt auch dem Dümmsten (meanest intelligence) klar sein. Bei solchen Möglichkeiten sei es beunruhigend, meinte Mr. Jebb, so viele einflußreiche Persönlichkeiten in England zu hören, die immer noch erklärten, daß nichts sie veranlassen könnte, sich durch Kurzsichtigkeit des Foreign Office in den Tod für Danzig treiben zu lassen. Das aber sei nur eine Minderzahl, die Mehrheit der Engländer sei von der Notwendigkeit überzeugt, gegen Deutschland Krieg führen zu müssen.

Die Briten hatten natürlich auch feststellen können, daß es in Polen ein Judenproblem gab. Es habe beispielsweise in Lemberg, der Hauptstadt der polnischen Ukraine, eine größere Bedeutung gehabt als das ukrainische. Wir wissen von häufigen Pogromen, die auch zu Todesopfern geführt haben. So berichteten die Briten von der Ermordung dreier jüdischen Studenten durch polnische allein seit Beginn des Semesters. Es sei ziemlich schwierig, das Problem ohne Gewalt zu lösen. Und dazu gehöre auch der Export von Juden.

Mit dem Entstehen der polnischen Mittelklasse wurde die jüdische Frage vermehrt akut. Es gab keine Beschäftigung für viele gebildete Polen, wenn nicht ein Jude, der wahrscheinlich besser für diese Tätigkeit geeignet war, entlassen wurde. Eine Abhilfe würde nur eine schnelle Industrialisierung des Landes bringen oder der Export von Juden.[11]

3. Die Unterdrückung der deutschen Minderheit

Mit den folgenden Ausführungen wird nicht beabsichtigt, neue Tatsachen zu bringen. Die Ereignisse sind zu einem großen Teil aus vielen deutschen Darstellungen bekannt und als mehr oder weniger glaubhaft betrachtet worden. Im Kontext dieses Buches ist es entscheidend, daß es sich um britische Berichte über die für viele Deutsche unglaubwürdigen Darstellungen handelt. Diese sollen ihnen dadurch glaubwürdiger werden und helfen, ihren Schuldkomplex abzubauen. Zum anderen sollen diese britischen Berichte zeigen, daß die Briten über das Ausmaß der Unterdrückung der deutschen Minderheit informiert waren, wie auch über die Tatsache, daß sich dadurch erheblicher Sprengstoff im deutsch-polnischen Verhältnis angesammelt hatte. Es soll aufgezeigt werden, daß die Briten nichts unternommen hatten, diesen Sprengstoff zu entschärfen und auch dadurch zum Ausbruch des Krieges beigetragen, wenn nicht sogar ihn verursacht haben.

Das Minderheitenproblem hatte das deutsch-polnische Verhältnis seit Ende des Ersten Weltkrieges belastet. Im großen Umfang durchgeführte Vertreibungen und Enteignungen, kulturelle und politische Unterdrückung, Benachteiligung auf allen Gebieten hatten zu erheblicher Dezimierung der deutschen Volksgruppe in Polen geführt.

Auch die Entschärfung des deutsch-polnischen Verhältnisses durch den Nichtangriffsvertrag von 1934 und das Minderheitenabkommen von 1937 hatten nur oberflächliche Abhilfe schaffen und die Unterdrückungs- und Vernichtungspolitik gegen die rund 1,5 Millionen Köpfe zählende deutsche Volksgruppe nicht beenden können.

Noch am 4. März 1939, also vor dem endgültigen Scheitern der deutsch-polnischen Verhandlungen, hatte der deutsche Innenminister an den Außenminister berichtet, die Verhandlungen über die Minderheiten hätten kein Ergebnis gebracht. Polen denke nicht daran, gegenüber der deutschen Volksgruppe seine Politik zu ändern. Mit der Zuspitzung des deutsch-polnischen Verhältnisses im Jahre 1939 trat eine weitere Verschärfung der polnischen Unterdrückungspolitik ein.

Aus zwei Gründen soll die Minderheitenfrage hier - wenn auch nur kurz - behandelt werden.

Einmal erscheint dem Verfasser die Behandlung erforderlich, weil immer wieder der Einwand erhoben wird, es handle sich hier nur um eine maßlose nationalsozialistische Übertreibung. Dann

244

aber auch deshalb, weil im Endstadium des deutsch-polnischen Gegensatzes das Problem Danzig zurücktrat und Hitlers Entscheidung für den Krieg durch die, Nachrichten über die auch an Grausamkeiten bis zur physischen Vernichtung zunehmende Unterdrückungspolitik sehr wesentlich beeinflußt wurde.

In diesem Abschnitt wird wieder - und hier besonders bewußt - auf britische Aussagen zurückgegriffen. Sie werden Weizsäckers Feststellung bestätigen, daß der deutsch-polnische Minderheitenstreit keine Erfindung Hitlers war und daß "1939 die Welle immer höher auflief und das ursprüngliche Problem Danzig und die Passage durch den Korridor verdeckte".[12]

Er sei beunruhigt über die verschiedenen Berichte aus nichtdeutschen Quellen über polnische Unvernunft und provozierende Handlungen gegen Deutsche und deutsche Einrichtungen in Polen, schrieb Henderson am 20. Juni 1939 an Cadogan.[13] Angesichts der Verantwortung, die Großbritannien durch die Garantie übernommen habe, sollte man eine starke Sprache den Polen gegenüber finden, damit sie eine dauerhafte Lösung dieser Frage verwirklichten. Er schlug eine bestellte Anfrage im Unterhaus über diese Vorfälle vor und eine Antwort, die eine ernste Warnung an Polen darstellte, es möge im Interesse des europäischen Friedens dringend alle Akte ungerechtfertigter Provokationen unterlassen. Sie sollte darauf hinweisen, daß die britische Garantie Beachtung der Regeln internationaler und gutnachbarlicher Beziehungen voraussetze.

Acht Tage später stieß er nach. Die Temperatur müsse fallen, bevor man etwas unternehmen könne.[14] Er zweifelte daran, daß sie fallen würde, weil die Polen nicht dazu beitrügen. Er wußte, daß seine Warnungen über polnische Provokationen in London unwillkommen waren. "I cannot help it", denn es sei seine Pflicht, zu wiederholen, daß sie eine ernsthafte Gefahr darstellten.

Aber Henderson hatte offensichtlich immer noch nicht die eigentlichen Absichten des Foreign Office erkannt . . . Am 8. Juli schrieb Halifax an Sir Ogilvie-Forbes, daß Hitlers Politik nicht durch das der deutschen Minderheit zugefügte Unrecht bestimmt werde - er gab also zu, daß es das gab -, sondern nur durch die

Gegebenheiten der internationalen Lage. Halifax meinte, eine parlamentarische Äußerung in der vorgeschlagenen Art könne nur die deutsche Regierung in dem Glauben ermutigen, daß Großbritannien in der Unterstützung Polens nachlasse und ein neues "München" vorbereite. Und dann erfolgte eine erstaunliche Äußerung: Das würde verhängnisvoll für die Aussichten sein, den Frieden zu erhalten. Als ob "München" nicht den Frieden erhalten hätte!

Am 29. Juni äußerte sich Kennard und berichtete über ein Gespräch mit dem deutschen Botschafter von Moltke.[15] Aufgrund von Besuchen und Weisungen des polnischen Unterstaatssekretärs Arcizewski hätten zwar die Zwischenfälle zwischen Deutschen und Polen nachgelassen, aber eine weit ernstere Situation sei entstanden durch behördliche Maßnahmen gegen deutsche Einrichtungen aller Art, Entlassungen in großem Umfang unter der deutschen Bevölkerung. Allein 5.000 in den Gebieten von Teschen und Bielitz hätten stattgefunden. Die Arbeitslosigkeit unter der deutschen Minderheit in Oberschlesien beliefe sich auf 70 % bei einer Gesamtarbeitslosigkeit von 16 %. Auch der Fall (später soll die Zahl auf 5 gestiegen sein) einer Kastration an einem Deutschen kam zur Sprache.

Kennard suchte zwar durch Zitieren von polnischen Begründungen die Berechtigung der administrativen Maßnahmen nachzuweisen, aber ihre Existenz konnte er nicht bestreiten. Sie wurden auch nicht gestoppt. Im Juli/August erfolgte z. B. noch eine Aktion gegen deutsche Meiereien, die geschlossen wurden oder eine polnische Leitung erhielten.

15000 Dokumente über Ausschreitungen gegen Deutsche sollen seit März 1933 im Auswärtigen Amt eingegangen sein.[16] 70.000 volksdeutsche Flüchtlinge wurden gegen Ende August in reichsdeutschen Lagern registriert. In dieser Zahl waren die nach Danzig geflüchteten oder die nicht durch die Lager gegangenen Flüchtlinge nicht einbegriffen. 5.437 Morde an Volksdeutschen gibt das deutsche Weißbuch bis zum 17. Nov. 1939 an. Die Zahl der identifizierten Leichen erhöhte sich auf 12.857. Natürlich ist die weitaus größte Zahl erst nach Kriegsausbruch ermordet worden.

Im August verschlechterte sich die allgemeine politische Lage durch die Behandlung der deutschen Minderheit. Der französische Botschafter in Berlin, Coulondre, teilte seiner Regierung mit, daß Hitlers Erregung in erster Linie hierdurch hervorgerufen sei.[17] In einem langen Report für den Premierminister und den Secretary of State vom 30. August zitierte Dahlerus mehrfach Göring und wies noch einmal auf fünf erschossene Deutsche hin.[18] Es hätte daraufhin schon Krieg geben können, äußerte er. Lediglich wegen der britischen Note vom 29. sei es dazu nicht gekommen. Es sei aber Torheit anzunehmen, daß England und Frankreich Deutschland vom Angriff abschrecken könnten, wenn Polen fortfahre, sich in derselben Weise zu verhalten.

Auch das britische Kabinett beschäftigte sich mit der Minderheitenfrage.[19] Man stellte fest, daß die deutsche Presse seit dem 12. August die Minderheitenfrage angeheizt habe. Kennard sollte an Beck appellieren, mit Deutschland über das Minderheitenproblem zn sprechen. Es scheine, daß die Minderheitenfrage der Mittelpunkt des Problems geworden sei.

Diese etwas objektivere, die Tatsachen erkennende Beurteilung war neu, denn noch vier Tage vorher hatte Halifax in einem Telegramm an Kennard von einem drohenden Hochspielen der Minderheitenfrage gesprochen.[20] Er vergaß, daß bis zur polnischen Note vom 10. August die deutsche Presse Anweisung erhalten hatte, die bis dahin genauso feindliche Behandlung der deutschen Volksgruppe der von Hitler angestrebten Entspannung wegen totzuschweigen.

In der zweiten Augusthälfte rückte die Minderheitenfrage an Bedeutung immer mehr in den Vordergrund. Doch die britische Regierung ließ es an dem nötigen Nachdruck fehlen, mit dem die Polen zu einer Änderung ihrer Haltung hätten veranlaßt werden können. Dabei überstürzten sich Hendersons auf die Bedeutung dieser Frage hinweisende Berichte förmlich in jenen Tagen.

Am 21. August schlug er in einem Brief an Cadogan vor, daß der geplante Brief an Hitler auf die Minderheitenfrage hinweisen sollte, die von größerer Dringlichkeit sei als Danzig selbst.[21] Und am selben Tag berichtete er Halifax von einem Gespräch mit einem deutschen Freund, der zwar Presseübertreibungen zugegeben hatte, aber ihm versichert habe, daß eine aufgezwungene deutsche Wanderung aus Polen stattfinde, wo keinem Deutschen mehr erlaubt werde, seinen Lebensunterhalt zu finden. Das sei die dringendste Frage. Er (Henderson) habe von Geduld gesprochen. Die sofortige Antwort des Freundes (man vermutet Weizsäcker) sei gewesen, daß die bloße Erwähnung dieses Wortes "Geduld" Hitler in rasende Wut versetze. "The crux of the question is not Danzig, but minorities".[22]

Am 24. August kam Henderson erneut auf die Bedeutung der Minderheitenfrage zurück.[23] Aus Hitlers Antwort vom 23. August an die britische Regierung schloß er, daß die entscheidende Frage nicht so sehr Danzig und der Korridor sei, die ohne weiteres auf eine spätere Lösung warten könne, sondern die Verfolgung der deutschen Minderheit. Nur durch Direktkontakt mit den Polen könne die Frage gelöst werden. Wenn auch die Presseberichte übertrieben sein könnten, so gebe es doch viel Grund für deutsche Klagen. Und er führte das Enteignungsgesetz an, das ein Versuch sei, unter dem Schutz der Garantie der westlichen Mächte die deutsche Bevölkerung in Polen loszuwerden. Auch Aster erkennt die überragende Bedeutung der Minderheitenfrage. Er weist auf die Unterredung zwischen Henderson und Weizsäcker vom 13. August hin. Sie habe sich auf die Verfolgung der deutschen Minderheit in Polen konzentriert. "The Danzig dispute was forgotten."[24]

Aber die britische Regierung reagierte wie üblich. Die deutschen etablierten Historiker werden sicher darauf hinweisen, daß die britische Regierung ihren Botschafter angewiesen hatte, bei Beck wegen der Behandlung der deutschen Minderheit vorstellig zu werden. Das hatte sie auch am 18. August getan, und ihn dringend aufgefordert, sich an Beck zu wenden, damit dieser mit Deutschland die Minderheitenfrage erörtere. Und das Ergebnis? "The Poles had taken it quite well, but it did not appear to have had any definite results. " Dabei beließen es dann die Briten, wie gehabt, obwohl sie erkannt hatten: "It seemed that the minority question was now the centre of the problem."

Daß die Polen sich nicht veranlaßt gesehen hatten, auf die britischen Anregungen einzugehen, lag an deren "zahmen" Charakter. Halifax klärte seine Kollegen über die Grenzen auf, die er sich selbst gesetzt hatte.[25] Die Weitergabe der Anregungen in der gegenwärtigen Situation hätte das Risiko eines Vertrauensverlustes bei den Polen zur Folge haben können. Das war die immer wiederkehrende Ausrede der Briten, mit der sie ihre (gewollte) Untätigkeit zu erklären und rechtfertigen suchten.

Dabei waren sich die Polen durchaus ihrer schwachen Position in der Minderheitenfrage bewußt und hätten durchaus einem stärkeren britischen Druck ausgesetzt werden können. Vom internationalen Standpunkt aus sei die Minderheitenfrage besonders lästig für Polen, meinte Lipski in einem streng vertraulichen Schreiben an Beck, da es zusätzlich noch andere Minderheitenprobleme in Polen außer den deutschen gebe.[26] Da er offenbar nicht über genügend Beweise verfügte, um die Vorwürfe zu widerlegen, war Lipski zum Gegenangriff übergegangen. Er bemühte sich, dokumentarische Beweise für die Verfolgungen der polnischen Minderheit in Deutschland zusammenzustellen. Besondere Ordner, die mehr als 600 Zwischenfälle enthielten, seien den britischen und französischen Botschaften ausgehändigt worden.

Nur schien das nicht entlastend für die polnische Minderheitenpolitik gewirkt zu haben, denn Lipski mußte zugeben, daß er selbst bei einem so polenfreundlichen Mann wie dem französischen Botschafter Coulondre Besorgnis feststellen mußte. Furcht, daß die polnischen Minderheitenmaßnahmen einen polnisch-deutschen Konflikt hervorrufen könnten.

In der etablierten deutschen Geschichtschreibung wird immer nur von deutschen "Greueltaten" berichtet, die sich bei und nach der Besetzung Polens ereignet haben sollen. Von polnischen Untaten ist keine Rede und schon gar nicht von solchen vor Kriegsbeginn gegenüber der deutschen Minderheit. Und wenn schon einige Vorkommnisse nicht geleugnet werden können, wird bestritten, daß Hitler sich darüber erregt habe. Das Beispiel Südtirol zeige, daß Hitler kein echtes gefühlsmäßiges Verhältnis zu den "Brüdern" außerhalb der Reichsgrenzen gehabt habe. Allenfalls ein propagandistisches. Unterschlagen wird, daß er in seiner Unterredung mit dem Völkerbundskommissar für Danzig, Burckhardt, auf dem Obersalzberg am 12. August 1939 seine Entspannungsbereitschaft erneut erklärt, jedoch, einige Bedingungen gestellt hatte. Unter anderem hatte er gefordert, daß die Leiden der deutschen Minderheit aufhören müßten. Diese Leiden werden bestritten. Die Berichte über die Verfolgung der deutschen Minderheit seien übertrieben und Ausfluß der nationalsozialistischen Propaganda gewesen.

Aber selbst der polenfreundliche britische Botschafter in Warschau, Kennard, konnte nicht umhin, am 25. Februar 1939 seinem Außenminister Halifax unliebsame Tatsachen über die Behandlung der deutschen Minderheit in Polen mitzuteilen. Der polnische Außenminister habe immer Abhilfe zugesagt und habe je einen Vertreter des Außen- und Innenministeriums zu entsprechenden Verhandlungen nach Berlin schicken wollen, wäre dann aber im letzten Augenblick ausgewichen.[27]

Der deutsche Botschafter in Warschau, von Moltke, hatte wenig Hoffnung, daß sich konkrete Ergebnisse aus solchen Unterredungen ergeben würden. Es bestünde nur geringe Wahrscheinlichkeit, daß die polnischen Behörden etwas ernsthaftes tun würden, um die Verhältnisse zu verbessern.[28]

Herr von Moltke war verbittert[29] über die Art und Weise, wie die deutsche Minderheit in diesem Lande behandelt wurde. Nicht nur in kulturellen Angelegenheiten wie Schulen und der Möglichkeit, die eigene Sprache zu sprechen. Es sei praktisch unmöglich für einen Deutschen, der hier lebte, seinen Lebensunterhalt zu verdienen. Das Land, das den großen deutschen Landbesitzern gehört hatte, war durch die Agrarreform praktisch konfisziert worden, deutsche Beschäftigte aller Art in der Industrie und in der Landwirtschaft würden entlassen, nur weil sie zufällig Deutsche waren."[30] Die ganze Lage würde unerträglich. Auf Kennards Einwand, daß in Deutschland lebende Polen in ähnlicher Weise behandelt würden, antwortete von Moltke, daß es in Deutschland keinen Fall eines unbeschäftigten Polens gebe oder eines solchen, der in irgendeiner Weise wegen seiner Nationalität bestraft würde.[31]

Kennards Erwiderung entsprach den üblichen polnischen Retourkutschen. In der polnischen Presse erschienen fast täglich Klagen über Ausweisungen und Erlaubnisverweigerungen, Gottesdienste abzuhalten oder polnischen Sprachunterricht zu erteilen. Die deutsche Presse hielt sich in ihrer Berichterstattung über Zwischenfälle sehr zurück. Darüber berichtete Hendersons Stellvertreter Sir Ogilvie-Forbes in dessen Abwesenheit an das Foreign Office. Er zitierte einen Kommentar der deutschen diplomatischen Korrespondenz, dessen wörtliche Wiedergabe uns wichtig erscheint, auch für die Beantwortung der Frage, wer für die Spannungen verantwortlich war und warum die Briten nicht auf die Polen eingewirkt hatten, weitere Zwischenfälle zu vermeiden. Statt dessen hatten sie ihnen zwei Tage, nachdem ihr Botschafter den Kommentar übersandt hatte, den Blankoscheck ausgestellt. In dem Kommentar hieß es: Die Tatsache, daß die deutsche Presse keine unangemessene Notiz von den Zwischenfällen genommen hat, sollte nicht zu der falschen Schlußfolgerung führen, daß sie übersehen worden sind oder daß Drohungen oder Beleidigungen gegen alles was deutsch ist, uninteressant für Deutschland sind. Deutschlands Zurückhaltung in dieser Beziehung war im Gegenteil ausschließlich durch den Wunsch und durch die Hoffnung bestimmt, daß solche unglückseligen Zwischenfälle bloß eine vorübergehende Chauvinismusmode darstellen, die bald überwunden werden könnte durch Vernunft, Wertschätzung, praktische Politik und schließlich durch die Erinnerung an die alte immer noch gültige Linie der von Marschall Pilsudski eingeschlagenen Politik. Unglücklicherweise, fährt die deutsche diplomatische Korrespondenz fort, sind die deutschen Erwartungen in dieser Beziehung nicht erfüllt worden und es scheint, als ob zur Freude derjenigen, die daran interessiert sind, die deutsch-polnischen Beziehungen zu stören, der gegen alles, was deutsch ist, gerichteten Agitation kein ernsthaftes Halt zugerufen worden ist und als ob nicht länger auf die Aufrechterhaltung aufrichtiger Beziehungen mit dem deutschen Volk Wert gelegt wird.[32] Sir Ogilvie-Forbes berichtete am 29. März 1939 auch über einen Bericht der "Nationalzeitung" ("Fieldmarshall Göring's Newspaper"). Danach hatten Mitglieder der "Polish Western League" (des berüchtigten polnischen Westmarkenvereins) am 24. März in Bromberg Deutsche angegriffen. Frauen und Kinder sollen in den Straßen belästigt worden sein, wenn sie Deutsch sprachen, deutsche Häuser und Läden waren mit Teer beschmiert und deutsche Bauernhöfe nachts angegriffen worden. Auf einem Treffen der "Polish Western League" am 24. März 1939 in Bromberg waren unwiederholbare Beleidigungen gegen Deutschland und den Führer ausgestoßen worden.[33]

Diese antideutschen Unruhen beschränkten sich aber nicht auf Bromberg oder auf "studentische Kreise als deren Verursacher", wie Kennard in einem Schreiben vom 22. März 1939 an Cadogan diese bezeichnete. Er berichtete, daß den Bromberger Unruhen solche in allen größeren polnischen Städten gefolgt waren.[34]

Drei Tatsachen müssen festgehalten werden. Es waren keine regional beschränkte Unruhen, sie waren über das ganz Land verbreitet. Und zweitens wird berichtet, daß als Vorwand dieser Unruhen Becks angebliche deutschfreundliche Haltung genannt wurde.[35]

Auf deutscher Seite konnte man nun wirklich nicht von einer Deutschfreundlichkeit Becks sprechen. Wenn man das in Polen tat, war es ein Zeichen für die dort aufgeheizte chauvinistische Stimmung. Und drittens muß der Zeitpunkt beachtet werden. Im März 1939 spielten sich diese Ereignisse ab, also bevor die Kunde vom immer so entscheidend genannten 26. März mit der endgültigen Ablehnung der deutschen Vorschläge zur Danzigfrage sich in Polen verbreitet haben konnte. Und schließlich muß beachtet werden, daß diese antideutschen chauvinistischen, polnischen Demonstrationen sich vor der Erteilung der britischen Garantie am 31. März 1939 abgespielt hatten, die Briten also ihre Garantie in einer aufgeheizten antideutschen polnischen Atmosphäre gaben und diese dadurch förderten. Und es muß gefragt werden, wie stark muß die antideutsche Stimmung in der polnischen Bevölkerung gewesen sein, wenn schon Becks in deutscher Sicht antideutsche Einstellung als nicht ausreichend für ein positives Verhältnis zum deutschen Nachbarn angesehen wurde?

Die Polen haben die Stimmung dann noch weiter angeheizt durch eine Teilmobilmachung Der britische Militärattaché in Warschau meldete zwar eine leichte Entspannung, die er der festen Haltung der britischen Regierung zumaß, mußte aber gleichzeitig eine Teilmobilmachung der Polen melden. Polnische Reservisten der Jahrgänge 1914-1916 waren aufgerufen worden und brachten die Stärke der polnischen Armee auf nahezu eine halbe Million.

Auch andere britische Dienststellen berichteten über die Unterdrückung der deutschen Minderheit. So berichtete der britische Generalkonsul in Danzig am 11. April 1939 von einer großen Fluchtbewegung deutscher Bewohner des Korridors nach Danzig und Deutschland. An diesem Bericht ist auch das Datum interessant. Bereits im April gab es also eine erhebliche deutsche Fluchtbewegung, nicht erst in den Wochen unmittelbar vor Kriegsausbruch.[36]

Es muß in diesem Zusammenhang noch erwähnt werden, daß keinerlei Maßnahmen auf deutscher Seite stattfanden, die auf irgendeine antipolnische militärische Maßnahme schließen lassen konnten. So berichtete Kennard am 28. März an das Foreign Office, daß es keine Anzeichen für eine bedrohliche deutsche Haltung gäbe. Die polnische Regierung habe keine Information über Truppenbewegungen oder andere Maßnahmen in Deutschland, die die Möglichkeiten eines Handstreiches anzeigten. Die Berichte über antideutsche Demonstrationen seien richtig, wie ihm der stellvertretende polnische Außenminister bestätigt hätte.

Und der britische Geschäftsträger in Berlin berichtete ähnlich. Der polnische Kollege des britischen Militärattachés, der gerade aus Warschau zurückgekehrt sei, habe ihm mitgeteilt, daß er keine Information über irgendwelche deutsche militärische Maßnahmen habe, die als vorbereitende Handlung für eine militärische Aktion gegen Polen gelten könnten. Ein Wort noch zu der Auffassung, es habe sich um Vergeltungsmaßnahmen gehandelt. Unter den Dokumenten im "Public Record Office" befanden sich keine entsprechenden Berichte britischer Stellen aus Deutschland.

Die Verfolgung der deutschen Minderheit nahm zu und erreichte am 13. Mai 1939 in Tomaszow einen gewissen Höhepunkt. Über diese Unruhen informierte der britische Botschafter in Warschau das Foreign Office. Der deutsche Botschafter habe ihm berichtet, daß die antideutschen Unruhen in Tomaszow vor einer Woche sehr viel ernster waren als in der Presse erwähnt worden war. Er las Berichte seiner konsularischen Vertretung vor, wonach dort am 13. Mai ein regelrechtes Pogrom stattgefunden hatte. Es habe zwar nur einen Toten gegeben, aber Hunderten von Deutschen waren die Fensterscheiben zerbrochen worden, und sie hatten Zuflucht in den Wäldern suchen müssen. Herr v. Moltke sagte, daß diese Unruhen seiner Meinung nach alles übertrafen, was sich seit dem Kriege ereignet hatte.[37]

Kennard hatte sich auch mit dem polnischen Außenminister in Verbindung gesetzt, um seine Aufmerksamkeit auf die Tatsachen zu lenken, daß diese Zwischenfälle viel ernster waren als allgemein bekannt war und daß die Polizei offensichtlich nicht in der Lage gewesen war, die Zwischenfälle zu verhindern, da der Mob ihr aus der Hand geglitten sei.

Der Minister erklärte zunächst, ihm seien Einzelheiten nur unzureichend bekannt, konnte diese aber nicht bestreiten. Diese Ereignisse hätten in Tomaszow die Behörden überrascht und die örtliche Polizei wäre nicht ausreichend gewesen, um die Unruhen zu verhindern. Jetzt würde er mit Billigung des Innenministers den stellvertretenden Außenminister in alle Zentren mit deutschen Minderheiten schicken, um sich über die Lage zu informieren und über die ergriffenen Vorsichtsmaßnahmen zur Verhinderung antideutscher Unruhen.

Einen aufschlußreichen Bericht über Minderheitenfragen lieferte Kennard am 1. August 1939 an seinen Außenminister. Er wolle die polnische öffentliche Meinung analysieren, wie sie sich in den letzten Wochen geäußert hatte.[38]

Niemals sei sie echt prodeutsch gewesen. Deshalb hätten die meisten Polen die Änderung der Politik im letzten Frühjahr, die Kündigung des Hitler-Pilsudski-Vertrages, mit einem Gefühl der Erleichterung begrüßt. Der Bann auf antideutsche Artikel in der Presse war mit der Beendigung des deutsch-polnischen Vertrages von 1934 aufgehoben. Damit hätten die Polen eine relative Freiheit erworben, ihre wahren Gefühle über den westlichen Nachbarn auszudrücken.[39]

Natürlich waren es nach britisch-polnischer Auffassung die provokatorischen Aufsätze von Dr. Goebbels und anderen deutschen Publizisten in der Presse, dazu die Reden von Herrn Forster, die die polnische Öffentlichkeit erregt hatten. Und worin bestanden ihre Provokationen? In erster Linie war es die Forderung nach Rückkehr von Danzig ins Reich. Aber damit nicht genug. In einer weniger ausgeprägten Weise forderten sie die Rückkehr aller Gebiete, die früher zu Deutschland gehört hatten, einschließlich Pomorze (den Korridor), Posen und großer Teile Oberschlesiens. Drei Dinge scheinen hier bemerkenswert zu sein. Einmal handelte es sich nur um Forderungen, die zur Revision des Versailler Vertrages gehörten und lange vor Hitler schon von den nationalen Parteien Deutschlands erhoben wurden. Es waren also keine Anzeichen von ausgreifendem deutschen Imperialismus.

Zweitens muß darauf hingewiesen werden, daß diese Revisionsforderungen in den deutsch-polnischen Verhandlungen vom 24. Oktober 1938 bis zum 21. März 1939 nicht gestellt worden waren, Hitler also offenbar bereit war, auf diese Gebiete zu verzichten. Zumindest sollten sie einen deutsch-polnischen Ausgleich nicht erschweren.

Und drittens war bei den von Kennard festgestellten "Anklagen" in der polnischen Presse vom "Drang nach Osten" und weiträumigen deutschen Expansionsbestrebungen nicht die Rede.

120 Jahre habe die preußische Herrschaft in diesen Gebieten gedauert und viele alte Rechnungen aus dieser Zeit seien noch abzuzahlen, meinte Kennard. Er vergaß zu erwähnen, wieviel die preußische Verwaltung zur Entwicklung dieser in preußischer Zeit blühenden Provinzen beigetragen hatte, so daß sie sich von den altpolnischen Gebieten ganz wesentlich in ihrem Entwicklungsstand unterschieden haben. Und dann seien da noch bittere Erinnerungen (bitter memories) an die deutsche Besetzung während des ersten Weltkriegs. Kennard muß daran erinnert werden, daß die von ihm genannten Gebiete nicht während des Krieges besetzt wurden, sondern 120 Jahre unter preußischer Herrschaft gestan-

den hatten. Ob er nicht wußte, daß es 1916 die Deutschen und die Österreicher gewesen waren, die ein selbständiges Polen entstehen ließen?

Wenn Kennard feststellte, daß man im letzten Mai in Schlesien und in Pomorze besser getan hatte, kein Deutsch zu sprechen, so ist das nicht das Ergebnis der preußischen Besetzung von 120 Jahren, sondern der Teilungen Polens und des in Polen geförderten Deutschenhasses.

Und noch 1939 erzeugte es böse Blicke (black looks), wenn man sich der deutschen Sprache bediente, wußte Kennard zu berichten. Aber die polnischen Behörden hätten die Lage im Griff, meinte er.

Die wenigen Rechte, die der deutschen Minderheit geblieben oder aufgrund des Hitler-Pilsudski-Vertrages von 1934 (unwillig) gewährt worden waren, waren den polnischen Behörden ein Dorn im Auge. So berichtete Kennard, daß Maßnahmen ergriffen worden waren, um sicherzustellen, daß die deutsche Minderheit ihre Lage nicht zu politischen Zwecken mißbrauchte.[40]

Aus diesem Grunde war eine regelrechte Kampagne gegen die Einrichtungen der deutschen Minderheit geführt worden.[41] Dazu gehörten Maßnahmen der Behörden gegen die "Gesellschaft Erholung" in Bromberg und die deutsche Schule in Posen.

Die Einstellung der polnischen Behörden schilderte Kennard. Überall da, wo Einrichtungen der Minderheit in Umfang und Funktion das für ihre Arbeit notwendige Ausmaß überschritten, was von den polnischen Behörden festgelegt wurde, würden die Behörden "Unregelmäßigkeiten" benutzen, um gegen sie vorzugehen...[42] So wurde das deutsche Theater in Teschen geschlossen, weil die Leitung sich geweigert hatte, polnische Aufführungen zuzulassen. Eine deutsche Schule wurde geschlossen, weil angeblich nicht genügend Schüler vorhanden waren. Ebenso erging es der größten im Besitz von deutschen Grundbesitzern befindlichen Meierei. Sie wurde wegen nicht ausreichender sanitärer Anlagen geschlossen. Von den mannigfachen von Kennard genannten Schließungen muß als besonders gravierend das Verbot des römisch-katholischen Gottesdienstes in deutscher Sprache in (Polnisch)-Schlesien erwähnt werden. Das geschah angeblich im

Interesse der öffentlichen Ordnung. Entscheidend scheint mir bei dieser Behinderung der deutschen kulturellen Arbeit zu sein, daß die polnischen Behörden ihr Ausmaß bestimmten und geradezu auf eine Gelegenheit warteten, diese einzuschränken oder zu unterbinden. Kennard ist erstaunlicherweise ein wenig vorsichtig mit seinem Urteil. Zweifellos hätte die deutsche Minderheit sich bei vielen Gelegenheiten nicht immer strikt loyal verhalten und unter dem Schutze ihrer Institutionen "Naziaktivitäten" entfaltet. Aber er könne natürlich nichts über das Ausmaß sagen und damit über die Berechtigung der gegen die Einrichtungen unternommenen Aktionen. Das ist angesichts seiner Polenfreundlichkeit ein Zugeständnis und läßt die Verstöße der deutschen Minderheit als nicht schwerwiegend erscheinen.

Die behördlichen Maßnahmen gegen die deutsche Minderheit stellten nur einen Teil ihrer Unterdrückung dar. Über das Eingreifen der Behörden hinaus - und zum Teil gegen sie - hatte die öffentliche Meinung sich antideutsch betätigt.[43] So hatte es eine Bewegung gegeben, deutschsprechende Arbeitnehmer aus Fabriken und Geschäften zu entfernen. Besonders stark war eine solche Bewegung in dem schon erwähnten Tomaszow. Warenhaus- und Restaurantbesitzer wurden aufgefordert, keine deutschen Zeitungen auszulegen, kein deutsches Bier zu verkaufen und ähnliches mehr. Kennard versuchte, die Bedeutung dieser Boykottmaßnahmen abzuschwächen und sie, soweit es sich um behördliche Maßnahmen handelte, auf militärische Objekte zu beziehen. Schließlich sei es ein gutes Recht der Polen, meinte er, Vorsichtsmaßnahmen zu ergreifen, um ihre militärischen Objekte zu schützen. Das ist sehr dünn und reicht nicht aus, um die vielen Übergriffe gegen eindeutig zivile Objekte zu erklären.

Natürlich fehlte es nicht an Vorwürfen gegen die deutsche Minderheit. Ihr Verhalten trüge dazu bei, das starke nationalistische Fühlen der Polen zu ermutigen. Dazu gehörten auch Vorwürfe der Illoyalität oder sogar der Nichtbeachtung der Gesetze des polnischen Staates. Dazu kamen natürlich Behauptungen über die schlechte Behandlung der polnischen Minderheit in Deutschland. Kennard zählte viele Beispiele auf. Er muß jedoch zugeben, daß

z. B. ein Verbot polnischer Gottesdienste in Schlesien eine Vergeltung für das Verbot deutscher Gottesdienste in (Polnisch)-Schlesien war.

Kennard verzichtete darauf, zu untersuchen, wer mit den Unterdrückungen begonnen hatte. Er nahm natürlich die Polen in Schutz, sie seien nicht darauf aus, einen Krieg zu provozieren. Er gibt damit indirekt zu, daß durch die Unterdrückungsmaßnahmen der Polen eine Kriegsgefahr entstehen konnte. Verhindern wollten sie eine Nazifizierung der deutschen Minderheit und wären darauf bedacht, in dieser Beziehung nicht zu weit zu gehen. Natürlich ist er davon überzeugt, daß die Behörden Maß halten würden. Sie wüßten zu genau, was Polen im Falle eines Krieges zu erleiden hätte.

Soweit Danzig als der Hauptstreitpunkt betroffen war, waren in den Augen Kennards die "Nazis" die Unterdrücker und Angreifer.[44] Und damit war für Kennard auch die weitere Schuldfrage eindeutig. Solange deutsche Provokationen und Reizung der polnischen Nerven an diesem empfindlichen Punkt fortgesetzt würden, waren Reaktionen gegen die Deutschen nach seiner Meinung unvermeidlich.[45]

Eine polenfreundlichere Aufklärung der britischen Öffentlichkeit war kaum zu erwarten. Kernnard tat aber auch "etwas" für die deutsche Seite. In einem Gespräch mit dem polnischen Vizeaußenminister Arciszewski, der besonders für die Minderheitenfrage zuständig war, teilte er diesem mit, er habe in der lokalen Presse Beispiele von der Schließung deutscher Meiereien und der Entlassung deutscher Beschäftigter gelesen. Der deutsche Botschafter habe ihm berichtet, es gäbe zahlreiche deutsche Flüchtlinge aus Polen in Lagern an der deutschen Grenze. Die Menschen hätten fliehen müssen, weil ihre Sicherheit bedroht war.[46]

Arciszewski hatte eine schwache Ausrede. Er kam diesmal nicht mit der Erklärung, daß sich ja auf deutscher Seite ähnliches abgespielt hätte. Er gab zu, daß, als sie sich vor einem Monat getroffen hätten, es Grund zu Klagen über die Behandlung der deutschen Minderheit gegeben hatte. Aber nach seinem Wissen habe das zuständige Ministerium des Inneren seitdem keine antideutschen Maßnahmen ernsterer Natur getroffen. Und dann kommt wieder die übliche Ausrede. Was die Schließung der deutschen Meiereien und andere Maßnahmen beträfe, so habe sich solches vielleicht in Regionen abgespielt, in denen die Militärbehörden Befestigungsanlagen vornehmen. Das ist eine schwache Rechtfertigung. Kennards Versuche, die Bedeutung der Verfolgung der deutschen Minderheit abzuschwächen oder gar zu leugnen, kann man nur als gescheitert bezeichnen. Die britische Politik müßte aus diesen Informationen ihres Warschauer Botschafters entnommen haben, daß sich im deutsch-polnischen Verhältnis erheblicher Sprengstoff angesammelt hatte. Was tat sie, um diesen zu entschärfen? Nichts.

Fast zur selben Zeit wie Kennard berichtete Henderson (am 31. Juli) sehr sachlich über Fälle von Unterdrückung der deutschen Minderheit.[47] Er teilte mit, daß die deutsche Presse solche Berichte nicht an hervorragender Stelle (front page prominence) brachte, sondern fortfuhr, täglich Einzelheiten von terroristischen Handlungen zu veröffentlichen. Möglicherweise in der Absicht, große und kleine polnische Ungerechtigkeiten der deutschen Öffentlichkeit vor Augen zu führen bis zum Zeitpunkt einer regelrechten Pressekampagne gegen Polen.

So wurde z.B. aus Lemberg berichtet, daß der Leiter der NSV (German People's Welfare Organisation) und andere Deutsche verhaftet und ihre Konten beschlagnahmt wurden. Aus Kattowitz wurde gemeldet, daß deutsche Organisationen, deren Geschäftsräume beschlagnahmt wurden, keine Gebäude für kulturelle Betätigungen mieten durften. In Tarnowitz hatte die deutsche Gemeinschaft durch die Schließung der Bergbauschule gelitten. Der Direktor einer Textilfirma in Lodz war entlassen worden und hatte später Selbstmord begangen.

Henderson berichtete über die Entlassung von Arbeitern einer Kunstseidefabrik in Tomaszow und von Versuchen, das deutsche Gymnasium in Thorn zu schließen. In der Grenzstation Benschen wurde ein Eisenbahnbeamter verhaftet, weil er deutsch gesprochen hatte. Viele andere Zwischenfälle kleinerer Art würden täglich in der deutschen Presse veröffentlicht, wußte Henderson zu berichten.[48]

4. Becks Rede vom 5. Mai 1939

Am 5. Mai 1939 hatte Beck eine große Rede im Sejm gehalten. Es interessiert natürlich ausschließlich die Frage, ob er Entscheidendes gesagt hatte, was zur Lösung der Danzigfrage beitragen konnte, wie weit seine Rede eine Antwort auf Hitlers Reichstagsrede vom 28. April 1939 war und wie weit die Engländer in dieser Rede Ansätze zur Lösung der Danzigfrage sahen. Ich beziehe mich auf einen Bericht Kennards an das Foreign Office.[49]

Als fest und unprovokativ wird seine Rede bezeichnet, die die Danzigfrage in ihren "historischen Rahmen" stellte. Und dann kam Beck zu der richtigen Feststellung, daß die Freie Stadt schon mehrere Jahrhunderte existiert habe. Das ist zwar richtig aber kein starkes Argument. Er übersah, wie auch Kennard, wahrscheinlich bewußt die Tatsache, daß dieses Danzig jahrhundertelang von Deutschen und niemals von Polen bewohnt war und den Status einer Freien Stadt völkerrechtlichen Verhältnissen und nicht den völkischen Gegebenheiten "verdankte". Und er vergaß zu erwähnen, daß diese Stadt nach jahrhundertelanger Zugehörigkeit zur Hanse und nach deren Niedergang und der Niederlage des Deutschen Ordens zwar 1454 dem polnischen König, nicht aber dem polnischen Staat gewisse Schutzrechte zuerkannt hatte. Versuche, die Stadt ganz polnisch zu machen, wurden von den Bürgern teils durch bewaffneten Widerstand vereitelt.

Im Zuge der polnischen Teilungen kam Danzig dann mit der zweiten Teilung 1793 an Preußen. Dort blieb es bis auf eine kurze Unterbrechung 1807 bis 1814, als Napoleon aus Danzig eine Freie Stadt machte.

Diese geschichtlichen Einzelheiten übersah Beck, um den Eindruck zu erwecken, daß der Begriff einer "Freien Stadt" schon jahrhundertelang mit Danzig verbunden war, die damit, und das wollte er wohl sagen, nie mit Deutschland verbunden war, jedenfalls staatsrechtlich nicht.

Auch um zu verhindern, daß Danzig an das Deutsche Reich zurückfallen könnte und um der Tatsache Rechnung zu tragen, daß die nach Versailles geschaffene Verfassung überholt war, schlug

Beck als positiven Vorschlag eine gemeinsame deutsch-polnische Garantie der Existenz und der Rechte der "Freien Stadt" vor.

Ob Beck ernstlich geglaubt hat, damit ein auch nur diskussionsfähiges Angebot vorgebracht zu haben? Wußten die Polen doch schon länger, daß Hitler es ablehnte, Bestimmungen des Versailler Vertrages - und die "Freie Stadt" war ein Kind dieses Vertrages - anzuerkennen.

Die zweite Hauptforderung Hitlers - die exterritorialen Verbindungswege durch den Korridor - wurden in ebenso scharfer Form von Beck abgelehnt. Er stieß sich bereits an dem Begriff "Korridor", den anzuwenden er sich weigerte. Es habe sich um altes polnisches Land gehandelt.

Polen habe Deutschland bereits Transit-Erleichterungen für den Eisenbahnverkehr erteilt und war bereit, diese auf den Straßentransport auszudehnen. Aber exterritoriale Verbindungswege, wie Hitler sie verständlicherweise forderte, unter anderem auch, um vor willkürlichen polnischen Maßnahmen sicher zu sein? Nein! Polen sah keine Veranlassung, seine Souveränität über sein eigenes Gebiet zu beschränken.[50]

Beck übersah, daß die deutschen Lösungsvorschläge vom 24. Oktober 1938 Exterritorialität für die den Polen zu gewährende Autobahn und Eisenbahn im Danziger Raum und den Freihafen enthielten. So ungewöhnlich war die deutsche Forderung also nicht. Auch die Verhandlungen mit den Tschechen über den Bau einer Autobahn Berlin - Brünn - Wien gingen von Exterritorialität aus.

Hitlers Kompensationsvorschläge lehnte er ab. Dazu gehörte vor allem das deutsche Angebot, über einen Nichtangriffspakt zu verhandeln. In voller Verkennung der Bedeutung eines solchen Paktes meinte er, daß die damit verbundene Anerkennung polnischer Grenzen die Anerkennung dessen, was unbestreitbar polnisches Eigentum war, bedeutete."[51]

Das alles hieß in Becks Augen, daß Deutschland von Polen einseitige Konzessionen über Danzig forderte.

Natürlich wünsche Polen Frieden, aber zwei Bedingungen seien vorher zu erfüllen: Friedliche Absichten und friedliche Methoden.

Wenn diese Bedingungen beachtet würden, seien Unterredungen jeder Art möglich. Das war ein nichtssagender Vorschlag, der durch Zweifel an den deutschen Absichten kein Gewicht gewann. Und die Engländer fanden die Zweifel an den deutschen Absichten berechtigt.[52]

Nicht verständlich war die Behauptung Kennards, daß Beck die Tür für weitere Verhandlungen weit offen gelassen und keine unvernünftigen Forderungen vorgebracht habe. Der "schwarze Peter" sei somit an Deutschland zurückgegeben. Ihm obliege es, die Verhandlungen fortzusetzen.

Das war eine den Kern der deutsch-polnischen Beziehungen überhaupt nicht treffende Aussage Becks. Hatte nicht die deutsche Seite mehrfach ihren Standpunkt, allerdings auch ihre Forderung klargemacht und war auf polnische Ablehnung gestoßen? Lag es jetzt nicht an der polnischen Seite, durch ein Angebot die Verhandlungen wieder in Gang zu bringen? Die Polen aber wollten keine Verhandlungen. Diese hätten den Status quo so oder so verändern müssen, Veränderungen des durch Versailles Geschaffenen wollte die polnische Seite nur in Form einer Erweiterung in ihrem Sinne. Beck sagte zwar, daß eine freie, vereinbarte Lösung der Danzigfrage möglich sei,[53] er schränkte diese Aussage aber sofort wieder ein. Es sei unwahrscheinlich, daß ein früher Kompromiß gefunden werden würde.[54]

Wozu dann Verhandlungen, muß gefragt werden? Nur um die Deutschen zu überzeugen, daß sie nicht mehr straflos und ohne auf Widerstand zu stoßen, mit Gewalt eine Lösung erzwingen könnten?[55]

Beck hatte keine Lösung zu bieten. Er meinte nur, daß Zeit erforderlich sei, bevor die von beiden Seiten gezeigte Verhandlungsbereitschaft konkrete Ergebnisse zeitigen konnte. Da stimmte seine Darstellung wiederum nicht. Die deutsche Verhandlungsposition war viermal auf den Tisch gelegt worden und schließlich am 21. März 1939 von den Polen (nachdem sie sich westlicher Rückendeckung vergewissert hatten) endgültig abgelehnt worden. Die westliche (vor allem englische) Rückendeckung war das entscheidende Faktum, das den Polen die Ablehnung ermöglicht hatte, auch auf die Gefahr hin, nun dadurch Hitler zu zwingen, sein Ziel mit Gewalt zu erreichen.

Kennard versuchte, den "Realpolitiker" Beck zu entlasten und einen Unterschied zwischen seiner Haltung und der der Mehrheit seiner Landsleute zu konstruieren. In einem Schreiben an Cadogan vom 22. März 1939 stellte er Beck als einen Schüler des Marschalls Pilsudski und seiner auf Ausgleich mit Deutschland bedachten Realpolitik dar. Beck habe in der Danzigfrage einen realistischeren Standpunkt eingenommen als seine Landsleute. Er sei sich der entscheidenden (essential) Schwächen der polnischen Position bewußt gewesen, sowohl diplomatisch als auch militärisch. Bei allen Verhandlungen mit den Deutschen habe er damit zu rechnen gehabt, daß der Boden in der Heimat für entscheidende Konzessionen noch nicht genügend vorbereitet war. So seien ihm die Hände gebunden gewesen. Als Beispiel führte Kennard die Ablehnung einer Autobahn durch den Korridor durch das polnische Militär an, da eine solche den Korridor zerschnitten hätte. Und damit war eine Minimalforderung der Deutschen nicht zu erfüllen gewesen. Diese Einstellung des polnischen Militärs kann man wohl als wahrscheinlich unterstellen, rechtfertigte aber Beck nicht, der als Verfechter einer großpolnischen Idee jede Danzig-Lösung im deutschen Sinne ablehnte.

Bei der Beurteilung der Politik Becks muß natürlich auch seine Persönlichkeit berücksichtigt werden. Daß die deutsche Seite seine charakterliche Veranlagung nicht günstig beurteilte, darf nicht verwundern. Aber auch bei seinen britischen Freunden kam er nicht gut weg.[56] Am 4. April 1939 schrieb Kennard an Strang: "Ich habe natürlich häufig Gelegenheit gehabt aufzuzeigen, wie unfähig Beck ist, aufrichtig zu sein. Und ich bedaure, der Auffassung zustimmen zu müssen, daß man ihm nicht voll vertrauen kann."

Britische Historiker, vor allem Charmley, schreiben von "Becks duplicity" (Falschheit). Charmley stellt fest, daß die Briten erst am 23. April 1939 die Wahrheit über die deutsch-polnischen Verhandlungen erfahren hatten, und daß es ihnen Anfang Mai gelungen war, von den Polen die Tatsachen herauszulocken. Es war ihnen klar, daß Beck eine bemerkenswerte Abneigung gezeigt hatte, die Wahrheit zu sagen.[57]

5. Danzig, der Mittelpunkt des polnischen Lebensraumes

In einer Goebbels-Rede hatten es einige Sätze dem Foreign Office besonders angetan. "Niemals fordern wir mehr und haben nie mehr gefordert als wir sicher wußten, daß wir es zu dem Zeitpunkt erhalten würden"[58]

In dieser Aussage sah das Foreign Office die "Nazitechnik", mit der die Polen so gut Bekanntschaft gemacht hätten. Es ist nicht ersichtlich, bei welcher Gelegenheit die Polen Bekanntschaft mit dieser "Nazitechnik" gemacht haben sollten, da diese Bemerkung nicht weiter erläutert wurde. Wahrscheinlich war sie allgemeiner gemeint. Es bleibt unerwähnt, daß die Polen zumindest in der Sudetenkrise von dieser "Nazitechnik" nur profitiert hatten.

Kirkpatrick erläuterte am 22. Juni 1939, was gemeint war. Deutschland beschränke jedes Mal seine Forderungen auf verhältnismäßig kleine Teile und sobald diese bewilligt seien, folgten wie der Blitz neue Forderungen.[59] Und an der tatsächlichen Entwicklung vom Anschluß Österreichs bis zur Danzigfrage glaubte Kirkpatrick, diese seine These erhärten zu können.

Von deutscher Seite gesehen bedeuteten die Sätze Maßhalten und Beschränkung in den Forderungen auf das, was vernünftigerweise aus historischen, rechtlichen oder moralischen Gründen auch vom Gegner zugestanden werden konnte. Daß das deutsche Ziel eine vollständige Revision des Versailler Vertrages, vor allem der Territorialbestimmungen war und sich nicht mit der Abschaffung einiger Punkte begnügen würde, war von Hitler häufig betont worden. Aber auch von den Reichskanzlern der Weimarer Zeit. Daß es unrealistisch sein und keine Aussicht auf Erfolg haben würde, alles auf einmal zu verlangen, ist einsichtig. Zudem würde das erhebliche Spannungen erzeugt haben. Das Foreign Office übersah, daß Hitlers Forderungen gegenüber den deutschen Revisionsbestrebungen seit Ende des 1. Weltkrieges eher gemäßigt waren. Hitler verzichtete darauf, mit Posen, Westpreußen und Ostoberschlesien wesentliche Teile der im Versailler Vertrag abgetretenen Gebiete zurückzufordern, ein Verzicht, der keinem Weimarer Politiker möglich gewesen wäre.

Völlig falsch lag das Foreign Office mit seiner Feststellung, daß Hitler die sofortige Lösung des Danzig- und Korridor-Problems gefordert hätte, während deutsche Truppen bereits auf dem Marsch waren.[60] Das Foreign Office übersah, daß diese Forderung schon am 24. Oktober 1938 erhoben worden war, und eine sofortige Lösung (immediate solution) hatte sie auch nicht enthalten.

So entbehrte die Feststellung des Foreign Office, daß der Lösung des Danzig- und Korridor-Problems zu deutschen Gunsten schnell neue Forderungen an Polen und andere Länder (!) folgen würden, der historischen Grundlage.

Nun wäre dieses von Kirkpatrick ausgearbeitete und von Sargent gegengezeichnete "minute" nicht besonders bemerkenswert, wenn es nicht einen handschriftlichen Zusatz von Cadogan hätte, den wiederum Halifax gegengezeichnet hatte. Er liest sich wie folgt: "Dr. Goebbels argumentiert, daß die 400.000 Deutschen in Danzig rechtmäßig zum Reich gehören." Und weiter heißt es im Zusatz: "Es ist Euer Unglück, daß Eure schöne deutsche Stadt an der Mündung der Weichsel liegt, direkt in der Mitte des polnischen Lebensraumes."[61] Wie war eine Lösung der Danzigfrage bei einer derartigen Auffassung des Foreign Office auch nur halbwegs im deutschen Sinne möglich?

Nach "München" hoffte man, daß Hitler mit dem unblutigen Erwerb des Sudetenlandes befriedigt sein würde. Aber nach wenigen Wochen bereits sei er durch die Lande gezogen und habe sein Mißvergnügen über die Münchener Regelung verkündet. Und im November und Dezember habe man in Berlin hören können, daß eine neue Operation unvermeidlich sei. Und im März wurden Böhmen und Mähren besetzt.

Diesmal habe es überhaupt keine Pause gegeben. Während deutsche Truppen auf dem Marsch waren, habe Hitler Polen seine Forderungen nach einer sofortigen Lösung des Danzig- und Korridor-Problems gestellt. Diese schon oben gerügte Verzerrung des Geschichtsbildes übersah, daß es Polen war, das im September 1938 durch Lipski den Vorschlag an Hitler herangetragen hatte, die Lage der Freien Stadt Danzig durch Schaffung eines neuen Danzig-Statuts zu stabilisieren.

Und sollte dem britischen Nachrichtendienst entgangen sein, daß schon 1937 von Polen Vorstöße unternommen worden waren, von Deutschland Zusicherung für die Achtung des Versailler Danzig-Statuts zu erlangen? Sie wurden von Deutschland mit der Begründung zurückgewiesen, daß aus prinzipiellen Gründen Bestimmungen der Friedensverträge nicht anerkannt würden. Das war am 11. September 1937. Mußten die Polen nicht aus dieser Begründung schließen, daß eines Tages zumindest die Danzig-Bestimmung des Versailler Diktats aufgerollt werden würde?

Daß Deutschland auf den Septembervorstoß der Polen auf dem Höhepunkt der Sudetenkrise nicht eingehen würde und erst nach ihrer Beendigung am 24. Oktober 1938 seine Vorschläge auf den Tisch legte, ist verständlich. Ein anderes Verhalten wäre ungeschickt gewesen.

Kirkpatrick nahm die eingangs erwähnte Bemerkung von Goebbels auf. Der Erwerbung Danzigs und der Lösung der Korridor-Frage zu Deutschlands Gunsten würden schnell weitere Forderungen sowohl an Polen als auch an andere Länder folgen, war seine unbegründete Behauptung, denn für Forderungen an weitere Länder hätte Hitler jede Begründung gefehlt.

Kirkpatrick wollte nicht einsehen, daß es sich bis dahin bei den deutschen Forderungen um solche gehandelt hatte, die sich gegen territoriale Bestimmungen von Versailles richteten. Die geschichtliche Unkenntnis überrascht. Sie war jedoch nicht auf einen Mann beschränkt. Seine Stellungnahme war von fast dem ganzen für Deutschland zuständigen Teil des Foreign Office gegengezeichnet. Der Minister Halifax, der Staatssekretär Cadogan, Mr. Sargent und R. Butler gehörten dazu.

Und ein anderer bezeichnender "Fehler" war Kirkpatrick unterlaufen. Um seine These zu untermauern, fügte er zwischen Anschluß und Sudetenkrise die "erste Tschechenkrise" vom Mai

1938 ein. Unter "Maikrise" oder "Wochenendkrise" ist sie bekannt. Aufgrund von lancierten, völlig unbestimmten und falschen Meldungen über deutsche Truppenbewegungen an der tschechischen Grenze hatte Prag eine Teilmobilmachung angeordnet Der britische Botschafter Henderson mußte viermal bei Ribbentrop vorstellig werden, um immer wieder zu erfahren (auch der britische und der französische Militärattaché konnten sich durch Inspektionsreisen davon überzeugen), daß keine ungewöhnlichen deutschen Truppenbewegungen stattfanden.

VIII. Warum gab es keine Verhandlungen?

1. Wollte Chamberlain den Frieden bringende Verhandlungen (Das angeblich erwartete Zeichen - sign)?

In seiner Unterhausrede vom 19. Dezember 1938 hatte der britische Premier ausgeführt, daß er nicht nur die eigenen Gefühle ausdrücke, sondern die in vielen Ländern der Welt vorhandenen. Es gebe eine Art von Zustimmung, die tiefer säße als eine formale Erklärung. In diesem Land bestünde ein ernstes und beständiges Verlangen, daß die Völker von Großbritannien und Deutschland ein Mittel finden möchten, um die Kriegsdrohung zu beseitigen.

Wie man im Geschäftsleben zwei Partner brauche, so brauche man auch zwei, um einen Krieg zu führen. Er warte immer noch auf ein Zeichen von denen, die für das deutsche Volk sprechen, daß sie diesen Wunsch teilen und bereit sind, ihren Beitrag zum Frieden zu leisten, was ihnen ebenso helfen würde, wie uns.[1]

Hatte Hitlers Neujahrsrede dieser Hoffnung entsprochen und dieses erhoffte Zeichen gegeben, fragte Mr. Strang am 5. Januar 1939 in einem "minute". Und er zitierte ihn: Weiter haben wir nur einen Wunsch, daß wir im kommenden Jahr erfolgreich zur allgemeinen Befriedung in der Welt beitragen können.[2]

Worin unterschieden sich eigentlich die Ausführungen Chamberlains von denen Hitlers?

Aber Mr. Strang glaubte nicht, daß dieser letzte Satz Hitlers mehr bedeutete, als der bei solchen Gelegenheiten übliche Gemeinplatz. Es sei nicht das Zeichen, auf das Chamberlain gewartet hatte. Und dann folgte ein klärendes Eingeständnis. Handschriftlich hatte Mr. Frank Roberts vom Foreign Office hinzugefügt: "Mr. Jebb hat mich informiert, daß Sir Cadogan mit dem Premierminister gesprochen hat, der befriedigt zu sein scheint, daß Hitlers Rede kaum dieses Zeichen darstellt."[3]

Das bedeutet, daß der Schluß gezogen werden kann, daß Chamberlain ernstlich gar nicht auf das "erhoffte" Zeichen, d.h. die erklärte Friedensbereitschaft Hitlers wartete. Dieser Verhandlungsunwilligkeit entspricht auch ein Brief vom 23. Juli 1939, den Chamberlain an seine Schwester Ida sandte. Dem Brief lag folgender Sachverhalt zugrunde: Der Beauftragte Görings für den Vierjahresplan, der Ministerialdirektor Wohlthat, hatte u.a. auch ein Gespräch mit dem "Secretary of the Department for Overseas Trade", Sir Robert Hudson. Die Zeitung "Daily Express" veröffentlichte ein Exklusiv-Interview mit der Überschrift "I planned the Peace - Loan to Germany."[4]

Diese Veröffentlichung erregte die britische Öffentlichkeit außerordentlich. Ihre ganze Deutschfeindlichkeit, ja der Haß kam in ihren Reaktionen zum Ausdruck. "He means to sell out the Poles" (Er will die Polen verkaufen), war der Tenor.

Die deutsche Seite bestritt, daß eine solche Anleihe im Gespräch gewesen war. Hitler soll gesagt haben, er sei nicht auf Geld aus.

Die Reaktion Chamberlains war für die Friedenssache verhängnisvoller. Zu der vorhandenen Verhandlungsunwilligkeit kam eine wegen der Reaktion der britischen Öffentlichkeit sehr eingeschränkte Verhandlungsfähigkeit. Sie machte es ihm unmöglich, Verhandlungen mit Deutschland zu führen, schrieb er seiner Schwester Ida am 23. Juli 1939.[5]

Auch Hitlers Reichstagsrede vom 30. Januar 1939 hätte eigentlich bei gutem Willen von den Briten als eine Antwort auf Chamberlains Frage aufgefaßt werden können. Auch wegen der lobenden Erwähnung von Chamberlains und Daladiers Beitrag zur friedlichen Lösung der Sudetenkrise wie auch wegen der Verzichtserklärung, Krieg gegen andere Nationen zu führen, weil sie demokratisch waren. Das deutsche Volk hege keinen Haß gegen Großbritannien, Amerika oder Frankreich. Alles was es wünsche, sei Frieden und Ruhe.[6]

Henderson hatte in seinem telegraphischen Bericht vom 16. Februar 1939 hinzugefügt, daß die Worte des Führers um so eindrucksvoller waren, weil sie am Ende eines Jahres voller internationaler Spannung und Krisen gesprochen waren.

Wenn zwei große Nationen wie Deutschland und England wirklich gegenseitiges Verständnis wünschen, genügte nicht der Wunsch allein, hatte Hitler hinzugefügt, sondern es beruhe zu allererst auf dem beiderseitigen Verständnis für die Nöte und Lebensrechte des anderen. Er begrüße deshalb, daß in den wirtschaftlichen Beziehungen beträchtliche Fortschritte erzielt wurden.

Territoriale Ansprüche gegen England außer der Rückkehr der Kolonien habe das deutsche Volk nicht aber auch dies sei kein Problem, um einen Krieg zu führen.[7]

Nach einem Bericht der Zeitung "The Times" beendete Hitler seine Rede mit der Feststellung, daß es keinen Deutschen gebe und vor allem keinen Nationalsozialisten, der selbst in seinen geheimsten Gedanken die Absicht habe, dem britischen Empire Schwierigkeiten zu bereiten. Und in England drückten die Stimmen der Vernünftigen eine ähnliche Haltung gegenüber Deutschland aus. Es würde ein Segen für die ganze Welt sein, wenn gegenseitiges Vertrauen und Kooperation zwischen den beiden Völkern errichtet würde, hatte Hitler gesagt.[8]

Im Unterschied zu seinem Ministerpräsidenten sah Henderson hierin und in einigen anderen freundlichen Gesten eine Antwort auf den Appell Chamberlains.[9] Wollte Chamberlain überhaupt den Frieden, muß nach seiner Weigerung, Hitlers Ausführungen als das erhoffte Zeichen zu akzeptieren, gefragt werden? Zumindest hätte es Verhandlungen bedurft, um Gewißheit zu erlangen. Aber dazu war offensichtlich auf britischer Seite keine Bereitschaft vorhanden. Eine merkwürdige Einstellung. Einerseits wartete man auf ein Zeichen des guten Willens, andererseits war man aber nicht bereit, in Verhandlungen einzutreten.

Hierfür zwei Beispiele. Hitlers Schlußworte in seiner Reichstagsrede vom 30. Januar 1939 hatten Beachtung gefunden. Der Unterhausabgeordnete Mr. A. Henderson (nicht zu verwechseln mit dem Berliner Botschafter Sir Nevile Henderson) fragte den Premierminister am 31. Januar 1939, ob eine Antwort auf seinen Appell vom 19. Dezember nach friedlicher Kooperation von "Herrn Hitler" erfolgt sei. Und ob weitere Verhandlungen zwischen Seiner Majestät Regierung und der deutschen Regierung in Betracht gezogen würden. Die Antwort des Premierministers lautete: "Ich begrüße die Absätze in Herrn Hitlers gestriger Rede, die seinen Wunsch nach gegenseitigem Vertrauen und Kooperation zwischen unseren beiden Völkern betreffen, und ich möchte die Gelegenheit benutzen und wiederholen, daß diese Gefühle voll von Seiner Majestät Regierung und den Menschen dieses Landes geteilt werden. Verhandlungen mit der deutschen Regierung sind zur Zeit nicht in Betracht gezogen. Aber Seiner Majestät Regierung beobachtet erfreut, daß Besprechungen über verschiedene industrielle (wirtschaftliche) Fragen zwischen Industrievertretern beider Länder kürzlich stattgefunden haben."[10]

Daß die britische Regierung nicht daran dachte, in Verhandlungen einzutreten, geht auch aus der Antwort auf die diesbezügliche Frage eines anderen Abgeordneten, Mr. Bellenger, hervor. Er wollte vom Premierminister wissen, ob eine Antwort von Herrn Hitler auf seinen Appell vom 19. Dezember für gegenseitiges Vertrauen und friedliche Zusammenarbeit erfolgt sei und ob irgendwelche Verhandlungen zwischen der britischen Regierung und der deutschen in naher Zukunft vorgesehen seien. Der Premierminister antwortete: "Nein, mein Herr." Er begrüße in Herrn Hitlers gestriger Rede (vom 30.1.39) dessen Wunsch nach gegenseitigem Vertrauen und Kooperation zwischen den beiden Mächten und er möchte die Gelegenheit benutzen, um zu wiederholen, was er schon Mr. Henderson geantwortet hatte, daß diese Gefühle voll von Seiner Majestät Regierung und vom britischen Volk geteilt würden, aber Verhandlungen mit der deutschen Regierung seien nicht beabsichtigt."[11]

Bringen wir noch ein drittes Beispiel für die nicht vorhandene englische Bereitschaft, in den Frieden sichernde Verhandlungen mit der deutschen Regierung einzutreten. Im englischen Unterhaus fragte am 6. Februar 1939 der Abgeordnete Mr. Pilkington den Premierminister, ob angesichts der Feststellungen Hitlers, daß sein Angebot, die Rüstung zu beschränken, abgelehnt worden sei, Seiner Majestät Regierung es deutlich machen wollte, daß sie bereit sei, sofort in Verhandlungen zu diesem Zweck einzutreten?

Der Premierminister: "Ich muß meinen ehrenwerten Freund auf meine Aussage vom 31. Januar verweisen, der ich nichts hinzuzufügen habe." Mr. Pilkington: "Will mein ehrenwerter Freund nicht auf die deutsche Regierung zugehen und diese Angelegenheit zu einem befriedigenden Abschluß bringen?" Der Premierminister antwortete: "Ich glaube nicht, daß die Zeit dafür gekommen ist.[12] Aber nicht nur der Premierminister wich Verhandlungen aus. Sein Außenminister verfolgte dieselbe Linie. Auf der Ministerkonferenz vom 25. Mai 1939 betonte er, daß das Ziel der britischen Politik sei, eine Regelung der Danzigfrage durch Verhandlungen zu erreichen. Aber es sei klar, daß Verhandlungen zur Zeit nicht möglich seien. Deshalb müßten die Engländer auf Zeit spielen und das möglichste tun, um die Verhältnisse sich beruhigen zu lassen. (For the time being therefore we must play for time.)

Eine Erklärung für seine wiederholten Aussagen, daß Verhandlungen nicht möglich seien, gibt Halifax nicht. Wenn er die angespannte Lage dafür verantwortlich macht, mußte ihm doch klar sein, daß man Verhandlungen benötigte, um die Spannungen zu lösen. Durch Nichtstun und auf Zeit spielen war keine Lösung zu erwarten.[13]

Diese Naivität (milde ausgedrückt) oder Heuchelei der Engländer ist erstaunlich. Sie betonen, daß das Ziel ihrer Politik eine friedliche Lösung der Danzigfrage sei (by negotiation), halten aber Verhandlungen nicht für möglich, sagen sogar, daß Verhandlungen zu der Zeit gar nicht in Betracht gezogen würden.

Wenn wir also annehmen müssen, daß der englischen Seite, nicht nur dem Premierminister, keineswegs an Entspannung gelegen war, müssen wir die Frage stellen, ob dazu auf deutscher Seite Bereitschaft vorhanden war. Ein nicht gerade im Zentrum der Diplomatie stehendes, aber für unsere Problematik beispielhaftes Ereignis hätte eigentlich für die Briten das angeblich erhoffte Zeichen sein können. Auf dem Dinner der deutsch-englischen Gesellschaft am 15. Februar 1939 waren Reden des englischen Botschafters Henderson und des Präsidenten der Gesellschaft, des Herzogs von Coburg, vorgesehen. Henderson sandte dem Herzog einen Voraustext seiner Rede. Dessen bereits fertige Rede wurde daraufhin auf höhere Weisung vollständig umgeschrieben (completely rewritten under higher direction). Cadogan nahm an, "probably after consultation with Hitler himself" (wahrscheinlich nach

Beratung mit Hitler selbst). Die Zeit war so knapp, daß Seine Königliche Hoheit, der Herzog, erstmals während des Dinners Gelegenheit hatte, die Rede zu lesen. Der umgeschriebene Text bezog sich auf Hitlers Rede vom 30. Januar 1939. Mit Nachdruck war auf den Wunsch Deutschlands nach engen freundschaftlichen Beziehungen mit England hingewiesen worden, und es wurde der neuerliche Fortschritt in den wirtschaftlichen Beziehungen, deren weitere Entwicklung erhofft wurde, erwähnt. Es würde wichtig für die ganze Welt sein, wenn die beiden Völker im vollen Vertrauen zueinander zusammenarbeiten würden, lautete der Text.[14] Henderson zweifelte nicht daran, daß diese Absätze die persönliche Billigung Hitlers gefunden hatten und daß die Rede größte Publizität erfahren hatte.

Unkenntnis konnten die Engländer also nicht als Entschuldigung angeben. Sargent und Kirkpatrick hatten den Bericht Hendersons zur Kenntnis genommen und von Frank Roberts stammte ein handschriftlicher Zusatz, daß dieser Rede beträchtliche Publizität gegeben worden war.

Von Chamberlain wurde berichtet, daß er angeblich von diesen Worten Hitlers angetan gewesen sei. Sie kämen der Antwort, auf die er gewartet hatte, näher als alles andere, was er bis dahin gehört hatte, soll er gesagt haben. Aber er und Henderson - an "Old Etonian", wie der Herzog von Coburg und dessen Jahrgangskamerad -, waren zu optimistisch und die Gegenkräfte formierten sich, an der Spitze der Chef des Foreign Office, Lord Halifax. Das Foreign Office war nicht zu überzeugen.

Das alles war noch vor "Prag". Ihre so beliebte Ausrede "Prag" konnten die Briten also nicht als Begründung für ihr ablehnendes Verhalten anführen. Es gibt nur einen Schluß. Sie wollten keine friedenserhaltende Verhandlungen.

Nach "Prag" erst recht nicht. In der Kabinettssitzung vom 30. März 1939 äußerte Chamberlain sein Unbehagen darüber, daß der britische Botschafter in Warschau keine Informationen über den Stand der deutsch-polnischen Verhandlungen erhalten konnte. Es gäbe dafür nur eine mögliche Erklärung, nämlich, daß die Polen gegenüber Deutschland nachgegeben hätten, aber das sei abscheulich (distateful).[15] Das war mehr als aufschlußreich. Der britische Premierminister, dessen sogenannte Appeasement-Politik den Frieden erhalten sollte, fand ein mögliches polnisches, die Spannung beseitigendes Nachgeben ekelhaft. Wollte er keine friedliche Lösung des Danzig-Konfliktes? Eine friedliche Lösung der Danzigfrage hätte den Briten den Verlust eines Verbündeten gegen Deutschland gebracht. Der britische Historiker Bell hat diese britische Furcht klar ausgedrückt.[16]

Zu den häufig wiederholten Erklärungen der Briten, daß Verhandlungen nicht möglich waren, gehört auch die Aussage von Lord Halifax in seiner Unterhaltung mit Daladier und dem französischen Außenminister Bonnet am 20. Mai 1939. In dieser Unterredung fand Daladier den irrealen Halifax-Plan einer Freien Stadt, die unbefestigt und nicht von deutschen Truppen besetzt war, wohl aber wie eine deutsche Stadt verwaltet werden sollte, vielleicht sogar mit Vertretern im Reichstag und einer besonderen Verfassung, interessant. Diese sollte nicht unter die Garantie des Völkerbundes gestellt werden, sondern unter eine solche der Großmächte Deutschland, Großbritannien, Frankreich und Polens.

Interessant an diesem Plan war die Anerkennung des unbezweifelbaren deutschen Charakters der Stadt durch Daladier und der Vorschlag der Schaffung einer neutralisierten Freien Stadt. Allerdings hielt er es für unmöglich, von Polen die Zustimmung zu einer exterritorialen Autobahn durch den Korridor zu erlangen.

Halifax entwertete die Zustimmung der Franzosen mit dem Einwand, daß nach seiner Meinung unter den gegenwärtigen Umständen Verhandlungen nicht möglich seien. Aber vielleicht würden in der Zukunft die guten Dienste des Papstes oder der italienischen Regierung genutzt werden können.[17] Ein Vorschlag, der nur einer Verzögerung der Angelegenheit gleichkommen konnte.

Halifax baute eine weitere Hürde auf. Mr. Beck könnte vielleicht konsultiert werden, und falls er zustimmte, könnten der Papst oder die italienische Regierung eine Lösung vorschlagen. Aber nachdem Daladier die Beteiligung der italienischen Regierung ausge-

274

schlossen hatte, war nur noch der Papst geblieben. Und wie sollte der politisch schwache Papst ohne Verhandlungen, die Halifax für unmöglich hielt, und ohne Beteiligung der deutschen Regierung, die in dem Halifax-Plan nicht erwähnt wurde, eine Lösung herbeiführen? Es bleibt eigentlich nur eine Schlußfolgerung: Halifax wollte keine Lösung, da diese den Verlust des polnischen Verbündeten bedeutet hätte.

Auf einer Ministerkonferenz (Meeting of Ministers) vom 5. Mai 1939 sprach Halifax über die britische Politik. Ihr Ziel sei, eine Regelung der Danzig-Frage durch Verhandlungen zu erreichen. Aber Verhandlungen seien derzeit nicht möglich. Deshalb müsse man sich darauf beschränken, auf Zeit zu spielen und die Dinge zu beruhigen. Halifax hat nicht erklärt, warum Verhandlungen nicht möglich waren. Weil die Temperaturen zu hoch waren? Nicht auf deutscher Seite, dort war trotz der unterdrückenden Behandlung der deutschen Minderheit die Verhandlungsbereitschaft vorhanden.

Unter den vielen Hinweisen, die daran zweifeln lassen, ob Chamberlain den Frieden gewollt hat, muß ein Gespräch seines Chefberaters Wilson mit Görings Mitarbeiter Wohlthat genannt werden.[18] Wohlthat hatte Wilson auf Hitlers Reichstagsrede vom 28. April 1939 hingewiesen. Sie enthalte alle wesentlichen Punkte, die zwischen England und Deutschland diskutiert werden müßten. Wilson behauptete, die Rede gelesen zu haben. Aber sie sei sehr weitschweifig (wordy) und enthalte eine große Zahl von Phrasen, die nicht leicht zu interpretieren seien. Wenn Wohlthat glaube, daß etwas getan werden könne, wäre es erforderlich, daß er die wichtigen Punkte in eine einfache Sprache umsetze.[19]

Ein erstaunlicher diplomatischer Vorgang. Da wird in einer spannungsreichen Zeit der hochrangige Vertreter eines Landes auf eine bedeutende Rede des Führers des anderen Landes aufmerksam gemacht und er erwidert, daß er diese nicht verstanden habe, man möge ihm das noch einmal in einfacherer Sprache wiederholen. Es war eine diplomatische Unverschämtheit, ein Affront. Schließlich hatte Chamberlain doch genügend Leute, die das vermocht hätten. Es zeugte aber zweitens von geringem Interesse für das, was die andere Seite zu sagen hatte. Aber es kam noch schlimmer. Wilson schrieb, daß er Wohlthat nicht gedrängt habe, das zu tun, da er bestrebt war, die Position zu wahren, die er in der Juni-Unterredung eingenommen hatte, nämlich daß wir nicht übermäßig besorgt über die Fragen seien und daß die Initiative von deutscher Seite kommen müßte.[20]

Wilson trieb die britische Arroganz auf die Spitze und verwies Wohlthat zum Verständnis der britischen Position auf die Reden Chamberlains und auf die letzte Rede von Halifax.[21]

Als Wohlthat bei der Verabschiedung noch einmal seiner Überzeugung Ausdruck gab, daß Hitler keinen Krieg wünsche, war Wilsons Antwort bezeichnend für die britische Einstellung, die keine Grundlage für gleichberechtigte Verhandlungen sein konnte. Er sei nicht überrascht, Hitler das sagen zu hören. Er selber habe sich gesagt, daß Hitler die ungeheure Zunahme, die wir an defensiven und offensiven Vorbereitungen gemacht haben, z.B. die sehr große Vermehrung unserer Luftwaffe, nicht habe übersehen können.[22] Und Wilson schloß seine Warnung und indirekte Drohung mit der Bemerkung, er könne sich nicht vorstellen, daß Hitler die Zukunft, die immer noch ihm gehören könne, dadurch aufs Spiel setze, daß er in einen Streit mit England verwickelt würde.[23]

Das klingt nicht nach Verhandlungsbereitschaft. Unausgesprochen heißt es: Weitermachen auf dem beschrittenen Weg, bis wir eine so starke Position erreicht haben, daß wir es sind, die eventuelle Verhandlungen bestimmen.

Die Briten sahen aber auch keine Möglichkeit, deutsch-polnische Verhandlungen herbeizuführen. Am 3. Juli 1939 trafen sich Halifax und Kennard beim Premierminister, um die Lage in Danzig zu besprechen. Der Außenminister sollte eine Rede im Parlament halten, um die Haltung von "His Majesty's Government" zu erklären. Man glaubte nicht, daß es irgendwelche Verhandlungen zwischen Polen und Deutschen geben könne, solange sich die derzeitige Atmosphäre nicht geändert hätte. Wie das ohne Druck auf Polen geschehen sollte, wurde nicht gesagt.

C

GERMANY

1939

C 1333
83
2 FEB 1939

Alleged desire of Germany to co-operate with Great Britain to maintain peace.

In reply to Mr. A. Henderson as to whether any response to the appeal for peaceful co-operation had been made by Herr Hitler, the Prime Minister said that he welcomes the passages in Herr Hitler's speech of 30th January regarding his wish for peaceful co-operation and that that wish was shared by His Majesty's Government. No negotiations are at present contemplated with the German Government but His Majesty's Government are glad to observe recent industrial discussions between representatives of industry in both countries. Mr. Bellenger was informed that no Anglo-German negotiations were contemplated in the near future.

(Minutes.)

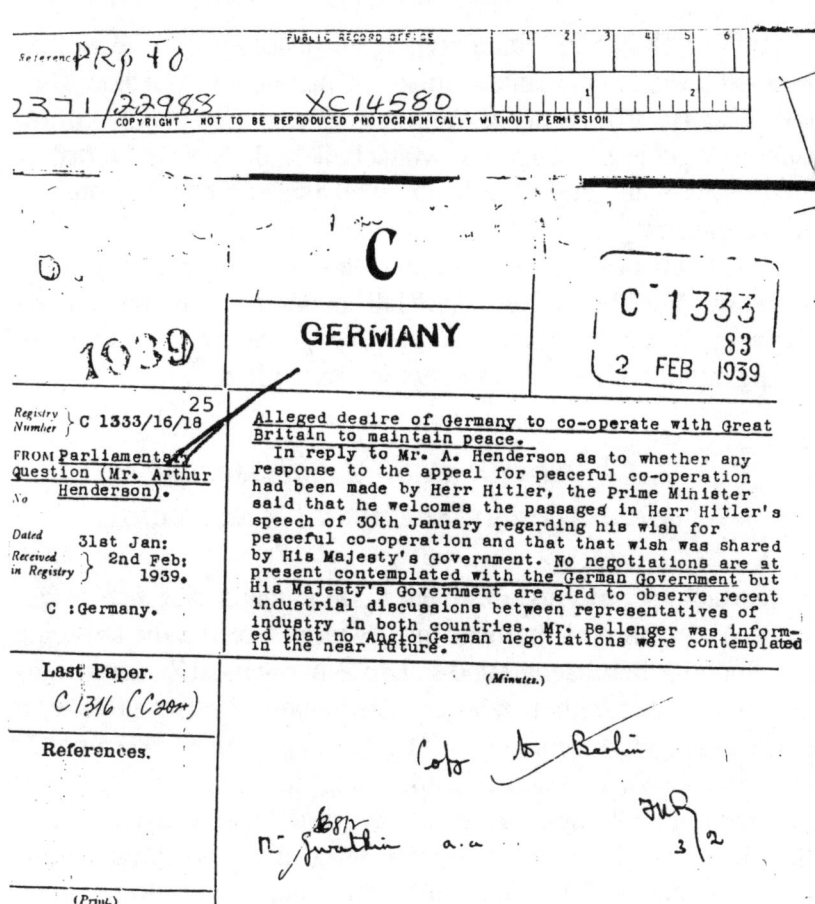

Statt Vorschläge für einen zivilen Verhandlungsprozeß zu machen, entschied der Premierminister, einen höheren Offizier (Senior Military Officer) nach Warschau zu schicken, um die militärischen Aspekte der Lage mit Marschall Rydz-Smigly zu diskutieren. Der Chef des Empire Generalstabes, General Ironside, wurde entsandt.[24]

Schon Ribbentrop hatte in seinem Hauptbericht A5522 vom 28. Dezember 1937 bezweifelt, daß Halifax und Chamberlain zu den Männern in der englischen Regierung gehörten, die zu einem Arrangement mit Deutschland kommten wollten.

2. Chamberlain hält die deutschen Kooperationswünsche nicht für aufrichtig

Mehrfach ist auf Ausführungen Hitlers und darauf sich beziehende Anfragen im Unterhaus hingewiesen worden, die auf seine Verhandlungsbereitschaft und seinen Wunsch nach Zusammenarbeit mit England schließen lassen. Die negative britische Reaktion wurde geschildert. Eine dieser Antworten gibt eine Erklärung für das britische Verhalten. Es handelt sich in britischen Augen nur um einen angeblichen (alleged)[25] Wunsch Hitlers. Man glaubte ihm nicht. Dabei war die entsprechende Unterhausanfrage bereits am 31. Januar 1939 gestellt, also 13 Wochen vor "Prag", dem großen "Wortbruch" Hitlers in alliierten Augen.

Übersetzung des Faksimiles:

Angeblicher Wunsch Deutschlands, mit Großbritannien zusammenzuarbeiten, um den Frieden zu erhalten.

Als Antwort auf Mr. A. Hendersons Anfrage, ob von Herrn Hitler eine Antwort auf die Aufforderung zur friedlichen Zusammenarbeit erfolgt sei, sagte der Premierminister, daß er den Abschnitt in Herrn Hitlers Rede zum 30. Januar hinsichtlich seines Wunsches nach friedlicher Zusammenarbeit begrüße und daß dieser Wunsch von Seiner Majestät Regierung geteilt würde. Verhandlungen mit der deutschen Regierung würden gegenwärtig nicht erwogen. Aber Seiner Majestät Regierung sei erfreut, neuerliche Wirtschaftsgespräche zwischen Industrievertretern beider Länder festzustellen.

Mr. Bellenger wurde verständigt, daß keine englisch-deutschen Verhandlungen in naher Zukunft erwogen würden.

3. Das britische Dilemma

Es gibt ein aufschlußreiches "minute" von Sir William Strang", dem Leiter der Mitteleuropaabteilung des Foreign Office, der später von 1949 bis 1953, als Nachfolger Sir Sargent's "Permanent Undersecretary" war, also kein unbedeutender Mann der britischen Diplomatie. Er berichtet von einem Besuch des Mr. Leslie Runciman, dem Sohn des aus der Sudetenkrise bekannten Lord Runciman und einem Interview, das der junge Runciman mit Göring hatte. Mit Fürst Max v. Hohenlohe, der die Einladung vermittelt hatte, hatte Mr. Runciman ein ausführliches Gespräch, aus dem er den Eindruck gewann, daß die Temperatur in Deutschland steige und das Tempo sich beschleunige. Zwei sich widersprechende Gedanken über Großbritanniens Haltung beherrschten Deutschland. Die eine Richtung glaube, daß Großbritannien nicht kämpfen würde, und die andere, daß es auf die Zerstörung Deutschlands aus sei und sofort Krieg führen würde, wenn Deutschland Polen eine einseitige Lösung aufzwänge. Prinz Max schlug vor, Lord Runciman solle ihm einen Brief schreiben, in dem er auf die Wahrscheinlichkeit hinweisen sollte, daß letztere Auffassung wohl stimmen würde. Fürst Max würde diesen Brief an Göring weiterleiten und dieser ihn zweifellos Hitler zeigen. Von Göring glaubte man zu wissen, daß er zwar für eine Rückgabe Danzigs eintrat, aber für eine friedliche Lösung war. Dieser etwas ungewöhnliche Weg schien erforderlich zu sein, da man glaubte, einen anderen, offiziellen, nicht gehen zu können. Es sei wahrscheinlich für keinen britischen Minister möglich , einen Schritt zu unterneh-men, der eine Befriedigung deutschen Ehrgeizes auf polnische Kosten zu sein schien. Andererseits wäre ein solcher Schritt das einzige, was einen Krieg verhindern könnte. Das sei das schreck-liche Dilemma Englands, war eine britische Beschreibung der Situation, in der die Briten sich befanden. Und die Briten mußten wissen, daß ihre wiederholten Erklärungen, daß sie keinen Krieg wollten, aber zu ihrer polnischen Verpflichtung stehen wollten, den Krieg bedeutete. Hitler wollte Danzig, das wußten sie. Und er konnte nicht zurück, ohne sein Gesicht zu verlieren. Und die Polen waren unter keinen Umständen bereit, dem nachzukommen. Auch das wußten sie. Sie taten nichts, um dieses Problem zu lösen. So konnte es Krieg geben. Den wollten sie angeblich nicht. Aber durch Nichtstun und Unterlassungen führten sie den Krieg herbei.

Es muß gefragt werden, wie weit die Briten das Dilemma, in dem sie sich befanden, selbst verschuldet hatten. Gibt es doch zu viele Beweise für die Anerkennung des polnischen Standpunktes durch die Briten und keinerlei Erörterung und Würdigung des deutschen. Es genügt nicht, zu erklären, daß Danzig eine deutsche Stadt sei und man eine friedliche Lösung begrüßen würde, ohne aus dieser Anerkennung der Realität irgendwelche Konsequenzen zu ziehen. Vor allem aber durfte man dann nicht Verhandlungen über eine Veränderung des Status quo, die allein die Spannung verringert hätten, für wenig erforderlich halten oder gar ablehnen. Dabei haben die Briten gewußt, daß Danzig für Deutschland die entscheidende Frage war, daß es das Hauptproblem für die Deut-schen war, wie sie Danzig bekommen konnten. Mußte man dann nicht alles daran setzen, dieses Problem zu lösen? Die Briten durften sich auch nicht auf den Standpunkt stellen, es sei eine deutsch-polnische Frage, die zwischen diesen beiden Staaten zu regeln sei, wie sie mehrfach geäußert hatten. Abgesehen davon, daß es eine europäische Frage und durch den Versailler Vertrag eine internationale Frage geworden war, war sie spätestens seit der britischen Garantieerklärung für Polen vom 31. März 1939 auch eine in der britischen Verantwortung liegende Angelegenheit, um deren Lösung sie bemüht sein mußten. Und die Briten wußten, daß es in Deutschland eine sehr große Mehrheit gab, unter anderem durch Göring vertreten, die eine friedliche Lösung des Konfliktes wollte. Zudem hatte Göring die Bedeutung der Danzigfrage für Europa hervorgehoben.

Göring hatte auch davon gesprochen, daß eine Regelung der Danzigfrage ein Vorspiel für ein allgemeines Übereinkommen in Europa sein könnte.

Eigentlich Grund genug, diesen Faden weiterzuspinnen. Jedoch nichts dergleichen geschah, der Brief wurde von Lord Runciman nicht geschrieben. Hatten die Briten eine Möglichkeit verpaßt?

Dabei war die Angelegenheit nicht etwa nur "verschlampt". Mit Strang, Cadogan, Halifax und Vansittart hatten die maßgeblichen und entscheidenden Mitglieder des Foreign Ofifice ablehnend Stellung bezogen. Eine Entspannungschance wurde vertan. Die Briten waren in ihr Dilemma geraten, von dem man nur sagen konnte: "Self-created". Sie waren auch in ihr Dilemma geraten, weil sie gegen eine Sache auftraten, die sie im Grunde für gerecht hielten, wie es in der Kabinettssitzung vom 25. Mai 1939 zum Ausdruck gekommen war.

Es wäre allerdings erforderlich gewesen, die britische Öffentlichkeit objektiv über die Danzigfrage aufzuklären und nicht einen einseitigen propolnischen, antideutschen Standpunkt einzunehmen.

Zwei Fragen müssen gestellt werden. War Hitlers Forderung nach Rückgabe von Danzig so irreal, wenn die Briten es selbst noch 1936 für eine vernünftige Regelung hielten? Und zweitens muß gefragt werden, wie man 1939 in einen Krieg eintreten konnte, um eine Sache zu bekämpfen, die man drei Jahre früher noch für vernünftig gehalten hatte? Danzig war eben doch nur ein Vorwand.

4. Hatte der Völkerbund einen brauchbaren Entspannungsvorschlag?

Halifax und Chamberlain waren nicht die einzigen, die Verhandlungen zum derzeitigen Zeitpuntk (Mai 1939) nicht für möglich hielten. Hatte denn wenigstens der Völkerbund einen brauchbaren Lösungsvorschlag?

In einer Besprechung zwischen Halifax und Burckhardt fragte der Außenminister den Völkerbundkommissar, ob es ihm möglich sein würde, die deutsche und die polnische Regierung zu Verhandlungen zu bringen. Es sei eigentlich klar, daß Verhandlungen zur Zeit nicht möglich seien, aber vielleicht sei es nützlich, jetzt schon einige Grundlinien zu überlegen, auf denen sie in Zukunft geführt werden könnten, wenn eine Entspannung realisiert worden wäre.

Professor Burckhardt stimmte zu, daß der derzeitige Augenblick nicht günstig sei, und die Deutschen müßten ein wenig die Position verlassen, die sie kürzlich eingenommen hatten. Diese Bemerkungen waren nicht sehr nützlich, denn sie waren zu allgemein. Hitler wollte und konnte nicht verzichten und die Polen nicht nachgeben.

Halifax wollte nicht erkennen, daß spätestens seit der britischen Garantie vom 31. März 1931 die Gewichte in der Danzig-Frage sich verschoben hatten. Seine Vorstellung, der Völkerbundkommissar solle nach Danzig zurückkehren, mit dem Ziel, als ein Puffer zwischen Deutschland und Polen zu wirken, als der Vertreter einer vom Völkerbund geschaffenen, aber bereits überholten Verfassung, entsprach nicht mehr den Realitäten. Die Briten hatten den Polen einen Blankoscheck ausgestellt. Und selbst, wenn diese Auffassung zu extrem ist, bleibt, da durch die Garantie die Briten die Verantwortung übernommen hatten, daß die Polen diese nicht mißbrauchten. Sie mußten verhindern, daß es zu einem Zusammenstoß kam. Aber der machtlose Kommissar konnte die Verantwortung nicht übernehmen, wie die Briten meinten.

IX. Förderte die britische Politik die Entspannung?

1. Breach of Faith

"Breach of Faith" oder "Wortbruch" ist der seit dem 17. März nach dem Einmarsch der deutschen Truppen in Böhmen und Mähren immer wieder gehörte Vorwurf, der Hitler und damit der deutschen Politik gemacht worden ist. Es habe keinen Zweck, mit Hitler einen Vertrag abzuschließen, er würde ihn doch nicht halten. Dieser Vorwurf galt besonders der Politik des Jahres 1939, wurde immer wiederholt und war für die Briten eine bequeme Ausrede, ernsthafte politische Verhandlungen, die zur Entspannung hätten führen sollen und können, abzulehnen oder die Polen zu solchen Verhandlungen zu veranlassen.

Chamberlain hat in seiner Birminghamer Rede vom 17. März 1939 den Vorwurf substantiiert. Hitler habe in einer Unterredung mit ihm seine Erklärung von Berchtesgaden wiederholt, daß die Regelung der sudetendeutschen Frage die letzte territoriale Forderung sei, die er in Europa habe. Das habe er zudem in seiner Sportpalastrede erneut gesagt und bestätigt. Er habe am tschechischen Staat kein Interesse und wolle keine Tschechen. Der Premierminister fuhr fort, daß Hitler schließlich auch noch als Mitunterzeichner des Münchener Abkommens eine Konsultationsverpflichtung eingegangen sei, die er nicht eingehalten habe. Dazu käme noch die Garantiefrage. Der große Deutschlandgegner Duff Cooper faßte die Auffassung der Anti-Appeaser zusammen und nannte Hitler einen dreimal eidbrüchigen Verräter.

Behandeln wir diese drei Anklagepunkte einmal nacheinander. Zunächst müssen wir jedoch feststellen, daß sich die von Chamberlain am 17. März in Birmingham vertretene Auffassung grundsätzlich von seiner ersten, ruhigen Reaktion auf den deutschen Einmarsch in Böhmen und Mähren am 15.3. unterschied. Neue Tatbestände hatte er jedoch am 17. nicht vorzubringen. Er konnte nur rechtfertigend sagen, er sei am 15.3. nicht ausreichend informiert gewesen. Das war ein Eingeständnis, das, falls zutreffend, kein günstiges Licht auf den britischen Nachrichtendienst wirft.

Nun war die Entwicklung in der Tschechoslowakei den erfahrenen Briten doch nicht so überraschend gekommen, wie es den Anschein hatte und sie gern darstellen. Schon vor dem 15. März hatte das Foreign Office in einem Memorandum dargestellt, in welche Richtung die Entwicklung laufen würde. Man vermutete, die Slowakei würde "dominated. . . by German influence". Die neue von Deutschland hergestellte Ordnung würde einem "dominion status" entsprechen mit einer vollständigen (complete) deutschen Herrschaft in Prag.

Die Briten hatten schon vor der Besetzung Prags in der Garantiefrage resigniert. Sie sahen das deutsche Vorgehen zunächst als nicht besonders schwerwiegend an.[1]

Eine handschriftliche Stellungnahme Cadogans zu einem Vorschlag Sargents läßt die Resignation der Briten erkennen.[2] Die Garantiefrage habe im Laufe der Zeit an Aktualität eingebüßt. "Wenn wir schon im letzten September bis Dezember nicht in der Lage waren, die Tschechoslowakei vor dem zu bewahren, was ihr angetan wurde, ist es klar, daß wir sie nicht vor weiteren Folgen bewahren können", schreibt er.[3]

Am 14. März traf er den französischen Botschafter Corbin, der ihn fragte, ob Seiner Majestät Regierung erwäge, tätig zu werden (were contemplating taking any action in the matter). Cadogan verneinte. Soviel er wisse, sei nicht daran gedacht, im gegenwärtigen Stand eine Demarche zu machen. Es gäbe wahrscheinlich nichts Wirkungsvolles, das man tun könne, um die Ausführung eines deutschen Planes zu verhindern, wenn Hitler entschlossen sei, ihn auszuführen.[4]

Am 15. März sprach Corbin mit Halifax, der es seinem Pariser Botschafter Phipps mitteilte. Corbin habe deutliche Kommentare zu der letzten deutschen Aktion gemacht, mit denen er übereinstimmte. Und dann hatte er einen gewissen Trost in der Entwicklung gefunden. Sie habe den ausgleichenden Vorteil gebracht, daß sie der lästigen Garantie, in die beide, England und Frankreich, verwickelt waren, ein natürliches Ende bereitet habe.[5]

Was war mit den gegenüber Deutschland erhobenen Vorwürfen?

Einer betraf bekanntlich, die angeblich von Deutschland nicht eingegangene Garantieverpflichtung.

Zunächst muß gefragt werden, ob eine solche überhaupt bestanden hatte, gegen die Hitler verstoßen haben sollte, wie vielfach behauptet wird. Die Antwort muß "nein" lauten. Hitler hatte sich nur bereit erklärt, an einer Garantie der tschechoslowakischen Grenzen mitzuwirken, wenn die Probleme der anderen Minderheiten in der Tschechoslowakei, mit Polen vor allem, gelöst würden. Das war nicht erfolgt und ein deutscher Beitritt zu der in Aussicht genommenen Garantie infolgedessen auch nicht.

Falls bei der Erörterung der Garantie für den tschechischen Reststaat, die in dem Brief des Reichskanzlers an den Premierminister vom 27. September 1938 enthalten war, diplomatische Vorhaltungen gemacht werden sollten, wurden Hitlers Worte vom 26. September (Sportpalast-Rede) wiedergegeben.[6]

Dabei wurde der Nachdruck auf den relevanten Abschnitt (relevant passage) gelegt. Er lautete: "Ich versicherte ihm, daß von dem Augenblick an, in dem die Tschechoslowakei ihre anderen Probleme gelöst hat, das heißt, wenn die Tschechen zu einem Arrangement mit ihren Minderheiten friedlich und ohne Gewalt gekommen sind, ich nicht länger am tschechischen Staat interessiert bin. Und soweit ich betroffen bin, werde ich ihn garantieren." Es ist deshalb klar, daß Herr Hitler in seinem Brief vom 27. September nur ein mit Bedingungen versehenes Garantieangebot gemacht und kein absolutes Desinteresse am tschechischen Staat ausgedrückt hatte, von einem Wortbruch also nicht gesprochen werden konnte und kann.

Für manche Briten schien die Sachlage nicht unbedingt eindeutig zu sein und Zweifel zu bestehen. Henderson wandte sich am 23. Mai 1939 an das Foreign Office mit der Bitte, ihm aus dem britischen Weißbuch den Text von Hitlers Brief vom 27.9.1938 zu übersenden, um Hitlers Wortbruch beweisen zu können.

Die den Wortbruchvorwurf begründenden Fakten hatten sich vom 15.3. auf den 17.3. im Grunde nicht verändert. Am 15.3. hatte Chamberlain noch erklärt, er habe oft Vorwürfe wegen Vertrauensbruch gehört. Sie beruhten seiner Meinung nach auf nicht ausreichender Sachkenntnis. Deshalb wolle er sich mit ihnen nicht befassen.[7]

Eigentlich brauchen wir das auch nicht. Wenn ich es dennoch tue, so deshalb, weil diese Aussage des Premierministers von zu großer Bedeutung ist.

Offensichtlich hatte Chamberlain diese Feststellung und das Schreiben vom 15.3. an Ribbentrop am 17. März "vergessen". Dabei war er schon am 13. März abends über einen bevorstehenden deutschen Einmarsch informiert worden. Sehr spät am 14 März hatte der britische Botschafter im deutschen Außenministerium vorgesprochen und mitgeteilt, daß Großbritannien nicht die Absicht hätte, in der Tschechoslowakei zu intervenieren.[8] Das hatte er auch in seinem Schreiben an Ribbentrop bestätigt.

Der tschechoslowakische Staat war ja auch nach Chamberlains Aussage nicht infolge eines äußeren Anlasses zusammengebrochen, durch einen gewaltsamen Eingriff Hitlers. Innere Zerrissenheit hatte zur Auflösung des Staates geführt, hatte Chamberlain noch am 15. März erklärt.

Bestand eine Konsultationsverpflichtung? Zunächst muß festgestellt werden, daß sie nicht im Münchener Abkommen enthalten war. Sie wird von ihren Vertretern aus dem Papier abgeleitet, das Chamberlain Hitler am 30. September 1938 in dessen Privatwohnung vorgelegt und von diesem nach einigem Zögern unterschrieben worden war. Es war nicht ein deutscher Revisionist, sondern der Parlamentarische Unterstaatssekretär im Foreign Office R. A. Butler, der bestritt, daß das Münchener Papier eine solche Konsultationsverpflichtung enthielt. Aber nicht nur Butler hatte Zweifel an ihrer Existenz. Henderson erbat vom Foreign Office den Text des Hitlerschen Konsultationsversprechens. Das Abkommen, das der Premierminister mit Herrn Hitler im September unterzeichnete, sah vor, daß die beiden Regierungen sich konsultieren sollten über Fragen, die beide Länder betrafen. Aber wenn sie, die Engländer, versuchen würden, das im vorliegenden Fall Tschechoslowakei anzuwenden, würden die Deutschen antworten, daß kein englisches Interesse an der Tschechoslowakei bestünde.

Der englische Text der Übereinkunft (agreement, kein Vertrag) spricht von "questions that concerned our two countries". Die deutschen Interpretation übersetzt "concerned" mit "betreffen" und folgert richtig, daß die tschechischen Probleme die Briten nichts angehen sollten. Die Briten kannten natürlich diese deutsche Interpretation und bestritten ihre Richtigkeit. Anders sei die Stellung der Franzosen zu beurteilen, meinte der britische Bericht. Sie seien eigentlich durch ihren Bündnisvertrag mit den Tschechen gebunden, d.h. also, ihr Interesse im Unterschied zu der britischen Stellung sei gegeben. Durch die Herausstellung dieser besonderen Rolle der Franzosen unterstützte der britische Bericht die deutsche Auffassung.

Dazu hatten die Briten selber erklärt, daß sie sich nicht einmischen wollten in eine Angelegenheit, die eine andere Regierung mehr betraf als England.[9]

Zu der Erkenntnis, daß die Garantie nicht zustande gekommen war, waren auch die Briten gekommen. Die internationale Garantie, die sie versucht hatten, zu verwirklichen, existierte nicht.

Das Foreign Office behauptete, eine ausschließlich auf britische Zusagen beschränkte Garantie nie in Erwägung gezogen zu haben. Deshalb gab es auch nach britischer Auffassung keine Garantie. Die Briten wanden sich nach der Besetzung Prags, um von dem Vorwurf freizukommen, die Garantie nicht eingelöst zu haben. Ob ihr Nachrichtendienst schon vor "Prag" diese Frage auf die britische Regierung zukommen sah?

Jedenfalls hatte sie schon am 6. März Abschied von der Garantie genommen. An diesem Tag hatte Cadogan handschriftlich zu einem "minute" von Sargent Stellung genommen. Darin hatte er zweifelnd die Frage gestellt, ob es Zweck haben würde, mit den Deutschen über ihre langsame Behandlung der Garantiefrage zu diskutieren, was er verneinte. Auch von den Italienern würde man die gleiche Antwort wie von den Deutschen erlangen. Deshalb bleibe nur noch übrig, stillschweigend die ganze Garantiefrage auf sich beruhen zu lassen, bis neue Entwicklungen es ermöglichten, sie unter den veränderten Bedingungen wieder hervorzubringen. Nun kann man natürlich raten, was diese neuen Verhältnisse (new developments) sein würden. Da nicht zu erwarten war, daß Hitler seine Forderung reduzieren oder gar verzichten würde und die Polen ihren Verweigerungsstandpunkt aufgeben würden, bleibt nur übrig anzunehmen, daß darunter eine starke britische Position zu verstehen war, die es ihnen erlaubte, eine Danzig-Lösung zu diktieren.

Die Briten hatten zwar auch keinen Vertrag unterschrieben, aber im Oktober 1938 hatte der Verteidigungsminister, Sir Thomas Inskipp, erklärt, daß die Briten sich in der moralischen Verpflichtung befänden, so zu handeln, als wäre die Garantie in Kraft. Diese Erklärung hatte das Foreign Office, das auf eine Ablösung der moralischen Verpflichtung durch eine multinationale Garantie gehofft hatte, in große Verlegenheit gebracht. Sie war ihm lästig geworden, diese in München versprochene Garantie. Sie war zwar nicht in einem Vertrag niedergelegt, die Zusage war aber durch die Erklärung von Sir Thomas verstärkt worden. Am 20. März 1939 nahm das Foreign Office in einem Schreiben an den britischen Botschafter in Paris, Phipps, noch einmal Stellung in der Garantiefrage und versuchte, sich aus der eingegangenen Verpflichtung herauszuwinden. Es sei zwar wahr, daß Sir Thomas im letzten September zugegeben habe, daß Seiner Majestät Regierung unter einer moralischen Verpflichtung stünde, die Garantie als in Kraft befindlich zu betrachten. Aber damals habe Seiner Majestät Regierung nur ihre Bereitschaft angekündigt, sich einer internationalen Garantie der Tschechoslowakei anzuschließen. Es sei niemals die Absicht der Regierung gewesen, eine einseitige Garantie zu geben oder mit Frankreich allein die Garantie auszusprechen. Jetzt habe sich herausgestellt, daß eine Übereinkunft unmöglich zu erreichen sei. Unter diesen veränderten Umständen sei Seiner Majestät Regierung nicht bereit, sich an das zu halten, was als vorübergehende Lösung gedacht war.

Der Gedanke an die Garantie beschäftigte die Briten sehr. Auch ein Telegramm vom 18. Dezember 1938 des Foreign Office an Mr. Newton, den britischen Gesandten in Prag, diente dem Zweck, von der Garantie freizukommen. In einer Diskussion mit französischen Ministern sei dargestellt worden, daß sich drei der vier Münchenmächte beteiligen müßten. Eine durch England und Frankreich allein gegebene Garantie könne nicht effektiv sein und würde vielleicht eine Lage herbeiführen, in der die beiden Mächte entweder in den Krieg eintreten müßten ohne Aussicht auf Rettung der Tschechoslowakei oder der Garantieverpflichtung nicht nachkommen würden.

An einer anderen Stelle beklagt das Foreign Office sich über die Folgen der Erklärung von Sir Thomas Inskipp. Das Foreign Office hatte natürlich gehofft, daß die bedingungslose moralische Verpflichtung abgelöst würde durch eine multilaterale Garantie, die in sehr eng definierte Bedingungen eingeschlossen sein müßte. Aber es schien, als ob diese Möglichkeit des Herauswindens den Briten versagt war. Und dann war es schwierig, sich von der Verpflichtung zu befreien.

In ihrer "Not" greifen sie bei den Versuchen, aus der Garantie herauszukommen, immer zu der Feststellung, daß die Umstände sich verändert hätten und die Einhaltung einer eingegangenen Verpflichtung nicht mehr ermöglichten. In diesem Fall bliebe den Briten nichts anderes übrig, als die damalige unbefriedigende Situation fortbestehen zu lassen, in der Hoffnung, daß sich nichts ereignen würde, was den Tschechen Gelegenheit geben könnte, die Verpflichtung einzufordern.

Sie sind wegen ihrer Einstellung auch nicht berechtigt, der deutschen Politik Vorwürfe zu machen. Um diese Situation nicht einer öffentlichen Kontroverse zu unterwerfen, sahen sie vor, diese Auffassung der Öffentlichkeit gegenüber zu verschweigen.[10]

Der tschechische Staat war auch nach Chamberlains Aussage nicht infolge eines äußeren Anlasses zusammengebrochen, eines gewaltsamen Eingriffes Hitlers. Innere Zerrissenheit hatte zur Auflösung des Staates geführt, hatte Chamberlain noch am 15. März erklärt.

Die Franzosen waren ähnlicher Meinung. In der britischen Kabinettssitzung vom 18. März 1939 wurde auch ein Bericht des britischen Botschafters in Paris, Sir Eric Phipps, besprochzen. Dieser hatte in Paris mit dem französischen Außenminister Bonnet und dem Staatssekretär Bérenger gesprochen. Beide hatten für eine Nichteinmischung plädiert, je weniger, desto besser.

Die neue Spaltung zwischen Tschechen und Slowaken habe gezeigt, "daß wir beinahe im letzten Herbst in den Krieg eingetreten wären zugunsten eines Staates, der nicht lebensfähig war." Der britische Premierminister ergänzte gewissermaßen, "wesentlich sei, daß der Staat, dessen Grenzen wir gegen unprovozierte Angriffe zu verteidigen versprochen hatten, jetzt vollständig auseinandergebrochen sei."

Kein Wort von einer deutschen Verpflichtung, die nicht eingelöst worden war.

2. *Großbritannien und die clausula rebus sic stantibus*

Man hat der deutschen Politik, insbesondere natürlich Hitler, vorgeworfen, sie sei eine vertragsbrüchige Gewaltpolitik gewesen und habe sich nicht an abgeschlossene Verträge oder gegebene Zusagen gehalten. Man könne deswegen auch mit ihr keine solchen Abmachungen abschließen.

Nun ist sicher soviel richtig, daß einer der Grundsätze der deutschen Politik das Handeln nach der "clausula rebus sic stantibus", der Klausel von den gleichbleibenden Verhältnissen war. Bismarck hat das in seinen "Gedanken und Erinnerungen" in klassischer Weise zum Ausdruck gebracht:[11]

"Die internationale Politik ist ein flüssiges Element, das unter Umständen zeitweilig fest wird, aber bei Veränderung der Atmosphäre in seinen ursprünglichen Aggregatzustand zurückfällt. Die 'clausula rebus sic stantibus' wird bei Staatsverträgen, die Leistungen bedingen, stillschweigend angenomen." Und er fährt fort, ewige Dauer sei keinem Vertrage zwischen Großmächten gesichert und es sei deswegen unweise, die Zweibundverträge als sichere Grundlage für alle Möglichkeiten betrachten zu wollen, durch die in Zukunft die Bedürfnisse, Verhältnisse und Stimmungen verändert werden können, unter denen er zustande gebracht wurde. Und an anderer Stelle heißt es: Die Haltbarkeit aller Verträge zwischen Großstaaten ist eine bedingte, sobald sie "in dem Kampf um das Dasein" auf die Probe gestellt wird. Keine große Nation wird je dazu zu bewegen sein, ihr Bestehen auf dem Altar der Vertragstreue zu opfern, wenn sei gezwungen ist, zwischen beiden zu wählen.[12]

Das steht im Gegensatz zu dem althergebrachten Grundsatz der "pacta sunt servanda", der angeblich alle zivilisierten Staaten verpflichtet und die gegen die deutsche Auffassung von Realpolitik vorgebracht wird.

Haben die Briten sich an diesen Grundsatz gehalten? Wir wollen nicht die zahllosen Vertragsbrüche, die sie in ihrer langen Geschichte geleistet haben, aufzählen. Wir wollen nicht Churchills Machtpolitik aufzählen, wir wollen im wesentlichen Chamberlains Einstellung behandeln.

Es gibt verschiedene Äußerungen von ihm, die anzeigen, daß er im Prinzip keine andere als die machtpolitische Einstellung gehabt hat und das Bild vom "appeaser" nicht stimmt. In der Garantiefrage für die Tschechoslowakei nach "München" hat er das klar ausgedrückt.

Der britische Minister Inskipp hatte im Oktober 1938 eine moralische Verpflichtung zur Einhaltung der Garantie, die formal nicht ausgesprochen war, zugestanden. Aus ihr versuchten die Briten durch eine multinationale Garantie herauszukommen. Das gelang nicht. Damit hatten sich die Verhältnisse geändert (altered circumstances). Bestand die britische Verpflichtung weiterhin? Chamberlain gab eine verneinende Antwort. Seiner Majestät Regierung sei nicht bereit, sich unendlich an das Versprechen zu halten.[13]

Ist das etwas anderes als die "clausula rebus sic stantibus"?

Chamberlain kommt zu der Feststellung, daß die Garantie ein "toter Brief" ist.[14]

Aber es kommt noch schlimmer!

Im Parlament könne man das nicht sagen, da es eine unangeneh-me Diskussion auslösen würde. So wäre es das beste, schweigend den derzeitigen unbefriedigenden Zustand bestehen zu lassen, in der Hoffnung, daß sich nichts ereignen würde, die Tschechen zu veranlassen, die Briten aufzufordern, die Verpflichtung zu erfüllen.[15]

Am 24. März 1938 wurde Chamberlain im Unterhaus noch deutlicher. Bei der Aufzählung der britischen vertraglichen Verpflichtungen, machte er die Feststellung, daß, wenn es um Krieg und Frieden gehen würde, vertragliche Verpflichtungen nicht allein betroffen seien.[16] Und ein Kriegsausbruch würde wahrscheinlich nicht auf die Staaten beschränkt bleiben, die solche Verpflichtungen eingegangen waren. Und es sei unmöglich zu sagen, wo der Krieg enden würde und welche Regierungen betroffen wären.[17] Dann folgt der entscheidende Satz: Der unerbittliche Druck der Tatsachen könne sich als stärker erweisen als formale Erklärungen.[18]

Chamberlain begleitete diese Feststellung mit der Ankündigung einer Erhöhung der Rüstungsausgaben und betonte, daß die britische Politik durch den Grundsatz bestimmt blieb, wenn möglich mit Vernunft handeln, wenn nicht, durch Macht.[19]

Denn Macht sei die einzige Sprache, die Deutschland verstünde.[20]

Sollte es zu einer einseitigen deutschen Aktion gegen Danzig kommen, so würde die Danzig-Frage selbst keine Rolle spielen für ein britisches Eingreifen, es würde gelten, Widerstand gegen die deutsche Methode zu leisten.[21]

Woher nimmt angesichts einer solchen Einstellung England eigentlich das Recht, Deutschland eine realpolitische Einstellung zum Vorwurf zu machen? Und gilt für die britische Politik noch die Formel von der "pacta sunt servanda" oder gilt für sie nicht auch der Bismarcksche Grundsatz der "clausula rebus sic stantibus"?

Die deutschen Medien waren im April 1989 vom deutschen "Überfall" auf Norwegen erfüllt. Nicht die geringste Andeutung fand sich, daß wir dem britisch-französischen Angriff, der uns von der kriegsentscheidenden Erzzufuhr aus Skandinavien abschneiden sollte, nur um wenige Tage zuvorgekommen waren. Und das nur, weil der ursprünglich für den 5. April geplante britisch-französische Angriff um 3 Tage verschoben werden mußte. Es hatte Auseinandersetzungen der Briten mit den Franzosen gegeben "Over the lack of enthusiasm for Royal Marine", dem Code-Wort der Operation.[22]

Der erste von Churchill entworfene Plan stammte bereits vom 12. September 1939.[23]

Dann gab es eine lange Reihe von Verschiebungen wegen Ungeeignetheit und notwendiger Umbauarbeiten der zur Verfügung stehenden Schiffe, teilweise auch wegen Änderung bestehender Pläne. So sah ein französischer Plan einen Angriff auf die schwedischen Erzfelder von Gellivare von Norwegen aus vor.

Das waren Pläne und Angriffsüberlegungen zu einem Zeitpunkt, an dem noch kein deutscher Angriffsplan auf Norwegen bestand. Das war reine britisch-französische Machtpolitik.

Dem britisch-französischen Angriff waren Neutralitätsverletzungen vorausgegangen. Der eklatanteste Fall war die Kaperung des deutschen Schiffes "Altmark" und die "Befreiung" der von ihr mitgeführten Gefangenen. Churchill gibt zu, daß sich die Angelegenheit im norwegischen Hoheitsgewässer abgespielt hatte. Das hinderte ihn nicht, die Aktion als einen großen britischen Triumph zu feiern.

Fassen wir zusammen. Die britische Politik wurde nicht durch "hehre" Ziele bestimmt, sondern durch reale Fakten. Daraus ist den Briten kein Vorwurf zu machen. Nur, sie dürfen nicht für sich in Anspruch nehmen, andere Nationen, wenn sie Realpolitik betreiben, deswegen anzuklagen.

3. War Polen bedroht?
Die britische Garantie vom 31. März 1939

Die britische Garantie an Polen war in der unbegründeten Annahme erteilt worden, die polnische Unabhängigkeit sei durch Deutschland bedroht. Man versuchte, nachträglich auch mit Hilfe und während des Beck-Besuches in London, eine Begründung zu konstruieren, ohne Erfolg. Erstaunlicherweise lieferte Beck den Engländern keine Beweismittel. Auf einer polnisch-britischen Besprechung am 4. April in London, an der Halifax, Cadogan und Strang von britischer Seite und Beck, der polnische Botschafter in London Graf Raczinski und Potocki vom polnischen Außenministerium teilnahmen, fragte Halifax, ob die polnische Regierung der Auffassung sei, daß an den Gerüchten der vergangenen Woche etwas dran sei. Beck erwiderte, daß die polnische Regierung keine Anzeichen gefährlicher deutscher militärischer Handlungen bemerkt habe,[24] aber daß sie ihre eigenen Vorbereitungen verstärkt hätten,[25] um zu verhindern, daß sie (die Polen) zum Gegenstand deutscher Drohungen gemacht wurden. Sehr aufschlußreich. Die Briten haben den Polen eine Garantie gegeben, die sich als Blankoscheck herausstellt, obwohl die Polen nach eigenem Eingeständnis nicht bedroht waren und sich auch nicht bedroht gefühlt haben. Die Polen ihrerseits, obwohl nicht bedroht, rüsten auf, um nach ihrer Meinung angeblich mögliche deutsche Drohungen zu verhindern.

Dabei bestand von deutscher Seite keine akute Bedrohung Danzigs oder gar Polens, die eine britische Garantie für die Unabhängigkeit und Unversehrtheit Polens erforderlich gemacht hätte. Hitler war sicherlich sehr enttäuscht gewesen über die Ergebnislosigkeit seiner Bemühungen vom 24. Oktober 1938 bis 21. März 1939, mit den Polen zu einer friedlichen Lösung der Danzigfrage zu kommen. Aus dieser Enttäuschung resultierte seine Weisung vom 25. März 1939 an den Oberbefehlshaber des Heeres. Mehrere Punkte sind bemerkenswert in dieser Weisung.[26]

Hitler wollte die Rückkehr Lipskis aus Warschau nicht abwarten, wahrscheinlich weil er mit einer negativen Antwort der Polen, wie sie seit dem 24. Oktober erwartet wurde, rechnete. Das aber hatte nicht zur Folge, daß er an eine gewaltsame Lösung der Danzigfrage dachte. Die Begründung ist interessant. Er wollte Polen nicht in die Arme Englands treiben. Hitler und die deutsche Diplomatie hatten offenbar nicht erkannt, daß dieser Prozeß schon sehr weit fortgeschritten war. Wenn Hitler noch glaubte, unter Umständen eine militärische Besetzung Danzigs bei stillschweigender Duldung durch die polnische Regierung vornehmen zu können, zeigt das, wie wenig die deutsche Führung über die wahren Absichten der Polen informiert war. Andererseits hatte Hitler offensichtlich erkannt, daß auf längere Sicht ein friedliches deutsch-polnisches Nebeneinander wie mit dem Polen Pilsudskis nicht möglich und dann eine militärische Lösung unvermeidlich war. Auch diese Erkenntnis war das Ergebnis der aussichtslosen deutsch-polnischen Verhandlungen. Sie zeigt aber auch die Harmlosigkeit der deutschen Diplomatie.

Die Verhandlungen waren ohne militärischen Druck erfolgt, denn erst in der Weisung Hitlers an den Oberbefehlshaber des Heeres vom 25. März 1938 wurde angeordnet, die polnische Frage zu bearbeiten.

Die Briten haben in der Frage, ob eine Bedrohung Polens vorlag, eine unterschiedliche, widerspruchsvolle Haltung eingenommen, um nicht zu sagen gelogen. Während sie Beck gegenüber unwissend taten, hieß es in seinem Telegramm vom 1. April 1939 an Sir. E. Phipps, den britischen Botschafter in Paris, daß sie Grund zur Befürchtung hätten, daß Vorbereitungen für einen Schlag weit fortgeschritten und daß Aktionen nahe bevorstehend wären.[28] Und in einem Telegramm an den britischen Botschafter in Rumänien vom 31. März 1939 wurde aufgrund von Informationen von der Möglichkeit einer unmittelbaren Aktion gegen Polen gesprochen (the possibility of immediate action).

Am selben Tag hieß es jedoch in einem Telegramm an Phipps, daß Seiner Majestät Regierung keine offizielle Bestätigung der Gerüchte über geplante Angriffe auf Polen habe und sie deshalb nicht als wahr angenommen werden dürften.[29]

Dem entsprach auch eine Erklärung, die der britische Premierminister am 31.3. im Unterhaus abgegeben hatte, daß Seiner Majestät Regierung keine Bestätigung der Gerüchte über einen geplanten deutschen Angriff habe. Was stimmte nun?[30]

Beck hatte recht. Es lag von deutscher Seite keine unmittelbare Bedrohung Polens vor. Die "Weisung des Führers an den Oberbefehlshaber des Heeres" sagt eindeutig aus, daß Hitler keine gewaltsame Lösung der Danzigfrage wollte.

Wie wenig es den Briten um Danzig und die Unabhängigkeit des angeblich bedrohten Polen ging, zeigen die Aufzeichnungen zur Vorbereitung für den Beck-Besuch am 3. April (Brief for Colonel Beck's Visit). Darin heißt es: "Danzig ist ein künstliches Gebilde, dessen Aufrechterhaltung ein schlechter Kriegsgrund ist, aber es ist unwahrscheinlich, daß die Deutschen weniger als eine totale Lösung der Danzigfrage annehmen werden. Sie werden eine erhebliche Gegenleistung bieten müssen, die kaum weniger als eine Garantie der polnischen Neutralität sein wird".[31] Ein solch schlechtes Geschäft (corrupt bargain) hätte aber viele Nachteile für England. Es würde die polnische Moral erschüttern, ihre Verwundbarkeit gegenüber deutscher Einflußnahme vergrößern und die Politik, einen Block gegen die deutsche Ausbreitung zu bilden, zerstören.[32] "Es liegt deshalb nicht in unserem Interesse, den Polen vorzuschlagen, ihre Rechte in Danzig aufzugeben, weil sie nicht zu verteidigen sind".

Da haben wir es klar und deutlich ausgedrückt. Im eigenen britischen Interesse darf die Danzigfrage nicht gelöst und damit der Friede gerettet werden. Die britische Garantie jedoch hatte die Polen völlig uneinsichtig und einer Lösung der Danzigfrage gegenüber unnachgiebig gemacht.

Bei der Erteilung der Garantie haben sich die Briten besonders fahrlässig verhalten. Sie haben sie erteilt, obwohl ihre Stabschefs wußten und Chamberlain entsprechend informiert hatten, daß keine unmittelbare Bedrohung Polens vorlag und die Briten nur unzureichende Kenntnisse der deutsch-polnischen Verhandlungen hatten. Erst am 23. April 1939 habe Beck darüber etwas verlauten lassen, teilt Charmley mit.[33] Die Enthüllung von Hitlers

Bedingungen und die polnische Ablehnung habe selbst den "milden" Halifax zu dem Kommentar veranlaßt, daß Beck etwas weniger als aufrichtig gewesen war.[34]

Und erst Anfang Mai 1939 war es den Briten gelungen, die volle Wahrheit zu erfahren. Es wurde offenbar, daß Beck die Briten belogen hatte. Auch Newman berichtet, daß die Polen die Briten nicht über den Stand der deutsch-polnischen Beziehungen informiert hatten. Was wollten sie? Den Preis heraufschrauben?

Hatten die Briten für die Ausführung der Garantie Bedingungen gestellt? Gab es einen Konsultierungszwang vor Eintritt des Bündnisfalles? Nichts dergleichen. Die Polen waren frei in ihrer Entscheidung. Das bestritten die Briten zwar und glaubten, die Entscheidung in ihren Händen zu haben. Bezeichnend für diese Einstellung ist ein Brief Chamberlains an seine Schwester Ida vom 2. April 1939, in dem er behauptete, daß sie, die Briten, die eigentliche Entscheidung treffen würden.

War die britische Garantie ein Blankoscheck? Das ist eine oft gestellte und behandelte Frage. Sie sollte in Kraft treten, wenn die polnische Unabhängigkeit bedroht und damit der Beistandsfall gegeben war.

Halifax hat in der Kabinettssitzung vom 30. März 1939 eine Antwort gegeben. Der letzte Prüfstein sei eine Handlung, die die polnische Regierung als eine Bedrohung ihrer Unabhängigkeit betrachtete. Der Premierminister stimmte zu und fügte hinzu, wenn die Polen die Danzigfrage als eine solche Bedrohung empfänden und bereit seien, durch Gewalt zu widerstehen, die Briten ihnen zu Hilfe kommen müssen. Damit lag die Entscheidung über das Inkrafttreten der Garantie bei den Polen.[35]

Wenn Polen nicht bedroht war, entsteht die Frage, welchen Zweck die Briten mit der Garantie verfolgt haben. Lassen wir vier britische Historiker antworten.

Für *Charmley* war die Garantie ein unverantwortliches Glücksspiel, das wahrscheinlich schlecht ausgehen würde.[36]

Nach *Lamb* hatte Großbritannien durch die Garantie die Freiheit verloren, mit Hitler über die Abtretung Danzigs und des Korridors an Deutschland zu verhandeln. Die Anwendung von Gewalt würde für die Polen den casus belli bedeuten und Großbritannien würde ihnen zu Hilfe kommen müssen. Und so gehört die Garantie für Lamb zu den besonders fahrlässigen und unpraktikablen Gesten der britischen diplomatischen Geschichte.[37]

Aster bringt eine kurze Schilderung eines Gesprächs zwischen Lloyd George und Chamberlain nach der Ankündigung der Garantie durch diesen. Lloyd George fragte den Premier, warum er es gewagt hatte, Großbritannien in einen Krieg mit Deutschland zu verwickeln. Der Premierminister antwortete, daß nach seinen Informationen weder der deutsche Generalstab noch Hitler einen Krieg riskieren würden, wenn sie wüßten, an zwei Fronten kämpfen zu müssen. Lloyd George fragte, wo denn diese zweite Front sei. "Poland" war die Antwort. Lloyd George brach in ein Gelächter aus.[38]

Newman[39] geht von den genannten britischen Historikern am weitesten. Für ihn ist die Garantie ein Vorwand zum Krieg. Die Alternative wäre die Abdankung Großbritanniens als Großmacht gewesen. Nach ihm hat Halifax sehr wohl gewußt, daß Oberst Beck dem deutschen Druck für ein Abkommen nicht nachgeben würde, wenn die Briten ihn durch eine Garantie gestärkt hätten. Für Newman gab es keinen Zweifel, daß Chamberlain Halifax und die Mehrheit des Foreign Office bereit waren, die Deutschen herauszufordern. Eine unerhörte Feststellung, die die britischen Kriegsabsichten und Kriegsschuld beweist.

Newman bringt auch das schon bei Aster zitierte Gespräch zwischen Chamberlain und Lloyd George, ein "elderly Statesman", nur ausführlicher. Lloyd George hatte gefragt, warum Rußland nicht in die Garantie eingeschlossen sei. Der Premier hatte das mit dem Widerspruch Polens und Rumäniens erklärt.

Warum drohte Chamberlain in diesem Fall Großbritannien in einen Krieg mit Deutschland zu verwickeln? Die Antwort Chamberlains lautete wie bereits bei Aster dargestellt. Lloyd George brach in ein Gelächter aus und begann Chamberlain zu verspotten. Er erklärte, daß Polen keine nennenswerte Luftwaffe habe, eine unzureichend motorisierte Armee, eine weniger als mittelmäßige Rüstung. Dazu sei Polen innerlich schwach, wirtschaftlich und politisch.

298

Den Briten sind dann doch Bedenken gekommen, ob die Polen auch vernünftig mit dem Blankoscheck umgehen würden, und sie schickten im Juni 1939 den General Ironside nach Polen, um auch diesen Punkt zu klären. In seinem Bericht heißt es, wir haben ihnen praktisch einen Blankoscheck gegeben, und jetzt wollen wir sicher sein, daß er nicht grundlos präsentiert wird.

4. Die Stabschefs und Rumänien

Die Besetzung Prags und die Bildung des Reichsprotektorats Böhmen und Mähren Mitte März 1939 haben ein anderes Ereignis in den Hintergrund treten und seine Wirkung auf die britische Politik nicht voll erkennen lassen: die deutsch-rumänischen Wirtschaftsverhandlungen mit dem am 24. März abgeschlossenen, auch Rumänien viele Vorteile bietenden, Handelsvertrag. Die Briten haben dessen strategische Bedeutung frühzeitig erkannt.

Wir wissen nicht, wann die britischen Stabschefs den Auftrag erhalten hatten, sich über die Bedeutung Rumäniens in einem möglichen Krieg mit Deutschland zu äußern. Wenn man die Langsamkeit auch britischer militärischer Stäbe bedenkt, muß angenommen werden, daß der Auftrag bereits vor dem 15. März, also vor der Besetzung Prags und nicht durch diese ausgelöst, erteilt wurde. Jedenfalls legte der Minister für die Verteidigung (Minister for Coordination and Defense) bereits in der Kabinettssitzung vom 18.März 1939 ein Papier (aide-memoire) vor, das die Stabschefs für ihn angefertigt hatten.

Deutschland habe gedroht zu handeln, hieß es in dem Papier. Das war eine Behauptung, die jeder realen Grundlage entbehrte, wie auch die "Tilea-Lüge". Das deutsche Handeln würde zu einer wirtschaftlichen Beherrschung Rumäniens führen, meinten die Stabschefs.

Wenn erst einmal die rumänische Landwirtschaft und die Ölgewinnung mit deutscher Tüchtigkeit organisiert wären, würde sich die deutsche strategische Situation erheblich verbessern. Dann würde Deutschland in der Lage sein, das Bestreben der britischen

Navy, Deutschland in Kriegszeiten der Blockade zu unterwerfen, zu neutralisieren. Damit würde Großbritannien seine entscheidende Waffe genommen.

Bei dieser Sachlage wäre es erforderlich zu entscheiden, ob die wirtschaftlichen Vorteile, die Deutschland zufallen würden, so schwerwiegend wären, daß wir handeln sollten (take action), um eine wirtschaftliche Beherrschung Rumäniens durch Deutschland zu verhindern.'

Wenn man noch Zweifel haben konnte, ob sich "to take action" auf zivile ökonomische Maßnahmen bezieht und beschränkt, belehrt uns ein Hinweis auf die Bemerkung, daß die einzige Hilfe, die England geben könnte, die Eröffnung von Feindseligkeiten an der Westfront wäre, daß militärische Maßnahmen gemeint waren. Es muß festgehalten werden: England will eine friedliche wirtschaftliche Verbindung zweier Länder mit militärischen Mitteln verhindern. Dagegen würde deutsches Handeln sich auf die wirtschaftliche "Beherrschung" (economic domination) beschränken. Aber man müsse noch ein weiteres beachten, meinten die Stabschefs. Wenn Deutschland Rumänien wirtschaftlich beherrscht, würde die politische Beherrschung dieses Landes sicherlich folgen. Das würde in britischen Augen weitere schwerwiegende politische Folgen haben. Denn nichts könne Deutschland daran hindern, ans Mittelmeer durchzumarschieren, besonders da Deutschland sich auf die bulgarische Freundschaft verlassen könne. Die wirtschaftliche Beherrschung Rumäniens würde so wahrscheinlich zu sehr schwerwiegenden Konsequenzen für die britische Mittelmeerstellung führen und eine Bedrohung des Seeweges nach Indien darstellen..

England könne jedoch nichts unternehmen, was Deutschland an der Beherrschung Rumäniens hindern würde, ist die Auffassung der Stabschefs. In dieser Frage sei die Lage derjenigen ähnlich, der England in bezug auf die Tschechoslowakei gegenübergestanden hatte. Auch damals wäre die einzige Hilfe, die England hätte geben können, die Eröffnung von Feindseligkeiten an der Westfront gewesen. Aber solche Feindseligkeiten könnten nicht verhindern, daß Rumänien überrannt würde.

Wenn jedoch die Unterstützung Polens und Rußlands erreicht werden könnte, würde das die Lage vollständig verändern, waren die Überlegungen der britischen Stabschefs. Wenn diese Länder nicht bereit wären zu helfen, wäre der einzig durchführbar erscheinende Plan der Versuch, die Unterstützung der Türkei und Griechenlands zu erhalten.

Die britischen Stabschefs dachten an den nächsten Krieg. Daraus kann man ihnen keinen Vorwurf machen, denn es gehört zu den Aufgaben von Generalstäben, mögliche künftige militärische Auseindersetzungen in ihre Überlegungen einzubeziehen. Täten sie das nicht, hätten sie ihre Pflicht versäumt. Sie fürchten, daß Englands schärfste und wirkungsvollste Waffe des Ersten Weltkrieges, die Blockade, durch die deutsche Wirtschaftspolitik in Südosteuropa, besonders in Rumänien, stumpf würde. Der bevorstehende, dann am 24. März unterzeichnete, deutsch-rumänische Wirtschaftsvertrag drängte sie zur Eile.

Ein neuer Gesichtspunkt war die Befürchtung der Stabschefs nicht. Schon 1938 hatte der führende britische Militärschriftsteller Liddel Hart darauf hingewiesen und verlangt, daß Deutschland unbedingt vom rumänischen Öl ferngehalten werden müsse. In ihrer Bewertung des rumänischen Öls und Getreides für die Verringerung der Blockadewirkung befanden die Stabschefs sich in Übereinstimmung mit Hitlers Auffassung: "Ich will das nicht, Freihandel, offene Grenzen, das ist alles prächtig. Wir haben es gehabt, aber wenn alles von der Herrin der Meere abhängt, wenn wir einer Blockade unterworfen werden, dann ist es meine Pflicht, eine Situation zu schaffen, in der mein Volk von seinem eigenen Fett leben kann. Das ist die einzige Frage, alles andere ist Unsinn". Imperialismus?

Ein Vorwurf kann den Briten wegen der richtigen Beurteilung der strategischen Bedeutung der rumänischen Rohstoffe nicht gemacht werden, wohl aber der, Überlegungen angestellt zu haben, zur Verhinderung unerwünschter friedlicher wirtschaftlicher Verhältnisse militärische Machtmittel einzusetzen. Denn es ist nicht anzunehmen, daß die von den Militärs empfohlenen "actions" friedliche Maßnahmen sein sollten, wie wir oben auch schon dargestellt haben. Es sind keine moralischen oder humanitären Bedenken, die die Militärs von einem eventuellen Einsatz abhalten, sondern geographische. Wenn man schon aus Gründen der Geographie im Herbst 1938 nicht in der Lage war, der Tschechoslowakei zu helfen, so traf das noch viel mehr auf das 450 Kilometer entfernte Rumänien zu.

Es ging zunächst nur darum, einen überragenden deutschen wirtschaftlichen Einfluß zu verhindern. Und dazu war man auch bereit, militärische Mittel einzusetzen, muß betont werden.

Die Briten konnten sich nicht vorstellen, daß es bei einer deutschen wirtschaftlichen Vormachtstellung bleiben würde. Nach ihren Überlegungen mußte eine politische Beherrschung folgen und mit ihr der Durchbruch Deutschlands zum Mittelmeer mit allen nachteiligen Folgen für die britische Mittelmeerstellung und den Seeweg nach Indien. Das galt es zu verhindern. So wurde in den Vorstellungen der englischen Führung aus einer friedlichen deutschen Wirtschaftsmaßnahme ein Teil einer Eroberungspolitik, gegen die man eine Koalition aufbieten mußte. Es entstand das, was Deutschland mit Recht als Einkreisungspolitik bezeichnet hatte. Polen und Rußland waren zunächst als Teilhaber ausersehen. Sollten sie sich versagen, sollten Griechenland und die Türken hinzugezogen werden. Die Einbeziehung dieser wirtschaftlich schwachen Staaten, die kaum eine Unterstützung in wirtschaftlicher Beziehung darstellen konnten und die auch nicht von Deutschland bedroht waren, bedeutete, daß fast nur noch der strategische Gesichtspunkt der Einkreisung entscheidend war.

Bei der Beurteilung des "aide-memoire" der Stabschefs muß auch das Datum berücksichtigt werden. Es ist jener 18. März, ein Tag nachdem die falschen Behauptungen des rumänischen Gesandten in Berlin Tilea über ein angebliches deutsches wirtschaftliches Ultimatum an Rumänien und eine deutsche Einmarschdrohung in der Presse veröffentlicht wurden. Daß diese Behauptungen eine Lüge waren - daher die Bezeichnung "Tilea-Lüge" -, ist heute unbestritten. Sie taucht bei seriösen Historikern gar nicht mehr auf. Wenn nunmehr "Tilea-Lüge" und "aide-memoire" nahezu am selben Tag der Öffentlichkeit bekannt wurden, liegt es nahe, einen Zusammenhang zu vermuten. Sollte die "Tilea-Lüge" unter britischer Mitwirkung fabriziert worden sein, um die britischen Absichten zu rechtfertigen und sollte Hoggan recht haben, wenn er behauptet, daß die "Tilea-Lüge" unter Mitwirkung Vansittarts, der - obwohl nicht mehr im Amt - dennoch großen antideutschen Einfluß im Foreign Office besaß, zustande gekommen sei? Das erscheint angesichts des zeitlichen Zusammentreffens und der Interessenlage nicht unwahrscheinlich zu sein.

Cadogan machte zu diesem Thema am 20. März 1939 eine bezeichnende Eintragung in sein Tagebuch, widerspruchslos und ohne Kommentar.[40] Sir Ogilvie-Forbes habe über eine Meldung des Londoner Korrespondenten des "Völkischen Beobachters" Dr. Böttcher berichtet. Nach verläßlichen Informationen aus diplomatischen Kreisen habe Sir Robert Vansittart, Chief Diplomatic Adviser des Foreign Office und erbitterter Gegner Chamberlains zusammen mit Mr. Tilea die Geschichte erfunden, daß von Deutschland an Rumänien ein Handelsultimatum gerichtet worden sei. Das sei ein Versuch, das Spiel zu wiederholen, das der Britische Secret Service im letzten Mai gespielt hatte, als er die Tschechen zu mobilisieren veranlaßte durch die Behauptung, Deutschland habe mobilisiert (Wochenendkrise). Es sei am Sonnabend in London und am Abend in Paris künstlich eine Panik verursacht worden. In der Meinung diplomatischer Kreise sei es unbestreitbar, daß Tilea und Vansittart die Urheber waren.

5. Die Auffassung des Foreign Office in der Danzigfrage

Am 25. Mai 1939 übersandte das Foreign Office an Henderson den erbetenen Brief Hitlers an den Premierminister vom 27. September 1938. Dieser Brief beweise definitiv (definitely) den Wortbruch Hitlers, schrieb das Foreign Office. Gleichzeitig faßte es seine Auffassungen über die Danzigfrage zusammen. Die allgemeine Auffassung sowohl im Foreign Office als auch im Unterhaus gebe zwar zu, daß Hitler Grund hatte, sich über einen

Mißstand zu beschweren, dieser sei aber im großen Ausmaß selbst verursacht (largely self-created).[41]

Im September habe Herr Hitler sowohl in öffentlicher Rede als auch in der Unterhaltung mit dem Premierminister eine kategorische Versicherung abgegeben, daß er nach Rückkehr des Sudetenlandes keine weiteren territorialen Forderungen in Europa stellen würde. Innerhalb von sechs Monaten habe er sein Wort durch die Annektion von Böhmen und Mähren gebrochen. Aber gleichzeitig habe er weitere Gebietsforderungen an Polen gestellt und damit seine September-Versprechung gebrochen. Aber auch das war noch nicht alles. Wenn die Polen seine Forderungen nicht annehmen würden, könnten sie nicht wiederholt werden und seine künftigen Forderungen müßten umfangreicher und drückender sein, habe er gedroht. Er sei bedacht gewesen, sie nicht näher zu definieren.[42]

Das Foreign Office zeigte sich schlecht unterrichtet. Hitler hatte seine Forderungen an die Polen nicht etwa gleichzeitig mit der Besetzung von Böhmen und Mähren erhoben, und er hatte vor allem keine weiteren Gebietsforderungen gestellt.[43] Direkt hat er seine Forderungen schon am 24. Oktober 1938 erhoben, allerdings nach seinen Erklärungen, keine weiteren Gebietsforderungen zu haben. Aber indirekt hätte es den Polen schon früher klar sein müssen, daß die Danzig-Forderung an sie gestellt werden würde. Denn auf dem Höhepunkt der Sudetenkrise, drei Tage vor der Besprechung in Bad Godesberg, also vor Hitlers angeblich gegebenen Wort, hatte der polnische Botschafter Lipski auf Geheiß seiner Regierung einen Vorstoß bei Hitler unternommen und vorgeschlagen, einen deutsch-polnischen Vertrag abzuschließen. Er sollte die Lage in Danzig durch Schaffung eines neuen Danzig-Statuts stabilisieren, was mehr oder weniger die Bewahrung des bestehenden, das heißt die Trennung vom Reich, sanktionieren sollte. Die Abweisung dieser polnischen Forderung am 11. September 1938 war eigentlich deutlich genug. Sie besagte, wie schon mal erwähnt "daß wir aus prinzipiellen Gründen die Bestimmungen des Friedensvertrages nicht anerkennen würden".

Das war kein Verzicht auf künftige Gebietsforderungen, sondern nur eine ausdrückliche Nichtanerkennung des durch Versailles entstandenen territorialen Verlustes und ließ offen, ob diese Gebiete zurückgefordert würden. Vielfache Erklärungen und die nationalsozialistische Politik seit 1933 mußten ausländischen Politikern sagen, daß diese verbale Verzichtserklärung nur eine solche und nicht vertragsmäßig abgesichert war. Henderson hat diesen relativen Charakter der Hitlerschen Erklärung klar zum Ausdruck gebracht, wenn er Weizsäcker sagte, "Sie und ich wußten doch, daß sich das nicht auf Danzig und Memel bezog". Und auch die Polen waren sich keineswegs sicher - dem oben erwähnten Vorstoß vom September 1938 waren andere vorausgegangen -, daß der damalige Status Danzig von Dauer sein würde.

Das Foreign Office stellte fest, daß man nicht sagen konnte, daß Hitler hinsichtlich Danzigs im Recht war.[44] Fünf Jahre lang habe er behauptet, daß sein 10-Jahres-Vertrag mit Polen ein Beitrag zum europäischen Frieden sei und daß es keinen Grund gäbe, weshalb die Danzig- und die Korridorfrage die deutsch-polnischen Beziehungen stören sollten. Dann plötzlich habe er in Verletzung eines feierlichen Versprechens territoriale Forderungen an Polen gestellt und ihre sofortige Annahme ohne Verhandlung gefordert. Auch hier irrt das Foreign Office. Hitler hatte in dem mit Pilsudski 1934 abgeschlossenen Vertrag nicht erklärt, daß es keinen Grund gäbe, daß die deutsch-polnischen Verhältnisse durch die Danzigfrage gestört werden sollten und er hatte, wie oben gezeigt, auch nicht plötzlich (suddenly) seine Forderungen gestellt und ihre sofortige Annahme ohne Verhandlungen gefordert und angedroht, anderenfalls seine Forderungen zu erhöhen. Deshalb waren die Polen auch nicht berechtigt anzunehmen, daß Hitlers Forderungen bei Danzig nicht beendet sein würden.[45]

Nun hatte das Foreign Office aber nicht nur eine negative Einstellung, seine Angehörigen hatten auch Vorstellungen über eine "gerechte" Lösung (right solution) der Danzigfrage. Am liebsten würde das Foreign-Office, in Übereinstimmung mit dem rumänischen Außenminister, bei Rückgabe Danzigs aufgrund des Selbstbestimmungsrechtes der Völker von Hitler als Gegenleistung die Räumung Prags verlangen. Aber man hatte im Foreign Office erkannt, daß das kein praktischer Vorschlag war.[46] Das Foreign Office fand gewissermaßen für seine ablehnende Haltung durch die Unterhauserklärung des Premierministers vom 10. Juli 1939, daß er die Danziger Situation an sich nicht als ungerecht und unlogisch betrachte. Eine Rechtfertigung bei dieser Einstellung war es im Grunde für das Foreign Office nicht erforderlich, realisierbare Kompromißvorschläge zu erarbeiten.

Ein anderer, in den Augen des Foreign Office annehmbarer, Vorschlag wollte Danzig zu einer entmilitarisierten Freien Stadt machen, deren auswärtige Vertretung möglicherweise (possibly) unter deutsche Verwaltung kommen konnte. Bei dieser sehr vereinfachten Lösung hätten nach Meinung des Foreign Office die Einwohner Danzigs keinen Grund zum Nörgeln gehabt (grumble) und die Polen hätten sich nicht militärisch bedroht fühlen können. Es hätte auch keinen Grund für Hitler gegeben, wenn er ehrlich wäre (if Hitler is sincere), mehr zu verlangen. Schließlich habe Hitler ja im außenpolitischen Interesse auch auf Tirol verzichtet. Ich habe diesen Vorschlag eine vereinfachte Lösung genannt. Das war milde ausgedrückt. Es war auch einfach, es war schlicht und einfach naiv und hatte keine Aussicht, weder von den Polen noch von den Deutschen angenommen zu werden.

Es muß dem Foreign Office der Vorwurf gemacht werden, daß es den Gedanken einer Freien Stadt nicht weiter verfolgt und zum Ausgangspunkt von Verhandlungen gemacht hatte. Schließlich war es doch Halifax selbst, der in der Unterredung mit den französischen Ministern Daladier und Bonnet vom 20. Mai 1939 erklärt hatte, daß er beeindruckt gewesen sei, über Danzig als Freie Stadt innerhalb des Reiches. Auch in der Unterredung mit dem Völkerbundskommissar Burckhardt am 21. Mai 1939 nahm Halifax diesen Gedanken wieder auf.[47]

6. Weizsäcker unterstützt die
ablehnende Haltung der Briten

Wenn es 1939 angesichts der gegensätzlichen Positionen der
beteiligten Mächte überhaupt eine Friedenslösung gegeben hätte,
dann nur durch ausgedehnte Verhandlungen. Dazu war die deutsche Seite bereit, nicht aber die andere. Sie erhielt Unterstützung
in ihrer ablehnenden Haltung von etlichen Deutschen in einflußreicher Stellung.

Der Staatssekretär im Auswärtigen Amt, Baron von Weizsäcker,
der zweithöchste Mann der deutschen Außenpolitik, hat zur Infle-
xibilität der anderen Seite erheblich beigetragen und damit zu
einer auf Konfrontation ausgerichteten gegnerischen Außenpolitik. Nicht Verhandlungen hat er als Mittel der Politik empfohlen,
kein Eingehen auf die deutschen Beschwerden, sondern eine Politik der festen Haltung gegenüber Deutschland, gewissermaßen
eine Politik der Stärke.

So können wir in einem "minute" von Makins vom Foreign
Office über eine Unterredung mit dem Völkerbundskommissar für
Danzig lesen, daß Großbritannien fortfahren solle, eine feste Haltung zu zeigen. Das sei auch die von Baron von Weizsäcker und
den meisten gemäßigten Deutschen (sicher sind damit vor allem
die Widerständler gemeint) empfohlene Politik.[48]

Auch Kirkpatrick äußerte sich in dieser Sache. Er habe in einem
"minute" über Makins Bericht von seiner Unterredung mit
Burckhardt die Aufmerksamkeit auf die Tatsache gelenkt, daß
Weizsäcker die Meinung geäußert habe, die beste Chance für
Frieden sei eine feste Haltung Seiner Majestät Regierung und nur
ein sehr kleines Schlupfloch solle für Verhandlungen gelassen
werden.[49]

Nun war das nicht nur die Auffassung des bekanntlich deutschfeindlichen Kirkpatrick. Abgezeichnet und damit ohne Widerspruch gewissermaßen ihr Einverständnis erklärend, haben ihn
Mr. Sargent, der Deutschland-Sachbearbeiter im Foreign Office,
und vor allem Cadogan, der Ständige Unterstaatssekretär.

Weizsäcker scheint nicht nur beim Besuch Burckhardts diese Verhandlungen verhindernde Haltung eingenommen zu haben, eine Bemerkung Sargents unter dem 13. Juni 1939 weist darauf hin: "Dies alles zeigt, daß Weizsäcker beständig in seinem Rat ist, daß das einzige, was Hitler zur Vernunft bringt, eine feste Haltung ist und kein kurzzeitiges Angebot von Verhandlungen unter Erfolgszwang".[50]

Auch das hat Cadogan zur Kenntnis genommen mit der schriftlichen Bemerkung, "This ist worth noting", das sollte man sich merken. Und das alles zu einem Zeitpunkt, an dem die deutsche Bereitschaft zu Verhandlungen eindeutig war. Auch dieser Bericht beweist das.

Burckhardt hatte Makins auch über sein Gespräch mit dem gerade von einem Besuch bei Hitler zurückgekehrten Danziger Gauleiter Forster berichtet. Hitler wolle nicht über Danzig allein sprechen, sondern als Teil eines größeren Zusammenhanges. Dem Gauleiter sei auferlegt worden, langsamer voranzugehen und Zwischenfälle zu vermeiden.

Nun könnte man meinen, daß eine solche Politik der Stärke einen defensiven Charakter haben kann, Mr. Sargent verleiht ihr jedoch einen offensiven, wenn er sie als "un silence menaçant", ein drohendes Schweigen bezeichnet.

Auch Ribbentrop hatte sich Entspannung in der Danzigfrage gewünscht und Bereitschaft zur Diskussion der Danzigfrage in ihrer Beziehung zu größeren Problemen gezeigt. Er wünschte eine Verständigung mit Polen aber sie waren ja wahnsinnig (he wanted a rapprochement with the Poles but they were mad).

"Recommended by Weizsäcker", heißt es in einem am 4. Juli 1939 von Sargent angefertigten "minute" und er fährt fort, daß dieses Schweigen nach seiner Meinung in allen deutsch-englischen Verhandlungen die einzig sichere und ergebnisreiche Politik sei. Darüber hinaus sei sie die einzige, die von Hitler nicht verzerrt und gegen England verwendet werden könne. Halifax und Cadogan haben unter anderen abgezeichnet.[51]

Die Frage muß gestellt werden, wie weit Weizsäckers mehrmals den Briten gegenüber erklärter Ratschlag, eine feste Haltung zu wahren, zur Ablehnung von Hitlers Entspannungsvorschlägen beigetragen hat.

Nun soll Weizsäcker aber nicht nur verurteilt werden. Er selbst verurteilte das Verhalten der Polen wie nahezu alle anderen Deutschen. Henderson schrieb darüber an Cadogan am 16. Mai 1939, Weizsäcker habe sich bitter über das Verhalten der Polen geäußert. Sie hätten nach "Wien" und "München" genommen, was sie konnten und dann die Hand gebissen, die sie gefüttert hätte. Es gäbe keinen Deutschen, der nicht Hitlers Angebot als äußerst großzügig und weitherzig (excessively generous and broadminded) ansähe. Das zu sagen möge unangenehm sein, es sei aber eine Tatsache. Sie müsse erkannt werden, wenn die Politik Seiner Majestät Regierung zu einem erfolgreichen und friedlichen Ergebnis geführt werden sollte.

7. Gab es einen britischen Druck auf Polen?

Es wird immer wieder behauptet, die britische Regierung habe einen Druck auf Polen ausgeübt, in Verhandlungen über Danzig mit Deutschland einzutreten und diese zu veranlassen, für die deutschen Forderungen Verständnis und Entgegenkommen zu zeigen. Großbritannien soll auch auf Deutschland einwirken, zur Entspannung beizutragen.

Es war wieder Henderson, der am 18. August als Beitrag zur Entspannung vorschlug, daß durch eine Persönlichkeit wie General Ironside ein zu überbringender persönlicher Brief an Hitler die britische Position zur Danzig- und Korridor-Frage darstellen und die Bereitschaft zu einer Diskussion über allgemeine Probleme erklären sollte. Dieser Vorschlag Hendersons verfiel der Ablehnung durch das Foreign Office. Er hätte ja den deutschen Vorschlägen näher kommen und eine Lösung bringen müssen, die sowohl Polen als auch Deutschland befriedigen würde.

"Es ist nahezu unvorstellbar, daß wir ein solches Versprechen an Deutschland geben können. Die Wirkung eines solchen Versprechens auf unsere Verhandlungen mit unseren derzeitigen und künftigen Verbündeten wäre katastrophal", war die britische Stellungnahme. Der Brief wurde nicht abgesandt.[53] Kennard stimmte zu. Das sähe zu sehr nach Canossa aus.

In einem anderen Fall hatte Henderson in einem Brief an Cadogan vorgeschlagen, im Unterhaus eine Anfrage über Übergriffe gegen die deutsche Minderheit stellen zu lassen, mit einer Erwiderung, die im Interesse des europäischen Friedens eine scharfe Warnung an die polnische Regierung enthalten sollte, solche ungerechtfertigten Provokationen zu unterlassen. Auch sollte den Polen gesagt werden, daß die britische Garantie an die Aufrechterhaltung angemessener Beziehungen zu Deutschland gebunden wäre.

Auch dieser Vorschlag Hendersons verfiel der Ablehnung. Es sei weder notwendig noch wünschenswert, so weit zu gehen, war die Antwort. Die polnische Regierung wisse sehr wohl, daß Herr Hitlers Politik nicht durch das der deutschen Minderheit in Polen zugefügte Unrecht bestimmt würde, sondern durch die Möglichkeiten der internationalen Situation. Zudem könnten die Berichte über polnische Unrechtstaten ausgeglichen werden durch ein eindrucksvolles Dossier, das die polnischen Minderheiten in Deutschland beträfe. In der Ablehnung des Vorschlages hieß es, daß eine solche von Sir Henderson vorgeschlagene Erklärung im Parlament nur die Wirkung haben könnte, die Deutschen in der Annahme zu bestärken, daß wir in der Unterstützung für die Polen nachließen und ein zweites "München" vorbereiteten.

Der Versuch, die Verfolgung der deutschen Minderheit durch eine angeblich ähnliche Behandlung der polnischen Minderheit rechtfertigen zu wollen, ist bereits oben zurückgewiesen worden.

Als Beispiel für den angeblichen Druck auf Polen sei aus Halifax in "Meeting of Ministers" vom 25. Mai 1939 zitiert. Er erinnerte seine Kollegen daran, daß er schon Schritte unternommen hätte, die Polen wissen zu lassen, daß die Briten von ihnen erwarteten, in der Danzigfrage Zurückhaltung zu üben. Druck auf Polen? Milder ging es doch eigentlich nicht! Und was mit der Garantieverpflichtung vom 31. März versäumt wurde und mit dazu beigetragen hatte, die Garantieerklärung zu einem Blankoscheck zu machen, die Aufnahme einer Konsultationsverpflichtung wurde in schwacher Form als Erwartung in die Mitteilung aufgenommen.

Aster ergänzt in gewisser Weise, die Polen dahin zu stoßen, Konzessionen zu machen, würde verhängnisvoll sein.[54] Und er zitiert aus der Kabinettssitzung vom 24. August 1939, in der man übereingekommen sei, daß nichts getan werden sollte, um den Gedanken von Verhandlungen mit den Deutschen Warschau aufzudrängen, da die Briten dadurch riskieren würden, das Vertrauen der Polen zu verlieren.[55]

Er berichtet, daß Chamberlain es für schwierig hielt, zu entscheiden, ob der Anschluß an das Reich eine Bedrohung der polnischen Unabhängigkeit darstellen würde. Die Beantwortung dieser Frage hinge von den deutschen Absichten ab. Um diese in Erfahrung zu bringen, müsse Beck künftig offener hinsichtlich der deutschen Forderungen und seiner eigenen Absichten gegenüber den Briten sein.

Als ob er mit dieser Ermahnung schon zu weit gegangen war, schränkte er sofort wieder ein. Das Telegramm betonte, daß Polen natürlich das letzte Urteil über die Bedrohung seiner Unabhängigkeit habe. Aber die britische Regierung erwarte, konsultiert zu werden, bevor als Antwort auf eine deutsche Bedrohung gehandelt würde.

Die Antwort Becks vom 4. Mai 1939 war eine schwache Zusage. Er würde diese Überlegungen berücksichtigen. Die britische Regierung gab sich damit zufrieden, statt die Polen zu verpflichten, Großbritannien am Entscheidungsprozeß teilnehmen zu lassen. Was angesichts der britischen Garantie vom 31. März erforderlich gewesen wäre.

Newman sah die Möglichkeit, daß die Polen freiwillig oder durch Zwang den deutschen Forderungen nachgeben würden. Dann wären sie als Partner für die antideutsche Koalition, die die Briten zusammenbringen wollten verloren.

Er beurteilte die britische Haltung als das Gegenteil einer Einflußnahme auf die Polen, mit den Deutschen Verhandlungen aufzunehmen. Halifax wünschte die Zugehörigkeit der Polen zur antideutschen Koalition unter allen Umständen. Deswegen mußte er die Polen ermutigen, die deutschen Bedingungen abzulehnen. Gleichzeitig würde er dadurch Hitler veranlassen, sich Danzig mit Gewalt zu holen und dadurch die britische Garantie in Kraft treten lassen. Dann hätte er den gewünschten Krieg.[56]

Es kann gar nicht genug betont werden: es gab keinen britischen Druck auf Polen, in Verhandlungen mit Deutschland einzutreten, die zu einer Lösung der Danzigfrage geführt hätten. Das britische Interesse gebot ein deutschfeindliches Polen an der deutschen Ostgrenze. Es hatte die Aufgabe, die vor 1914 das zaristische Rußland ausgeübt hatte.

Newman sieht die Dinge ähnlich. Er kommt zu der Feststellung, daß die Briten keinen Druck zur Verhandlungsbereitschaft auf Polen ausgeübt hatten. Im Gegenteil. Durch Ermutigung der Polen, die deutschen Bedingungen für eine Regelung der Danzigfrage abzulehnen, hatten die Briten die Wahrscheinlichkeit erhöht, daß Hitler mit Gewalt den Stillstand beseitigen würde.[57]

Schließlich muß noch auf die umstrittene Chatham-Rede von Halifax hingewiesen werden. Er hatte auf dem "Chatham House Dinner of the Royal Affairs" eine Rede gehalten, die von deutscher Seite als ein Bekenntnis zur traditionellen britischen Politik der "balance of power" interpretiert wurde, was von britischer Seite, auch von Henderson, bestritten wurde. Wir wollen in diesem Buch nicht in eine Diskussion über diese Frage eintreten, wollen nur Henderson zitieren. Er schrieb am 4. Juli 1939 an Cadogan, daß nicht nur die Deutschen, sondern viele seiner neutralen Kollegen die Rede als einen Blankoscheck für Polen betrachteten. Britischer Druck auf Polen?

Man soll nun jedoch nicht sagen, die Briten seien untätig gewesen. Ihr Außenminister Halifax und der Völkerbundskommissar Dr. Burckhardt trafen sich am 21. Mai 1939 in Genf. Halifax wollte von Burckhardt wissen, ob er helfen könne, die Deutschen und die Polen zu Verhandlungen zusammenzubringen. Merkwürdig, daß die Briten, die doch durch ihre Garantie ein enges politisches Verhältnis zu den Polen hätten haben müssen, glaubten, die Hilfe des Völkerbundskommissars für ein so eminent wichtiges Anliegen in Anspruch nehmen zu müssen. Es hört sich so an, als ob die Briten daran interessiert gewesen waren, deutsch-polnische Verhandlungen in Gang zu bringen.

Halifax schränkte die Bedeutung und den Zweck seiner Frage wieder ein, indem er erklärte, daß Verhandlungen im derzeitigen Augenblick sicher nicht möglich seien.[58] Aber es könne nützlich sein, schon zum damaligen Zeitpunkt über die Grundzüge nachzudenken, nach denen sie künftig möglich sein könnten, wenn eine Entspannung verwirklicht sein würde.

Burckhardt stimmte Halifax zu, daß der Zeitpunkt für Verhandlungen nicht günstig sei. Er hoffte auf ein günstigeres Klima und hielt eine Voraussetzung für erforderlich, die eigentlich das Ergebnis von Verhandlungen hätte sein müssen. Jedenfalls soweit es die deutsche Position betraf, von der er forderte, daß die Deutschen von ihrer, nach seiner Meinung künstlich eingenommenen Lage etwas zurücknehmen sollten. Und von den Polen verlangte er, weniger unnachgiebig zu sein.

Halifax und Burckhardt waren sich einig, daß trotz der den Deutschen nicht freundlich gesonnenen Einstellung des Völkerbundes und trotz seines Sympathieverlustes in Polen der "High Commissioner" weiterhin erforderlich sei.

"Was hatte Hitler in einer seiner Reden mit der Rolle Danzigs als einer Freien Stadt innerhalb des Reiches gemeint (a free city within the Reich)", fragte Halifax? Burckhardt wich in die Geschichte aus. Hitler habe kürzlich viel Geschichte gelesen, und er wäre besessen von der Idee des "Heiligen Römischen Reiches" (Holy Roman Empire). Vielleicht denke er an einen Status, wie ihn Hamburg, Marseille und Genf gehabt hatten. Allerdings hielt er einen solchen Status für Danzig für einen gefährlichen Präzedenzfall. Schließlich meinte Burckhardt zu der von ihm initiierten Diskussion, daß eine Freie Stadt innerhalb des Reiches eine neue Form des Imperialismus darstellen würde.

Dieses Ausweichen auf das "Heilige Römische Reich" und den von Hitler verwandten Begriff der Freien Stadt zeigt die ganze Hilflosigkeit der beiden verantwortlichen Männer, die nicht in der Lage waren oder nicht sein wollten, Lösungsvorschläge zu entwickeln, die deutsche Minimalforderungen erfüllten. Dazu gehörte die Rückgabe Danzigs an das Reich bei Wahrung aller wirtschaftlichen Rechte Polens. "Free City" war nur eine Frage der Namensgebung, besagte inhaltlich gar nichts.

Klarer waren den beiden schon die polnischen Forderungen. Danzig sollte nicht deutsch werden, es sollten keine Befestigungen angelegt werden, deutsche Truppen sollten nicht in Danzig stationiert werden. Und die deutsche Flotte sollte nicht das Recht haben, in den Hafen von Danzig einzulaufen. Ein kleines Trostpflaster hatten die beiden noch bereit. Vielleicht könne man Beck bewegen, die außenpolitische Vertretung Danzigs aufzugeben. Er könne wohl auch noch je einen diplomatischen Vertreter Danzigs in Berlin und Warschau zulassen. Höchst irreal diese Vorstellungen! Halifax wußte offensichtlich nichts oder nur Unvollkommenes von den realen Verhältnissen in Danzig und vor allem von der Tatsache, daß seit Jahren eine nationalsozialistische Mehrheit die Stadt regierte. Anders war sein Vorschlag, daß die Polen zulassen sollten, daß die inneren Verhältnisse Danzigs nach deutschen Methoden geregelt werden sollten, nicht zu erklären."

Zu der Übernahme der außenpolitischen Vertretung Danzigs sollte noch eine Vertretung Danzigs im Deutschen Reichstag kommen. Nun hatte Burckhardt schon ähnliche Vorstellungen mit einem doppelten Konjunktiv versehen (might perhaps). Wirklicheitsfremd war auch die Annahme Burckhardts, Hitler würde den weitgehenden Einschränkungen der deutschen Souveränität zustimmen, wie sie die militärischen im Anschluß an die polnischen Forderungen aufgestellten Lösungsvorschläge der beiden Herren vorsahen.

Vorschläge, die die Entschärfung des Konflikts bedeutet hätten, wurden weder von Halifax noch von Burckhardt gemacht. Von einer Einwirkung der Briten auf die Polen, in Verhandlungen mit Deutschland einzutreten, konnte zu keinem Zeitpunkt die Rede sein. Im Gegenteil. Sie haben das selber bestätigt.

Am 3. Juli 1939 konferierten Halifax und Kennard mit dem Premierminister auch über die Danzigfrage. Dazu sollte der Außenminister im Parlament eine Erklärung abgeben, in der er sich auf ein "minute" von Kennard beziehen sollte. Eigentlich hätte man annehmen können, daß er zur Entschärfung der Situation auf einen deutsch-polnischen Ausgleich durch Verhandlungen hingewirkt hätte. Wir erfahren jedoch, daß solche nicht stattfinden sollten, bevor nicht die damalige Atmosphäre sich radikal geändert hätte. Wohl anstelle von Verhandlungen sollte ein hoher Offizier nach Warschau entsandt werden, um die Lage mit Marschall Rydz-Smigly zu besprechen.

Eine merkwürdige Verwechslung von Ursache und Wirkung. Man wollte keine deutsch-polnischen Verhandlungen, weil ein spannungsreicher Zustand bestand. Man wollte nicht erkennen, daß es zum Abbau der Spannungen einer Beseitigung der Ursachen bedurfte. Das jedoch konnte man nicht durch Nichtstun und durch Warten auf ein Selbstauflösen der Spannungen erreichen, sondern nur durch Verhandlungen. Aber die wollte man nicht. Man muß annehmen, daß die erfahrene britische Diplomatie das auch so gesehen hat und die zum Krieg führenden Spannungen gewollt hat.

Die britische Politik hat aber nichts getan, um die Polen zu Verhandlungen zu bringen, sie hat solche durch ihre Politik verhindert. Der Staatssekretär des Auswärtigen Amtes von Weizsäcker hat in einem Rundtelegramm vom 3. September 1939 an die deutschen diplomatischen Missionen die britische Verantwortung festgehalten.[59]

Es muß zum Schluß noch einmal auf die schon erwähnte Bemerkung Chamberlains (PRO CAB 20/98) hingewiesen werden, daß er ein polnisches Nachgeben als "distateful" ansehen würde. Bei einer solchen Einstellung ist britische Einflußnahme auf Polen ausgeschlossen.

X. Die Krise wird verschärft

1. Zollinspektoren, Margarine, Heringe und das polnische Ultimatum vom 4. August 1939

Am 3. Juni 1939 hatte der Danziger Senatspräsident Greiser dem polnischen Generalkommissar in Danzig, Chodacki, mitgeteilt, er habe ihn bereits vor Monaten darüber informiert, daß die immer mehr anwachsende Zahl von Zollinspektoren nicht mehr mit der Erfüllung ihrer vertragsmäßigen Pflichtaufgaben in Einklang zu bringen sei.

Ihre Zahl war von sechs im Anfang "nach den neuesten Zugängen auf weit über 100" gestiegen. Zudem habe ihr dienstliches und außerdienstliches Verhalten zu sich häufenden Klagen Anlaß gegeben. Greiser hielt es für notwendig, ihre Tätigkeit auf die vertragsmäßige Grundlage einer generellen Kontrolle zu beschränken.[1]

Ihre dienstliche Tätigkeit solle nur noch in den Dienstgebäuden ausgeübt werden und sich nicht außerhalb von ihnen vollziehen. Shepherd hatte beobachtet, wie er an Halifax berichtete, daß sie zu zweit außerhalb der Zollposten patrouillierten, "so that their practical value is doubtful".[2]

In zwei Noten vom 6. und 10. Juni hatte die polnische diplomatische Vertretung in Danzig geantwortet. In der Note vom 10. Juni hatte sie die Vorwürfe zurückgewiesen und die Zahl der Zollinspektoren für unzureichend erklärt.[3] Für den Fall der vorgesehenen Vereidigung der Danziger Beamten auf den Nationalsozialismus müsse eine weitere Verstärkung erwogen werden, da die Danziger Beamten dann eine geringere Gewähr der Respektierung und entsprechenden Anwendung der polnischen Zollvorschriften als bisher bieten würden.

Zunächst herrschte Ruhe im Notenkrieg. Am 19. Juli wurden die Polen offensiv. In einer Note an den Senat wandten sie sich gegen Behinderungen der Tätigkeit der Zollinspektoren und kündigten wirtschaftliche Gegenmaßnahmen an.[4] Ab 1. August sollte die

Kontrolle der polnischen Zollbeamten bei der Danziger Margarinefabrik "Amada Unida" eingestellt und die "von den Danziger Zollbeamten für den Veredlungsverkehr ausgestellten Bescheinigungen für Fettsendungen dieser Firma nach Polen nicht mehr anerkannt werden".

Auf die polnischen Noten vom 10. Juni und 19. Juli konterte der Senat mit zwei Noten vom 29. Juli.[5] In der ersten Note, von der Shepherd sagte, "which was in terms so strong as to be rude", befaßte der Senat sich erneut mit den Zollinspektoren.[6] Er stellte Fälle von Spionage zusammen, wies anhand von Zahlenmaterial nach, daß die Zahl der Inspektoren zu groß sei, forderte noch einmal die Beschränkung ihrer Tätigkeit auf eine generelle Kontrolle nur in den Zolldienststellen und erklärte schließlich, daß er nicht mehr bereit sei, "die den polnischen Zollinspektoren seit geraumer Zeit zugeteilten polnischen Grenzbeamten künftig als Zollinspektoren zu behandeln". Die Tätigkeit dieser Grenzbeamten beschreibt Shepherd: "who are engaged in preventing smuggling".[7] Besonders die Bemerkung hinsichtlich der Grenzbeamten hatte neben der Forderung nach Beschränkung der Tätigkeit der Zollinspektoren auf ihre Dienststellen die polnische Reaktion herausgefordert. Die Grenzbeamtenfrage hatte z. B. Beck veranlaßt, in seiner Rede in Gdingen den deutschen Entspannungswillen in Frage zu stellen.

In einem Bericht an Halifax vom 7. August stellte Shepherd die polnische Behauptung, man besitze dokumentarische Beweise, daß den Zollinspektoren nicht mehr erlaubt sei, ihren Dienst auszuüben, richtig. Der Beweis bestehe aus einem Brief des Danziger Zollchefs an den Polizeichef, der Senat habe den polnischen Vertreter in Danzig informiert, daß die polnischen Grenzpolizeibeamten nicht mehr als Zollinspektoren anerkannt werden könnten. Das war eine korrekte Information. Es gab also keinen dokumentarischen Beweis.[8]

Die zweite Note befaßte sich mit der Aufkündigung der Tätigkeit der Zollinspektoren in der Margarinefabrik "Amada" und mit dem Verbot der Ausfuhr Danziger Heringsfänge nach Polen.[9] Vor allem die gegen die "Amada" gerichtete Maßnahme wurde vom

Senat als besonders gravierend empfunden. Sie stelle eine unzulässige direkte Aktion dar und würde den Senat zwingen, mit wirtschaftlichen Gegenmaßnahmen zu antworten. Welcher Art diese Maßnahmen sein könnten, geht aus einem Artikel der Danziger Parteizeitung "Vorposten" hervor.[10] Wenn der polnische Markt für Danzig geschlossen werde, müsse Danzig ohne Rücksicht auf bestehende Zollgrenzen sich dem deutschen Markt zuwenden und die Grenzen nach Deutschland öffnen. Das hätte die Herauslösung Danzigs aus dem polnischen Zollgebiet als Vorstufe zu einer Danziger Zollunion mit Deutschland bedeutet. Die polnische Regierung sah in allen diesen Maßnahmen einen Versuch, die Rechte Polens in Danzig zu schmälern und vollendete Tatsache zu schaffen.[11] Dann könne die deutsche Seite in ihrer Auslandspropaganda erklären, daß es sich, nachdem alles Wesentliche für die Angliederung Danzigs bereits geschehen sei, nicht mehr lohne, der bloßen Form wegen Krieg zu führen. Einer solchen Entwicklung würde sich die polnische Regierung widersetzen. Die Entscheidung in der Danzig-Frage liege bei Polen.

Nach englischer, wohl nicht ganz unberechtigter Auffassung haben die Maßnahmen beider Seiten, Polens und Danzigs, die Dinge auf die Spitze getrieben.[12]

Zum Verhalten des Danziger Senats muß allerdings gesagt werden, daß seine Besorgnisse wegen der großen Zahl von Zollinspektoren berechtigt waren. Sie dienten als Führer irregulärer Kampfgruppen; Stützpunkte zur Lagerung von Waffen und Munition waren an verschiedenen Stellen der Stadt angelegt. Aufgabe dieser Kampfgruppen war es, im Falle eines bewaffneten Konfliktes die Position in der Freien Stadt bis zum Eintreffen regulärer Armee-Einheiten zu halten.[13]

Es ergibt sich zwangsläufig die Frage, wie sich das Verhalten des Danziger Senats mit den geschilderten Entspannungsabsichten Hitlers vertrug.

In dem Bericht von Makins über Burckhardts Besuch bei Hitler finden wir eine Erklärung. Der Senat hatte seine Konfrontationspolitik in Unkenntnis der veränderten Absichten Hitlers weiterbetrieben, muß man den Ausführungen Burckhardts entnehmen. Forster habe die Anweisung Hitlers, daß der Notenkrieg aufzuhören habe, nicht an den Senat weitergegeben.[14]

Shepherd hatte schon am 4. August den gleichen Sachverhalt berichtet. Der Senatspräsident Greiser habe sich bei Burckhardt darüber beschwert, daß Gauleiter Forster Hitlers Forderung, den Notenkrieg zu beenden und für eine Entspannung zu arbeiten, nicht weitergegeben hatte. Greiser war darüber erregt, daß er dadurch in eine falsche Lage gebracht worden sei. Er hätte die Noten vom 29. Juli nicht abgeschickt, wenn er auf dem laufenden gehalten worden wäre.[15]

Am 15. August ergänzte Shepherd seine Berichterstattung an Halifax. Der deutsche Generalkonsul habe den Hochkommissar informiert, daß Forster persönlich von Hitler am 7. August eine Rüge für die Nichtweitergabe seines Wunsches an den Senat erteilt worden sei.[16]

Auch Makins stellte die Angelegenheit in seinem "minute" über den Burckhardt-Besuch bei Hitler in der gleichen Weise dar. Der Senat habe zwei scharfe Noten an die Polen geschickt, aber der Sachverhalt sei der gewesen, daß Forster die Befehle Hitlers, der Notenkrieg solle aufhören, nicht weitergegeben habe. Burckhardt habe deshalb bei Forster protestiert, der seine Schuld zugegeben habe.[17]

Diese Erklärung mag unwahrscheinlich klingen. Angesichts vieler bestehender Rivalitäten innerhalb der nationalsozialistischen Führungsschicht ist ein solches Verhalten jedoch nicht auszuschließen. Zudem bestand zwischen Greiser und Forster eine "beständig vorhandene Abneigung"[18] und in Danzig und Berlin ein "immer wieder beklagter Interessen- und Kompetenzwirrwarr".[19]

Für den Historiker interessant ist die Behandlung dieser die deutsche Seite entlastenden wichtigen Mitteilung durch Burckhardt. Er hat sie in seinem Buch nicht wiedergegeben, ein weiterer Beitrag zu der Tatsache, daß er in seinem Buch Deutschland entlastende Fakten unterschlagen hat.

Dabei haben die Briten diese wichtige Tatsache auch in den britischen Dokumenten veröffentlicht. Sie wäre dort Herrn Burckhardt zur Korrektur seines Gedächtnisses und auch den deutschen Historikern verfügbar gewesen.

Nun war aber mit dem obigen Notenwechsel die höchste Stufe der Eskalation noch nicht erreicht. Wohl als Teil der angekündigten Gegenmaßnahmen war von Danziger Seite angeordnet worden, daß an vier Stellen an der Grenze nach Ostpreußen den polnischen Zollinspektoren ab 6. August 1939, 7 Uhr, nicht mehr erlaubt werde, ihre Tätigkeit auszuüben.

Diese Nachricht löste auf polnischer Seite schärfsten Protest mit einer Note vom 4. August aus, die in ihrer Auswirkung die Entwicklung der Krise erheblich beschleunigt hat. Ein derartiges Antasten fundamentaler Rechte werde Polen unter keinen Umständen dulden, hieß es in der polnischen Note. Polen erwarte vom Senat bis spätestens 5. August, 8 Uhr, Anordnungen, die das Vorgehen annullierten. Die polnischen Zollinspektoren hätten Anweisung erhalten, ihren Dienst in Uniform und mit der Waffe auszuüben. Falls sie behindert würden, werde die polnische Regierung unverzüglich Vergeltung gegen die Stadt anwenden.[20]

Das war eine sehr massive Drohung, ein Ultimatum, das äußerste Konsequenzen einschloß. Als Kennard Außenminister Beck am 5. August fragte, wie die polnische Regierung gehandelt hätte, wenn die Danziger Antwort unbefriedigend ausgefallen wäre und polnische wirtschaftliche Maßnahmen durch eine Zollunion mit Deutschland beantwortet worden wären, antwortete Beck, daß wirtschaftliche Maßnahmen dann nicht genügt hätten. Er deutete an, daß militärische Schritte unternommen worden wären. Europa stand also bereits am 4. August vor dem Ausbruch des deutsch-polnischen Krieges.[21]

Daß es nicht dazu kam, ist auf das Verhalten des Danziger Senats zurückzuführen. Schon am 5. August vormittags telefonierte Greiser mit Chodacki und ließ am 7. August ein Schreiben folgen, in dem er zwar gegen die polnische Anordnung, daß alle Zollinspektoren Waffen tragen sollten, als gegen vertragliche Abmachungen verstoßend protestierte, aber in der Hauptsache völlig zurückwich.

Keine Stelle, insbesondere keine Dienststelle des Landeszollamtes der Freien Stadt Danzig habe eine solche beanstandete Anordnung gegeben, die die polnischen Zollinspektoren an der Ausübung ihres Dienstes hindern sollte, erklärte der Senat.[22] Es war ein vollständiger (polnischer) Sieg. Der Danziger Senat hatte tatsächlich in der Hauptsache einen Rückzieher gemacht, und die polnische Regierung erhielt das Wesentliche von dem, was sie verlangte.

Sofern die Literatur sich überhaupt mit dem Zollinspektorenstreit beschäftigt - seine Bedeutung wird nicht erkannt -, sind manche Unrichtigkeiten in den Darstellungen enthalten. Die obige verkürzte Darstellung schien dem Verfasser deshalb erforderlich.

2. Hitlers Reaktion und der deutsch-polnische Notenwechsel vom 9. und 10. August 1939. Das Ende des Entspannungsversuches

Zunächst schien die polnische ultimative Note vom 4. August noch nicht die gravierende Wirkung gehabt zu haben, die sie später offensichtlich als Ausgangspunkt der veränderten Einstellung Hitlers und der Entwicklung der Krise gehabt hat. Hoggan[23] führt sogar das Nachgeben Danzigs auf Hitlers Rat zurück, gewissermaßen als Beweis für seine Entspannungsabsichten, und behauptet, die Danziger Antwort vom 7. August wurde mit Einverständnis der deutschen Regierung abgesandt.

Das erste erscheint wenig wahrscheinlich, allein schon aus zeitlichen Gründen. In der Nacht vom 4. auf den 5. August hatte Greiser die polnische Note erhalten und am Vormittag schon sein Nachgeben angekündigt. Wenn Hitler wirklich zum Nachgeben geraten hat, muß man annehmen, daß ihm der Notentext noch nicht vorlag, daß er den letzten ultimativen Satz nicht kannte. Oder sollte er tatsächlich noch nicht bereit gewesen sein, das Ende seiner Entspannungsversuche zuzugeben?

Gegen Hoggans Auffassung spricht auch, daß Weizsäcker im Gespräch mit Henderson am 5. August betont hatte, die Verschlechterung der Lage sei in erster Linie auf das polnische

Ultimatum vom 4. August zurückzuführen und in zweiter Linie auf den letzten Satz der Note vom 10. August[24]

Shepherd[25] und Burckhardt[26] jedenfalls weisen der polnischen Note vom 4. August die entscheidende Bedeutung für die krisenhafte Zuspitzung der Lage zu.

Aster[27] meint, daß die polnische Regierung einen fatalen Schritt unternommen hätte. Das Ultimatum sei ein schrecklicher Fehler gewesen, es habe Hitler provoziert und die Krise beschleunigt. Es habe jegliche Chance für eine friedliche Lösung der deutsch-polnischen Differenzen zerstört und zum Krieg geführt.

Dabei hätten die örtlichen Fragen geregelt werden können,[28] wenn die Polen das Ultimatum nicht geschickt hätten, gab Makins als Burckhardts Meinung wieder. Das sei auch Hitlers Auffassung gewesen. Am Tag der Übersendung des Ultimatums hätte ein Telefonanruf bei Burckhardt genügt, hatte Hitler zu diesem geäußert.[29] Die Polen hätten gewußt, daß Gespräche möglich waren.

Vielleicht hätte das Ultimatum allein ohne einige sich anschließende Erscheinungen seine negativen Folgen nicht gehabt. "What changed a Polish-Danzig dispute into a crisis was publicity", meint Aster.[30]

Ein offizielles polnisches Pressekommuniqué hatte die Einzelheiten über den Notenaustausch enthüllt, die britische und die französische Presse dramatisierten den Vorgang zu einem Rückzieher Danzigs und zu einem Sieg für die Becksche Außenpolitik. Auch Beck war nicht unschuldig an dieser Kampagne. ". . . und posaunte Beck in der Presse alles aus", warf Hitler ihm vor.[31]

Nun blieb es offensichtlich nicht bei der genüßlichen Darstellung des Danziger "climb down". Auch Hitler sei zurückgewichen, triumphierte die Presse. "Die Presse sagte, daß ich die Nerven verloren hätte, daß Drohungen die richtige Behandlung für mich seien, daß wir nachgegeben hätten, als die Polen festblieben, daß ich voriges Jahr nur geblufft hätte und daß mein Bluff durch den polnischen Mut, den die Tschechen nicht besessen hätten, geplatzt sei. Ich habe idiotische Erklärungen in der französischen Presse gelesen, daß ich meine Nerven verloren hätte, die Polen aber die ihren behalten hätten."

Wie Burckhardt schreibt, wurde Hitler, als er das berichtete, so zornig, daß er einige Augenblicke unfähig war weiterzusprechen.

Schon drei Tage vor dem Treffen Hitler/Burckhardt hatte Henderson an Halifax berichtet,[32] er habe aus "first-hand source" erfahren, daß die Sprache der ausländischen, besonders der britischen Presse in bezug auf das kürzliche "climb down" des Danziger Senats Hitler in Wut versetzt habe.

Zu diesen Pressestimmen kam nun ein Artikel der polnischen Zeitung "Czas", der die Stimmung noch mehr anheizte. Falls die Danziger Behörden versuchen sollten, Polen mit vollendeten Tatsachen zu konfrontieren, würden die polnischen Kanonen sofort mit der Beschießung Danzigs beginnen, hieß es. Henderson berichtete seinem Chef, daß daraufhin zum ersten Mal seit vielen Wochen die gesamte deutsche Presse mit Danzig-Artikeln auf den Frontseiten erschienen sei, die sich mit dem Czas-Artikel beschäftigten und ihn mit Überschriften wie "verbrecherische Provokation" u. a. kennzeichneten. Die wochenlange Ruhe an der Pressefront - auch ein Beweis für die Hitlerschen Entspannungsversuche - war vorüber.

Es blieb aber nicht beim Pressekrieg; die Diplomatie wurde tätig. "Der Staatssekretär hat den polnischen Botschafter kommen lassen und ihm gesagt, welche Stunde geschlagen hat. "Das ist eine Antwort auf Ultimaten und den verlorenen Nervenkrieg", erfuhr Burckhardt von Hitler.[33]

Was war geschehen? Am 9. August hatte Weizsäcker den polnischen Geschäftsträger Fürst Lubomirski kommen lassen (der Botschafter Lipski war abwesend) und ihm eine deutsche Antwortnote vorgelesen.[34] Die Wiederholung solcher ultimativer Forderungen, wie sie in der polnischen Note vom 4. August erhoben worden waren, werde zu einer Verschlechterung der deutsch-polnischen Beziehungen führen, hieß es in dieser Note. Die von den Polen ergriffenen wirtschaftlichen Maßnahmen gegen Danzig müßten dazu führen, daß Danzig sich andere Möglichkeiten für seinen Ex- und Import suchen müsse. Das war sicher ein Hinweis auf engere Wirtschaftsbeziehungen zwischen Deutschland und Danzig. Eine im ganzen maßvolle Note der deutschen Regierung.

Die Antwort ließ nicht lange auf sich warten. Am 10. August wurde der deutsche Geschäftsträger in Warschau, der Botschaftsrat Baron Wühlisch, zum Unterstaatssekretär im polnischen Außenministerium, Arcizewski, bestellt, der ihm eine "Erklärung der polnischen Regierung von sehr ernstem Charakter mitzuteilen" hatte, die ihm dann vorgelesen wurde. Die polnische Regierung könne keine juristische Basis erkennen, die eine deutsche Intervention in den Beziehungen zwischen Danzig und Polen rechtfertige, hieß es u. a. in dieser Erklärung. Wenn es Gedankenaustausch zwischen Deutschland und Polen über das Danziger Problem gegeben hätte, wäre die einzige Basis dafür der gute Wille Polens gewesen. Die Erklärung gipfelte in einer Warnung. Die polnische Regierung werde weiterhin gegen jeden Versuch der Behörden der Freien Stadt Danzig, die Rechte und Interessen, die Polen dort besitzt, zu gefährden, vorgehen und werde jede Intervention der Reichsregierung zum Nachteil dieser Rechte als Angriffshandlung ansehen.[35]

Das war zuviel. Hitler das Recht bestreiten, für alle Deutschen auch außerhalb der Reichsgrenzen einzutreten und ein solches Verhalten als "casus belli" zu behandeln, würde selbst einen anderen Staatsmann als Hitler herausgefordert haben. Sogar der polenfreundliche Makins wurde nachdenklich und meinte, die Polen hätten zu voreilig und heftig reagiert.[36] Offenbar hatte er nicht mitbekommen, daß sein Chef Halifax am 10. August für die Vergiftung der Atmosphäre sowohl deutsche Handlungen als auch die allgemeine Ermutigung, die Deutschland dem deutschen Element in Danzig gegeben hatte, verantwortlich gemacht hatte.[37]

Eine Woche im August hatte die Situation verändert, der Noten- und Ultimatenaustausch zwischen Berlin und Warschau und Danzig "has completely changed the situation for the worst", stellte Henderson in seinem Bericht an Halifax fest.[38] Vor allem der letzte Satz der polnischen Note vom 10. August wurde als schwerwiegend angesehen. Henderson berichtete, Attolico und Weizsäcker hätten ihn dahingehend beurteilt, daß er fast mehr als irgend etwas anderes dazu beigetragen habe, die Situation zu verschärfen.[39]

Als drohend und unüberlegt bezeichnete der an sich polenfreundliche französische Botschafter in Warschau die Note.[40] Auch sein Außenminister Bonnet verurteilte das polnische Verhalten. Die Polen hätten jeden nur möglichen Fehler in der Behandlung der Deutschen in der Danzig-Frage gemacht. Sie hätten dem Danziger Senat ein Ultimatum geschickt, als es gar nicht hätte geschickt werden dürfen. Sie hätten am 11. August (gemeint war der 10. August) der deutschen Regierung eine Note geschickt, die Hitler wütend gemacht habe, war Bonnets Auffassung, die er dem britischen Geschäftsträger Campbell in Paris mitgeteilt hatte.[41]

Der italienische Botschafter Attolico war besonders wegen der polnischen Note pessimistisch hinsichtlich der Zukunft. Ciano habe die Absicht gehabt, die Lage zu beruhigen, soweit Danzig betroffen war.[42] Doch angesichts des Satzes in der polnischen Note, daß jede künftige deutsche Einmischung als ein Aggressionsakt betrachtet würde, könne die italienische Regierung nichts unternehmen.

Henderson war besonders beeindruckt vom Pessimismus Attolicos.[43] Dieser sah Italien in einen Krieg hineingezogen einzig und allein deswegen, weil aus Furcht, schwach zu erscheinen, niemand den ersten Schritt unternehmen wolle, um die Spannung zu beenden. Henderson fürchtete, es sei viel Wahrheit in dem, was Attolico über die Gefahr des Nichtstuns sagte. Und er stimme seiner Auffassung zu, daß Hitler sich nicht viel länger ruhig verhalten werde, teilte er seinem Außenminister mit.

War die polnische Diplomatie sich der Folgen ihrer Note vom 10. August nicht bewußt gewesen? Als Beck die deutsche Note vom 9. August erhielt, soll er geäußert haben "Now it begins", und mit dieser "Erkenntnis" soll er den Entwurf für seine die Krise weiter verschärfende Antwortnote vom 10. August konzipiert haben. Lipski, der sich damals in Warschau aufhielt, berichtet, Arcizewski habe ihm beim Lunch seine Besorgnis anvertraut, daß Beck zu scharf antworten werde.[44] Lipski teilte seine Meinung, und beide kamen überein, ihren Einfluß zu benutzen, um die Antwort weniger scharf (im englischen Text steht sogar "adamant", d. h. von außergewöhnlicher Härte) zu machen. Wir legten unsere Ansichten Beck vor, schreibt Lipski. Dieser jedoch bestand

hartnäckig auf seinem eigenen Entwurf und entschied, daß Arcizewski die Erklärung in Übereinstimmung mit dem von ihm
verfaßten Text überreichen sollte.

Bedarf es eigentlich noch eines weiteren Beweises dafür, daß
Beck die Krise weiter vorantreiben und somit - das kann nichts
anderes bedeuten - den Krieg wollte? Der Verfasser sieht sich
ebenfalls nicht in der Lage, diesen Vorfall anders zu interpretieren.

Gegenüber den pessimistischen Beurteilungen der Diplomaten
verharmlosen die Historiker die Note, soweit sie diesen Vorgän-
gen überhaupt Bedeutung beimessen, und das tun nur sehr wenige.

Messerschmidt sei hier erwähnt.[45] Für ihn sind die Ereignisse
"bewußte deutsche Provokationen, an denen selbst ein Mann wie
Weizsäcker mitwirkte".

Auf polnischer Seite handelte es sich für Messerschmidt um
Überreaktionen, die von deutscher Seite ausgenutzt wurden. Mit
bewußten deutschen Provokationen und Ausnutzung polnischer
Überreaktion war diese schwerwiegende Episode der Vorkriegs-
geschichte für Messerschmidt abgetan.

Fests Kurzdarstellung läßt den Kern des Notenwechsels aus und
stellt das polnische Verhalten ähnlich wie Messerschmidt als
Reaktion auf deutsche Provokationen dar.[46] Von polnischer
Kriegsentschlossenheit schreibt Fest nichts, sondern für ihn stellt
sich die polnische Haltung folgendermaßen dar: "Verschiedene
Anzeichen deuteten darauf hin, daß sie (die polnische Politik)
allmählich begann, sich mit dem Gedanken eines unvermeidlichen
Krieges vertraut zu machen."

Er erwähnt zwar den "scharfen Notenwechsel", vermeidet aber
jeglichen Hinweis auf den die Krise verschärfenden Charakter der
polnischen Noten vom 4. und 10. Augúst , von denen besonders
die letzte eine direkte Herausforderung Deutschlands darstellte
und das wohl auch sein sollte.

Wann hatte Hitler von der Note vom 10. August erfahren?
Henderson nimmt an, daß er auf dem Treffen mit Burckhardt am
11. August noch keine Kenntnis von ihr gehabt hatte. Andernfalls
wäre er gegenüber Burckhardt noch heftiger gewesen und hätte

sich besonders gegen die polnische Drohung gewandt, jede weitere deutsche Intervention als Aggressionsakt zu betrachten.[47]

Man muß Henderson sicher zustimmen in dieser Argumentation. Für Hitlers Unkenntnis am 11. August spricht auch sein ruhiger Ton, in dem er das Verhalten der Polen vom 5. August bedauerte und die Note vom 10. August überhaupt nicht erwähnte. Seine Bemerkung, daß ein Telefonanruf zur Klärung genügt hätte, wurde von Burckhardt mit der Feststellung ergänzt, daß die Verhandlungen wegen Kleinigkeiten abgebrochen waren, worauf Hitler ärgerlich antwortete, "das ist beklagenswert in einem solch ernsten Augenblick. Chodacki hat auf Anweisung von Beck hin Schritte unternommen, zwei Tage bevor die Angelegenheit im Begriff war, geregelt zu werden."

Hier drängt sich die Frage auf: Spricht so ein Mann, der unbedingt eine kriegerische Lösung will? Einen Tag später, beim Ciano-Besuch, hat Hitler dann sicherlich den Wortlaut gekannt und seine Schlüsse aus der Note gezogen.

Der Notenaustausch soll verschiedentlich als ein Zeichen dafür gedeutet worden sein, daß Polen keine neuen Verhandlungen mit Deutschland wünschte und eine einseitige polnische Lösung wollte, meint Hoggan.[48] Manches spricht für die Richtigkeit dieser Deutung. Beck mußte wissen, daß sein Festhalten an einer scharfen Note, mit der er Deutschland das Recht bestritt, sich für Danzig und die Danziger einzusetzen, die Verhandlungstür zuschlagen würde.

Man kann vermuten, Hitler hatte erkannt, daß Beck die polnische Lösung und keine Verhandlungen wollte. Das ergibt ein Vergleich seiner Gespräche mit Burckhardt und Ciano. Burckhardt gegenüber hatte er sich noch sehr gefühlsbetont geäußert. Von eigentlichen Angriffsabsichten gegen Polen sprach er nicht, nur vom Reagieren auf polnisches Verhalten. "Wenn der kleinste Zwischenfall sich ereignet, werde ich die Polen ohne Warnung zerschmettern..." rief er aus. Im Verlauf des Gespräches offenbar ruhiger geworden, hieß es dann an einer späteren Stelle wie vor dem 4. August: "Wenn die Polen Danzig absolut in Ruhe lassen, wenn sie nicht versuchen, mich mit falschen Karten zu überstechen, dann kann ich warten. Aber eine Bedingung ist, daß die Leiden unserer Minderheit in Polen aufhören." Und gegen Schluß der Unterhaltung: "Es kann jeden Tag um Danzig etwas geschehen, aber nur, wenn die Polen es so wollen."

In den Gesprächen mit Ciano am 12. und 13. August ist von dieser das polnische Verhalten abwartenden Haltung Hitlers nichts mehr zu spüren. Im Gegenteil, Ciano hatte den Obersalzberg mit dem Eindruck verlassen, daß Hitler fest entschlossen war, Polen Ende August anzugreifen. Inwieweit das richtig ist, wird unten dargestellt werden.

Nun kann man natürlich einwenden, da haben wir's: der Erzlügner und Verstellungskünstler Hitler hat dem Burckhardt "die Hucke voll gelogen". Mit einer solchen Erklärung macht man es sich zu einfach. Hitler war in der Unterhaltung mit Burckhardt zu sehr emotionalisiert, und der kluge Beobachter und Gesprächspartner Burckhardt weist an keiner Stelle darauf hin, daß er nur gekünstelt und berechnend zu einem solchen Verhalten fähig gewesen wäre.

Eine andere Erklärung liegt näher. Vor der Unterhaltung mit Ciano hatte Hitler die polnische Note vom 10. August gelesen und aus der Lektüre den Schluß gezogen, daß Polen seine Lösung realisieren und Danzig besetzen wollte, "und das hätte es auch wohl vor". Nach dieser Erkenntnis war es dann bei Hitler zu dem Entschluß gekommen, der unten geschildert wird.

Eine solche Deutung stimmt auch mit der Beurteilung Hendersons überein. Verschiedentlich - es wird noch darauf hingewiesen werden - hatten die Briten im Unterschied zu den deutschen Zeitgeschichtlern den Eindruck, daß Hitlers Entschlußbildung Ende Juli - Anfang August noch nicht abgeschlossen war. Vor allem der gut informierte "Mann vor Ort", Henderson, glaubte diesen Prozeß beobachten zu können. In einem Bericht an Halifax sah er als kritisch für den Frieden den Zeitraum bis zum Nürnberger Parteitag an. Hitler habe noch keinen Entschluß gefaßt, oder zumindest habe er es nicht vor diesem Wochenende getan, war seine Überzeugung. Mit diesem Wochenende meinte er Sonnabend, den 5. August, den Tag der Überreichung der ersten Note.

Daß der Zeitraum bis zum Parteitag von Hitler nicht ausgenutzt wurde und er die Willensbildung wesentlich früher vollzog, war die Folge der polnischen Note vom 10. August, von der Henderson am 8. August noch nichts wissen konnte. Nachdem er jedoch Kenntnis von dem Notenwechsel erhalten hatte, war er sich dessen Bedeutung bewußt. Er besuchte Lipski am 14. August, und er erklärte diesem, daß die beiderseitigen Noten vom 9. und 10. August zu einer beträchtlichen Verschlechterung der Lage beigetragen hätten. Der Kanzler habe sich besonders durch den letzten Absatz der polnischen Erklärung getroffen gefühlt. Als Ciano in Salzburg habe mäßigend wirken wollen, sei ihm der Notenwechsel vorgehalten und betont worden, daß die deutsche Ehre und auch die der Achse auf dem Spiel stehe. So hätten die Italiener ihre mäßigenden Absichten aufgeben müssen.

Henderson machte aber noch weitere aufschlußreiche Bemerkungen. Er meinte: Wenn die bisherige absolut negative polnische Linie gegenüber Deutschland weiterhin aufrechterhalten bliebe, werden wir in kurzer Zeit in einen Krieg verwickelt werden. Seit März hätten die Parteien nicht mehr miteinander gesprochen , während die Lage immer komplizierter geworden sei und sich der Konflikt weiter vertieft habe.

Eine Belehrung für alle diejenigen, die immer noch an eine britische Politik der Kriegsverhinderung glauben, sind die folgenden nahezu unglaublichen Bemerkungen Hendersons gegenüber Lipski.

London nehme den Standpunkt ein, daß wir uns jeglicher Gespräche mit dem Reich enthalten sollten. Außerdem sei die innere Situation in England so, daß Chamberlain gegenwärtig nichts für den Frieden tun könne, auch Mussolini nicht. Henderson habe aus deutschen Regierungskreisen erfahren , daß die deutsche Seite den Konflikt auf Danzig reduziert und Hitler die Korridorfrage aufgegeben habe. Lipski berichtete an Beck, der französische Botschafter habe ihm bestätigt, daß Welczek, der deutsche Botschafter in Paris, eine ähnliche Feststellung gegenüber Bonnet gemacht habe. Natürlich konnte Lipski eine solche auf Entspannung gerichtete Tendenz der deutschen Politik nicht als wahrscheinlich akzeptieren. Er habe gegenteilige Berichte aus der deutschen Presse entnommen, sogar mit neuerlichen Ansprüchen auf Schlesien.

Wäre es nicht Aufgabe der britisch-französischen Politik gewesen, solche deutschen Entspannungssignale aufzunehmen, wenn man aufrichtig am Frieden interessiert war?

Die Briten unternahmen nichts. Sie haben später - sich rechtfertigend - den Polen den Vorwurf gemacht, sie vor der Absendung der Noten nicht konsultiert zu haben. Waren sie etwa nicht informiert? In der Kabinettssitzung vom 2. August hatte Halifax festgestellt , hinsichtlich Danzig gebe es nichts Wichtiges zu berichten. Er besitze keine offizielle Bestätigung eines Gerüchtes, daß die polnische Seite einen offiziellen Protest gegen die jüngsten Ereignisse in Danzig einlegen wolle.

Nun, Halifax wußte, wie gezeigt wurde, von Hitlers Entspannungsabsichten. Mußte er sich nicht - wenn er keine Verschärfung der Spannungen wollte - bei den Polen von ihrem beabsichtigten Protest vor dessen Absendung unterrichten lassen, um gegebenenfalls auf eine Entschärfung des Protestes hinzuwirken? Er wäre dazu berechtigt gewesen aufgrund der von den Polen eingegangenen Konsultationsverpflichtung. Er tat es nicht. Absichtliche Unterlassung?

XI. Hitler will Entspannung

Im zweiten Kapitel wurde nachgewiesen, daß Hitler die Danzigfrage nicht nach "Prag hatte anlaufen lassen". In der "Weisung des Führers" vom 21. März 1939 an den Oberbefehlshaber des Heeres kommt eindeutig zum Ausdruck, daß Hitler die Danzigfrage auf dem Verhandlungswege lösen wollte. Diese Absicht hat er bis zum Kriegsausbruch verfolgt, obwohl die in den Verhandlungen seit dem 24. Oktober 1938 zum Ausdruck gekommene ablehnende Haltung Polens, ihm hätte sagen müssen, daß nur eine gewaltsame Lösung in Frage kam, wenn er nicht auf die Heimholung Danzigs verzichten wollte.

Die etablierte, vor allem deutsche Geschichtsschreibung, sieht in Hitler nur den zum Krieg drängenden, die Weltherrschaft erstrebenden Gewaltpolitiker. Daß er im Sommer 1939 Entspannung (Détente) wollte, wird übersehen, paßt es doch nicht in das künstlich geschaffene Hitlerbild.

An drei großen Tatbeständen zeigt der Verfasser Hitlers Entspannungsabsichten auf. In der Forderung nach einem Direktgespräch mit einem deutsch sprechenden Engländer über einen umfassenden Themenkatalog, über Danzig hinaus, in der Zusage, die Danzigfrage bis zu zwei Jahren ruhen zu lassen, was den akuten Konflikt entschärfen sollte, und in der Absicht, die Krise nicht durch Erhöhung der deutschen Forderungen zu verschärfen.

Das nehmen offenbar im Unterschied zu den deutschen Historikern auch etliche Engländer an. Halifax hatte noch am 15. August 1939 den Eindruck, daß Hitler noch unentschlossen und bemüht war, den Krieg zu vermeiden, wenn er das tun könnte, ohne sein Gesicht zu verlieren.[1]

1. Hitlers Gesprächsbereitschaft

Zu den bedeutendsten Versuchen, eine Entspannung herbeizuführen, geht Hitlers Wunsch nach einem Gespräch mit einem deutsch sprechenden Engländer von hohem Rang (of standing). Hitler sprach bekantlich keine Fremdsprache und benötigte für diplomatische Verhandlungen einen Dolmetscher. Das war umständlich, zeitraubend und zeitaufwendig durch das Warten auf die Übersetzungen. Entscheidend für Hitler jedoch war wohl seine Erkenntnis, daß durch die neutralisierende Mitwirkung eines Dolmetschers die von ihm ausgehende suggestive Überzeugungskraft nicht zur Geltung kam. Diese ist vielfach bezeugt. Manche Gesprächspartner waren ihr erlegen.

Ein solches Gespräch hatte Hitler mehrmals vorgeschlagen. Es ist nie zustande gekommen, weil die Engländer es nicht wollten, um es einfach und direkt zu sagen. Sie wichen aus. Allenfalls wollten sie (angeblich) Hilfestellung für deutsch-polnische Direktgespräche geben.

Die Serie der Übermittlungen von Hitlers Wunsch nach einem Gespräch mit einem deutsch sprechenden Engländer begann mit Wohlthat, der seinem Gesprächspartner Hudsom am 18. Juli 1939 entsprechend berichtete. Auch Wilson, dem Chefberater Chamberlains, wurde dieser Wunsch Hitlers übermittelt.

Für den 11. August 1939 hatte Hitler den Völkerbundskommissar für Danzig, den Schweizer Burckhardt, zu sich auf den Obersalzberg gebeten. Letzterer mußte in dem Gespräch sehr schnell feststellen, daß es Hitler in erster Linie gar nicht um Danzig oder um die sich immer mehr verschärfende Lage der deutschen Minderheit ging, sondern daß er ein Gespräch über umfassendere politische Fragen zu einer Bereinigung des deutsch-englischen Verhältnisses anstrebte. Und als Burckhardt daraufhin bemerkte, daß für die Besprechung solcher Fragen ein Direktgespräch mit einem deutsch sprechenden Engländer - Forster hatte ihm vorher von einem solcher Wunsch Hitlers berichtet - sicher nützlich sei, reagierte Hitler spontan. Ihm sei erzählt worden, daß der General

Ironside fließend deutsch spräche. Auf Burckhardts Frage, ob er den Wunsch Hitlers weitergeben dürfe, schlug dieser vor, Burckhardt möge selbst nach London fliegen, um seinen Wunsch zu übermitteln. Die Angelegenheit sei dringend, wenn wir Katastrophen vermeiden wollten, war Hitlers abschließende Bemerkung.

Burckhardt ist zwar nicht nach London geflogen, hat sich aber am nächsten Tag in seiner Heimatstadt Basel mit je einem Vertreter des französischen und des britischen Außenministeriums getroffen, die sich mit ihm verabredet hatten, um Einzelheiten aus seiner Unterredung mit Hitler zu erfahren.

Mr. Makins vom Foreign Office hat in einem ausführlichen Bericht über Burckhardts Beobachtungen bei Hitlers Gesprächswunsch hingewiesen.

Er hat vor allem berichtet, daß dieser Gesprächswunsch von Hitler als äußerst dringend dargestellt worden war. "Could you go yourself to London? If we want to avoid catastrophes, the matter is rather urgent" hieß es in der Wiedergab des Burckhardt-Berichtes durch Mr, Makins an das Foreign Office.

Es ist bemerkenswert, daß diese Dringlichkeit des Hitlerschen Wunsches von Burckhardt in seinem Buch "Meine Danziger Mission 1937 bis 1939" nicht erwähnt wird. Infolgedessen unterschlägt auch die etablierte Geschichtsschreibung diesen wesentlichen Teil der Berichterstattung. Und eine weitere wichtige Beobachtung Burckhardts über Hitlers Verhalten hat ersterer in seinem Buch nicht gebracht.

Über "his nervousness of war" hatte er an Makins berichtet über seine Nervosität wegen eines möglichen Krieges. Das war eine erstaunliche Beobachtung, zu der die von der etablierten deutschen Geschichtsschreibung immer wieder behauptete wilde Kriegsentschlossenheit Hitlers in scharfem Widerspruch steht.

Am 14. August nahm Makins beide Punkte wieder auf und schrieb an seinen Freund Frank Walter, den britischen Delegierten beim Völkerbund, Hitler habe einen allgemeinen Wunsch nach Gesprächen und der Vermeidung eines Krieges ausgedrückt.

Warum war die Angelegenheit nun plötzlich so dringend geworden?

Hitler war entscchlossen, die Danzig-Frage "so oder so" zu lösen, militärisch oder diplomatisch. Für eine militärische Lösung war alles vorbereitet; der späteste Termin war aus Witterungsgründen der 1. September.

Sollte es zu einer diplomatischen Lösung kommen, mußten dazu erforderliche Gespräche und Verhandlungen unverzüglich eingeleitet werden. Nun kann man natürlich fragen, warum Hitler es plötzlich so eilig hatte. In einem früheren Aufsatz wurde auf Hitlers Entspannungsabsichten in der Danzig-Frage hingewiesen und auf die Bedeutung der polnischen Ultimaten vom 4. und 10. August. Hitler hatte aus der Behandlung der Angelegenheit durch Polen ersehen können, daß nur noch deutsch-englische Direktgespräche die Katastrophe verhindern konnten.

Wieweit Hitler sich als Vollzieher eines geschichtlichen Auftrages fühlte, und wieweit er glaubte, nicht mehr Herr der eingetretenen Entwicklung zu sein, geht aus einer Bemerkung zu Burckhardt hervor. Diesem hatte er von seinem Wunsch, als Künstler zu arbeiten,erzählt. Als Burckhardt nun entgegnete, das läge doch in seiner Hand, zuckte er zusammen und sagte dumpf: "nein, nicht mehr".

Nun ist Hitlers Wunsch nach einem Gespräch mit einem deutsch sprechenden Engländer nicht nur bei dieser einen Gelegenheit ausgesprochen worden. Er wurde in den folgenden Tagen von verschiedenen Seiten an die britische Regierung herangetragen. Am 11. August berichtete der britische Generalkonsul in Danzig, Shepherd, der Gauleiter der NSDAP in Danzig, Forster, habe mitgeteilt, daß Hitler mit einem Engländer sprechen möchte, der so gut deutsch spräche, daß kein Dolmetscher erforderlich sei.

Am 15. August wiederholte Shepherd seine Mitteilung an Halifax. Forster habe am Morgen dieses Tages bei Burckhardt dringend gefordert, ein Engländer solle mit Hitler sprechen.

Halifax schien die Angelegenheit nicht für dringend zu halten und antwortete, daß er die Sache in Erwägung ziehen würde.

Am 20. August schickte Shepherd ein weiteres Telegramm, in dem er mitteilte, daß im persönlichen Auftrag des Staatssekretärs Weizsäcker, der deutsche Generalkonsul in Danzig, den Hochkommissar aufgesucht hatte. Weizsäcker schien überrascht zu sein, daß es bis zu diesem Zeitpunkt noch keine Reaktion von Seiner Majestät Regierung auf Hitlers Wunsch gegeben hatte und betonte die Dringlichkeit der Angelegenheit und ihre Bedeutung für den Frieden.

Auch Henderson wurde in dieser Angelegenheit tätig. Am 16. August berichtete er Halifax über ein Gespräch, das er am Tage vorher mit Weizsäcker gehabt hatte. Dieser hatte darauf hingewiesen, daß es nützlich sein würde, wenn ein perfekt deutsch sprechender Engländer, der dem inneren Kabinettsrat angehörte, mit Hitler spräche. Ein von Henderson vorgeschlagener Mr. Burgin wurde von Weizsäcker zunächst abgelehnt. Er korrigierte jedoch dann seine Ablehnung und stimmte der Entsendung von Mr. Burgin zu. Aus dem Eifer, mit dem er das tat, war für Henderson ersichtlich, daß Weizsäcker es für dringend hielt, daß etwas geschähe, um die Katastrophe abzuwenden, die er sehr nahe drohend auftauchen sah (to avoid the catastrophe which he sees looming very near).

Am 18. und 20. August wandte Henderson sich erneut an Halifax und schlug einen Brief an Hitler vor, der durch General Ironside überreicht werden sollte. Chamberlain war auf Urlaub in Schottland und wurde von Halifax in zwei Briefen unterrichtet. Im zweiten Brief machte Halifax darauf aufmerksam, daß Hitler "von Zeit zu Zeit" einen Hinweis gegeben hatte, daß er einen Engländer geschickt haben möchte. Aus der Formulierung "von Zeit zu Zeit" geht offensichtlich hervor, daß es vor dem Burckhardt-Interview schon solche Hinweise Hitlers gegeben hatte.

Forscht man ein wenig nach, stellt man fest, daß sogar in dem Krisenmonat April 1939 mit der Kündigung des deutsch-englischen Flottenabkommens durch Hitler, ein solcher Wunsch von ihm geäußert worden war. Am 23. April 1939 telegrafierte der britische Geschäftsträger in Berlin u.a. an Halifax, Hitler habe den ausdrücklichen Wunsch, daß eine wirklich prominente britische Persönlichkeit mit fließenden Deutschkenntnissen, ohne die Vermittlung eines Dolmetschers ein Mann-zu-Mann-Gespräch mit ihm führen sollte. Daß die Briten, vor allem auch Halifax, ein solches Gespräch und damit Verständigung mit Deutschland nicht wollten, zeigt folgende Episode.

Sir Francis Freemantle, ein bekannter Arzt und konservativer Unterhausabgeordneter, machte kurz darauf den Vorschlag für ein Treffen des ehemaligen Ministerpräsidenten Baldwin mit Hitler. Eine private Unterhaltung zwischen Hitler und einem prominenten Engländer könne nützlich sein, gab Halifax zur Antwort. Unglücklicherweise zeige Hitler jedoch zur Zeit keine Neigung, einen Engländer zu empfangen oder sogar offene Fragen mit Engländern zu erörtern. Das war eine glatte Lüge. Denn es ist nicht anzunehmen, daß Halifax das Telegramm seines Berliner Geschäftsträgers vom 23. April nicht gelesen haben sollte. Warum log Halifax? Es wird dem Leser nicht schwerfallen, selbst die Antwort zu finden.[3]

Auch der Ministerialdirektor Wohlthat vom Vierjahresplanamt hatte bei seinen Gesprächen mit Sir Horace Wilson im Juli 1939 Hitlers Wunsch zur Sprache gebracht. Jemand von Rang (Somebody of standing) sollte Hitler besuchen und mit ihm über die politischen, militärischen und wirtschaftlichen Fragen, die von Interesse für beide Länder seien, sprechen.

Dann folgten im August mehrfache Vorstöße bei der britischen Regierung.

Nach Chamberlains Rückkehr aus dem Urlaub wurde das Thema auf der Kabinettsitzung vom 22. August behandelt. Aus einer Reihe von Quellen einschließlich von Herrn Burckhardt sei an England der Wunsch Hitlers nach einem Gespräch mit einem deutsch sprechenden Engländer herangetragen worden und es sei angedeutet worden, daß ein Soldat angenehm sein würde, hieß es in dieser Sitzung. Auch die Frage eines Briefes an Hitler, in dem die britische Position ihm "kristallklar" gemacht werden sollte, wurde erörtert. Es war vor allem Henderson, der dafür plädierte, die Überreichung dieses Briefes durch Ironside vornehmen zu lassen, um bei diesem Anlaß Hitler das erwünschte Gespräch zu ermöglichen.

Diese Notwendigkeit wurde noch unterstrichen durch ein Telegramm Shepherds, das in der Kabinettsitzung vorgetragen wurde. Shepherd berichtete, daß der deutsche Generalkonsul in Danzig

Besuch von einem Abgesandten Weizsäckers erhalten hatte. Nach dessen Auffassung sei es wichtig, den Brief durch einen Sonderbeauftragten am 23. oder 24. August nach Berlin zu schicken. Zu einem abschließenden Entschluß kam man in dieser Sitzung nicht. Jedoch wurde eine Tendenz zur Ablehnung des Hitlerschen Wunsches deutlich sichtbar.

Schließlich wurde auch der Schwede Dahlerus, der besonders im Auftrage Görings tätig war, eingeschaltet. Er berichtete über ein Gespräch mit Göring vom 24. August. Göring hatte nachdrücklich betont, es würde Hitler sehr beeinflussen, wenn ein deutsch sprechender Vertreter der britischen Regierung (handschriftlich war von einem Mitglied des Foreign Office hinzugefügt worden: General Ironside) kommen würde, um definitive Vorschläge vorzulegen oder in einer geschäftsmäßigen offenen Weise die Probleme zu diskutieren. Hitler werde viel dazu beitragen, hieß es, dem britischen Standpunkt entgegenzukommen, um zu friedlichen Beziehungen mit England zu gelangen.

Am 27. August überbrachte Dahlerus ein neues Memorandum, in dem er über sein nächtliches Gespräch mit Hitler berichtete. Hitler habe die polnische Situation in seinem Henderson übergebenen Friedensvorschlag (vom 25. August) erörtert und wiederum habe er seinen Wunsch nach einem Gespräch mit zwei bis drei deutsch sprechenden Vertretern Großbritanniens vorgebracht, um seine Vorschläge mit diesen zu diskutieren. Auf der Kabinettsitzung vom 27. August wurde auch dieser Punkt ausführlich erörtert.

Nach Halifax' Ausführungen in dieser Sitzung ging die deutsche Verhandlungsbereitschaft offenbar schon sehr weit und man hatte sich auf deutscher Seite Gedanken über die Führung der Verhandlungen gemacht. Nach Görings Meinung sei Hitler kein guter Verhandler, teilte Halifax dem Kabinett mit. Er glaubte, daß Göring selbst gern mit den Verhandlungen über ein Abkommen betraut werden wollte. Henderson stimmte dieser Beurteilung zu. Wenn die Verhandlungen nahe dem Abschluß seien, würde Göring gern nach London kommen, um sich mit den abschließenden Abschnitten der Verhandlung zu befassen.

Können eigentlich nach diesen vielen Berichten von britischer Seite noch Zweifel an der Ernsthaftigkeit der Verständigungsbereitschaft Hitlers bestehen? Kann man diese vielen Vorstöße als Täuschungsmanöver des "Erzlügners" Hitler abtun? Das wäre nun wirklich eine sehr billige Erklärung.

Man kann einwenden und hat es mehrfach auch getan, daß das alles nur von Hitler unternommen worden war, um England und Polen voneinander zu trennen, um sich damit die Möglichkeit zu verschaffen, anschließend über das isolierte Polen herzufallen.

Nun mußte Hitler spätestens nach dem britisch-polnischen Abschluß vom 25. August 1939 gewußt haben, daß eine solche Spaltung nicht mehr möglich war. Aber auch schon vorher war ihm mehrfach von britischer Seite deutlich gesagt worden, daß die britische Regierung zu der Polen gegebenen Garantie vom 31. März 1939 stehen würde. Auch Hitler mußte es klar sein, daß Großbritannien es sich nicht leisten konnte, noch einmal einen Bundesgenossen im Stich zu lassen. Aus dieser Erkenntnis ist seine Aussage gegenüber Henderson zu erklären, daß er Großbritannien nicht veranlassen wollte, sein Polen gegebenes Wort zu brechen.

Alle solche Einwände übersehen aber, daß Hitler aus den Verhandlungen mit Chamberlain in Berchtesgaden und Bad Godesberg 1938 wußte, daß dieser unbedingtes militärisches Stillhalten zur Bedingung für die Zeit der Verhandlungen machen würde. Wenn Hitler ein ernsthaftes Verhandlungsergebnis mit den Briten erzielen wollte, mußte er auf militärische Aktionen verzichten. Es galt die allgemein gültige Regel, daß nicht geschossen wird, solange noch gesprochen wird. Muß man nicht daraus den Schluß ziehen, daß die Verweigerer von Gesprächen wollten, daß geschossen wird? Waren es nicht die Briten, die bis zum Kriegsausbruch auf alle Gesprächsangebote Hitlers einschließlich seiner Forderung nach Entsendung eines polnischen Bevollmächtigten nicht eingegangen sind, aber auch keine Gegenvorschläge gemacht hatten?

Die deutsche etablierte Geschichtsschreibung ist jedoch anderer Meinung.

"Es ist im großen offenkundig, daß das Reich es darauf anlegt, in Danzig eine Krisensituation zu schaffen. Das Reich steuert auf die große Auseinandersetzung des Jahres zu...", stellt Freund für die Absichten der deutschen Politik im Sommer 1939 fest.[4]

Er befindet sich mit dieser Absichtsbeschreibung in Übereinstimmung mit den meisten deutschen Historikern, die wie er die Schuld Hitlers am Kriegsausbruch 1939 behaupten. Und wie er übersehen sie (absichtlich?) den Wandel in den Methoden Hitlers, seine Absicht, den Krisenherd Danzig zu entschärfen, die Spannungen abzubauen.

Was hatte sich ereignet? Der Gauleiter von Danzig, Forster, war am 18./19. Juli bei Hitler auf dem Obersalzerg gewesen und mit neuen Instruktionen zurückgekehrt. Ihr Kern war,[5] Hitler wollte eine Entspannung in der Danzig-Frage. Deutschland werde zwar von seinen Forderungen nicht ablassen, die Entwicklung habe aber noch ein oder zwei Jahre Zeit. Jedenfalls sollte alles in ein ruhiges Fahrwasser geleitet werden. Die Danziger Presse sollte die Danzig-Frage ruhen lassen und auch der Notenwechsel (mit Polen) sollte eingeschränkt werden.

Offenbar war diese neue Entwicklung (wie viele andere) am Auswärtigen Amt vorbeigelaufen. Darauf läßt eine Aufzeichnung des Vortragenden Legationsrates Bergmann vom 4. August schließen.[6] Der deutsche Generalkonsul v. Janson in Danzig habe ihm von einer Mitteilung des Hochkommissars berichtet. Forster habe diesen unmittelbar nach seinem letzten Besuch auf dem Obersalzberg aufgesucht und gesagt, daß er vom Führer Weisung habe, seinerseits für Entspannung und Pazifikation in der Danziger Frage zu wirken. "Vor 2-3 Tagen habe Forster Burckhardt abermals aufgesucht und ihn gebeten, in dem sog. Zollinspektorenkonflikt offiziell tätig zu werden."

Soweit die deutschen Akten. Eine Anmerkung weist darauf hin, daß sich aus den Britischen Dokumenten, Band VI Nr. 529, ergibt, daß Forster die Bitte um Intervention am 1. August an Burckhardt gerichtet hatte.

Burckhardt bestätigt Hitlers Entspannungsabsichten.[7] "... durch verschiedene Vermittlungen war es mir möglich, zu erreichen, daß mir Herr Hitler durch Forster sagen ließ: ich will keinen Konflikt wegen Danzig, diese Angelegenheit kann ein oder zwei Jahre warten, sogar noch länger.

Ich will kein plötzliches Nachgeben, man muß allmählich beruhigen, der Hochkommissar soll als Vermittler zwischen Ihnen und den Polen dienen."

Die deutsche Aktenpublikation ist nicht sehr ergiebig in dieser Frage. Ihre britischen Herausgeber haben sich in diesem Punkte sehr zurückgehalten, was den deutschen Historikern erlaubte, Hitlers Wendung in der Danzig-Frage nicht zur Kenntnis zu nehmen und mit Schweigen zu übergehen. So konnten sie bei ihren vorgefaßten Meinungen bleiben und die These von Hitlers Absicht, Polen zu vernichten, weiter verbreiten.

Die britischen Akten sind etwas ergiebiger. Zwar nicht so sehr die veröffentlichten Dokumente, wohl aber die unveröffentlichten. Schon am 7. Juni 1939 hatte Halifax in einer Kabinettssitzung eine Anfrage des Luftfahrtministers über Neuigkeiten in der Danzig-Frage beantwortet.[8] Shepherd, der britische Generalkonsul in Danzig, habe berichtet, daß Burckhardt eine einstündige Unterredung mit Ribbentrop gehabt hatte. Vorausgesetzt, daß sich keine weiteren Zwischenfälle ereigneten und die polnische Presse Zurückhaltung übe, würden die Deutschen ihrerseits Schritte unternehmen, die Spannung zu reduzieren, hatte Ribbentrop erklärt. Halifax fügte hinzu, daß dieses Telegramm Shepherds seiner eigenen Lageeinschätzung entspräche.

Sechs Wochen später , am 19. Juli , beschäftigte sich das Kabinett abermals mit der Danzig-Frage.[9] Man habe Informationen, daß Deutschland in bezug auf Danzig einen sanften Ton anschlage (was soft pedalling), hieß es.

In mehreren Berichten hätte Henderson auf ein solches Verhalten der deutschen Führung hingewiesen.[10] Daß Vansittart eine solche Entwicklung skeptisch beurteilte, darf nicht verwundern. Aber auch Meldungen der Geheimdienste berichteten vom Schwanken Hitlers und von kalten Füßen.[11]

Ein "minute" von Makins vom 20. Juli,[12] das von Kirkpatrick, Randall und Sargent, also nahezu dem gesamten für Deutschland zuständigen Teil des Foreign Office, abgezeichnet war, bestätigte die obige Lageeinschätzung des Kabinetts. Wenn auch die Möglichkeit eines plötzlichen "Coups" nicht auszuschließen sei, so komme man im ganzen aufgrund der vorhandenen Beweise zu dem Schluß, daß die Deutschen jetzt mit einer langsamen Konsolidierung ihrer Position in der Freien Stadt begännen. Das sei sicherlich die klügste Politik von ihrem Standpunkt aus. Denn während eine gewaltsame Aktion den sofortigen, von der französischen und englischen Regierung unterstützten Widerstand hervorrufen würde, könne es für die Polen äußerst schwierig sein, einem langsamen Erosionsprozeß der polnischen Rechte und der polnischen Stellung in der Freien Stadt entgegenzutreten. Makins teilte offenbar Hitlers Befürchtungen nicht, daß die Polen bei gleichzeitigem Erlahmen der westlichen Interventionsbereitschaft das Ende eines solchen Abnutzungsprozesses nicht abwarten, sondern ihrerseits zur Aktion sehreiten würden.

Hinsichtlich der Gründe für diese angeblich neue Haltung Hitlers urteilte das Foreign Office falsch. Seit Monaten vertrat es die Auffassung, daß nur eine feste Front, eine "Politik der Stärke", Hitler beeindrucken würde. Ihr schrieb man es zu, daß Hitler offenbar anfing nachzugeben. Statt nun aber eine "Wende" in Hitlers Haltung zur Eröffnung von Verhandlungen zu benutzen, stellte man fest, daß die Veränderungen nicht weit genug gingen.[13] Deswegen müsse man hart bleiben, um mehr zu erreichen, denn jedes Zeichen von Schwäche in diesem Stadium müsse die Veränderungen ganz und gar zum Stillstand bringen.[14]

Wie weit sollten die Veränderungen nach den Vorstellungen des Foreign Office gehen? Bis zur Kapitulation Hitlers, d. h. bis zu seinem endgültigen Verzicht auf Danzig? Man sollte Hitler eigentlich schon so gut kennen, daß das nicht zu erwarten war, sondern allenfalls ein Kompromiß. Wenn man aber Hitlers Verzicht anstrebte, steuerte man auf die bewaffnete Konfrontation zu. Offensichtlich wollte man eine solche. Eine Chance war vertan. Oder wollte man sie nicht?

Am 26. Juli lagen dem Kabinett zwei Berichte über die so sehr unterschiedliche Haltung der streitenden Parteien vor, daß es den

Kabinettsmitgliedern bei objektiver Würdigung der Lage, aber auch späteren Historikern nicht hätte schwerfallen dürfen zu entscheiden, wer den Krieg gewollt hatte.[15]

Zum einen beschäftigte man sich mit dem Bericht des Generals Ironside, den man nach Warschau geschickt hatte, um die unklare Haltung der Polen in der Frage eines Bündnisses mit der Sowjetunion, aber auch ihre wirkliche militärische Stärke und ihre Möglichkeiten zu erkunden. Der Krieg sei unvermeidlich, hatte der Marschall Rydz-Smigly dem englischen Besucher erklärt, da die deutschen ehrgeizigen Ziele mit der Existenz eines polnischen Staates unvereinbar seien. Er erwarte den Krieg zwar nicht im August, aber im Januar, wenn der Erdboden gefroren sei.

Und dann berichtete Halifax, daß Burckhardt Makins über sein Gespräch mit Forster nach dessen Rückkehr aus Berchtesgaden informiert hatte. Fünf Punkte hob er hervor.

Die deutschen Forderungen in bezug auf Danzig und den Korridor hätten sich seit Hitlers Reichstagsrede vom 28. April nicht geändert. Das sei von Bedeutung, da behauptet worden sei, daß das damalige deutsche Angebot nicht länger aufrechterhalten werde. 2. Von deutscher Seite aus werde nichts getan, um einen Konflikt zu provozieren und 3. die Danzig-Frage könne bis zum nächsten Jahr oder länger warten.

4. Der Hochkommissar sollte Schwierigkeiten zwischen Danzig und den Polen beheben und so den Notenkrieg beenden.

Ein wichtiger Punkt, der bisher nicht erwähnt wurde, kam als letzter. Sollte eine Entspannung zustande gebracht werden, würden alle militärischen Maßnahmen, die in Danzig im Gange waren, gestoppt werden. Zwar war man sich im Kabinett noch nicht ganz klar darüber, was sich hinter dieser veränderten Haltung Hitlers verbarg. Halifax' Frage, ob die Veränderungen eine Folge der festen Haltung der "Friedensfront" seien, blieb unbeantwortet, aber auch unwidersprochen. Aber auf jeden Fall, so hatte Halifax gemeint, könne kein Unglück entstehen, wenn für eine Entspannung in Danzig gearbeitet würde.

Die britische Regierung hatte nach diesen Informationen der polnischen Regierung mitgeteilt, sie verfüge über Nachrichten, daß die Deutschen an Entspannung arbeiteten. Es sei äußerst wichtig, daß die Polen ihre Bemühungen auf dasselbe Ziel richteten, schloß Halifax. Damit lagen zwei wirklich gegensätzliche Auffassungen den Briten vor. "War is inevitable" und "détente". Es wäre Aufgabe der britischen Politik gewesen, die Brücke zwischen diesen beiden gegensätzlichen Positionen zu schlagen und ebenfalls an der von Hitler vorgesehenen Entspannung mitzuarbeiten.

Und am 26. Juli hatte Shepherd über einen weiteren Besuch Forsters bei Burckhardt berichtet. Forster hatte die bekannte Auffassung Hitlers wiederholt. Den allgemeinen Eindruck bestätigte der handschriftliche Zusatz von Shepherd, des Mannes "vor Ort". Es ist möglich, daß die Deutschen bereit sind, die gewaltsame Lösung der Streitfrage zu verschieben, war sein Kommentar.[16]

Nun blieb diese Beurteilung der deutschen Absicht natürlich nicht unwidersprochen. Widerspruch kam vor allem aus Warschau. Am 31. Juli berichtete Kennard über Becks gegenteilige Meinung.[17] In Gdingen sei er gefragt worden, inwieweit man die in den Gesprächen zwischen Forster und Burckhardt angedeutete Entspannung ernst nehmen könne. Es gebe keine Hinweise, daß der Danziger Senat sich vernünftiger verhalten werde, lautete Becks Antwort, und er verwies auf die Danziger Forderung nach Rückziehung der Grenzpolizei. Das spreche nicht für Entspannung, denn die Grenzpolizei werde schon seit Jahren verwendet.

Neben der nicht überraschenden negativen Einstellung Becks ist an diesem Intermezzo interessant, daß der Versuch, die Forster-Burckhardt-Gespräche geheimzuhalten, gescheitert war und die deutschen Entspannungsabsichten in einem größeren Kreis erörtert wurden.

Einen Tag später äußerte Kennard sich erneut.[18] Beck scheine nicht viel Vertrauen in Forsters Vorschläge für eine Entspannung zu haben, ließ er Sargent wissen. Er halte das Ganze nur für ein Manöver.

2. Die Danzigfrage kann warten

Hitlers Entspannungsabsichten sind aber nicht nur in seinem Gesprächswunsch zum Ausdruck gekommen. Er war auch bereit, einen Beitrag zur Entschärfung der Danzigfrage zu leisten. Der britische Generalkonsul Shepherd berichtete am 26. Juli 1939 an Halifax über eine lange Unterredung, die der Völkerbundskommissar Burckhardt mit dem Gauleiter Forster nach dessen Rückkehr aus Berchtesgaden gehabt hatte. Über Danzig hatte es geheißen, daß die Frage warten könne, wenn nötig, zwei Jahre, wie schon dargestellt.

Was wollte Hitler mit den Direktgesprächen, die er so sehr wünsche, erreichen? Man kenne doch Hitlers Ziele, meinte Halifax in einem Schreiben an seinen im Urlaub befindlichen Premierminister. "Wenn er wirklich nur wünscht, im Osten Land zu annektieren, auf dem er Deutsche ansiedeln kann, dann sehe ich keinen Weg, ihm zu helfen,[19] schrieb er. Man kann sich über eine solche (absichtliche?) Verkennung der Ziele Hitlers nur wundern. Mußte dem britischen Politiker angesichts der so zahlreich geäußerten Wünsche Hitlers nach einem Direktgespräch nicht der Gedanke kommen, er habe echte Entspannungsabsichten?

In diesen so ereignisvollen und spannungsreichen Tagen ging es nicht mehr um "grain and timber" als langfristige Ziele, sondern sehr kurzfristig um die Lösung der Danzigfrage, um Krieg und Frieden. Und auf diesem Gebiet war Entscheidendes Ende Juli 1939 geschehen. Dr. Burckhardt, der Völkerbundskommissar für Danzig, hatte am 24. Juli mit dem von einem Besuch bei Hitler auf dem Obersalzberg zurückgekehrten Danziger Gauleiter Forster ein Gespräch gehabt. Der Inhalt dieses Gespräches war so sensationell und die Situation so sehr verändert, daß das allein schon Anlaß für die Engländer hätte sein müssen, dem von Hitler geäußerten Wunsch nach einem Direktgespräch zu entsprechen. Die Engländer hätten klären müssen, was hinter diesem Entspannungswunsch stand. Forster hatte zwar nur Burckhardt berichtet, aber dieser hatte Halifax über Forsters Gespräch mit

Hitler informiert. Was beabsichtigte Hitler?

Geben wir die Antwort mit den Worten des britischen Außenministers Halifax wieder, die dieser nach einer Unterredung mit Dr. Burckhardt in der Kabinettssitzung vom 26. Juli 1939 gebrauchte.

1. Deutschland hatte seine Forderungen in bezug auf Danzig und den Korridor, wie sie in Herrn Hitlers Reichstagsrede (28.4.39) erhoben worden waren, nicht verändert. (Das war eine interessante Aussage, da vorher immer angenommen worden war, daß die damals angebotenen Bedingungen nicht länger vertreten wurden.)

2. Von deutscher Seite würde nichts geschehen, was einen Konflikt hervorrufen würde.

3. Die Danzigfrage könnte warten, wenn nötig, bis zum nächsten Jahr oder länger.

4. Der Senat sollte die Hilfe des Hochkommissars in Anspruch nehmen, um Schwierigkeiten zwischen sich und den polnischen Vertretern zu beseitigen und dafür den Notenkrieg beenden. Es wurde ferner angedeutet, daß alle militärischen Maßnahmen, die jetzt in Danzig vor sich gingen, angehalten würden, wenn eine Entspannung zustande gebracht würde. Es wäre wichtig, diese Unterredung geheim zu halten. Wir haben deshalb die polnische Regierung unterrichtet, daß nach uns zugegangenen Informationen die deutsche Regierung für Entspannung arbeitete und daß es äußerst wichtig sei, daß sie ihre Bemühungen auf dasselbe Ziel richtet.[20]

Das war eine erstaunliche Entwicklung der Dinge. Sie hätte auf britischer Seite mehr als eine Informierung der Polen hervorrufen müssen, sie tat es aber nicht. Die Briten wollten keine Entspannung.

3. Hatte Hitler die deutschen Forderungen erhöht?

Erstaunlicherweise werden in der Geschichtsschreibung die Entspannungsabsichten Hitlers weitgehend unterschlagen. Vielmehr wird behauptet, Hitler habe seine Forderungen an Polen im Laufe der Vorkriegsmonate gesteigert. Selbst ein in nationalen Kreisen geschätzter und angesehener Historiker hat als Anlaß des Krieges eine "wechselseitige Übersteigerung der deutschen Forderungen einerseits und die britisch-polnische Verhärtung andererseits" festgestellt. Die deutschen Forderungen waren bekanntlich die Rückgabe von Danzig und die exterritoriale Verbindung mit Ostpreußen durch den Korridor. Dabei ist es geblieben, wenn man nicht die in den 16 Punkten enthaltene Forderung nach einer Volksabstimmung im Korridorgebiet als eine Erhöhung ansieht.

Aber selbst wenn Hitler erhöhte territoriale Forderungen gestellt haben sollte, muß man bedenken, daß gegenüber den großen Gebietsverlusten durch das Versailler Diktat die beschränkten deutschen Forderungen gering gewesen wären. Hitlers tatsächliche Forderungen bedeuteten einen erheblichen deutschen Gebietsverzicht. Keine deutsche Regierung vor Hitler hätte sich einen derartigen Verzicht erlauben können.

Hitler wollte diesen Verzicht leisten, um mit allen Nachbarn in ein klares Verhältnis zu kommen, wie Lipski von Ribbentrop am 24. Oktober 1938 bei der Überreichung der deutschen Lösungsvorschläge erfuhr.

Wenn also keine Forderungen vorlagen, wodurch ist es zum Kriegsausbruch gekommen? Durch die von den Briten gestützte polnische Unnachgiebigkeit, muß festgestellt werden.

Ich verzichte auf eine Erörterung der vielen Erklärungsversuche über den Kriegsausbruch und bringe einige Aussagen des britischen Historikers Lamb. Lamb stellt in seinem Buch fest, daß die Polen, nicht die Briten, den Krieg ausgelöst haben, weil sie sich in letzter Minute weigerten, einen Bevollmächtigten zu schicken. Lamb schreibt weiter, daß die Tatsache, daß die Deutschen das Telegramm mit dem Verhandlungsverbot für Lipski abgefangen hatten, unzweifelhaft ein maßgeblicher Faktor für den Kriegsausbruch war. Und dann heißt es weiter bei ihm, daß unzweifelhaft die Unnachgiebigkeit der Polen Hitler veranlaßt hatte, den Krieg zu wählen.

Damit sind die Briten aus dem Schneider, aber nur anscheinend.

4. Das deutsche Angebot
vom 16. August 1939 und die 16 Punkte

Das deutsche Angebot vom 25. August ist von vielen, vor allem deutschen etablierten Historikern als Ausdruck deutscher Annektionsabsichten verurteilt worden. Wir beschränken uns auf drei Punkte des deutsch-polnischen Verhältnisses, aus dem am 27.8. von Dahlerus übermittelten Ergänzungsvorschlag.

1. Englands Mithilfe in der Danzig- und Korridorfrage wird erbeten. Polen soll Freihafen in Danzig und Korridor nach Gdingen erhalten.
2. Deutschland garantiert die polnischen Grenzen.
3. Deutschland erhält ausreichende Garantien für die Behandlung der deutschen Minderheit in Polen.

Das ist alles andere als gewaltsame Annektion, wie mehrfach behauptet wird.

Es gehört in die Reihe der deutschen Entspannungsvorschläge, wie auch die berühmten 16 Punkte.

Die 16 Punkte

Es soll hier nicht die umstrittene Frage der Übermittlung des Textes von Ribbentrop an Henderson behandelt werden. Das ist von anderer Seite ausreichend geschehen. Vielleicht sind von der deutschen Seite in der Form Fehler gemacht worden. Hinsichtlich des Inhalts ist der Verfasser der Meinung, daß Hendersons Deutschkenntnisse so gut waren, daß er den friedlichen Charakter der deutschen Vorschläge durchaus verstanden hat. Der Verfasser teilt die Auffassung des Briten Taylor, daß Henderson schon wegen seiner Kenntnis der Materie den Vortrag Ribbentrops verstanden hat. Ribbentrop und der auch anwesend gewesene Dolmetscher Schmidt bestreiten, daß Ribbentrop unverständlich vorgelesen hat.

Was enthielten die 16 Punkte?

Die sofortige Rückkehr Danzigs zum Reich und die Entscheidung über die Zugehörigkeit des Korridors durch eine Volksabstimmung nach einem Jahr waren der Kern der deutschen Vorschläge. Gdingen, dessen Verbleib bei Polen unumstritten war, blieb von dieser Regelung ausgenommen. Dem Verlierer der Abstimmung waren exterritoriale Verbindungswege mit Danzig bzw. Gdingen eingeräumt. Paritätisch ausgehandelte Sonderrechte im Hafen, für Polen in Danzig und für Deutschland in Gdingen, Entmilitarisierung von Danzig, Gdingen und Hela, Demobilisierung der deutschen und polnischen Streitkräfte bei einer Vereinbarung auf Grundlage der 16 Punkte und eine Minderheitenschutzregelung vervollständigten den Katalog.

Sir N. Henderson (Berlin) to Viscount Halifax
(Received August 29, 2.0 p.m.)
No. 492 Telegraphic: by telephone [C 12338/15/18]

Berlin, August 29, 1939

Dahlerus came to see me this morning immediately after a conversation with Field-Marshal Göring.

2. According to latter Herr Hitler was fully alive to fact that Great Britain was not bluffing and now comes to believe that she did not want war but good relations with Germany.

3. General atmosphere was better and principal points of British reply had been agreed to but there was still considerable amount of detail to be worked out. Germany was not going to ask for anything in Silesia but for return of Danzig and section of the Corridor which would leave railway from Berlin to the Free City in German hands: ample territory to be left round Gdynia, and corridor for Poles to Danzig itself. All details in connexion with this offer would be most reasonable and Herr Hitler was in fact only considering how reasonable he could be.

4. According to Field-Marshal Göring Herr Hitler was prepared to invite Poles to come today to open discussions. *Herr Hitler was so anxious for friendly relations with Great Britain that he was prepared to go a long way with Poles.* What Field-Marshal Göring feared most was that the Poles would raise difficulties about coming, that in their hatred and fear of Germans would refuse a reasonable settlement, and try to ruin Germany by being so obstructive that war would be inevitable. Field-Marshal Göring added that Herr Hitler was not (?prepared)[1] to demobilise before discussions began but would stand fast on his present military position.

5. According to Field-Marshal Göring, Herr Hitler had at first refused to agree to an international guarantee. Fact that he would now accept it was proof of sincerity of his desire for friendship with Great Britain.

6. Dahlerus' comments were strongly to recommend that Poles should come to Berlin: Herr Hitler's feelings on this subject had to be taken into account.

Repeated to Rome and Warsaw.

Quelle: BD VII, 467. Henderson am 29. August 1939 an Halifax

5. Hendersons Bericht vom 29. August 1939

Hitlers Entspannungsabsichten kann man auch aus dem Bericht Hendersons an Halifax vom 29. August 1939 entnehmen.

Hitler war auf lange Verhandlungen mit Polen eingestellt. Die deutsche Seite befürchtete, daß die Polen in ihrem Deutschenhaß und ihrer Furcht vor den Deutschen eine vernünftige Regelung verweigern würden und durch ihre obstruktive Haltung einen Krieg unvermeidlich machen würden. (BD VII 467) s. Faksimile.

Aus diesem Bericht sind weitere Punkte interessant. Einmal ist es die Erkenntnis Hitlers, daß England nicht bluffte, sondern es diesmal ernst meinte. Offenbar aber war Hitler noch nicht zu der Erkenntnis gekommen, daß England keineswegs gute Beziehungen zu Deutschland wünschte.

Neue Forderungen wurden von Deutschland nicht erhoben. Zur Klarstellung mancher anders lautenden Berichte wurde gesagt, daß keine Forderungen auf schlesische Gebietsteile erhoben wurden.

Vom Korridor wurde nur die Eisenbahnverbindung zwischen Danzig und Berlin verlangt. Die Polen sollten große Gebietsteile um Danzig herum erhalten. Wichtig war die Zusage, daß die zur Regelung von Einzelheiten erforderlichen Verhandlungen in vernünftiger Weise geführt werden sollten, wobei der Satz, daß Hitler überlegte, wie vernünftig er sein könne, von besonderer Bedeutung ist.

Mit Rücksicht auf die Beziehungen zu Großbritannien hatte Hitler sich auf lange Verhandlungen mit Polen eingestellt.

6. Deutschland gibt in der Frage des polnischen Bevollmächtigten nach

Die deutsche Seite hatte auch zum Schluß viel Entgegenkommen gezeigt. Ein Freund Hendersons, vermutlich von Hassell, der frühere Botschafter, ein Widerständler, hatte Göring auf einen Einwand hin erwidert, es genüge, wenn die polnische Regierung durch ihren Botschafter ihre Bereitwilligkeit erklärte, einen Bevollmächtigten sobald wie möglich zu schicken. Eine erstaunlich entgegenkommende Wandlung der deutschen Auffassung, wenn man bedenkt, daß Hitler, als Henderson die kurzfristige Terminierung als ultimativ bezeichnet hatte, dem mit der Bemerkung entgegnete, man könne in 1 1/2 Stunden mit dem Flugzeug von Warschau nach Berlin fliegen.

Auch in der Frage des Bevollmächtigten hatte die deutsche Seite Nachgiebigkeit gezeigt. Zunächst hatte man darauf verzichtet, auf einer bestimmten Persönlichkeit, wie zum Beispiel der des Außenministers Beck, zu bestehen. Es genüge, wenn ein mit allen Vollmachten versehener Bevollmächtigter nach Berlin kommen würde, um mit deutschen Vertretern Verhandlungen zu führen, lautete die ursprüngliche deutsche Forderung. Auch davon wich man ab.

In der telefonischen Unterredung zwischen Dahlerus und Göring in Anwesenheit von Halifax am 31. August hatte Göring sich mit der Abholung der deutschen Vorschläge zufrieden gegeben. Aber es sei eine absolute Bedingung, daß jemand von Polen komme, um die Vorschläge abzuholen. (BD VII 519)

Schließlich erklärte man, daß es genüge, wenn der in Berlin anwesende Botschafter Lipski von seiner Regierung beauftragt würde, die Vorschläge in Empfang zu nehmen.

Übersetzung des Berichtes Hendersons an Halifax vom 29. August 1939

Dahlerus besuchte mich heute morgen unmittelbar nach einer Unterredung mit Feldmarschall Göring.

2. Nach letzterem ist Herr Hitler sich voll der Tatsache bewußt, daß Großbritannien nicht blufft und er beginnt zu glauben, daß er keinen Krieg wünscht, sondern gute Beziehungen mit Deutschland.

3. Die allgemeine Atmosphäre wäre besser geworden und den Hauptpunkten der britischen Antwort würde zugestimmt. Aber eine beträchtliche Anzahl von Einzelheiten müßte noch ausgearbeitet werden. Deutschland forderte keine schlesischen Gebietsanteile, aber eine Rückkehr Danzigs und einen Streifen vom

Korridor, der die Eisenbahn nach der Freien Stadt in deutscher Hand lassen würde.

Große Gebiete, Gdingen und ein Korridor nach Danzig selbst würden ihnen überlassen. Alle Einzelheiten in Verbindung mit diesem Angebot würden vernünftig sein und Herr Hitler überlegte in der Tat, wie vernünftig er sein könnte.

4. Nach Feldmarschall Göring war Hitler bereit, die Polen heute nach Berlin einzuladen, um die Diskussion zu eröffnen. Herr Hitler war so sehr bestrebt, freundschaftliche Beziehungen mit Großbritannien zu erhalten, daß er auf langwierige Verhandlungen mit Polen eingestellt war.

Feldmarschall Göring fürchtete am meisten Schwierigkeiten der Polen hinsichtlich ihres Kommens. Er befürchtete, daß sie mit ihrem Haß und ihrer Furcht vor Deutschland eine vernünftige Lösung verweigern würden. Sie würden versuchen, Deutschland zu ruinieren durch Obstruktion, so daß ein Krieg unvermeidlich sein würde. Feldmarschall Göring fügte hinzu, daß Herr Hitler nicht bereit war, zu demobilisieren, bevor die Gespräche begonnen hatten, sondern fest auf seiner gegenwärtigen militärischen Position stehen bleiben würde.

5. Nach Feldmarschall Görings Aussage hatte Hitler sich zunächst geweigert, einer internationalen Garantie zuzustimmen. Die Tatsache, daß er sie jetzt akzeptieren würde, sei ein Beweis für die Aufrichtigkeit seines Wunsches nach Freundschaft mit Großbritannien.

6. Dahlerus empfahl sehr, daß die Polen nach Berlin kommen sollten. Herrn Hitlers Meinung darüber müßte berücksichtigt werden.

XII. Görings Bemühungen, den Krieg zu verhindern (aus britischer Sicht)

1. Das Foreign Office wußte, daß Göring keinen Krieg wollte

Hat Hitler allein eine Entspannungspolitik betrieben, und wie haben sich andere Mitglieder seiner "gangster crowd" verhalten?

Es ist der britische Historiker Richard Lamb, der mehrfach in seinen Büchern das Bemühen Görings aufführt, unter allen Umständen den Krieg zu verhindern. Ich werde Lamb weitgehend folgen.

Natürlich kann der Brite Lamb nicht zugeben, daß der Zweite Mann im NS-Staat aus Idealismus, humanitärer Gesinnung oder anderen hehren Beweggründen gehandelt hat, um den europäischen Frieden zu retten. Für Lamb, als Gewährsmann nennt er Sir Frank Roberts vom Foreign Office, waren Görings Beweggründe höchst materieller Art. Er fürchtete, ein Krieg würde ihm die Fortführung seines luxuriösen Lebens nicht gestatten. Dies ist keine Göring-Biographie und ich will keine Psychologie betreiben und diese Aussage Lambs überprüfen. Wichtig ist die Aussage von Roberts, daß die Briten im Foreign Office wußten, daß Göring keinen Krieg wollte.[1]

Man wußte also im Foreign Office, daß die Führung des Dritten Reiches nicht einhellig zum Krieg entschlossen war. Konnte man annehmen, daß zwischen Hitler und seinem zweiten Mann grundlegende Meinungsverschiedenheiten über die Frage Krieg oder Frieden bestanden, nur weil der Zweite Mann sein gutes Leben nicht aufgeben wollte? Kaum anzunehmen. Und warum tat man nichts, um dessen kriegsverhindernde Absichten zu fördern?

2. Die Konferenz vom Sönke Nissen Koog

Beginnen wir mit der von Göring einberufenen Konferenz vom 7./8. August auf dem Sönke-Nissen-Koog im nördlichen Schleswig-Holstein. Es nahmen an ihr auf britischer Seite nur sieben Industrielle und kein Politiker teil. Schon deswegen war ihr kein Erfolg beschieden, ein negativer allenfalls. Einen von Göring befürworteten, viel erörterten Konferenzvorschlag, an dem die vier Unterzeichnermächte von München teilnehmen sollten, lehnten die Briten ab. Fürchteten sie ein zweites München? Bei der Bewertung der Konferenz können wir uns auf eine britische Beurteilung beziehen, die wir einem "minute" von Strang entnehmen.[2] Wir können ihm zustimmen, daß dieses Treffen keinen Schaden, aber auch nicht viel Gutes angerichtet hatte. Dieser Feststellung folgt aber ein gravierender Satz, der die Ergebnislosigkeit der deutschen Bemühungen zu einem Ausgleich mit Großbritannien zu kommen, aber auch die Vergeblichkeit aller solcher Anstrengungen in dieser Richtung erklärt. Es bestehe eine grundlegende Unvereinbarkeit zwischen deutscher und britischer Politik, meinte Strang. Worin besteht diese "irreconcibilability"?[3]

Die Deutschen wollten nach Strang eine freie Hand im Osten. Göring beschränkte das auf den Nahen Osten und wollte es auf die Errichtung einer wirtschaftlichen Sphäre und einer politischen, nicht deutschfeindlichen Ordnung beschränken. Für die Briten bedeutete das die Notwendigkeit einer Fortsetzung ihrer Politik der Stärke, die die Deutschen schon beträchtlich verärgert hatte, so daß sie erkannten, daß die Zeit unblutiger Siege vorüber war.

3. Görings verschiedene Friedensbemühungen

Lamb beginnt schon in seiner Einleitung, Görings Bemühungen um die Erhaltung des Friedens zu erwähnen.[4] Nach dem Nichterscheinen eines polnischen Bevollmächtigten sei es Göring gewesen, der den Kontakt zum Foreign Office hergestellt und sich große Mühe gegeben habe, den Frieden zu erhalten. Nicht zu dieser

(Lambschen) Objektivität paßt seine Darstellung von Görings Verhalten am 22. August 1939. Göring sei nach der umstrittenen Hitlerrede auf den Tisch gesprungen, habe Hitler gedankt und wie ein Wilder getanzt und habe blutrünstige Versprechen gemacht.[5] Abgesehen davon, daß man sich kaum vorstellen kann, wie der schwergewichtige Göring auf dem Tisch getanzt haben soll, muß man fragen, wie man seine Kräfte für Friedensbemühungen einsetzen und mehr als enthusiastisch eine angebliche Kriegsrede begrüßen kann. Eine solche Schizophrenie ist nur bei Deutschen zu vermuten.

Entweder wollte Göring den Frieden oder er war kriegsbegeistert. Beides zu sein, ist eben schizophren.

Die, milde ausgedrückt, Geschmacklosigkeiten, die Lamb sich leistet, sind aber noch nicht vollständig. Seine Darstellung enthält auch die bekannte "Schweinehundversion" und Hitlers angebliche Absicht, dem Überbringer eines Vermittlungsvorschlages, sei es auch Chamberlain, persönlich in den Bauch zu treten und die Treppe hinabzuwerfen.

Göring setzte seine Friedensbemühungen mit Hilfe des schwedischen Geschäftsmannes Dahlerus, der sich nach Lamb nur als ein Freund im Glück (a fair-weather friend) erwies, fort. Nun könnte man zwar annehmen, daß Göring offenbar um Frieden bemüht war, aber war es Hitler auch?

Dahlerus flog am 25. August erneut nach London mit einer Botschaft Görings. Und Lamb vermerkt ausdrücklich, daß diese Botschaft Hitlers Billigung gefunden hatte.[6] Es wurde in dieser Botschaft erneut der Wille der deutschen Regierung bestätigt, sich mit der britischen Regierung zu einigen. Göring versicherte, er wolle alles in seiner Macht stehende tun, um eine Abmachung zu erleichtern. Auch Görings Vorschlag - die telegraphische Weisung der polnischen Regierung an Lipski, sich auf kein Gespräch mit der deutschen Regierung einzulassen, war abgefangen - Großbritannien solle im Namen der Polen mit Deutschland verhandeln,[7] war mit Hitlers Billigung erfolgt. Dieser anscheinend so ungewöhnliche Vorschlag Görings beweist seinen Willen, zu Verhandlungen zu kommen, die allein den Krieg verhindern konnten. Weil er das wollte, hatte ihn die Nachricht von der Entschlüsselung des Warschauer Telegramms keineswegs erfreut. Er hatte vielmehr über die Unzugängigkeit der Polen getobt.

Der Kriegsbeginn hatte für Göring kein Ende seiner friedensvermittelnden Tätigkeit bedeutet. Gewissermaßen als Ergänzung zu Hitlers Friedensrede vom 6. Oktober 1939 sandte Dahlerus dem Foreign Office einen auf den 10. Oktober datierten Brief. Die Probleme würden auch nach dem Krieg noch bestehen, schrieb er. Dann hätte es aber auf beiden Seiten Millionen von Toten gegeben. Keine Antwort!

Wie konnte Göring einen Erfolg mit seinen Vorstößen haben - auch wenn er in England immer wieder als möglicher Nachfolger Hitlers genannt wurde -, wenn Halifax ihn für einen genau solchen "Gangster" wie Hitler hielt?

Lamb nimmt mit seiner *starken* Betonung der Friedensbemühungen Görings eine besondere Stellung ein. Wichtig ist auch ein Hinweis auf Hitlers Einverständnis mit vielen der Göringschen Missionen. Das muß als Beweis dafür gelten, daß die deutsche Führung nicht kriegslüstern war.

Ganz allein steht Lamb jedoch nicht da. Auch Aster weiß über die letzten Augusttage 1939 zu berichten, daß Göring um Verhandlungen bemüht war. Und Aster weiß, daß es Göring war, der Dahlerus am 31. August morgens mit dem vollen Text der umstrittenen 16 Punkte in die britische Botschaft geschickt hatte. Wichtig ist auch Asters Bemerkung, der Botschafter habe sich "müde und niedergeschlagen" den neuesten Bericht über Görings unentwegte Anstrengungen zur Erhaltung des Friedens angehört.[8]

Diese Bemühungen Görings wurden erst am 3. September 11.00 Uhr mit der britischen Kriegserklärung beendet.

Vorher hatte Göring noch von Hitler die Erlaubnis erwirkt, mit Dahlerus nach London zu fliegen. Aber die Briten haben abgelehnt, solange deutsche Truppen sich noch in Polen befänden. Sie wollten Krieg. Schließlich müssen wir noch Taylor erwähnen, der ohne Lambs leicht gehässigen Unterton zu der Auffassung kommt, daß Göring gegen den Krieg war. Ruhm habe er sich schon im Ersten Weltkrieg verschafft. Jetzt habe er sich als Leiter des

Vierjahresplanes Kenntnis der wirtschaftlichen Möglichkeiten Deutschlands erworben.

Lamb geht noch einen Schritt weiter. Henderson war am 27. August 1939 nach London zurückgekehrt und hatte berichtet, daß er Hitler am Tage vorher gesprochen hatte. Dieser sei ruhig und bereit gewesen, seine Forderungen an Polen zu reduzieren. Nach Henderson sollte Großbritannien das als Anzeichen dafür nehmen, daß Hitler immer noch den Krieg zu vermeiden wünschte.

Auch am 27. August war Dahlerus in London gewesen und hatte von dort die Nachricht mitgebracht, daß England direkte deutsch-polnische Verhandlungen über Danzig wünsche, was Hitler akzeptierte, vorausgesetzt, ein polnischer Bevollmächtigter würde nach Berlin kommen. Der kam bekanntlich nicht. Statt dessen mobilisierten die Polen am 30. August gegen den Rat des britischen Botschafters. Und nach Lamb ist die polnische Mobilmachung vielleicht ein Schlüsselfaktor gewesen, Hitler in den Krieg zu treiben.[9]

The following is a short statement of the views expressed by Field Marshal Goering:-

1. Field Marshal Goering expressed the personal opinion that a four power conference of the parties to the Munich agreement was a good idea. The Field Marshal was leaving on Tuesday night for Berlin and would speak to the Fuhrer on the 15th.

2. Field Marshal Goering stated that whenever Vansittart saw the Poles trouble arose shortly after and he cited the occasion when Vansittart saw the Polish Ambassador in London and the Ambassador flew to Warsaw. Result - the Poles asserted themselves.

3. Field Marshal Goering said that if England would be frank with Poland the Danzig question could be settled with satisfaction to all parties.

4. Either England or Poland (not both) must settle the Danzig question with them and this should preferably be done before the four power conference was held.

5. As to calling a four power conference, that could easily be arranged and he thought the method suggested by M.Dahlerus good.

6. M.Dahlerus could talk to him at any time and convey views.

7. If Poland continued her present methods it would be necessary to commence a tremendous propaganda campaign against her. Great Britain should cool her down.

8. After thinking over the question of a four power conference Field Marshal Goering was of opinion that this was necessary but he now considered that a confidential exchange of views by Great Britain and Germany should take place before a four power conference. M.Dahlerus might convey to him views which were difficult to convey in any other way.

Field Marshal Goering stated that General Bodenschatz had had a long talk with him that morning and had gone to Berchtesgaden to report on yesterday's meeting to the Fuhrer

357

Übersetzung der Forderung Görings
Quelle: PRO FO 371/22991

Das folgende ist eine kurze Zusammenfassung der von Feldmarschall Göring ausgedrückten Ansichten.

1. Feldmarschall Göring sprach die persönliche Meinung aus, daß eine Viermächtekonferenz der Parteien des Münchener Abkommens ein guter Gedanke sei.

2. Fm. G. stellte fest, daß immer, wenn Vansittart die Polen getroffen hatte, Schwierigkeiten entstanden. Und er führte als Beispiel das Treffen Vansittarts mit dem polnischen Botschafter in London an. Anschließend flog dieser nach Warschau. Ergebnis - die Polen machten Schwierigkeiten.

3. Fm. G. sagte, wenn England mit Polen aufrichtig sein würde, könnte die Danzigfrage zur Zufriedenheit aller Parteien geregelt werden.

4. Entweder England oder Polen (nicht beide) müßten die Danzigfrage mit sich regeln. Es wäre wünschenswert, daß dies vor der Viermächtekonferenz stattfinden würde.

5. Die Einberufung einer Viermächtekonferenz könnte leicht arrangiert werden, und er hielt die von Herrn Dahlerus vorgeschlagene Methode für gut.

6. Herr Dahlerus könnte jederzeit mit ihm sprechen und seine Ansichten übermitteln.

7. Wenn Polen seine gegenwärtigen Methoden fortsetzen würde, wäre es notwendig, mit einem gewaltigen Propagandafeldzug gegen Polen zu beginnen. Großbritannien sollte Polen zur Mäßigung veranlassen.

8. Nach Nachdenken über die Frage einer Viermächtekonferenz war Fm. G. der Meinung, daß sie notwendig sei, aber er meinte jetzt, daß ein vertraulicher Austausch von Ansichen zwischen Großbritannien und Deutschland vor einer Viermächtekonferenz stattfinden sollte. Herr Dahlerus möchte ihm Auffassungen mitteilen, die auf jede andere Weise zu lösen schwierig sei.

9. Fm. G. sagte, daß General Bodenschatz heute morgen ein

langes Gespräch mit ihm gehabt hatte und nach Berchtesgaden gegangen sei, um dem Führer über das gestrige Treffen zu berichten.

XIII. Die britisch-polnische Ablehnungsfront

Man könnte dieses Kapitel mit dem Ausspruch Asters über-
schreiben: Niemand schätzte diesen Gedanken besonders.[1] Das
bezog sich bei Aster zwar nur auf den Vorschlag Hitlers, ein
Gespräch mit einem deutsch sprechenden Engländer zu führen,
könnte aber auch für den gesamten, von Deutschland ausgehenden
Entspannungsvorgang, der den Krieg verhindern sollte, gelten.

Wenn wir britische und polnische Ablehnung getrennt anführen,
müssen wir uns jedoch darüber klar sein, daß es sich um eine
gemeinsame britisch-polnische Ablehnungsfront gehandelt hat.
Beginnen wir mit den Briten.

Schon bei der Behandlung der britischen Garantie vom 31. März
1939 hatte der Verfasser u.a. auf britische Stimmen hingewiesen,
die die Gewährung der Garantie als eine Herausforderung Deutschlands bezeichnet hatten.

Im Mittelpunkt der Ereignisse stand die Notwendigkeit, die
Gespräche zwischen den Beteiligten wieder in Gang zu bringen.
zwei deutsche Aufforderungen sollten diesem Zweck dienen. Einmal Hitlers Wunsch nach einem Direktgespräch mit einem deutsch
sprechenden Engländer, und zweitens die Notwendigkeit, mit
einem polnischen Bevollmächtigten in Berlin zu verhandeln.

Beginnen wir mit dem Hitlerschen Gesprächswunsch. Die zö-
gerliche und damit im Grunde ablehnende Einstellung Chamberlains geht aus dem Entwurf seines Antwortschreibens hervor.[2]

1. No Second Munich

Die britische Außenpolitik des Jahres 1939, die schließlich zum
Krieg führte, ist unmittelbar gar nicht durch die Danzig- und
Korridor-Frage bestimmt gewesen. Die Berechtigung der deut-
schen Forderung nach Rückkehr zum Reich wurde nicht geprüft.
Sie ist bestimmt worden durch die Vorstellung, 1938 in München
vor der Gewalt zurückgewichen zu sein. Die Besorgnis, daß jedes
Nachgeben auch in als berechtigt anerkannten deutschen Forde-

rungen als eine Kapitulation wie in München angesehen werden würde, wurde zum bestimmenden Faktor der britischen Außenpolitik.

Dabei wurde nicht geprüft, wie weit die in München erzielte Lösung den ethnischen Verhältnissen entsprach. Vergessen wurde auch von den Briten, daß in der Sitzung des "Cabinet Committee on Foreign Policy" vom 18. März 1938 die politische Stellung der Tschechoslowakei als auf die Dauer nicht haltbar bezeichnet wurde.[3]

Und vergessen wurde auch, daß in derselben Sitzung Chamberlain zugab, daß letztlich die Sudetendeutschen die Abtretung des gesamten Gebietes an Deutschland fordern und sich nicht mir irgendeiner örtlichen Autonomie zufrieden geben würden, die England zu gewähren bereit war. Und vergessen war auch Cadogans Abwandlung des bekannten Bismarckwortes, daß die Tschechoslowakei nicht die Knochen eines einzigen britischen Grenadiers wert sei. Dieses Wort hat eine Ergänzung durch die Erkenntnis des französischen Außenministers Bonnet und des Senators Bérenger gefunden, die im März feststellten, "daß wir beinahe in einen Krieg gingen, wegen eines Staates, der nicht lebensfähig war.[4]

Diese Erkenntnisse waren vergessen. Geblieben war nur die Erinnerung an eine angeblich schmachvolle Kapitulation. Jedes Nachgeben wurde fortan als Schwäche ausgelegt und als ein Meilenstein auf dem Wege zu einem zweiten "München", das unter allen Umständen vermieden werden mußte. Dieses München-Syndrom lähmte die britische Politik, die sich zudem durch die Garantieerklärung für Polen eine weitere Fessel angelegt hatte. Die britische Regierung - wenn sie es überhaupt ernsthaft gewollt haben sollte - war unfähig geworden, durch mäßigendes Einwirken auf Polen, den Krieg zu verhindern. Alle deutschen Versuche, die Briten zu bewegen, in dieser Richtung tätig zu werden, wurden von der britischen Regierung zurückgewiesen. Besonders deutlich für die ablehnende Haltung der britischen Regierung war die Zurückweisung eines Henderson-Vorschlages.[5]

Den Polen sollte eine scharfe Warnung im Interesse des europäischen Friedens geschickt werden (a serious warning in the interest of European peace), um Akte ungerechtfertigter Provokation zu verhindern ... (act of unjustifiable provocation).

Auch sollten den Polen mitgeteilt werden, daß die britische Garantie an die Aufrechterhaltung vernünftiger deutsch-polnischer Beziehungen gebunden war (maintenance of reasonable relations). Aber ein solcher Brief entsprach nicht der Auffassung der britischen Regierung, er ist nicht abgeschickt worden.

Statt Hitlers Vorschlag als Möglichkeit zum Verhandeln zu benutzen, erfahren wir, daß sie es nicht schätzte, Hitlers Vorschlag ohne eine Antwort zu lassen.[6] Nicht politische Notwendigkeit, sondern gewissermaßen zivilisatorische Höflichkeit machte eine Antwort erforderlich. Und in den Grundzügen einer vom "Secretary of State" entworfenen Antwort heißt es ebenso unverbindlich, daß Hitlers Wunsch geschätzt wird, daß aber Zweifel an einem Erfolg besteht. Hitler wird statt dessen eine Warnung erteilt, Polen keine einseitige Lösung aufzuzwingen.[7]

Botschafter Henderson drängte, Kontakte herzustellen. Ein Maßstab für die Beurteilung des britischen Verhaltens war der Druck, den die Regierung auf Polen ausübte. Aster weiß zu berichten, daß nichts getan werden sollte, den Gedanken an Verhandlungen mit Deutschland über Warschau zu fördern.[8] Dadurch könnte ein Vertrauensverlust bei den Polen entstehen. Und wie wurden die wirklich mäßigen deutschen Vorschläge aufgenommen, die zur Entspannung beitragen sollten?

Das sind überhaupt keine Vorschläge und das ist das unverschämteste Dokument, das ich je gesehen habe, waren die Reaktionen Cadogans bzw. seines Privatsekretärs Harvey.[9]

Die Briten hatten auch am 25. August ihren Anteil gegen die Entspannung durch Verstärkung ihres Garantieversprechens vom 31. März 1939 durch Abschluß eines britisch-polnischen Bündnisvertrages geleistet. Hitler habe das als eine Ohrfeige empfunden.[10]

Wenn es zu Verhandlungen kommen sollte, dann nach britischer Auffassung, nicht über die grundlegende Danzigfrage, dann allenfalls über Minderheitenfragen. Aber auch auf diesem Gebiet sollte nicht zuweit gegangen werden.

Die Polen zu drängen, Konzessionen zu machen, wäre verhängnisvoll, hatte Chamberlain ausgeführt.[11] Als die Deutschen forderten, einen polnischen Bevollmächtigten zu Verhandlungen nach Berlin zu schicken, hatten die Franzosen prompt reagiert und Beck geraten, sofort nach Berlin zu fahren. Die Briten ließen es gänzlich an einem solchen Rat fehlen. Die britische Regierung hoffte lediglich, daß die Polen in sofortige Verhandlungen mit Hitler eintreten würden. Aber diese nichtssagende Hoffnung machten sie zunichte durch die immer wiederholte Erklärung, sie würden zu ihrer Verpflichtung stehen.

Die Briten wollten nicht. Bezeichnend für ihr Nichtwollen ist Kirkpatricks Äußerung, daß er keinen Grund für einen polnischen Besuch in Berlin sähe. Kein "zweites München" war das entscheidende Wort, das die britische Außenpolitik von 1939 bestimmte. Der britische Historiker Charmley hat prägnant der britischen Situation Ausdruck gegeben.[12]

Der Schatten vom letzten September hing über allen Versuchen der Polen in ihren Verhandlungen mit Deutschland, stellt Charmley fest. Und er zitiert Kirkpatrick, der meinte, daß jeder Versuch, die Polen zu zwingen, versöhnlich zu sein, sie veranlassen würde, anzunehmen, daß wir ein neues "München" auf ihre Kosten vorbereiteten.[13]

Makins ergänzte Kirkpatrick mit der Bemerkung, daß es besser sein würde, in dieser Frage die Polen ihre Sache selbst erledigen zu lassen. Charmley faßt diese Haltung des Foreign Office zusammen. Noch ein "München" mußte auf alle Fälle vermieden werden. Selbst wenn es tatsächlich bedeuten würde, die Entscheidung über Krieg und Frieden Oberst Beck zu überlassen.[14]

Aster zitiert den britischen Verteidigungsminister, Sir Thomas Inskipp, der den Einfluß Münchens beschrieb. Es gibt im Kabinett einige Leute, die die Geister von München in jedem Satz sehen, der von Deutschland kommt.[15]

Nun war diese ablehnende, "München" für alles Negative verantwortlich machende Haltung, nicht von Anfang an bestimmend.

Es muß in Erinnerung gebracht werden, daß schon vor "München" die Aufnahme der Ankündigung Chamberlains im Unterhaus, daß Hitler zugestimmt hatte, die deutsche Mobilmachung zu stoppen und eine Konferenz stattfinden zu lassen, mit Begeisterung aufgenommen worden war. Charmley schreibt, daß sich das ganze Haus erhoben, gejubelt und Zustimmung geschrieen hatte.[16]

Bei der Rückkehr Chamberlains von München spielten sich ähnliche Szenen ab. Die Menge wurde rasend vor Erleichterung und vergaß (nach englischer Auffassung), zu welchem Preis der Friede erkauft worden war.[17]

Die Mehrheit der englischen Politiker soll vor München durchaus der Politik eines Ausgleichs zugestimmt haben. Selbst Churchill soll nach Aussagen von Charmley nicht gegen die einen Ausgleich suchende Runciman-Mission opponiert haben und in seiner Unterhaltung mit Albert Forster, "The Nazileader von Danzig" soll er eine Sprache gebraucht haben, die auch die von Sir Nevile Henderson hätte gewesen sein können, meint Charmley.[18]

So soll er ihm gesagt haben, daß die meisten Menschen einer allmählichen friedlichen Vermehrung deutschen Einflusses im Donauraum sich nicht widersetzen würde. Nach Charmley hat Churchill sich nicht für die Integrität der Tschechoslowakei eingesetzt und sei empfänglich gewesen für das Selbstbestimmungsrecht der Sudetendeutschen.

Die Bereitschaft, die Sudetengebiete abzutreten, war groß. Runciman berichtete dem Kabinett am 17. September 1938, daß die Tschechoslowakei nicht in ihrem derzeitigen Bestand bestehen könnte. Chamberlain entwickelte einen Plan, nach dem Briten und Franzosen die Tschechen ermutigen sollten, jene Gebiete abzutreten, die Hitler gewünscht hatte. Natürlich gab es Widerstände auf britischer Seite. Aber wenn die "Rebellen" bedrängt wurden, alternative Politik darzustellen, hatten sie keine.

Wer war nach Chamberlains großer Rede im Unterhaus am 28. September sitzen geblieben und wer hatte durch Aufstehen seiner begeisterten Zustimmung Ausdruck gegeben? Ob Churchill sitzen geblieben war, ist in der Literatur eine umstrittene Frage. Ganz gleich, wie sie in der Geschichte endgültig beantwortet werden wird, für uns ist wichtig, daß sie überhaupt gestellt werden konnte, daß es nicht eindeutig klar war, daß Churchill zu den Ablehnenden gehört hatte. Churchill selbst sagt in seinen Memoiren nichts darüber aus. Charmley vergleicht Churchill mit Eden. Der habe zu Lügen gegriffen. In seinen Memoiren habe Churchill feinere Praktiken angewandt, wenn die Wahrheit nicht zu seiner Geschichtsauffassung paßte.[19]

Wir haben im Zusammenhang dieses Buches nicht zu untersuchen, welche Version über das Verhalten Churchills die Richtige ist. Es genügt die Feststellung, daß weit in die Reihen der Konservativen hinein die positive Meinung über die Bedeutung der Münchener Konferenz Zustimmung gefunden hatte. Nicht nur bei denen, die später ihre Zustimmung damit rechtfertigten, daß England durch "München" ein Jahr Zeit zur Verstärkung seiner Rüstung gefunden hatte, was angesichts der Ereignisse vom Sommer 1940 besonders wichtig war.[20] Wie auch immer Churchills Verhalten einmal endgültig beurteilt werden wird, Churchill hat bei der endgültigen Abstimmung am 6. Oktober nicht gegen die Regierung gestimmt, wie Charmley feststellt.[21]

2. "Lebt der polnische Botschafter noch, oder ist er tot?"

Am 8. August 1939 schickte Henderson an Cadogan einen handschriftlichen persönlichen Brief.[21] Er berichtete über eine Unterredung mit Weizsäcker. Die Unterhaltung über Polen sei etwas scharf gewesen, und Weizsäcker habe sarkastisch gefragt: "Is the Polish Ambassador alive or dead, or is he no longer in Berlin?" Um Falschinterpretationen zu vermeiden, hatte Henderson sich nicht selbst an Lipski wenden wollen, sondern den belgischen Botschafter gebeten, Lipski aufzusuchen und die Worte Weizsäckers zu wiederholen.

Er habe Anweisung von seiner Regierung, jegliche Kontakte mit den Deutschen zu vermeiden, sei die Erklärung Lipskis gewesen. Zu dumm, um geeignete Worte dafür zu finden, sei eine solche Haltung, war Hendersons Urteil. Und dann folgte eine sehr interessante Bemerkung. Er sei sich jedoch nicht sicher, ob seine

Regierung über diese polnische Politik, in Zeiten der Hochspannung keine Gespräche mit dem Gegner zu führen, genauso denke wie er.

Zwei Tage später telegrafierte er an Halifax.[22] Der unglückselige Notenwechsel der letzten Tage und seine unerwünschte Form seien eine Folge des monatelangen kontaktlosen Zustandes zwischen Berlin und Warschau. Daran hätte in dem eine Woche zurückliegenden Gespräch sicherlich auch Weizsäcker gedacht.

In der Kabinettssitzung vom 26. August trug Henderson vor, daß der polnische Botschafter seit vier Monaten keinen Vertreter der deutschen Regierung gesehen habe.[23] Er, Henderson, habe ihm oft geraten, deutsche Vertreter aufzusuchen, aber Lipski habe geantwortet, er habe nichts zu sagen.

Dabei war die Notwendigkeit deutsch-polnischer Gespräche so dringend wie nie zuvor. Die deutsche Seite stand auf dem Standpunkt, ihre Vorschläge im März gemacht zu haben. Da sie von den Polen abgelehnt worden seien, sei es Sache der Polen, das Gespräch wieder aufzunehmen.

Die Polen aber wollten nicht. Als Henderson Lipski am 14. August auf die Bemerkung Weizsäckers hinwies, daß er keinerlei Kontakt zu ihm habe, antwortete Lipski, daß die deutsche Seite Forderungen stelle.[24] Er stehe immer zur Verfügung der deutschen Regierung, wenn sie ihm etwas mitzuteilen habe. Seinerseits sei die Linie der polnischen Regierung genau umgrenzt.

Auch gegenüber Weizsäcker wies Henderson auf die Notwendigkeit deutsch-polnischer Verhandlungen hin. Weizsäcker entgegnete,[25] daß Beck in seiner letzten Parlamentsrede[26] sich wie ein Pascha auf den Thron gesetzt habe mit der Erklärung, wenn Deutschland sich den polnischen Prinzipien anpasse, so sei er bereit, in diesem Rahmen Vorschläge (gnädig) entgegenzunehmen. Außerdem habe die polnische Regierung ja vorige Woche erklärt, daß jede deutsche Initiative auf Kosten polnischer Ansprüche als eine Angriffshandlung anzusehen sei. Er sehe deshalb keinen Raum für eine deutsche Initiative. Völlig passiv geblieben war die deutsche Seite jedoch nicht. Am 11. August hatte Göring Botschafter Lipski für den Herbst eine Jagdeinladung geschickt.

Es ist nicht anzunehmen, daß die Einladung nur den jagdsportlichen Interessen Lipskis gegolten hatte; sie sollte zweifellos Gelegenheit zu einem Gespräch geben. Daß auch Hitler mit den Polen ins Gespräch kommen wollte, geht aus einem Bericht Hendersons an Halifax vom 23. August hervor.[27] Von der Wiederherstellung des deutsch-polnischen Direktkontaktes hänge alles ab, hatten die Italiener in den Augustbesprechungen als Hitlers Auffassung erfahren. Wenn die polnische Regierung von sich hören lasse, werde der in Berlin weilende Warschauer deutsche Botschafter dorthin zurückkehren. Wenn bis zum Ende der Woche nichts geschehe, werde Hitler zur direkten Aktion schreiten.

Das war eine Alarmmeldung, die die britische Regierung zu höchster Aktivität hätte veranlassen müssen. Wie aber war ihre Reaktion?

Cadogan versah diese Mitteilung Hendersons mit einem handschriftlichen Vermerk, aus dem die Meinung des Foreign Office zu ersehen ist. "Ich habe das Berlin-Telegramm mit Mr. Strang und Mr. Makins erörtert ...Wir denken , es genügt , wenn wir Beck jetzt über diese Nachricht aus Berlin informieren... Beck muß selbst seine Schlüsse ziehen. Starken Druck in diesem besonderen Zeitpunkt auf Beck auszuüben, würde nur Veranlassung zu Verdacht und Beunruhigung geben. Ich meine, die Information selbst und die Tatsache, daß wir sie ihm mitteilen, wird ja Druck genug für Beck sein. Ich bezweifle, ob weitere Argumentation noch sehr viel hinzufügen würde."

Das Ergebnis dieser Überlegungen war dann ein Telegramm, das noch am 22. August an Kennard hinausging, in dem er angewiesen wurde, Beck den Inhalt dieser Information zu übermitteln.[28] Beck möge überlegen, ob er nicht ihren Wert testen könne, was die polnische Position nicht präjudizieren würde. Weniger ging nun wirklich nicht, kann man nur hinzufügen. Aber die deutschen Zeitgeschichtler sind immer noch der Auffassung, die Briten hätten Druck auf die Polen ausgeübt.

Wenn nun aber die britische Regierung sich nicht völlig dem berechtigten Vorwurf aussetzen wollte, nichts für die Entspannung getan zu haben, wurde es jetzt höchste Zeit, vermittelnd einzugreifen und den abgerissenen deutsch-polnischen Kontakt wiederherzustellen. Henderson hatte ja schon im Gespräch mit Weizsäcker am 15. August gemeint, daß die britische Regierung dazu den Anstoß geben könnte. Und Halifax war sich durchaus darüber im klaren, daß keine Seite bereit war, den ersten Schritt in dieser Richtung zu tun.[29]

Am 23. August schickte er ein weiteres lahmes Telegramm an Kennard.[30] Die Ansicht verbreite sich, es sei wichtig, daß die polnische Regierung Anstrengungen unternehmen solle, direkten Kontakt mit der deutschen Regierung wiederherzustellen. Kennard solle in diesem Sinne mit dem Außenminister sprechen. Aber wieder war von ernsthaften Verhandlungen nicht die Rede; man wollte sehen, welche Reaktion ein solcher Schritt hervorrufen würde.

Noch am selben Tag antwortete Kennard. Er habe mit Beck gesprochen.[31] Lipski habe eine Jagdeinladung von Göring erhalten. Das müsse gewissermaßen genügen, kann man ergänzen. Wenn er zur Zeit irgendwelche andere Kontaktmöglichkeiten mit der deutschen Regierung anstrebe, werde das als ein Zeichen von Schwäche ausgelegt werden, besonders angesichts des bevorstehenden Vertragsabschlusses zwischen dem Deutschen Reich und der UdSSR.

Nachdem ein Gespräch Görings mit Lipski am 24. August nichts Wesentliches erbracht hatte, wurde jetzt Beck aktiv. Lipski wurde angewiesen, um ein Gespräch mit Weizsäcker nachzusuchen, teilte Kennard dem Foreign Office mit.[32] Da aber Weizsäcker nicht in Berlin war, kam es nicht zu einem Treffen zwischen ihm und Lipski. Nun hatte sich aber bereits von zwei Seiten Widerspruch gegen diese Begegnung erhoben. Weizsäcker sei gewissermaßen eine Nummer zu klein, war der Kern eines Einwandes.[33] Mindestens Ribbentrop, noch besser Hitler müsse Lipskis Gesprächspartner sein, war Hendersons Meinung. Ich sehe persönlich keine Hoffnung, Krieg zu vermeiden, wenn nicht der polnische Botschafter angewiesen wird, noch heute, spätestens morgen, um ein Gespräch mit Hitler nachzusuchen, telegrafierte er am 24. August an Halifax.[34]

Bloßer Kontakt zwischen dem polnischen Botschafter und dem Staatssekretär sei unzureichend und stehe in gar keinem Verhältnis zu der Schwere der auf dem Spiel stehenden Probleme, war Mussolinis richtiger Einwand. Er hielt ein Treffen von Beck und Ribbentrop oder etwas Gleichwertiges für erforderlich.[35] Sofort erhob sich scharfer Widerspruch. Wieder war es Kennard, der sich gegen den Vorschlag eines Gespräches Lipski/Hitler wandte. Eine solche Unterredung werde als Zeichen der Schwäche ausgelegt und wirke zu sehr wie Canossa.[36] Die deutsche Taktik ziele derzeit auf ein fait accompli in Danzig. Eine solche Annäherung würde gerade das Ultimatum provozieren, das vermieden werden sollte.

Und wieder zeigt uns eine diesmal mit Maschine geschriebene Stellungnahme von Makins, wie sehr das Foreign Office den von Kennard vertretenen Standpunkt stützte. Ich stimme mit Sir Kennards Ansicht überein, daß die Deutschen jetzt einen kalten Krieg über Danzig begonnen haben, begann seine zustimmende Stellungnahme.

Angesichts dieser Ablehnung durch das Foreign Office darf es nicht verwundern, daß zunächst nichts weiter geschah, um deutsch-polnische Kontakte herzustellen.

Die polnische Bereitschaft zu Gesprächen wuchs auch nicht in den letzten Augusttagen, als die Dinge mit dem deutsch-englischen Notenwechsel, besonders mit dem deutschen Angebot vom 25. August an England einen Höhepunkt erreichten. Die polnische Seite schien weiterhin uninteressiert, Lipski blieb unsichtbar.

Die Franzosen, Amerikaner und der Italiener (letzterer auf Anweisung von Ciano) sind an meiner Türschwelle seit meiner Rückkehr,[37] aber kein Zeichen vom polnischen Botschafter, obwohl ich auf gutem Fuße mit ihm bin, telegrafierte Henderson am 29. August an Halifax. Und es klingt etwas verärgert und vorwurfsvoll, wenn er fortfährt, auch Polen muß seinen Beitrag zum Weltfrieden leisten. Und es liegt mehr in Polens Interesse als in dem eines jeden anderen Landes, so gründlich wie nur irgend möglich Spannungsursachen zwischen ihm selbst und seinem mächtigen Nachbarn zu beseitigen.

Am 31. August berichtete Henderson an Halifax über seine

Versuche, den polnischen Botschafter zu veranlassen, mit seinem Außenminister zu telefonieren und um die Erlaubnis zu bitten, Ribbentrop anzurufen, um die deutschen Vorschläge zu erfahren und sie dann an seine Regierung weiterzugeben.[38]

Lipski versprach zu telefonieren. Aber Henderson bezweifelte, ob er das tun würde. Lipski sei so schwerfällig oder durch Instruktionen seiner Regierung behindert.

In einem "minute" vom 31. August hielt Cadogan einen Bericht Wilsons an den Premierminister über ein dramatisch verlaufendes Telefongespräch fest.[39] Henderson, Sir Ogilvie-Forbes und Dahlerus hatten den polnischen Botschafter aufgesucht, um ihm die deutschen 16 Punkte mitzuteilen, deren Annahme Lipski verweigerte. Dahlerus suchte nunmehr telefonisch mehrfach Wilson klarzumachen, daß nach deutscher Auffassung, die voll berechtigt zu sein schien, die Polen alle Verhandlungsmöglichkeiten vereitelten. Das war eine Beurteilung der polnischen Haltung, die Wilson nicht zu billigen schien. Er beendete das Gespräch abrupt durch Auflegen des Hörers.

Und schließlich zeigt das Verhalten der polnischen Regierung am 31. August , daß sie nicht zu Verhandlungen bereit war. Sie hatte sich zwar nach langem Zögern bereit erklärt, den polnischen Botschafter zu Ribbentrop zu schicken, ihm aber strenge Weisungen erteilt, die deutschen Vorschläge nicht entgegenzunehmen und sich auf keine Verhandlungen einzulassen. Die entsprechende Weisung war von Görings Forschungsamt abgehört worden. Hitler zog die Konsequenzen daraus und erteilte den endgültigen Angriffsbefehl.

Die Polen, nicht die Briten, lösten den Krieg aus, indem sie sich in elfter Stunde weigerten, einen Bevollmächtigten nach Berlin zu senden, um über die sofortige Übergabe Danzigs und des Korridors mit Hitler zu verhandeln.[40] Lamb geht am weitesten mit dieser Feststellung, verfolgt er doch damit noch einen weiteren Zweck, den Freispruch seiner Landsleute, an der Spitze sein Friedensheld Chamberlain. Dessen angeblicher Friedenswille hatte es ihm besonders angetan. Chamberlain und Halifax waren nach seiner Auffassung nach Kriegsbeginn noch bemüht, sich mit Hitler zu einigen, vorausgesetzt, der Rest Polens bleibe unversehrt. Aber das Unterhaus machte nicht mit.[41]

Daß sie "anxious" bemüht oder besorgt waren, "to come to terms with Hitler" ist gelinde gesagt, sehr übertrieben.

Mit seiner Schuldzuweisung an die Polen steht Lamb nicht allein da. Der US-Botschafter Kennedy berichtet an den Secretary of State am 30. August 1939 über ein Gespräch mit dem britischen Premierminister, der sähe große Schwierigkeiten voraus. Er sei mehr beunruhigt darüber, die Polen zur Vernunft zu bringen als die Deutschen. Es gäbe in England eine große öffentliche Meinung, wahrscheinlich von Eden und Churchill angeführt, die den Polen einredete, nicht nachzugeben. Das bedeute natürlich Krieg.[42]

Letztlich entscheidend für Hitlers Entschluß zum Krieg war das von Görings Forschungsamt entschlüsselte Telegramm für Lipski aus Warschau, indem dieser angewiesen wurde, sich unter keinen Umständen in Gespräche mit Deutschland einzulassen.[43] Die kriegsentscheidende Bedeutung dieses Telegramms ist erheblich. Hier war der Beweis für die deutsche Regierung von Polens Verzögerungstaktik. Das ist nicht nur von Lamb gesehen worden, auch andere waren zu der Überzeugung gekommen, daß die Polen nicht ernstlich verhandeln wollten.

Andere, vor allem deutsche Historiker, unter ihnen Fest, unterschlagen diese für die letzte Entscheidung Hitlers wichtige Tatsache. Fest weiß nur von einem telegraphischen Zwischenbescheid zu berichten, "den Beck um 12.40 Uhr seinem Botschafter in Berlin gab, ein Dokument der Ratlosigkeit."[44] Von einem für Hitlers Kriegsentscheidung wichtigen Verhandlungsverbot erfahren wir nichts. Das dürfen die Deutschen nicht erfahren. Fest hält statt dessen eine Nebensächlichkeit für bemerkenswert, den Zeitvermerk. Denn zur selben Minute unterschrieb Hitler die Weisung Nr. 1 für die Kriegführung.

Auch an der Tatsache, daß die Briten an der Ablehnung beteiligt waren, kann nicht vorbeigegangen werden. Henderson hatte Halifax auf die Bedeutung und Notwendigkeit der Kontaktaufnahme hingewiesen. Halifax hatte es abgelehnt, den Polen einen entsprechenden Rat zu geben.[45]

Wie wenig Bereitschaft auf polnischer Seite vorhanden war, auf Verhandlungen einzugehen, zeigt auch die folgende Episode. Der unermüdliche Henderson schickte am 31. August vormittags seinen Vertreter Ogilvie-Forbes und Dahlerus in die polnische Botschaft. Dahlerus las laut die strittigen 16 Punkte vor und erklärte sie als eine vernünftige Grundlage für eine ehrenvolle Regelung. Lipskis Reaktion war gänzlich negativ. Für ihn war das Ganze eine Falle, ein Bruch der polnischen Souveränität. Es wäre für Beck oder einen anderen polnischen Vertreter verhängnisvoll, nach Berlin zu gehen. Es gelte, fest zu bleiben und eine geschlossene Front zu bilden. Sollte Polen von seinen Verbündeten verlassen werden, sei es darauf eingestellt, zu kämpfen und allein zu sterben.[46]

Am 30. August fiel eine wichtige Entscheidung, die Polen mobilisierten, gegen den Rat des britischen Botschafters. Frankreich riet Beck, sofort nach Berlin zu gehen. Das hätte die Aufnahme von Verhandlungen bedeutet und wahrscheinlich den Krieg vermieden. Und wie verhielt sich der Verbündete Polens, Großbritannien? Lamb weiß von einem solchen Rat nicht zu berichten. Er bescheinigt der britischen Regierung Untätigkeit, denn sie hoffte lediglich, daß Polen in sofortige Verhandlungen mit Hitler eintreten würde. Diese schwache Hoffnung wurde jedoch aufgehoben - sofern sie den Polen überhaupt mitgeteilt wurde - durch die Mitteilung, die die britische Regierung erneut wiederholte, daß sie zu ihrer Verpflichtung stehen würde.[47]

Das konnte nur bedeuten, daß Beck in seiner Absicht bestärkt wurde, nicht nach Berlin zu gehen.

Das Nichterscheinen des polnischen Bevollmächtigen und die dadurch bewirkte Verhinderung von deutsch-polnischen Verhandlungen, die eine friedliche Lösung des Danzigkonfliktes herbeigeführt hätten, führte zu Hitlers Entscheidung zum Krieg. Lamb kommt zu der Feststellung, daß nicht die Briten, sondern die Polen den Krieg ausgelöst hätten, weil sie sich geweigert hätten, einen Bevollmächtigen zu schicken.[48]

Damit hat Lamb seine Landsleute von der Schuld am Kriegsausbruch befreit. Aber nur scheinbar. Denn hinter den Kulissen lag ihre Tätigkeit bzw. Untätigkeit. Sie hatten es unterlassen, auf die Polen einzuwirken, einen Bevollmächtigten zu entsenden. Im Gegenteil. Auf der Kabinettsitzung vom 24. August hatte Chamberlain ausgeführt, daß es verhängnisvoll sein würde, die Polen zu drängen, Konzessionen zu machen. Das Kabinett stimmte zu, daß nichts getan werden sollte, den Gedanken an Verhandlungen mit Deutschland den Polen aufzudrängen.[49]

Lamb ist aber nicht ganz korrekt in der Wiedergabe des Sachverhaltes. Er erweckt den Eindruck, als ob keine echten Verhandlungen mit dem polnischen Bevollmächtigten stattfinden sollten, wenn er schreibt, daß er die sofortige Übergabe Danzigs und des Korridors verhandeln sollte. Also angeblich ähnlich wie 1938 Hacha vor vollendete Tatsachen gestellt wurde.

Die Gefahr, daß der polnische Bevollmächtige in Berlin einem Diktat Hitlers ausgesetzt werden würde, bestand nicht, wie mehrfach behauptet wird. In der Übermittlung der 16 Punkte an die deutschen Botschaften ist zweimal vom "Vorschlag" die Rede. Das kann nur bedeuten, daß es sich von deutscher Seite aus nicht um unabdingbare Forderungen gehandelt hatte. Halifax hat diesen Eindruck bestätigt.[50]

Verläßliche Informationen aus Berlin geben uns Anlaß zu der Vermutung, daß die territorialen Forderungen nicht Hitlers letztes Wort darstellen, telegraphierte er am 30. August schon um 19 Uhr an Kennard. Und die Herausgeber der British Documents verweisen in einer Anmerkung zu "last word" auf die Notiz eines Telefongespräches zwischen Dahlerus und Göring, in dem Göring auf Halifax' Zweifel ausdrücklich versichert hatte, Hitler entwerfe seine Vorschläge als "Diskussionsgrundlage". Hatte Hitler nicht außerdem um die Entsendung von zwei deutsch sprechenden Engländern gebeten, mit denen er über seine Vorschläge diskutieren wollte?[51]

XIV. Die Rüstungslasten zwingen zum Handeln

Es wird vielfach behauptet, die durch die deutsche Rüstung angespannte Finanz- und Rüstungslage habe Hitler zum Krieg gezwungen. Es wird bei dieser Beurteilung nicht berücksichtigt, daß Hitlers Rüstungsplanung bis 1942/43 reichte und er 1939 nicht gezwungen war, aus finanziellen Gründen den Krieg zu beginnen. Anders war die Situation auf der Gegenseite, die im allgemeinen nicht beachtet wird.

Für die britische Seite hat Charmley festgestellt, daß die britischen Rüstungsanstrengungen 1939 ihren Höhepunkt erreicht haben sollten, und daß das Land nicht in der Lage gewesen wäre, die Rüstungslast sehr viel länger ohne Schwierigkeiten zu ertragen. Ein Grund also für die britische Politik, 1939 eine Entscheidung zu suchen.[1]

Die Polen litten unter den Lasten ihrer Teilmobilmachung vom März 1939. Prazmowska hat den dadurch entstandenen Zwang zum Handeln beschrieben. Unter einigen führenden polnischen Militärs und Politikern bestand die Auffassung, daß man Deutschland frühzeitig herausfordern solle, da die finanzielle Last der Teilmobilmachung vom März 1939 beträchtlich war. Zudem unterschätzte man die deutsche militärische Stärke.[2]

Die polnische Angriffsentschlossenheit war beim Warschauer Besuch des Generals Ironside zum Ausdruck gekommen, einen Beschluß des Danziger Senats sich dem Reich anzuschließen, würde man nicht dulden.[3]

Wenn Hitler, wie immer behauptet wird, unbedingt den Krieg haben wollte, hätte er nur dem Danziger Senat eine entsprechende Weisung zu erteilen brauchen, einen Anschlußbeschluß herbeizuführen. Dieser erfolgte zwar am 23. August 1939, ohne daß Beck seine Ankündigung, daß das den casus belli bedeuten würde, wahr machte.

XV. Der deutsche Widerstand
in britischer Sicht

Der deutsche Widerstand bekommt auch durch Lamb die Tatsache bestätigt, daß die britische Regierung mit Verhandlungen mit Widerstandskämpfern nichts im Sinne hatte.

White Hall zeigte jenen demokratischen Deutschen die kalte Schulter, die 1938, vor München, nicht weit davon entfernt waren, Hitler zu stürzen, schreibt er.

Sogar nach dem Stauffenberg-Attentat sei England nicht bereit gewesen, den Hitler-Gegnern Friedensbedingungen anzubieten. Und in einem Wheeler-Bennett-Memorandum für das Foreign Office hieß es, "daß die Alliierten mit einem lebenden Hitler besser dran seien als mit einem toten" und daß es keine "guten" Deutschen gäbe. "Leider wurde Wheeler-Bennets Ansicht von Churchill, Eden und dem Foreign Office akzeptiert."

Warum die kriegsverlängernde und zahllose Opfer erfordernde Forderung nach bedingungsloser Kapitulation? Eine mögliche Antwort mag Lambs Feststellung sein, daß das Ziel der britischen Regierung darin bestanden habe, die deutsche Armee im Felde zu vernichten, "damit der Mythos von der deutschen Unbesiegbarkeit nie wieder aufleben könne".

Und Lamb gibt zu, daß "zahlreiche Menschenleben in den alliierten Streitkräften und unter der Zivilbevölkerung der von Deutschland besetzten Länder (die deutschen Opfer interessieren ihn nicht) am Leben wären, wenn man den Krieg 1944 durch Verhandlungen mit den "guten" Deutschen beendet hätte. Das hätte auch ein Ende der "Ausrottung der Juden" und der umfassenden "Deportationen der Sklavenarbeiter" bedeutet. Über beide Maßnahmen sei die britische Regierung unterrichtet gewesen. Sie sei der Meinung gewesen, daß es besser sei, den Krieg fortzusetzen, als einen Frieden mit den "guten" Deutschen anzustreben. Dann kommt eine folgenschwere Erkenntnis.

Wenn Großbritannien und die USA die Formel von der bedingungslosen Kapitulation aufgegeben hätten, und einem von Hitler befreiten Deutschland eine vernünftige Behandlung zugesagt hätten, wäre ein Friede möglich gewesen.

XVI. Bemerkenswerte Aussprüche britischer Politiker

Chamberlain:

The Prime Minister was uneasy that he could not obtain informations about the negotiations a distateful explanation was that the Poles were in fact giving way to the Germans.

PRO CAB 23/98

By reason if possible - by force if not.

That agreement has now been found impossible and in changed circumstances His Majesty's Government are not accordingly prepared to hold themselves bound indefinitely by what they were prepared to accept as transitory obligation.

PRO FO 371/22991

Where peace and war are concerned legal obligations are not alone involved... the inexorable pressure of facts might well prove more powerful than formal pronouncements.

"...makes it impossible for me to enter into conversations with the Germans on any subject."

(Chamberlain an seine Schwester Ida am 12. Febr. 1939, nach Charmley, 193

It may be true as the Foreign Office says... that the menace from Germany has perceptibly receded, but it does not seem to me to have disappeared so completely as to warrant our disregarding her all together.

Charmley, 23

Even on the assumption that we did not quarrel with Germany, Chamberlain thought that she remained our greatest potential danger and that we should give first priority to defensive preparations against her.

BD XIX

Force is the only language which Germany understands.

Charmley, 63

Über Hitler an seine Schwester:
Here was a man who could be relied upon when he had given his word.

Vor dem Kabinett:
The commonest little dog he had ever seen.

Inskip Diary, by Lamb, 80

To push the Poles to make concessions would be disastrous.

Halifax:

Wir können der polnischen Regierung nicht raten, dieses Verfahren (deutsch-polnische Direktverhandlungen) anzuwenden.

I have the impression, that Hitler was still undecided and anxious to avoid war.

Negotiations are not possible at the moment.

Kabinett:

Cabinet chose to believe that Hitler proposed to put the Danzig issue into the cold storage.

Strang (Foreign Office):

The truth is that there is a fundamental irreconcilibality between German and British Policy.

378

Cooper:

Nazi Germany was the most formidable power that had ever dominated Europe.

Roberts (Foreign Office):

We know definitely that Göring did not want war.

Mr. Jebb has informed us that Sir A. Cadogan spoke to the P.M., who seems satisfied that Herr Hitler's speech hardly represented a "sign".

It ist probably impossible at this hour for any British Cabinet Minister to take any step that would appear to be a satisfaction of German ambitions at the expense of Poland; on the other hand, such a sept may be the only thing that can avert war. This is our terrible dilemma.   Strang

It is of course unreasonable to expect that we can produce a Polish representative in Berlin today and the German Government must not expect this. So out rageous was Hitler's demand that it was not even forwarded to Warsaw until twenty-four hours later.

Im britisch-polnischen Beistandsvertrag von 1939 steht im geheimen Zusatzprotokoll, daß die Verpflichtung Großbritanniens im Kriegsfall auf einen Krieg mit Deutschland beschränkt war.

Es wurde auch die Ansicht vorgebracht, daß die deutschen Forderungen in Bezug auf Danzig nicht über das hinausgingen, was wir selbst als eine vernünftige Lösung angesehen hatten.

The existing situation is from every point of view unpleasant and dangerous. Partial mobilisation is putting a great strain on Polish finances and yet no one could recommend any relaxion of the vigilant and determined attitude which this state of preparedness typifies.

In the second place... the present state is a battle of nerves... one cannot contemplate with equanimity the indefinite continuance of this tension.

In der Sitzung vom 22. August ist auch über die Entsendung des Generals Ironside gesprochen worden, der auch von Hitler als Gesprächspartner vorgeschlagen war. Er wurde als ungeeignet abgelehnt, da er nicht kompetent genug sei für die schwierigen Fragen, die erörtert werden würden.

Butlar kept Halifax supplied with information which supported Hendersons line that Hitler was unlikely to risk his life's work on the throw of the dice of war, unless he felt encircled.

Kennard:

It is supreme British interest that the Polish bulwark of civilisation between Nazism and Bolshevism should be morally and materially sustained and that nothing be done to weaken existing confidence in herself and her allies.

Anmerkungen

Gebrauchte Abkürzungen

AP = Akten zur Deutschen Auswärtigen Politik (ADAP) Serie D.
BD = British Documents on Foreign Policy. Wenn nichts anderes angegeben, handelt es sich um die Third series. Wenn die Second series herangezogen wurde, ist es besonders angegeben.
PRO = Public Record Office. Es handelt sich um unveröffentlichte Akten aus dem Britischen Staatsarchiv.
  PRO PREM = Akten des Prime Minister
  PRO CAB = Conclusions der Kabinettssitzungen
  PRO FO = Akten des Foreign Office
FRUS = Foreign Relations of the USA

Anmerkungen zum Kapilel I. - S. 15 - 41

1 Disraeli, Benjamin, Earl of Beaconsfield, 1804-1881. Führer der Konservativen Partei Großbritanniens, 1868 und 1874-1881 Premierminister.

2 Palmerston, Henry John Temple, 1784-1865. Langjähriger britischer Außenminister, 859-1865 britischer Premierminister.

3 S. auch Hinweise in Hillgruber, Andreas, Die gescheiterte Großmacht, Düsseldorf 1980.

4 Churchill im März 1936 im Unterhaus: 400 Jahre sei es die Leitlinie der britischen Politik gewesen, der stärksten Macht in Europa entgegenzutreten.

5 Grimm, Hans, Warum - Woher - aber Wohin? Klosterhaus Verlag Lippoldsberg 1954, 4. und 5. Brief.

6 Crowe, Sir Eyre, 1864-1925. Under-Secretary und Permanent Under-Secretary im Foreign Office. Literatur: Memorandum Sir Eyre Crowes. In: Konferenzen und Verträge Teil II (Verlag Ploetz), Bielefeld 1953. S. 230 ff. British Documents on the Origins of the War 1898-1914, Vol. III, London 1928. Appendix A Memorandum by Mr. Eyre Crowe, p. 397 ff.
Es ist bezeichnend für den Erkenntnisstand der deutschen Historiker, daß in dem für die Vorgeschichte des Ersten Weltkrieges wichtigen und von der großen Mehrheit der deutschen Historiker aufgenommenen Buch von Fritz Fischer "Griff nach der Weltmacht", der Name Crowe nur in zwei Fußnoten und in einer unwichtigen Textstelle genannt wird. Sein wichtiges Memo wird überhaupt nicht erwähnt. Der von Crowe formulierte Grundsatz hat mehr oder weniger deutlich die britische Politik gegenüber Deutschland bestimmt, dem wilhelminischen wie dem hitlerischen. Der parlamentarische Unterstaatssekretär im Foreign Office, Butler, sprach von dem "Eyre

Crowe view of the balance of power and the German menace". Butler nennt im Zusammenhang mit dem britischen Politiker Duff Cooper und Paul Emrys Evans, daß sie erfüllt (imbued with) waren von der Auffassung Eyre Crowes von dem Gleichgewicht der Mächte und der deutschen Gefahr.

7 Vansittart, Sir Robert Gilbert, Baron seit 1941, 1881-1957, Permanent Under-Secretary im Foreign Office, 1930-1938

8 Newman, 61, s. Anm. 42

9 Watt, Donald C., Appeasement, in: Niedhart, 306

10 Newman, 115.

11 Cadogan, 163.

12 Aigner, Dietrich. Das Ringen um England, München 1969, 146.

13 Newman, 114 ff.

14 Cadogan, 62.

15 BD II, 665. "Have we or have we not got to fight Germany? The followers of the Crowe tradition in your department argue and have long argued that war is inevitable."

16 Harvey, John, The Diplomatic Diaries of Oliver Harvey 1937-1940, London 1970, 60.

17 ders., 172 ff.

18 ders., 185.

19 Wheeler-Bennet, 681

20 BD V 589

21 Nun war das weiter nicht verwunderlich. Die Vansittarts hatten von 1933 an Verbindung zu den Maiskis.

22 PRO CAB 23/99.

23 PRO FO 371/23661.

24 AP VI; 481

25 BD VII, 455.

26 BD VII, 83.

27 Aigner, 150.

28 AP I, 138.

29 Kettenacker, Lothar, Die Diplomatie der Ohnmacht. Die gescheiterte Friedensstrategie der britischen Regierung vor Ausbruch des Zweiten Weltkrieges. In: Benz/Graml, Sommer 1939. Suttgart 1979, 228.

30 Graml, Hermann, Zur Diskussion über die Schuld am Zweiten Weltkrieg. In: Niedhart, Gottfried, Kriegsbeginn 1939, Darmstadt 1976, 461 ff.

31 Messerschmidt, Alfred. Außenpolitik und Kriegsvorbereitung. In: Das Deutsche Reich und der Zweite Weltkrieg, Bd. I. Herausgegeben vom militärgeschichtlichen Forschungsamt. Stuttgart 1979, 174.

32 Wer Verhandlungsangebote des anderen ausgeschlagen hat, hätte Messerschmidt von Henderson erfahren können. "Much might have been done at far less cost if we had taken Herr Hitlers offer and negotiated after Rhineland re-occupation in 1936. We missed that tide..." BD II, 555. Henderson an Eden am 18.2.38. In einem langen minute formulierte Sargent

eine ablehnende Meinung zu Hendersons Auffassung. Cadogan billigte Sargents Ablehnung.

33 Henke, Josef, England in Hitlers politischem Kalkül 1935-39, Boppard 1975, 115.

Henke hätte sich von britischen Autoren belehren lassen müssen. Newman schreibt über den britischen Autor Medlicott, daß dessen Untersuchung der Kabinettsdokumente des Zeitraumes von 1933-1937 ihn davon überzeugt hätte, daß die Briten nicht bereit waren, wirkliche Veränderungen des Status quo von Osteuropa zuzulassen. (...convinced him that the British were not prepared to allow real changes in the status quo in Eastern Europe).

34 Hildebrand, Klaus, Der Hitler-Stalin-Pakt, Zürich 1980, 14.

35 Hillgruber, Andreas, Deutsche Großmachtpolitik.

36 Hillgruber, Andreas, Zum Kriegsbeginn im September 1939. In: Niedhart, Gottfried, Kriegsbeginn 1939. Darmstadt, 1976, 167.

37 Hofer, Walther, Die Entfesselung des Zweiten Weltkrieges, 4. Aufl. Frankfurt 1964, 49.

38 Hauser, Oswald, England und das Dritte Reich, BD II. Göttingen 1982, 10.

39 ders., 15.

40 ders., 216.

41 Newman, Simon, March 1939. The British Guaranty to Poland. London 1976, 6.

42 "The Implication of these facts is that Hitlers unique responsibility for the Second World War is undermined".

43 "Instead of a German war of aggrandizement, the war becomes one of Anglo-German rivalry for power and influence, the culmination of a struggle for the right to determine the future configuration of Europe".

44 Eden, Anthony, Angesichts der Diktatoren, (Facing the Dictators), Memoiren 1923-1938, Köln-Berlin 1964, 589.

45 ders. 594.

Anmerkungen zum Kapitel II. - S. 42 - 90

1 Jacobsen, H.A., Nationalsozialistische Außenpolitik 1933-38, Frankfurt - Berlin, 1968, 439.

2 Freund, Michael, Vorwort zur deutschen Ausgabe von Taylor, Die Ursprünge des Zweiten Weltkieges, 9.

3 Booms, Hans, Der Ursprung des Zweiten Weltkrieges - Revision oder Expansion. In: Niedhart, G. Kriegsbeginn 1939, 71.

4 Messerschmidt, 637.

5 Hitler, Adolf, Mein Kampf, 3. A., München 1930, Hier: S. I.

6 Fest, Joachim, Hitler, eine Biographie, 3. A., Frankfurt 1973, 753.

7 ders., 753.

8 ders., 754, nach einer Denkschrift von Seiß-Inquart v. 9.9.45, IMT XXXII

3254 PS, 70.

9 Brook-Shepherd, Gordon, Der Anschluß, Graz 1963, 248.

10 AP I, 152.

11 AP I, 153.

12 AP I, 160.

13 Papen, Franz, v., Der Wahrheit eine Gasse, München 1952, 419.

14 Das hatte auch der französische Botschafter in Berlin, François-Poncet, bestätigt. S. Hauser B. II, 280.

15 AP I, 186. Der deutsche Gesandte in Wien an das Auswärtige Amt v. 27.11.1936.

16 AP I, 187.

17 Der österreichische Staatssekretär für die Auswärtigen Angelegenheiten, Guido Schmidt, war im November 1936 zu Besprechungen in Berlin gewesen.

18 AP I, 188.

19 AP I, 247.

20 Gehl, Jürgen, Austria, Germany and the Anschluß, London 1963, 161.

21 AP I, 258.

22 Bullock, Alan, Hitler, eine Studie über Tyrannei, Düsseldorf 1954, 420. Künftig zitiert als Bullock I.

23 Fest, 748.

24 Gehl, 161.

25 AP I, 273.

26 Hauser, 335.

27 Aigner, 326.

28 Aigner, 400, Anm. 46.

29 Hauser, 345.

30 Über die Maikrise liegen gute Arbeiten vor. Der Verfasser verzichtet auf eine eigene ausführliche Darstellung und verweist auf Hauser, Robbins und Braddick.

31 Hauser, 344.

32 AP II, 159.

33 Hesse, Fritz, Das Spiel um Deutschland, 118 ff.

34 Brandes, Detlef, Die Politik des Dritten Reiches gegenüber der Tschechoslowakei. In: Funke, Manfred, Hitler, Deutschland und die Mächte, Düsseldorf 1978, 516.

35 Robbins, 223.

36 Toland, 607.

37 Fest, 760.

38 Michalka, 233.

39 Brügel, ??

40 Wheeler-Bennet, 56.

41 ders., 57.

42 ders., 58, Even there the relentless voices pursuit him.

43 Michalka, 233.

44 Die große Übereinstimmung von Michalka und Henke ist unübersehbar.

45 Henke, 251.

46 AP II, 185.

47 Graml, 468.

48 Freund, Band I, 106.

49 Graml, 468.

50 Wheeler-Bennet, 138, "He was mindful of his basic principle - to achieve the greatest conquest at the lowest costs; he was also keenly conscious of the fact that the threat of force is often as productive of results as the use of force itself, particulary when force ist there to back the threat when necessary.

51 Erdmann, IV, 241.

52 Messerschmidt, 640.

53 Brügel, 373.

54 Messerschmidt, 647.

55 AP II, 133.

56 AP II, 175.

57 AP II, 221.

58 Es muß darauf hingewiesen werden, daß in keiner der Weisungen von Annexion oder Eroberung gesprochen wird. Nur von Zerschlagung, d.h. Auflösung der Tschechoslowakei in ihre Bestandteile ist die Rede.

59 Taylor, 217.

60 Fest, 761.

61 Brügel, 272.

62 AP II, 282.

63 BD II 665, "It stands to reason that Hitler himself must equally be prepared for all eventualities. But from there to say that he has already decided on aggressive action against Czechoslovakia this autumn is, I think, untrue".

64 BD II, 647.

65 BD II, 849.

66 BD II, 590.

67 Brügel, 369.

68 Harvey, 168.

69 Robbins, 269, "Whether Hitler was totally committed to the use of force is still a mystery - perhaps it was also a mystery to Hitler".

70 Bullock, 147.

71 Hofer, Walther, "Entfesselung" oder "Ausbruch" des Zweiten Weltkrieges. In: Niedhart, 498 ff.

72 Robbins, 228.

73 Hitler, 11.

74 Robbins, 214.

75 Mitgeteilt bei Raschhofer, Hermann, Die Sudetenfrage, 167.

76 Taylor, 199.

77 BD II, 590.

78 Freund, Weltgeschichte in Dokumenten, Bd. I-III, Freiburg. Hier: Band I, 4.
79 Bullock, I, 443.
80 Krummacher-Lange, Krieg und Frieden, München 1970, 350.
81 Brügel, Johann Wolfgang, Tschechen und Deutsche 1918-1938, 48.
82 Erdmann, Gebhard.
83 Messerschmidt, 640.
84 Aigner, 326.
85 Celowski, Das Münchener Abkommen 1938, Stgt. 1958
86 Freund, I, 5.
87 ders., Bd. I, 86 und 140.
88 BD II, 672, "No other government in the world but the British could ever have launched such a boat as Runcimans in mid-ocean without any definite sailing orders".
89 Aufzeichnung aus dem Prager Außenministerium, mitgeteilt bei Celowski, 87. Anm. 1
90 BD II, 662.
91 BD II, 661.
92 BD II, 783.
93 Brügel, 444.
94 PRO PREM, 1/266 A.
95 Rönnefahrt, Band I, 499.
96 Wheeler-Bennet, 95, "The strategical value of the Bohemian frontier should not be made the occasion of a world war".
97 Robbins, 259, "Dawson felt that Halifax and Chamberlain agreed with him".
98 Rönnefahrt, 500.
99 Wheeler-Bennet, 95.
100 BD I, 349 + 450.
101 Harvey, 181.
102 BD II, 8.
103 Feiling, 361.
104 BD II, 814.
105 BD II, 847.
106 BD II, 666.
107 Hesse, 118.
108 s. Klüver, Den Sieg verspielt, 39.
109 Zu einer ähnlichen Beurteilung soll während der Godesberger Konferenz das Commitee of Imperial Defence gekommen sein (s. Messerschmidt, 665). Schon innerhalb eines Jahres, glaubte General Ismay, könne Großbritannien die deutschen Aussichten, einen schnellen Erfolg zu erreichen, durchkreuzen.
110 Harvey, 178.
111 ders., 180.
112 ders., 162.

113 Hildebrand, Weltreich, 575.
114 Feiling, 368.
115 Faksimile und Übersetzung.
116 AP II, 583.
117 PRO CAB, 23/95.
118 Erdmann IV, 241.
119 Graml, 374.
120 Diese Feststellung Gramls stimmt nur bedingt. Eine endgültige Grenzfest-
     setzung in den Gebieten, die nicht über eine deutliche deutsche Mehrheit
     verfügten, sollte erst nach dem Plebiszit stattfinden. PRO CAB 23/98.
121 Schmidt, 400.
122 Freund, Band I, 171.
123 BD II, 1038.
124 BD II, 1033.
125 BD II, 1038.
126 PRO PREM, 1/266 A.
127 AP II, 272.
128 BD II, 1033.
129 Harvey, 182.
130 AP II, 489.
131 BD II, 666.
132 BD II, 1038.
133 BD II, 666.
134 PRO CAB, 23/95.
135 BD I, 1118.
136 PRO PREM, 1/266 A.
137 Fest, 765.
138 AP II, 657.
139 BD II, 1140.
140 BD II, 1160.
141 PRO CAB, 23/95.
142 PRO CAB, 23/95.
143 AP IV, 168.
144 AP IV, 61.
145 Krausnick, 228.
146 Henke, 221, Anm. 48.
147 ders., 221.
148 BD IV, 220.
149 BD IV, 474.
150 Freund I, 413 f.
151 In reply to a question whether the representatives of the Czech Government
     had gone to Berlin at the invitation of the German Government the Foreign
     Secretary pointed out that the communiqué published that morning from
     Berlin said that the Czech Government representatives had been received

in Berlin at their own request.
152 "Der Spiegel", 29/1992.
153 Under the guise of agreement with the Czech Government.
154 Henderson, Fehlschlag einer Mission, S. 238.
155 - 159 s. Faksimile Peroutkas Artikel.

Anmerkungen zum Kapitel III. - S. 91 - 112

1 Klüver, Den Sieg verspielt, Kap. I-IV.
2 Henke, 206 f, 211 301.
3 Hillgruber, Die gescheiterte Großmacht, 89 f. / Hildebrand, Außenpolitik, 91.
4 PRO PREM, 1/331 A.
5 Burckhardt, Carl-Jacob, Meine Danziger Mission, dtv, 1962, S. 572.
6 Burckhardt war mit Hitlers Maschine von Danzig abgeflogen. Man mußte damit rechnen, daß das nicht unbemerkt bleiben würde und entsprechende Kombinationen daran geknüpft werden würden. Deshalb ist es unwahrscheinlich, daß Burckhardt von der Indiskretion überrascht sein würde.
7 Natürlich haben sich einige Historiker Gedanken über den merkwürdigen Weg dieses "allermerkwürdigsten Ausspruchs" gemacht. So weiß Hildebrand zu berichten, Burckhardt habe "diese Worte Hitlers erst im Jahr 1960 preisgegeben: vorher offenbarte er sie Percy Schramm im Jahre 1951. Was gilt nun? Burckhardts Erklärung, daß er den Ausspruch unter dem Eindruck der ihm mitgeteilten Indiskretion vergesen" habe oder die "absichtliche Zurückhaltung" dieser wichtigen Äußerung? Dabei wird die Frage, welche Absicht Burckhardt verfolgt haben könnte, nicht gestellt. Der Leser möge selbst entscheiden, welcher Version dieser unglaublichen "Story" er den Vorzug geben möchte.
8 Bavendamm, Dirk, Roosevelts Weg zum Krieg, 608.
9 s. a. Klüver, Die Zeitgeschichtlichen Betrachtungen.
10 NZZ vom 11.10.1991.
11 NZZ vom 6.8.1991.
12 - 21 PRO FO 371/22988.
zu 12 : Cadogan minute, Transkription, Übersetzung.
22 Henke, 221.
23 Messerschmidt, 663
24 ders., 669.
25 FRUS 1939, Bd. 1, 672 ff.
26 Für die Gerüchte s. Bavendamm I, 399 ff.
27 Halifax, Earl of, Fulness of days, London 1957, 200.
28 BD IV, 162.

12

agreed that, in the event of a German invasion of Holland resisted by the Dutch, we should go to war with Germany.

There would appear to be some doubt about the position in the event of the Dutch not resisting.

For my part, I should say that in this case too we should go to war with Germany. For ① the point at issue for us is the integrity of Holland and ② the Chiefs of Staff have told us that in any case Dutch resistance would make little difference.

If that were agreed, our formula could be simple and clear: "In the event of a German invasion of Holland, H.M.G. would go to war with Germany."

There then arises the difficulty of conclusion (b) (p. 15 of the minute) which attempts to deal with rather more disguised action by Germany, taking a number of different imaginable forms.

H... certainly ought not to use the phrase "casus belli" if its interpretation is open to doubt.

I suggest it might be possible to say: "Any attempt by Germany to obtain

Transkription des Cadogan "minute" (gekürzt)

I agree that in the event of a German Invasion of Holland resisted by the Dutch we should go to war with Germany. There could appear some doubt about the position in the event the Dutch not resisting.

For my part, I should say that in this case, too, we should go to war with Germany. In (1) the point of issue for us is the integrity of Holland and (2) the chiefs of staff have told us that in any case Dutch resistance would make little difference.

If that were agreed the formule would be simple and clear: In the event of a German invasion of Holland, HMG would go to war with Germany.

Übersetzung des Cadogan "minute"

Ich stimme der Auffassung zu, daß im Falle einer deutschen Invasion Hollands, der die Niederlande Widerstand leisten, wir den Krieg mit Deutschland beginnen sollten.

Zweifel scheinen über unsere Haltung zu bestehen, für den Fall, daß die Holländer keinen Widerstand leisten. Ich würde sagen, daß wir auch in diesem mit Deutschland Krieg beginnen sollten. Im ersten Fall ist für uns der entscheidende Punkt die Integrität Hollands und im 2. Fall sagen uns die Stabschefs, daß holländischer Widerstand nur von geringer Bedeutung ist.

Wenn dem zugestimmt wird, ist die Entscheidung einfach und klar: Im Falle einer deutschen Invasion Hollands, wird HMG den Krieg mit Deutschland beginnen.

1 Graml, Hermann, Zur Diskussion über die Schuld am Zweiten Weltkrieg. In: Niedhart, G., Kriegsbeginn 1939, Darmstadt 1976.
   Gegen Graml stehen die Auffassung einer Reihe von britischen Historikern.
2 Bullock, Alan, Hitler. Eine Studie über Tyrannei, Düsseldorf 1959.
3 Die britischen Historiker sind objektiver als die deutschen. So schreibt der britische Historiker Newman "...although the Poles had in fact brought up the question themselves just three days before Chamberlain visit to Bad Godesberg on 22 September 1938. The Polish Ambassador had then suggested to Hitler the possibility of concluding a direct German-Polish Treaty to stabilize the position of the Free City of Danzig.
   "...obgleich die Polen die Frage 3 Tage vor Chamberlains Besuch in Bad Godesberg, am 22. September 1938 selbst vorgebracht hatten. Der polnische Botschafter hatte damals Hitler vorgeschlagen, einen deutsch-polnischen Vertrag abzuschließen zur Festigung der Lage Danzigs.
4 Akten zur Auswärtigen Politik, Serie D, Bd. V, S.1, Anm. 2 abgekürzt: AP V
5 AP V, 1
6 AP V, 13.
7 AP V, 12.
8 AP V, 13.
9 AP V, 14.
10 Roos, Hans, Polen und Europa, Tübingen 1957, S. 398.
11 Als Beispiel sei Newman genannt. Newman, S. 163.
12 Hofer, Walther, Die Entfesselung des Zweiten Weltkrieges, Stuttgart 1953, 4. Aufl.
13 "Der Spiegel", Jg. 1964, Nr. 35.
14 Jedrzejewicz, Waclaw, Josef Lipski, Diplomat in Berlin 1933-39, New York and London 1968. Hier: Doc. 134, S. 487 ff.
   "I wish to underline the Chancellor's words that he believes in lasting peace. I think that these words should be understood thus: that the Chancellor believes it possible to achieve his demands by way of political and economic pressure without having recourse to military action."
   "Ich möchte des Kanzlers Worte, daß er an dauerhaften Frieden glaubt, unterstreichen. Ich meine, daß diese Worte folgendermaßen verstanden werden sollen: Der Kanzler glaubt, daß es möglich ist, seine Forderungen durch politischen und wirtschaftlichen Druck erfüllt zu bekommen, ohne zu militärischen Maßnahmen greifen zu müssen."
15 Graml, a.a.O., S. 464.
16 Fest, Joachim, Hitler, Frankfurt-Berlin 1972, S. 790.
17 Booms, Hans, Der Ursprung des Zweiten Weltkrieges - Revision oder Expansion? In: Niedhart, G., Kriegsbeginn 1939, Darmstadt 1976.
18 Fest, a.a.O., S. 789.
19 AP V, 234.

20 PRO PREM 1/331 A. "Danzig issue they regard as part of the readjustment of the Treaty of Versailles."

21 Documents on British Foreign Policy VII, 498. Abgekürzt: BD VII, 498.

22 Graml, S. 464.

23 Das hatte er schon Ende November 1938 getan, als er den Wunsch König Carols nach Schaffung einer Autobahnverbindung durch die CSR nach Rumänien mit Rücksicht auf polnische Empfindlichkeit in der karpato-ukrainischen Frage ablehnte. Dabei wäre eine solche Verbindung für die Intensivierung der wichtigen deutsch-rumänischen Wirtschaftsbeziehungen von Bedeutung und im deutschen Interesse gewesen.

24 AP VI, 88.

25 AP VI, 99.

26 Roos, a.a.O., S. 381.

27 Ganzer, Karl Richard, Das Reich als europäische Großmacht. 2. A. Hamburg 1941. Es braucht nicht besonders betont zu werden, daß vieles von dem, was sich nach Kriegsbeginn in Polen und Rußland abspielte, auf schärfste Ablehnung durch die Anhänger solcher Vorstellungen stieß.

28 Burckhardt, Carl Jacob, Meine Danziger Mission, 1937-1939, dtv München 1962.

29 BD VII, 37. "It could be anything so long as it is not reconverted into a bastion against Germany and a bridgehead for an attack on Germany."

30 Jedrzejewicz, a.a.O., 153, S. 564 ff.

31 AP V, 81.

32 Tatsächlich erstattete Lipski einen schriftlichen Bericht, vermerken die Herausgeber der Dokumente und verweisen auf das polnische Weißbuch Dokument Nr. 44.

33 Siehe die deutschen Lösungsvorschläge vom 24. Oktober 1938, AP V, 81.

34 Fest, a.a.O., S. 789.

35 Roos, a.a.O., S. 390.

36 AP V, 119.

37 AP V, 120.

38 AP V, 126.

39 BD IV, 17.

40 Roos, a.a.O., S. 395.

41 AP VI, 61.

42 Roos, a.a.O., S. 398.

43 Jedrzejewicz, a.a.O., S. 504, Doc. 139.

44 ders., S. 503, Doc. 138

45 PRO FO 371/23018.

46 John Charmley, Chamberlain and the Lost Peace, London 1989.

47 "...that historically there is a Polish as well as a German claim to Danzig. It has always been a bone of contention between Teuton and Slave."

48 "...grandiose and expensive Nazi building schemes for which the contractor is Herr Forster's Father-in-law."

49 "...internally Danzig is a microcosm of the Reich."
50 Tilea-Lüge
51 "...to improve the transit facilities across the corridor."
52 "...the real aim is the break-up of the Polish State."
53 PRO FO 371/23019, s. auch Faksimile.
54 Sir Hendersons criticism that the German case is not stated is not. I think, fair to the paper on the Danzig question.
55 ...though this may make a settlement more difficult to reach.
56 ...should not be difficult to settle but only with the proviso that it could be dealt on its own merits.
57 Actually the Treaty solution is not so bad...
58 How can we ensure that a settlement of the Danzig question will in fact be the end, and not a prelude to further demands?
59 ...that it may not be necessary to embark on a controversy with Sir N. Henderson.

Anmerkungen zum Kap. V. - S. 160 - 192

1 He had but few roots in Britain although he was essentially British in outlook and appesrance.
2 I am sorry to say for at heart I do not love the Germans any more than you do and quite possibly even less.
3 Claims upon which Hitler based his treaty-breaking and subsequent acts of aggression.
4 No preconceived dislike of authoritarian governments as such.
5 Charmley, 24.
6 Henderson, Failure of a Mission.
7 Eden, Anthony, Angesichts der Diktatoren, 583 Übersetzung.
8 Nach Sir Lewis Namier: Europe in Decay, Macmillan.
9 Pro FO 371/23018.
10 Once again, the German case on the immediate issue is very far from being either unjustifiable or immoral. If an impartial Martian were act as arbitrator I cannot believe that he would act otherwise than more or less in accordance with Hitler's offer -.
11 Hitlers Angebot aus der Reichstagsrede vom 28. April 1939:
   1. Danzig kehrt als Freistaat in den Rahmen des Deutschen Reiches zurück.
   2. Deutschland erhält durch den Korridor eine Straße und eine Eisenbahn mit dem gleichen exterritorialen Charakter für Deutschland wie der Korridor ihn für Polen besitzt. Dafür ist Deuschland bereit:
   1. sämtliche wirtschaftlichen Rechte Polens in Danzig anzuerkennen,
   2. Polen in Danzig einen Freihafen beliebiger Größe und bei vollständigem freien Zugang sicherzustellen,

393

3. damit die Grenzen zwischen Deutschland und Polen endgültig als gegeben hinzunehmen und zu akzeptieren,
4. einen 25jährigen Nichtangriffspakt mit Polen abzuschließen.
5. die Unabhängigkeit des slowakischen Staates durch Deutschland, Polen und Ungarn gemeinsam sicherzustellen, was den Verzicht auf jede einseitige deutsche Vormachtstellung in diesem Gebiet bedeutet.
12. He has got his teeth into the Danzig question and he is not going to let it go.
13 I rack my brain as we are going to find a satisfactory issue out of our present eastern obligations.
14 PRO FO 371/23019.
15 Vote itself into Germany and then say: "What about it?"
16 Even Versailles did not give Danzig to Poland, ergo it must go to Germany.
17 ...but it did not affect the moral and practical issues as far as Danzig was concerned.
18 PRO FO 371/22990.
19 to sum up the reasons for what he calls Anglo-German dissensions.
20 The article includes what is little more than another violent attack on Great Britain. Nothing very new in this.
21 These aims of German policy nowhere disturb the natural requirements of the British Empire.
22 Charmley, 183. Britische Histsoriker sind zu der Überzeugung gelangt, daß die Reaktion auf Prag übertrieben war. So Charmley, S. 183: ...there was a feeling in the Prime Minster's entourage by the end of April that the reaction to Pragne had been overdone, a feeling intensified by the revelation of Beck's duplicity.
Übersetzung: Es gab eine Auffassung in der Umgebung des Premiermisters gegen Ende April, daß die Reaktion auf Prag übertrieben war. Das wurde verstärkt durch die Enthüllung von Becks Täuschungen.
23 The Munich agreement had thus become null and void.
24 PRO FO 371/22990.
25 Alleged desire a.a.O., S. 278

Anmerkungen zum Kapitel VI. - S. 203 - 222.

1 How the strategic position would be compromised by return of Danzig to the Reich and the remilitarisation of the Free State territory.
2 There are, however, many considerations apart from military ones to the Polish mind which render one-sided or dictated settlement of the Danzig question a clear threat to their independence.
3 It is not impossible that Herr Hitler really believed that his proposals are reasonable, but. . . they could only be interpreted in the light of the real intentions behind them.

394

4   Herr Hitler's method had brought the Polish Government to a realisation of what was happening in Europe.

5   which is from every point of view unpleasant and dangerous.

6   ...why any direct or indirect German action regarding Danzig even if it be of a relatively mild description might be considered here as a "threat to Polish independence".

7   I regret that I have not been able to secure from Beck a more satisfactory definition of what the Polish Government propose to do in certain eventualities as regards Danzig.

8   to put the Polish case before them in a fairer light.

9   I am afraid that you will feel that the Poles have opened their mouths rather wide as regards financial assistance.

10 If the German Government had tackled the Danzig and Corridor problem before that of Czechoslovakia it is possible that the Polish Government might, in reliance on German goodfaith have come to a settlement.

11 PRO CAB 23/100.

12 Is the Polish Ambassador alive or dead or is he no longer in Berlin? PRO FO 371/23025.

13 PRO FO 371/23020.

14 The fact that Poland contrary to what seemed possible only three months ago has in defence of her independence adopted the role of a bulwark against further German aggression in Eastern Europe as an ally of France and Great Britain (and even in conjunction with the USSR) renders it in my view essential that nothing should be done to weaken Poland materially or morally, or to undermine her confidence in the guarantees of His Majesty's Government and France. For Poland's strength is our strength and her necessities are our necessities, PRO FO 371/23020.
Deutsche Übersetzung:
Die Tatsache, daß Polen im Gegensatz zu dem, was noch vor 3 Monaten möglich erschien, in Verteidigung seiner Unabhängigkeit die Rolle eines Bollwerks gegen weitere deutsche Aggression in Osteuropa übernommen hat in Verbindung mit Frankreich und Großbritannien (und sogar in Verbindung mit der UdSSR) macht es in meinen Augen notwendig, daß nichts getan wird, was Polen materiell und moralisch schwächt, oder sein Vertrauen Seiner Majestät Regierung und Frankreich unterminiert, denn Polens Stärke ist unsere Stärke und ihre Nöte sind unsere.

15 Drastic modifications such as the return of Danzig to the Reich (i.e. its remilitarisation and the control by Germany of the Polish railway to Gdynia) with an exterritorial corridor across the Corridor would give Germany a stranglehold over Poland and are ex hypothesii ruled out.
Deutsche Übersetzung:
Drastische Veränderungen wie die Rückkehr Danzigs zum Reich, was seine Militarisierung und die deutsche Kontrolle der polnischen Eisenbahn nach Gdingen bedeuten würde mit einem exterritorialen Korridor durch den

Korridor, würde Deutschland die Möglichkeit geben, Polen zu erdrosseln, sind ausgeschlossen.

16 They would destroy Poland's independence which His Majesty's Government are committed to defend at all costs.

17 that this can no longer be considerd as a purely local question ... the stakes may be lower than the German attempt at domination of Eastern Europe.

18 it is however idle to speculate whether Beck in his desire to regulate relations with Germany would actually have been able to induce the Government and the People of Poland to agree to something approaching Herr Hitler's terms. Kennard an Halifax v. 17. Mai 1939.

19 PRO FO 371/23019.
...that the German technique of aggression was so various and so insidious that in certain circumstances Poland might in self-defence be driven to commit a technical act of aggression.

20 PRO FO 371/23220.

21 PRO CAB 23/98.

22 Zur "Tilea-Lüge"

23 that they have not changed so much that Herr Hitler's entry into Prague shall not be repeated at the mouth of the Vistula.

Anmerkungen zum Kapitel VII. - S. 223 - 267

1 a tragic example of the kind of provocation which makes any fall in the temperature impossible.

2 it was not said that war should be started in order to conquer these countries. In any case it is unreasonable to expect that the Germans should have a monopoly of provocation.

3 Das Wort auf der Karte Polens stammt von Adam Mickiewicz (1798-1855), einem der größten, wenn nicht dem größten polnischen Dichter. Sein Epos "Konrad Wellenrad" war ein dichterischer Prolog zum polnischen Aufstand von 1830-1831. Seiner Nation war er mehr als ihr größter Dichter, er war ihr höchstes Symbol und wird als ihr größter Führer auf geistigem und politischem Gebiet verehrt. 1890 wurde sein Sarg in der Königsgruft auf dem Wawel beigesetzt.
Quelle: Meyers Lexikon Band VII, 1939, S. 1354.

4 PRO FO 371/23029.

5 PRO FO 371/23021.

6 PRO FO 371/23024. We have practically given them an open cheque and we wanted to be sure that this cheque would not be presented unless there was a very reason for it.

7 The conclusion is that the Poles believe that they know the Germans better than we do and that our only safe course is to show a firm front, the only alternative being to open the dam irrevocably to limit German aggression.

8 It also shows - what we have heard from other sources - that in certain circles in Poland there is a rather light-hearted confidence (or light-headed confidence). I hope that may not be dangerous and I ... have some confidence in Mr. Beck.

9 That in any case population transfers could be arranged.

10 Wszelaki indeed went so far as to say that, if war broke out, he feels that a terrible massacre of German-Polish peasants might be difficult to prevent.

11 There is no employment für many educated Poles unless a Jew, who is probably better at the job is first turned out and unless the industrialisation of the country is quickly accomplished or the Jews exported, it is rather difficult to see how the problem can be solved without oppression.

12 Weizsäcker, 242.

13 BD VI, 108.

14 BD VI, 161.

15 BD VI, 178.

16. Hoggan, 693.

17 Französisches Gelbbuch, 199; mitgeteilt bei Lenz, Bd. II, 251.

18 BD VII, 514.

19 PRO CAB, 23/100.

20 BD VII, 58.

21 BD VII, 118.

22 BD VII, 117.

23 BD VII, 219.

24 Aster, 327.

25 PRO CAB, 23/100.

26 Jedrejewicz, 563.

27 at the last moment evaded definitely committing themselves.

28 there was little likelihood of the Polish authorities doing anything serious to improve matters.

29 bitterly of the manner in which the German minority in this area were now being treated (PRO FO 371/23024).

30 were being dismissed because they happened to be Germans.

31 in any way penalized because of this nationality.

32 Unfortunately, the Deutsche Diplomatische Korrespondenz continues, German expectations in this respect have not yet been fulfilled and it appears as though, to the joy of those who are interested in disturbing German-Polish relations, no serious halt was being called to agitation directed against everything that is German and as though no importance were any longer attached to the mainten- ance of sincere relations with the German people.

33 unrepeatable insults were hurled at the German Reich and the Führer.

34 The students revolts were followed remarkably by anti-German demonstra- tions in all the principal Polish cities.

35 ...employing as a pretext his complacent attitude to Germany.

36 Following the recent Polish persecutions of German residents in the Corridor there has been extensive flight of these residents during Easter weekend to

Danzig and Germany (PRO FO 371/23016).

37 s. Faksimile German Ambassador tells me... PRO FO 371/23019.

38 attempt to analyse Polish public opinion as it has been manifested itself in recent weeks (PRO FO 371/23024.

39 to express their real feelings about their western neighbour.

40 that the German minority does not misuse its position for political ends.

41 on these grounds a regular campaign has been conducted against the institutions of the German minority.

42 where minority institutions have outgrown in size and function what the needs of the minority seem to justify, they will take advantage of any irregularities to take action against them.

43 But public opinion has made itself felt in a number of ways without the intervention of the authorities and even in spite of it.

44 ...so far as Danzig is concerned it is the Nazis who are the oppressors and the aggressors.

45 and so long as German provocation and irritation are continued at this tender spot, reaction against Germans in Poland are inevitable.

46 ...there were large numbers of German refugees from Poland in camps in the German frontier who had to flee the country owing to their insecurity.

47 PRO FO 371/23024.

48 PRO FO 371/23018.

49 Poland had, however, no ground for restricting the sovereignty over her own territory.

50 ...he pointed out that recognition of the Polish frontiers would merely be recognition of what was indisputable Polish property.

51 The implied doubt as to the aims of German policy is understandable.

52 while the path of a freely negotiated settlement of the Danzig question therefore lies open.

53 it is unlikely that an early compromise will be found.

54   unless the German Government are convinced that they can act with impunity and without meeting resistance... to force the issue

55 I have of course frequently had occasion to point out how incapable Beck is of being frank and I am sorry to have to agree that I cannot have confidence in him (PRO FO 371/23016.

56 Charmley, 182.

57 We never ask and never have asked for more than we know for sure we can get at the time.

58 and once they are granted follows up like lightning with fresh demands (PRO FO 371/23020).

59 Whilst German troops are actually on the march, Herr Hitler put forward to Poland his demands for the immediate solution of the problem of Danzig and the Corridor.

60 Dr. Goebbels argues that the 400.000 Germans belong by right to the Reich. What he wants to stress is that the source of the well-beeing of these 400.000

belongs to Poland. It is your misfortune that your beautiful German city lies at the mouth of the Vistula. But that is fortune. They are right in the middle of Poland's "Lebensraum".

61 Historians have endlessly debated whether Hitler did or did not mean to go to war and whether or not the "May crisis" made him more determined to smash Czechoslovakia in the near future.

Anmerkungen zum Kapitel VIII. - S. 268 - 282

1 I am still waiting for a sign from those who speak for the German people that they share this desire and that they are prepared to make their contribution to the peace which would help them as much as it would help us. (PRO FO 371/22988).

2 Further we have as always one desire, namely that in the coming year it may be possible to succeed in contributing of the general pacification of the world.

3 Mr. Jebb has informed me that Mr. Cadogan spoke to the PM, who seemed satisfied that Herr Hitler's speech hardly represented a sign.

4 Gedacht war an eine Anleihe zur Umstellung der deutschen Rüstungsproduktion auf zivile Güter.

5 ...makes it impossible for me to enter into conversations with the Germans on any subject, NC 18/1/1085 Chamberlain an seine Schwester Ida am 12. Februar 1938, nach Charmley, 193.

6 The German nation had no feeling of hatred towards Britain, America or France and all it wanted was peace and quietness.

7 it was in no sense a problem that could cause a war.

8 It would be fortunate fo the whole world if our two peoples would co-operate in fulll confidence with one another. These words of the Führer were all the more impressive because they were spoken at the end of the year which was full of international tension and crisis.

9 PRO FO 371/22988.

10 s. Dok. 1 = Antwort an den Abgeordneten Henderson, Übersetzung.

11 s. Dok. 1 = Anfrage, Antwort an den Abgeordneten Bellenger, Übersetzung, PRO FO 371/22988.

12 s. Dok. 2 = Anfrage, Antwort an den Abgeordneten Pilkington, Übersetzung, PRO FO 371/22988.

13 Cadogan Diaries Part 2, PRO 800/214.

14 ...emphasis was laid on the desire of Germany for close friendly relations with England and mention was made of recent progress effected in the sphere of economic relations of the two countries. Has little doubt that the passages quoted received personal approval of Herr Hitler himself. (PRO FO 371/23019).

15 The Prime Minister said that he was somewhat uneasy at the fact that our Ambassador in Warsaw could obtain no information as to the progress of the

negotations between Germany and Polish negotiators were giving way to Germany. But that would be distateful. (PRO CAB 23/98)

16 "The British suffered from an acute, though hidden fear, that Poland might succumb to German influence." Bell a.a.O., p. 254.

17 ...to look forward to the time when the good services of say of the Pope or of the Italian Governnment might be used. M. Daladier said that the Pope was a possible channel but the Italian Government was not.

18 PRO FO 371/22988.

19 and it seemed to me that if it was his view that anything could be done it would be necessary to him to put the points down into a simple language.

20 I did not press him to do this, as I was most anxious to maintain the position that had been adopted in the June conversation, namely that we were not unduly apprehensive about things and that the initiative must come from the German side.

21 I said that he could find in the Prime Minister's speeches and in Lord Halifax recent speech plenty of material to enable him to understand the British position.

22 I said I was not surprised to hear him say that as I had thought myself that Hitler cannot have overlooked the tremendous increases which we have made in our defensive and offensive preparations including for instance the very large increase in our Air Force.

23 I did not suppose that the Führer was unaware of what we had done and it was unlike to him ro risk the future that might still be his by becoming involved in a quarrel with this counry.

24 PRO FO 371/23021.

25 A v. Ribbentrop, Die Kriegsschuld des Widerstandes, 82.

Anmerkungen zum Kapitel IX. - S. 283 - 315

1 Faksimile PRO FO 371/22966 Halifax an Ribbentrop.

2 PRO FO 371/22992, siehe Dokument "Cadogans Stellungnahme".

3 PRO FO 371/22992, It is plain that we shall not be able to save her from further consequences

4 PRO FO 371/22993, I said as far as I knew we were not thinking of making any demarche at this state. There was probably nothing effective that we could do to prevent the execution of a German plan if Hitler was resolved to carry it out.

5 PRO FO 371/22993, It had brought to a natural end the somewhat embarassing commitment of a quaranty in which we and the French had both been involved.

6 Faksimile, Antwort auf Anfrage Sir Percy Harris.

7 He would not associate himself with charges of breach of faith.

8 PRO FO 371/23991, Very late on the evening before the advance into CSR

the British Ambassador in Berlin called on the Foreign Minister and informed him that Great Britain had no intention of intervening in Czechoslovakia.

9 PRO FO 371/22966, His Majesty's Government have no desire to interfere unnecessarily in a matter with which other governments may be more directly concerned than His Majesty's Government. (aus Fak. s.1)
Das ist ein wichtiges Eingeständnis. Wenn nur geringes britisches Interesse besteht, relativiert das die Bedeutung des angeblichen "Breach of Faith".

10 PRO FO 371/22991.

11 Otto von Bismarck , "Gedanken und Erinnerungen" 3 Bände in einem Band, Ausgabe Okt. 1928, 29. Kapitel, S. 537 ff.

12 siehe 11, S. 530.

13 Es ist jetzt unmöglich, eine Übereinkunft zu finden. Angesichts der veränderten Verhältnisse ist Seiner Majestät Regierung nicht bereit, sich unendlich an das zu halten, was sie als eine vorübergehende Verpflichtung bereit war, zu akzeptieren (PRO FO 371/22991).

14 All we can do is to assume that in altered circumstances it is already a dead letter. (PRO FO 371/22992).

15 "...but tacitly to allow the present circumstances to continue.

16 Where peace and war are concerned legal obligations are not alone involved.

17 It would be unlikely to be confined to those who have assumed such obligations. It would be quite impossible to say where it might end and what governments might become involved.
Und er bezog das ausdrücklich auf die eng verbundenen Staaten England und Frankreich.

18 The inexorable presure of facts might well prove more than formal obligations.

19 If possible by reason, if not by force.

20 Force ist the only language which Germany unerstands. Chamberlain an seine Schwester Hilda. Am 13. März 1938, s. Charmley, 63 aus NC 18/1/1041.

21 It would be a matter of principle, namely the necessity of resisting to the German method. (Henderson an Cadogan am 14. Mai 1939, Cadogan Diaries PRO CAP 800/294).

22 John Charmley, "Churchill, The End of Glory", 383.

23 ders. 384.

24 Die Briten sprachen von einem "pre-emptive German strike". Since January the Allies had been aware that a descent on Narvik might inspire a pre-emptive German strike.
Charmley, Churchill, 383, Für die schuldbewußten Deutschen war es ein deutscher Überfall.

25 "...had not notified any signs of dangerous military actions."

26 "...but they had increased their preparations."

27 Hitlers Weisung an den Oberbefehlshaber des Heeres vom 25. März 1939.

28 We have some reason to apprehend that preparations for a coup against Poland are far advanced and that actions may be imminent.

29 His Majesty's Government have no official confirmation of the rumours of any projected attack on Poland and they must not therefore be taken as accepting them as true.

30 Charmley, p. 176.

31 Danzig is an artificial structure, the maintenance of which is a bad casus belli. But it is unlikely that the Germans would accept less than a total solution of the Danzig question except for a substantial quid pro quo which could hardly be less than a guarantee of Poland's neutarlity.

32 It would shake Polish morale, increase their vulnerability to German penetration and so defeat the policy of forming a bloc against German expansion. It should not therefore be to our interest to suggest that the Poles abandon their rights in Danzig on the ground that they are not defensible.

33 There was little possibility of an imminent German attack on Poland, PRO CAB 23/98.

34 Charmley, p. 182.

35 The Foreign Secretary said that the came back to the point that the ultimate test was an action which the Polish Government regarded as a threat to their independence. The Prime Minister agreed. The real test was a threat to their independence which the Poles were prepared to resist.

The Prime Minister said that if the Poles regarded the Danzig issue as constituting a threat to their independence which the Poles were prepared to resist by force then we should have to come to their help.

Am 3. Mai 1939 unterschied Halifax in einem Schreiben an Kennard noch die Bedrohung der Unabhängigkeit Polens von der ihrer Integrität. Für die erstere sei Polen allein der Beurteiler.

36 Charmley, p. 178.

...without Russian assistance the guarantee was an irresponsible game of chance which was likely to turn out badly.

37 Lamb, p. 103.

The pledge to Poland abrogated Britain's freedom to negotiate with Hitler the cession of Danzig and the Corridor to Germany without use of force by Hitler. There would be for the Poles a casus belli and Britain would have to come to their aid.

38 Aster, p. 115.

Lloyd George asked why he had risked involving in a war with Germany? According to the account information at his disposal neither the German General Staff nor Hitler would ever risk war if they knew that they would have to fight at the same time on two fronts - the West and the East.

Lloyd George then asked just where the second front was. The Prime Minister answered: "Poland!"

Lloyd George burst into laughter. "...Your statement of today is an irresponsible game of chance which can end up very badly."

39 Newman, p. 153, 196, 205.

"Instead its purpose was to serve as a pretext for going to war with Germany."

"...there is a little doubt that Chamberlain and Halifax and the majority of the Cabinet were ready to challenge Germany." "The only alternative was for Britain to abdicate as a Great Power."

Why Russia had not been included? The Prime Minister told him that Poland and Roumania had objectet. In that case why was Chamberlain now threatening to involve Britain in a war with Germany? Chamberlain replied that the German General Staff would never risk a war if they knew they would have to fight on two fronts simultaneously, namely in the West and in Poland.

Lloyd George burst into laughter and began to jibe Chamberlain explaining that Poland had no air force to speak of an inadequately mechanised army, worse than mediocre armaments and that Poland was weak internally - economically and politically.

40 According to reliable information received from diplomatic circles Sir Robert Vansittart, Chief adviser diplomatic to the Forein Office and in addition a bitter opponnent of Mr. Chamberlain attempted in colloborationwith M. Tilea, Roumanian Minister in London, by the invention of the story that a trade ultimatum had allegedly been delivered by Germany to Roumania to repeat the same game at which the British Secret Service tried its hand in May last year when it induced the Chech Government to mobilise itstroops by contending that Germany had mobilised.

Panic was artifically raised on Saturday in London and Paris on Saturday evening. In the opinion of diplomatic circles it is incontestable that Mr. Tilea in agreement with Sir Robert Vansittart is the author of the panic reports. Cadogan Diaries Part II. PRO FO 800/294.

41 Although Hitler has a grievance it is largely self-created. PRO FO 371/23019.

42 But this was not all: when the Poles did not accept his demand he maintained that it could not be repeated and that his demands henceforth must be more extensive and more onerous although he was careful not to define them.

43 But simultaneous he made further territorial demands on Poland.

44 The view here is that Hitler is not in the right.

45 The Poles are not justified in suspecting that Hitler's demands would not end with Danzig and the Corridor through the Corridor.

46 Hitler should be required to evacuate Pragne.

47 Record fo Conversation between the Secretary of State and the High Commissioner for Danzig. PRO FO 371/23019.

48 Great Britain should continue to show an absolutely firm front. This is the course advocated by Baron von Weizsäcker and by most welldisposed Germans. PRO FO 371/23020.

49 ...that Baron von Weizsäcker had expressed the opinion that the best chance for peace now was for His Majesty's Government to show a firm front and leave only a small loop-hole for negotiation. PRO FO 371/22994.

50 This at all events show that Weizsäcker is constant in his advice that the only thing which makes Hitler see reason is the maintenance of a firm front and

no premature offer to negotiate under pressure.

51 PRO FO 371/22974.

52 It is clear that he like all Germans feel sitterly about the Poles. They grabbed what they could after Vienna and Munich and then bit the hand that fed them on those occasions. That is the German view nor is there a single German who does not regard Hitler's offer to Poland as excessively generous and broadminded. It may be unpleasant to say about it is a fact which must be fully realised if the policy of His Majesty's Government is to be carried out to a successful and peaceful conclusion.
Cadogan Diaries II. PRO FO 800/294.

53 It is almost inconceivable that we could give such a promise to Germany and the effect on actual and potential allies woud be catastrophic.

54 Aster, 335.

55 Aster, 196.

56 Newman, 173.

57 Newman 173, By encouraging the Poles to reject German terms for a settlement of Danzig the British increased the likelihood that Hitler would retort to force in order to break the deadlock.

58 Negotiations were clearly not possible at the moment. PRO FO 371/23019.

59 Weizsäckers Rundtelegramm

Botschaft von Lord Halifax an Ribbentrop. Quelle: PRO F.O 371/22966

15th March 1939.

My dear Reichsminister.

Lord Halifax has instructed me to take the earliest opportunity to convey the following message to the German Government:-

His Majesty's Government have no desire to interfere unnecessarily in a matter with which other Governments may be more directly concerned than His Majesty's Government in the United Kingdom. They are, however, as the German Government will surely appreciate, deeply concerned for the success of all efforts to restore confidence and a relaxation of tension in Europe. This seems to them more particularly desirable at a moment when a start is being made with discussions of economic subjects to which, as His Majesty's Government believe, the German Government attach not less importance than they do themselves and the fruitful development of which depends so directly upon a general state of confidence. From that point of view they would deplore any action in Central Europe which could cause a setback to the growth of this general confidence on which all improvement in the economic situation depends and to which such an improvement might in its turn contribute.

His Excellency
Herrn von Ribbentrop.

1   AP VI, 471, s.a. BD VI, 63.
2   BD VI, 6.
3   AP VI, 515.
4   AP VI, 702.
5   AP VI, 749.
6   BD VI, 542.
7   BD VI, 503.
8   BD VI, 517.
9   AP VI, 503.
10 BD VI, 503.
11 AP VI, 773.
12 BD VI, 523.
13 Lenz, Bd. II, 55.
14 PRO PREM 133A.
15 PRO FO 371/23024.
16 BD VII, 10.
17 BD VI, 659, PRO RPEM 1/331A
18 Burckhardt, 311.
19 Wendt in Funke, 783.
20 AP V, 774. Anlage.
21 BD VI, 565.
22 AP VI, 780.
23 Hoggan, 548 f.
24 BD VII, 32.
25 BD VII, 10.
26 BD VI, 622.
27 Aster, 390.
28 PRO PREM 331A
29 Burckhardt, 265.
30 Aster, 321.
31 Burckhardt, 265.
32 BD VI, 265.
33 Burckhardt, 265.
34 AP VII, 10.
35 AP VII, 10.
36 PRO FO 371/23024.
37 BD VI, 609.
38 BD VII; 35.
39 BD VII, 37.
40 Mitgeteilt bei Weizsäcker, 259.
41 BD VII, 80.
42 BD VI, 62.

43 PRO FO 371/23026.
44 Jedrecejewice, 554.
45 Messerschmidt, 554.
46 Fest, 803.
47 BD VII, 32 u. 37.
48 Hoggan, 549.

Anmerkungen zum Kapitel XI. - S. 331 - 351

1 I have the impression that Hitler is still undecided and anxious to avoid war BD VII, 4, Halifax an Kennard.
2 PRO PREM 1/331 a.
3 BD VI, 503.
4 Freund, Band II, 445.
5 AP VI, 693.
6 AP VI, 771.
7 Burckhardt, 272.
8 PRO CAB, 23/100.
9 PRO CAB, 23/100.
10 PRO FO, 371/22974.
11 PRO FO, 371/22981.
12 PRO FO, 371/23023.
13 s. auch Aster, 214.
14 PRO FO, 73/23022.
15 PRO CAB, 23/100.
16 PRO FO, 371/23024.
17 PRO FO, 371/23024.
18 PRO FO, 371/23024.
19 If he really wants to annex land in die East on which he can settle Germans and grow wheat, I confess I don't see any way of accomodating him.
20 Germany had not modified her claims in regard to Danzig and the Corridor as formulated in Herr Hitler's Reichstag speech. This was of interest since previously it had been implied that the terms then offered would no longer be aceptable.
Secondly that nothing would be done on the German side to provoke a conflict. Thirdly that the question could wait, if necessary until next year or longer. Fourthly that the Senate would seek the help of the Commissioner to smooth over difficulties between them and the Polish representatives, thus putting an end to the war of Notes. Further it was indicated that if a détente could be brought about, all military measures now being taken in Danzig would be stopped. It was important to maintain secrecy as to these Conversations. We had therefore informed the Polish Government that we had information that the Germans were working for a détente and that it was of

the utmost importance that they should direct their endeavours to the same end.

Anmerkungen zum Kapitel XII. - S. 352 - 359

1 Lamb, 148.
2 Strang.
3 There was a strong irreconcibilability between German and British policy.
4 Lamb, 10.
5 Lamb, 145.
6 Lamb, 149.
7 Lamb, 155.
8 Aster, 361, "Göring's strenuous efforts to preserve peace".
9 BD VII/349, Conclusion. My personal impression was that Fieldmarshal Göring is doing everything he possibly can to arrange peace discussion.
10 PRO FO 371/22991.

Anmerkungen zum Kapitel XIII. - S. 360 - 373

1 Aster, 328, No one particularly liked the idea.
2 s. 6.
3 "...Czechoslovakia's present political position was not permanently tenable and that she was in fact an unstable unit in Central Europe."
4 that we nearly went to war last autumn on behalf of a state which was not viable.
5 PRO FO 371/23021.
6 Faksimile, Entwurf des Premierministers für ein Antwortschreiben, Transkription, Übersetzung.
7 Entwurf eines Antwortschreibens des Secretary of State, Übersetzung.
8 Aster, 355, The Cabinet agreed that nothing should be done to press the idea of negotiating with Germany on Warshaw, PRO CAB 23/100.
9 They aren't proposals at all "and" the most impudent document I have ever seen". (Aster, 340, aus Cadogan Diaries 1938-1941, 200-02).
10 Aster, 340, "A slap in the face".
11 To push the Poles to make concessions would be disastrous, Chamberlain had pointed out.
12 Charmley, 187, The shadow of last September also hung over any attempts to influence the Poles in their negotiations with the Germans.
13 Charmley, 187, Kirkpatrick thought that any attempt to press them to be conciliatory would lead them to think that we are preparing another Munich

at their expense.

14 "...another Munich had to be avoided at all costs even if it meant, in effect, leaving the decision on war or peace to Colonel Beck (Charmley, 187).

15 Aster, 356, "...who see the ghosts of Munich in every sentence that comes from Germany."

16 Charmley, John, Churchill, The End of Glory, 349, The whole House rose and in a scene of riotus delight, cheered and bellowed their approval.

17 Charmley, Churchill, 352, The crowd went delirious with relief.

18 Charmley, Churchill, 343.

19 Charmley, Churchill, 350, Unlike Eden who did resort to do lies in his memoirs... Churchill adopted subtler methods when the truth was inconvenient to his version of history.

20 Charmley, Churchill, 353.

21 PRO FO 371/23025; BD VI, 394. Die beiden Quellen differieren hinsichtlich des Datums 8. bzw. 9.8.

22 BD VI, 624.

23 PRO CAB 23/100.

24 Jedrzejewicz, 558, Doc. 149, Lipski an Beck.

25 Politisches Archiv des Auswärtigen Amtes, Büro Staatssekretär.

26 Becks Rede von dem Sejm vom 5.5.1939.

27 PRO FO 371/23026.

28 PRO FO 371/23026.

29 BD VII, 58.

30 BD VII, 170.

31 BD VII, 180.

32 BD VII, 228.

33 PRO FO 371/23026; BD VII, 357.

34 BD VII, 241.

35 BD VII, 262.

36 PRO FO 371/23026.

37 BD VII, 501.

38 BD VII, 575.

39 BD VII, 589 Faksimile.

40 Lamb, X, The Poles triggered not the British of war by refusing to send at the eleventh hour a plenipotentaire to Berlin of negotiate the immediate surrender of Danzig and the Polish Corridor.

41 Lamb, X, Even after Hitler had invaded Poland Chamberlain and Halifax were anxious to make terms with Hitler provided the remainder of Poland was left intact, but the Commons overruled them.
FRUS, 1939, Vol. I, 1325, London, 30. August.

42 "Frankly he is more worried about getting the Poles to be reasonable than the Germans. He feels there is a great body of public opinion headed probably by Churchill and Eden who will suggest to the Poles that they give up nothing and that they have Hitler on the run. This of course will mean war.

Faksimile der handschriftlichen Stellungahme Chamberlains (vom 17. August 1939)

Ubersetzung des Chamberlain-Briefentwurfes

Ich habe bereits dem Secretary of State geschrieben, daß ich es nicht schätze, Hitlers Vorschlag ohne Antwort zu lassen. Aber ich denke, es ist klar, daß Hitler nicht nur über Danzig sprechen will. Er wünscht weiter zu gehen und über Getreide und Holz zu verhandeln.

Die bloße Auslassung dieser Worte würde einfach bedeuten, daß der Korridor eingeschlossen werden sollte und die Antwort würde sicherlich negativ sein.

Ich nehme an, daß der Secretary of State weitere Vorschläge zu machen hat. Ich habe auch solche. Aber ich meine, das Beste ist, die Angelegenheit zwischen uns am Donnerstag zu besprechen.

Auch ich schätze den Vorschlag Hohenlohes nicht.

410

The following are the lines on which the Secretary of
State suggested that we might reply to Hitler's proposal
for the despatch of an Englishman to hold discussions with
him.

We much appreciate Herr Hitler's desire for such a
conversation, but are doubtful whether good results can be
expected unless it is clear that sufficient common ground
exists. We do not suppose that anything in the British
attitude is not already clear to Herr Hitler.   On the one
hand it is plain that any attempt to impose a unilateral
settlement on Poland would inevitably lead to war, in which
this country would inevitably and immediately be involved.
On the other hand we should at any time be ready to assist
efforts to create conditions in which direct conversations
in regard to Danzig might become possible between Germany
and Poland with some prospect of success / and if the tension
could be relieved over Danzig it might be possible to look
forward to further action on a wider front 7.

If Herr Hitler thinks that we could be of any assistance
in such a direction, we should be ready to consider any
suggestions he might wish to make. It would be essential
that utmost secrecy should be observed.

411

[several faded lines] ... al ... onomic right in port of Danzig. Poles to withdraw military forces and administrative machinery during plebiscite period.

... Held ... in plebiscite area and demilitarised. Military complaint to be investigated by neutral International Commission with full powers as against either party. Investigation also to be made of all claims for compensation arising out of acts since war. If agreement reached immediate demobilisation.

Immediate negotiations.

Reported to Warsaw.

No. 589

Minute by Sir A. Cadogan
[C 13161/15/18]

FOREIGN OFFICE, *August 31, 1939*

Sir Horace Wilson reported to the Prime Minister and the Secretary of State this morning that M. Dahlerus had rung up No. 10 Downing Street and he had answered him.

M. Dahlerus said that he had spent most of the night with Field-Marshal Göring. The German proposals had been formulated and were extremely liberal. These terms had been formulated in order to [s]how how extremely anxious the Führer was to reach an agreement with Great Britain.

M. Dahlerus, who was telephoning from the Ambassador's room at the British Embassy, proceeded to say that he, the Ambassador and Sir George Ogilvie-Forbes had been to see the Polish Ambassador. He had communicated the German terms to the latter, who had replied that acceptance would be out of the question and that his Government would not give way. Sir Horace Wilson tried to prevent M. Dahlerus continuing in this strain on the telephone: it was quite obvious that the Germans were taking down the message. M. Dahlerus nevertheless proceeded to observe that it was clear to 'us' that the Poles were obstructing possibilities of negotiation. Sir Horace attempted again to moderate M. Dahlerus, but the latter continued to the effect that people round Herr Hitler were doing their best to restrain him, but that if the Poles would not come to Berlin ... (At this point Sir Horace cut off.)[1]

[1] See also Sir H. Wilson's account annexed.

ANNEX TO NO. 589

At 12.30 p.m. today D., who said he was speaking from the British Embassy at Berlin, said that he had spent the night with Göring. The proposals of the German Government have been sent to us. He asked if I had seen them. I said 'No'. He said they were being sent to us by Henderson. D. said they are extremely liberal. Göring had told him that the Führer had

441

put forward these terms with the sole intention of showing Great ... how ... anxious he is to secure a friendly settlement with the England [sic ? English]. He said that 'We' (I think 'e said, Henderson and Forbes as well as himself) had been to see Lipski. . . . At this point I heard a German voice apparently repeating D.'s words and therefore interrupted to tell D. that he had better give his information to Henderson; he, however, went on. He said they had given Lipski the terms. D. had dictated them to Lipski with Ogilvie-Forbes' aid, Lipski not having had them from the Germans. Speaking excitedly D. said that Lipski had replied that the terms were out of the question. (I again interrupted to tell D. not to get ahead of the clock and that, in any case, if there is anything to say Henderson should say it in the ordinary way, but again I failed to stop him.) His next remark was that the Poles did not intend to give way and it was 'obvious to us' that the Poles were obstructing the possibilities of a negotiation. I again told D. to shut up, but as he did not do so I put down the receiver.

I reported this conversation to the Prime Minister and Lord Halifax and Sir Alexander Cadogan and suggested sending a telegram warning Sir Nevile Henderson to be careful about using the telephone and adding that D.'s conversation this morning had been overheard by the Germans. A warning telegram has been sent to Henderson.[1]

H. J. W.

[1] See No. 592.

No. 590

Minute by Viscount Halifax
[C 13099/15/18]

FOREIGN OFFICE, August 31, 1939

Count Ciano rang me up at 12.50 p.m. today to say that he had a new proposal of Signor Mussolini['s]. He wished to make it clear that this proposal was made by Signor Mussolini personally and so far the German Government had not been informed of it.

The proposal was as follows:

A conference should be called for September 5, for the revision of the clauses of the Treaty of Versailles which are the cause of the present grave troubles in the life of Europe.

Count Ciano said that he had made this proposal to the French Government through the French Ambassador in Rome.[1] If Great Britain and France would accept the idea the Duce would invite Herr Hitler to agree also. But before doing this he wished to know whether Great Britain and France would accept the idea of a conference.

Count Ciano begged for a very early answer as the situation was growing more and more serious every hour and a clash between Germany and Poland might take place any minute.

[1] See the French Yellow Book, No. 306.

442

43 Aster, 365, The highly efficient German intelligence system proved its worth that afternoon in Berlin. Beck's telephone call including the secret message was instantly decoded. Here was proof to the German Government of Poland's delaying tactics and refusal to negotiate seriously.
44 Fest, Joachim, Hitler, 822.
45 Halifax, We cannot advise Polish Government to comply with this procedure which is wholly unreasonable.
46 Aster, 362, nach Dahlerus, The Last Attempt.
   "We must... stand firm and show a united front and Poland if deserted by her allies was prepared to fight and die alone.
   Faksimile Wilsons Bericht.
47 Lamb, 153.
48 Lamb, 10.
49 Lamb, 155.
50 BD VII, 539.
51· BD VII, 519.

Anmerkungen zum Kapitel XIV. - S. 374 - 376

1 Charmley, Churchill, 367, The British rearmament effort peaked in 1939, and the country could not easily have sustained he current spending for much longer.
2 Prazmowska, 154, Among some Polish military chiefs and politicians opinions had been expressed in support of challenging Germany early as the financial burden of the state of semi-mobilisation was considerable.
3 Prazmowska, 154.

Literaturverzeichnis

1. Ungedruckte Quellen

a) Public Record Office
PREM (Prime Minister) 1/265, 1/666 A, 1/321, 1/330, 1/331 A, 1/332, 1/335,
CAB (Cabinet conclusion) 23/92, 23/93, 23/98, 23/99, 23/100, 27/623,
27/624, 27/626,
FO (Foreign Office) 371/228897, 22966, 22976, 22979, 23017, 23019,
23023 - 28.
b) Politisches Archiv des Auswärtigen Amtes, Bonn, Büro Staatssekretär.

2. Gedruckte Quellen

Akten zur deutschen auswärtigen Politik (AP) Serie D, Band I, II, IV, V, VI, VII
Documents on British Foreign Policy (DBFP)
Second Series, Vol XIX.
Third Series, Vol. I-VII.
FRUS (Foreign Relations of the United States) Vol. 1939 I.
British Documents on the Origin of the War 1898-1914, Vol. III.
Dokumente und Materialien aus der Vorgeschichte des Zweiten Weltkrieges, Bd.
I u. II, Moskau 1949/49.

3. Darstellungen

Aigner, Dietrich	Das Ringen um England, München 1969
Aster, Sidney	1939. The Making of the Second World War, London 1973.
Bavendamm, Dirk	Roosevelts Weg zum Krieg, München 1983.
Bell, Philipp	Hitler und die Ursprünge des Zweiten Weltkrieges, In: Niedhart, G., Kriegsbeginn 1939, Darmstadt 1976.
Booms, Hans	Der Ursprung des Zweiten Weltkrieges - Revision oder Expansion? (1965), In: Niedhart, G., Kriegesbeginn 1939, Darmstadt 1976.
Brandes, Detlef	Die Politik des Dritten Reiches gegenüber der Tschechoslowakei. In: Funke, Manfred, Hitler, Deutschland und die Mächte, Düsseldorf 1976.
Brügel, Joh.Wolfg.	Tschechen und Deutsche 1918-38, München 1967.
Bullock, Alan	Hitler. Eine Studie über Tyrannei, Düsseldorf 1959.
Burckhardt, C.J.	Meine Danziger Mission.
Cadogan, Sir Alex	The Diaries of Sir A. Cadogan. Hrsg. von David Dilks, London 1971.

Celowsky, Boris	Das Münchener Abkommen 1938, Stuttgart 1958.
Charmley, John	Chamberlain and the Lost peace, London 1989. Churchill, The End of Glory, London 1993.
Colvin, Ian	Vansittart in Office, London 1965.
Cowling, Maurice	The Impact of Hitler, London 1975.
Dahlerus, Birger	Der letzte Versuch, München 1948.
Dictionary of National Biography.	
Eden, Anthony	Angesichts der Diktatoren, Köln - Berlin 1962.
Erdmann, Karl-D.	In: Gebhardt, Handbuch der Deutschen Geschichte, Bd. IV/2.
Feiling, Keith	The Life of Neville Chamberlain.
Fest, Joachim	Hitler, Frankfurt-Berlin 1972.
Freund, Michael	Weltgeschichte in Dokumenten, Bd. I-III, Freiburg.
Ganzer, Karl-Rich.	Das Reich als europäische Ordnungsmacht, Hamburg 1941.
Gehl, Jürgen	Austria, Germany and the Anschluß, London 1963.
Graml, Hermann	Zur Diskussion über die Schuld am Zweiten Weltkrieg, In: Niedhart, Kriegsbeginn 1939, Darmstadt 1976.
Halifax, Lord	Fullness of Days, London 1957.
Harvey, John	The Diplomatic Diaries of Oliver Harvey 1937-40, London 1970.
Hauser, Oswald	England und das Dritte Reich, Bd. II, Göttingen 1982.
Henderson, Nevile	Failure of a Mission London 1940.
Henke, Josef	England in Hitlers politischem Kalkül 1935-39, Boppard 1973.
Hesse, Fritz	Das Spiel um Deutschland, München 1953.
Hildebrand, Klaus	Deutsche Außenpolitik 1933-1945, Stuttgart 1980. Hitlers Programm und seine Realisierung 1939-42. In: Niedhart, G., Kriegsbeginn 1939, Darmstadt 1976.
Hillgruber, Andreas	Hitlers Strategie, Frankfurt 1965, Die gescheiterte Groß- macht, Düsseldorf 1980.
Hofer, Walther	Die Entfesselung des Zweiten Weltkrieges, Stuttgart 1953, 4. Aufl. 1964. Entfesselung oder Ausbruch des Zweiten Weltkrieges. In: Niedhart, G., Kriegsbeginn 1939, Darmstadt 1976.
Hoggan, David	Der erzwungene Krieg, Tübingen 1961.
Jedrzejewicz, W.	Josef Lipski, Diplomat in Berlin, 1933-39, New York and London 1968.

Kettenacker, Lothar	Die Diplomatie der Ohnmacht. In: Benz/Graml, Sommer 1939, Stuttgart 1979.
Koch, H.W.	Hitler and the Origins of Second World War. In: Robertson, E.M., Hitler's pre-War Policy and Military Plans, London 1963.
Kuhn, Axel	Hitlers außenpolitisches Programm, Stuttgart 1970.
Lamb, Richard	Der verfehlte Frieden, Deutsche Übersetzung, Frankfurt 1989, The Ghost of Peace, Salisbury 1987.
Messerschmidt, M.	Außenpolitik und Kriegsvorbereitung. In: Das Deutsche Reich und der Zweite Weltkrieg. Herausgegeben vom militärgeschichtlichen Forschungsamt, Stuttgart 1979.
Newman, Simon	March 1939. The British Guarantee to Poland, London 1976.
Niedhart, Gottfried (Hrsg.)	Kriegsbeginn 1939, Darmstadt 1976.
Ribbentrop, A.v.	Die Kriegsschuld des Widerstandes, Leoni, 1974.
Robbins, Keith	Munich 1938, London 1986.
Rönnefarth, Helmuth k.G.	Die Sudetenkrise in der internationalen Politik, Bd. I + II.
Schmidt, Paul	Statist auf diplomatischer Bühne, Bonn, 1949.
Strang, Lord	Home and Abroad, London 1956.
Taylor, A.J.P.	Die Ursprünge des Zweiten Weltkrieges, Gütersloh 1962.
Toland, John	Adolf Hitler, Berg. Gladbach 1977.
Watt, Donald, C.	Appeasement. Der Beginn einer revision. Schule. In: Niedhart, G., Kriegsbeginn 1939, Darmstadt 1979.
Weizsäcker, Ernst v.	Erinnerungen, München 1950.
Wheeler-Bennet, J.	Munich. Prologue to Tragedy, London 1948.

Personenverzeichnis

Über den Verfasser

1909	geboren in Hamburg
1927-32	Studium in Hamburg: Geschichte, Englisch, Geographie
1935	Studienassessor
1947-53	Vertreter, selbständiger Groß- und Einzelhändler
1953-71	Schuldienst in Hamburg
1954-61	Zweitstudium: Wirtschafts- und Sozialwissenschaften, Abschluß: Diplomsoziologe
1968	Promotion zum Dr. rer. pol.
1969-75	Leiter des größten privaten Hamburger Fremdspracheninstituts
1923-33	Wehrjugendbewegung
1928-30	Nationalsozialistischer Deutscher Studentenbund AStA-Mitglied
1933-37	Hauptamtlicher HJ-Führer
1937-39	Schulführer der Erzieherakademie der Adolf-Hitler-Schulen Hauptbannführer der HJ
1939-45	Kriegsdienst, Kompaniechef, Bataillonskommandeur, Kommandeur der Offiziersbewerberschule der Division "Großdeutschland", Inspekteur der Offizierbewerber- und Reserveoffizierbewerberlehrgänge des Heeres, Regimentskommandeur. Letzter Dienstgrad: Oberstleutnant d.R., Ritterkreuzträger
31.12.1998	gestorben in Plön

Von demselben Verfasser erschienene Bücher:

Die Adolf-Hitler-Schulen - Eine Richtigstellung (vergriffen)
Den Sieg verspielt (1981) (vergriffen)
War es Hitlers Krieg? (1984) (vergriffen)
Präventivschlag 1941 (1986) (vergriffen)
Vom Klassenkampf zur Volksgemeinschaft (1988)
Es war nicht Hitlers Krieg (1994) (vergriffen)
Zeitgeschichtliche Betrachtungen (1994) (vergriffen)

Tonbandkassetten von je ca. 90 Minuten:

Die Adolf-Hitler-Schulen
Deutscher Sozialismus

424